大学生职业生涯发展与规划

主　编　罗　淼
副主编　王立冬　李建辉
参编人员　郎全发　荆　炜

科学出版社
北　京

内 容 简 介

本书介绍了职业生涯规划的基础知识、基本理论，大学生进行自我认识与职业潜能探索、职业分析与选择、职业生涯目标及决策、职业生涯角色转变等内容。既有系统的理论、模型分析，又有切合大学生实际的职业素质、能力方面的训练，内容全面，还穿插了许多案例、测评与互动讨论内容，现实性、指导性、操作性强，可对大学生合理制定职业生涯规划提供积极的帮助，对高校从事学生就业指导和职业规划的教师有一定的参考价值。

本书可作为普通高等学校本、专科生职业发展与规划的教材用书，也可作为其他相关人员的参考用书。

图书在版编目(CIP)数据

大学生职业生涯发展与规划/罗森主编．—北京：科学出版社，2016
ISBN 978-7-03-047080-5

Ⅰ.①大… Ⅱ.①罗… Ⅲ.①大学生-职业选择 Ⅳ.①G647.38

中国版本图书馆 CIP 数据核字（2016）第 014394 号

责任编辑：李淑丽 / 责任校对：胡小洁
责任印制：赵 博/ 封面设计：华路天然工作室

科学出版社 出版
北京东黄城根北街 16 号
邮政编码：100717
http://www.sciencep.com
新科印刷厂 印刷
科学出版社发行 各地新华书店经销
*
2016 年 1 月第 一 版 开本：787×1092 1/16
2016 年 1 月第一次印刷 印张：17 1/2
字数：415 000

定价：39.00 元

目　录

第一章　人的发展与职业生涯

导引个案

“如果你一开始就走上了一条岔路，接下来你就可能在纵横交错的无数条小路上纠缠下去，离你真正的目标越来越远。”这是北京某通信企业秘书樊某——一个就业错位者对自己所走的弯路产生的感慨。他深有感触地说：“求职第一步太需要就业指导了，人生太需要职业规划了。”六年前，在樊某毕业之际，铺天盖地的外企宣传席卷校园，他被深深地吸引了。于是他毅然放弃了自己喜爱的外贸专业，加入了一家外企做行政助理，这是他就业的第一步。但他没有想到的是，这一步也是他甩出的多米诺效应的第一张错牌。从此，他在行政的圈子里奔波忙碌，离自己喜爱的外贸专业越来越远，而他的内心也从未感到过真正的充实和满足。

职业生涯规划是人生道路上的一盏明灯，指引着人们前进的方向。没有这盏灯，就会有许多人走弯路，甚至引发多米诺效应。每个人要想使自己的一生过得有意义，使自己的人生和职业发展顺利，都应该有自己的职业生涯规划，特别是对正处在个体职业生涯探索阶段的大学生而言。大学阶段的职业规划对职业的选择及今后职业生涯的发展有十分重要的意义。事实上，就很多毕业生而言，与其说是“就业困难”，不如说是“就业迷茫”，他们最大的问题是不知道自己应该从事什么样的职业。很多学生在初入大学时持有“大一大二先轻松一下，大三大四再努力也不迟”的心态，自身的发展缺乏科学的规划，这往往成为他们面对就业压力时感到手足无措的重要原因。不管是在校大学生还是工作后的年轻人，很多人都没有做职业生涯规划，他们不了解自己、不了解职业，经常因盲目追随社会热点和潮流而迷失自我。所以他们不知道该如何面对各种招聘活动和职业选择等问题，以至于在求职和工作中经常感到不顺心，并屡屡碰壁。缺乏正确的职业生涯规划已经成为他们人生发展的主要障碍。

☞ 本章内容导读和学习目标 »»

职业生涯是一段实践人生意义的历程。随着当前就业形势的愈发严峻，大学生职业生涯规划已成为一种必然，成为新形势下加强高校学生思想政治教育，增强高校学生自主独立意识，开拓高校学生美好前程的一种行之有效的方式和方法。本章将从职业与人生发展的关系和职业生涯规划概述两方面来为广大的在校大学生进行分析，通过本章的学习可以了解职业对人生发展的重要性和职业生涯的概念、内容及职业生涯规划对大学生的意义，提高大学生职业生涯规划意识，为大学生今后能够制定适合自己发展的职业生涯规划奠定理论知识基础。通过本章的学习，要达到以下两个学习目标：

1. 了解职业对人生发展的重要性；
2. 了解职业生涯规划的目的与意义。

第一节 职业与人生发展

人生的成功是多方面的，唯有职业生涯成功是其核心组成部分，这是因为人的一生从生存到发展再到事业的追求都与职业密不可分。每个人从来到这个世界就面临一个终身课题——自我发展。简单地说，发展就是由低一级水平向高一级水平推进的过程。人的发展既有其客观规律，又有相当大的主观性。就其客观规律而言，每个人都要经历大致相同的发展阶段，从嗷嗷待哺到追逐嬉戏，从上学读书到成家立业……就发展的主观性而言，第一，发展不是一个纯粹自然的过程，而是人在环境中通过实践活动进行的；第二，每个人的发展水平在很大程度上取决于自己的努力程度。在现代社会，工作在人们的生活中起到越来越重要的作用，并在人们的生涯历程中，占据了相当长的时光，它是一个人投入的时间和精力最多的人生组成部分。充分利用职业生涯这一阶段，使个人得到进步、成长，有所成就，从而实现人生价值，就成为我们人生当中的重要课题之一。

一、职业概述

（一）职业的概念

职业是指参与社会分工，利用专门的知识和技能，创造物质财富和精神财富，获取稳定、合理报酬，满足个体物质和精神需要的工作。职业存在于社会分工中，它既是人们生活方式、经济状况、文化水平、行为模式、思想情操等的综合反映，也是一个人的权利、义务和责任的具体体现。

人们习惯使用的工种、岗位等概念，实质上就是将职业按不同需要或要求进行具体的划分。一般一个职业包括一个或几个工种，一个工种又包括一个或几个岗位。因此，职业与工种、岗位之间是包含和被包含的关系，其间有密切的内在关系。例如，“焊工”职业就包含“电焊工”“气焊工”等12个工种。同样是负责“销售”的工种，有的侧重市场开拓，有的侧重客户服务，有的侧重市场调研，可以细分为销售经理、市场专员、客户代表、终端服务员、大客户专员等不同岗位。

职业是劳动者获得的劳动角色，它体现着劳动者的社会角色。劳动者必须按照社会结构中这一社会角色的规范去行事，遵守角色规范要求，履行角色职责。

职业是社会与个人、整体与个体的联结点。社会整体依靠每一个个体的职业活动来推动和实现发展目标，个体则通过职业活动对社会整体做出贡献，并索取一定的回报以维持生活。整个社会因众多的职业分工和从业者的工作而构成人类共同生活的基本结构。

（二）职业的构成要素

职业主要由下述五个要素构成。

（1）职业名称：职业的符号特征，它一般由社会通用的称谓来命名。

（2）职业主体：从事一定社会分工活动，具有承担该职业活动所需要的资格和能力的劳动者。

（3）职业客体：职业活动的工作对象、内容、劳动方式和场所等。

（4）职业报酬：通过职业活动所取得的各种报酬。

（5）职业技术：劳动者在职业活动中所运用的自然技术、社会技术与思维技术的综合。它体现在人们从事职业活动时使用的工具、材料、工艺方法的发展和应用，也包括尚未形成系统的经验。

（三）职业的特征

职业特征反映了职业主体在长期的实践活动中所形成的与其他形式的劳动相区别的本质属性。职业主要有以下几个特征。

1. 社会性

职业的社会性反映出不同的职业承担着不同的社会责任。每一种职业都体现了社会分工的细化，都对社会进步有积极作用。社会成员在一定的职业岗位上为社会整体做贡献，社会整体积累全体成员的劳动成果而获得持续的发展和进步。从业人员应当了解自己承担的职业角色，完成自己的角色使命。

2. 经济性

职业的经济性反映在职业活动具有获得谋生的经济来源的目的上。劳动者在承担职业岗位职责并完成工作任务的过程中要索取报酬、获得收入，一方面这是社会、企业及用人部门对劳动者付出劳动的回报和代价；另一方面，劳动者以此维持家庭生活。这是保持整个社会稳定的基础。

3. 技术性

职业的技术性标示了职业的专业色彩。任何一个职业岗位都有相应的职责要求和专业技术要求，社会用职称、职务区分出技术等级、能力大小和资资程度的差异。

4. 稳定性

任何一种职业都要经历从酝酿到形成、从发展到完善再到消亡的变化过程。一般来说，构成职业生存的社会条件的变化是比较缓慢的，职业的生命周期具有相对的稳定性。随着现代社会的快速发展，特别是科学技术的飞速进步，在新职业诞生的同时，一些老职业也逐渐消亡。

5. 群体性

职业的群体性并不仅仅表现为一定的从业人员数量，更重要的是一定数量的从业人员所从事的不同工序、工艺流程表现出的协作关系，以及由此而产生的人际关系。从业者由于处于同一企业或同一部门，总会形成语言、习惯、利益、目的等方面的共同特征，从而使群体成员不断产生群体认同感。

6. 规范性

职业的规范性有两层含义。①职业主体所从事的职业活动必须符合国家法律规定和社会伦理道德准则。在我国，某些人所从事的活动尽管具有前述各种职业特征，例如，有组织的非法生产加工、非法包工、贩毒活动等，但是这些带有职业特征的活动内容不符合国家的法律规定，或有悖于社会伦理道德的准则要求，因而这些社会群体活动并不属于正当职业范畴。②从业者本身应遵守的法律法规，如某些职业的从业者应持证上岗，某些职业的从业者在操作过程中必须遵守特定的法律法规等。

二、职业是实现人生发展的载体

人的生存和发展离不开职业，社会的发展和进步也是靠各行各业的职业来推动的。职业是根据个人意愿和社会需要，有效地参与社会分工，利用专门的知识和技能，为社会创造物质财富和精神财富，获取合理报酬作为物质生活来源并满足精神需求的工作。职业对人生的作用是不言而喻的，不同的职业决定不同的人生，职业是实现人生发展的载体。一个人的职业没有好坏之分，只有是否适合，因此，职业定位就显得尤为重要。对于当代大学生来说，学校的学习就是一种职业准备过程，这是职业定位的必经阶段，根据自己既有的自然条件、知识结构、兴趣爱好和人文条件选择适合自己的职业，在满足自身的条件下，不断实现个人的发展和社会的进步。在人的一生中，我们需要扮演六种主要角色：孩子、学习者、休闲者、公民、工作者、持家者。不同时期不同角色的组成就构成了我们独特的生涯形态，个人也是通过扮演这些角色来寻求人生需求的满足和实现人生价值的。

每个人心中都有一种积极向上的力量，都希望自己的人生得到全面的发展，而人生的全面发展必须建立在职业生涯发展基础之上。生涯学者 Herr 和 Cramer 将工作可能达成的目的归纳为经济的、社会的、心理的三个层面，见表 1-1。

表 1-1 工作可能达成的目的

经济的	社会的	心理的
物质需求的满足	和人们聚会的场所	自我肯定
物质资产的获得	潜在的友谊	角色认定
对未来发展的安全感	人群关系	秩序感
可用于投资或延宕满足感的流动资产	工作者和其家庭的社会地位	可信赖感
购买货品和服务	受人重视的感觉	主控或胜任感
成功的证据	受他人需要的感觉	自我效能感
购买休闲和自由时间的资产	责任感	投入感
		个人评价

在现代社会中，工作是绝大多数人获得经济的、社会的和心理的回报，从而满足自身生存和发展需求的主要手段。同时，扮演好工作者角色，在职业生涯发展中有所成就，也能很好地支持其他人生角色的扮演。可以说，在现代社会，职业生涯是人生全面发展的重要载体，而人生全面发展又是成功的职业生涯的最终目的。

三、职业发展与人生需求满足

相信每个人都希望在自己的人生中满足自己较高层次的需求，最终实现自我价值。但较高层次需求并不是随心所欲就能满足的。满足人生较高层次的需求与个人的职业生涯发展程度是密切相关的。人生需求与职业生涯发展的关系，如图 1-1 所示。

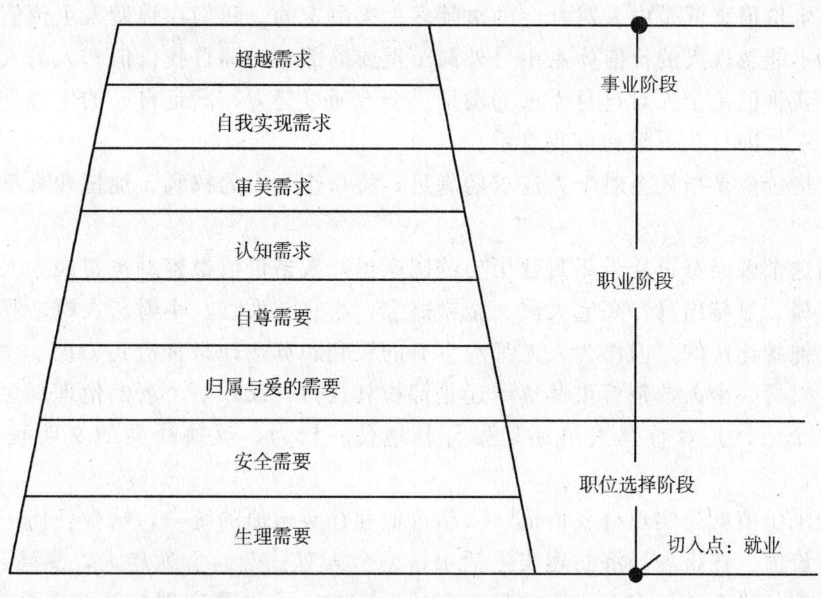

图 1-1　人生需求与职业生涯发展的关系

从图 1-1 可以看出，职位选择阶段是一个人职业生涯发展的第一步。在此阶段，个人依其职业价值观、兴趣、性格、能力素质对所从事的职位进行匹配性选择，工作还只是个人谋生、满足其生理需要和安全需要的一种手段。随着个人知识的丰富、能力的提高及个人与职位的匹配性和适应性的提高，个人的职业生涯也就进入了第二阶段——职业阶段。在此阶段，工作成为发挥个人才干，满足其对归属和爱的需要、尊重的需要、求知和求美的需要的一种手段。当个人的职业生涯进入事业阶段后，个人不再把工作当作是一种生存的手段，而是实现其人生价值的手段。在此阶段，虽然工作负担重、责任大，但总是以工作为乐，在工作中总有用不完的激情，个人通过工作满足其对发挥潜能及实现有意义的人生的追求。

四、职业价值观——人的全面发展与职业生涯的成功

人生的成功依仗职业生涯的成功。一个人要想实现自己的价值，得到社会的承认，一定要为社会环境、所在企业做出贡献，这是成功的必要条件。

(一) 人的价值及其组成

1. 人的价值的含义

每个人都想活得有价值，但什么是价值呢？简言之，价值就是客体对主体的有用性。物是由于其自身具备的属性或功能经人利用后显现其价值的，而人则是通过为社会创造物质财富或精神财富来表现和证明自己的价值的。作为价值客体，人的价值就是人的贡献。

2. 人的价值的组成

人的价值通常由社会价值、自我价值和人格价值三方面组成。

(1) 社会价值是个人对社会需求的满足，一个人对社会的贡献越大，他的人生价值就越高，即人生价值高低是由人对社会的贡献多少来决定的。我们在强调人生价值在于社会贡献时，绝不能忽视人的价值体系中另外两个重要的部分，即自我价值和人的人格价值。

(2) 自我价值是个人对自身需求的满足。个人通过努力，满足自己的生理、物质和精神方面的需求，即自我贡献和自我尊重。

(3) 人格价值是指社会对个人需求的满足，特指作为人的权利、地位和尊严，人格价值人人平等。

在中国这个曾经有过几千年封建历史的国家里，人格价值最容易被忽视。人们容易崇尚官位、俸禄、显赫出身、高宅大院、金银财宝，小官与大官、小财与大财之间是用低头弯腰、下跪匍匐连接的。但作为人人都应享有的权利和尊严却常常遭到忽视。

一个人对另一个人，是尊重其尊严还是仰视其权力，反映一个人的伦理观念水平；一个社会对一个人，是尊重其人格还是崇拜其地位、权力，反映社会的文明程度和民主进程。

实现人生价值就是实现自我价值、人格价值和社会价值的统一，缺少任何一环都不是完整的人生价值。在市场经济的现实生活中，一个人对社会的贡献越大，提高自我价值、获得人格价值的机会就越多。只有立足于高层次需求，将自我实现与社会需要结合起来，才能创造人生的最大价值。

(二) 人的全面发展

人生的成功依仗职业生涯的成功。一个人要想实现自己的价值、得到社会的承认，一定要为社会及所在企业做出贡献，这是成功的必要条件。

现代人追求全面发展。从个人角度而言，随着生活水平和教育程度的提高，人们的自我意识逐渐增强。在法制化建设和民主进程不断发展的市场经济社会里，人们会普遍追求拥有健康的生理体系、健全的人格体系、丰富的知识体系、多方面的能力体系、良好的人际关系体系、丰硕的职业生涯成果体系、幸福和谐的家庭生活体系、丰富多彩的人生活动体系的全新生活方式。职业生涯开发与管理的根本目的是为了人的全面发展。为了澄清这个观点，首先要分析和把握企业和个人的关系。

企业和个人到底是什么关系？有以下三种观点。

第一种观点是员工是为企业服务的。说此种观点的人比较少，但是按此观点做的人比较多。很多老板不愿这么说，但实际上是这么做的，在他的观念里员工就是为企业赚钱服务的。

第二种观点是员工和企业共同发展。常常听到老板跟员工说，大家都好好干，企业发展了，大家都有好处。但是，企业发展了，在这个企业里的员工会不会就一定能得到好处？企业发展与企业员工受益之间是不是有一个必然的逻辑关系？其实，你有可能是你创建的这个企业的牺牲品。这通常有两种情况：一种情况是你“功高震主”；另一种情况是你被自己创建的事业活活累死，因为也许事业发展得太大、太快了，你自己的内职业生涯赶不上外职业生涯发展的需求。

第三种观点是企业是为员工服务的。这种观点很少有人承认，也很少有人说，而且大部分人都不接受。

让我们看看问题的本质是什么。试想一个企业的老总，无论是国有企业还是私营企业，或是股份制企业，当他要做一项决策时，是否要考虑这项决策对他的地位、权力、发展和经济收入的影响？事实上，老总们自然而然地会想到这项决策对自己所带来的后果是什么。这后果对他来说有名誉上的、经济上的、地位上的、权力上的，有时还有政治上的。他一定会认真思考权衡。问题的本质就是企业老总愿意不愿意将“企业是为人民服务的”这一理念从对自己一个人扩展到对其他管理人员，乃至于扩展到对企业的所有员工。所以，问题的本质不在于企业要不要为员工服务，而在于当你成为企业老总的时候，愿意不愿意让企业从为你服务扩展到也为其他人服务。

（三）人的需求、职业价值观与人生观

人的需求、职业价值观与人生观之间的关系见图 1-2。

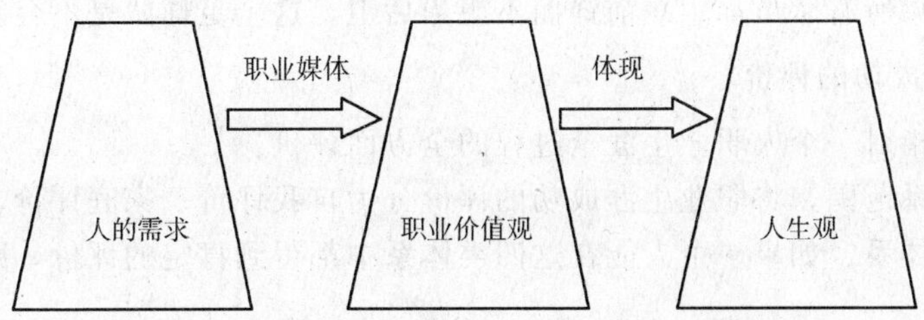

图 1-2　人的需求、职业价值观与人生观之间的关系

（四）职业生涯的成功

1. 职业生涯成功方向和成功标准的多样性

成功的职业生涯令人产生无可替代的满足感，但每个人对成功的定义各不相同。我们可以将职业生涯的成功方向分为五类。

（1）进取型——视成功为升入组织或职业的最高阶层，特别注重在群体中的地位，追求更高职务。

（2）安全型——追求认可、稳定；视成功为长期的稳定和相应不变的工作认可。

（3）自由型——追求不被控制；视成功为经历的多样性，希望有工作时间和方式上的自由，最讨厌打卡机。

（4）攀登型——挑战、冒险，愿意做创新工作；视成功为螺旋状地不断上升、自我完善。

（5）平衡型——视成功为家庭、事业、自我事物等均衡协调发展。

职业生涯成功没有统一的标准，因为每个人的成功方向不一样。进取型的人要求自己在一个组织中干得最好，什么事都一定要争第一，要争取做到最高的职务，要当总经理，要当董事长。这种人的思维方式是“帝思维”，他比较善于用全面、系统的观点看问题，愿意做决定，这种人就是想当老大，最不适合做的事就是做二把手。

安全型和进取型的人正好相反。安全型的人追求认可，不要求非得职务最高，只要领

导把自己当作圈里的人充分信任就好。对工资、职务不要求总提升，但要求稳定。这样的人如能找到一个好领导，会尽心尽责辅佐。他的思维方式是“仁思维”。

自由型的人最讨厌打卡机，不想非得几点上班、几点下班。“告诉我干什么事、什么时候、按照什么标准完成就行了，我保证完成好。至于什么时候干、怎么干，别给我那么多条条框框。”这类人希望在工作上充分发挥自己的聪明才智，他不喜欢那么多的规章制度，不希望被控制，最大的希望就是获得工作上的自由。

攀登型的人喜欢冒险，喜欢做没有做过的且具有挑战性的工作，这种人最适合于开发新市场，攀登型的人追求职业经历的多样化。

平衡型的人追求工作、家庭和自我事物的均衡发展。进取型的人为了得到工作上的第一，为了当一把手，宁可做出很多其他方面的牺牲。而平衡型的人不愿意为了其中一项而牺牲另外两项，希望几个方面均衡发展。

这几种类型无所谓好与坏，是自然形成的。在企业里最好是什么类型的人都有，就像一个足球队，如果所有队员都想踢前锋而不想当后卫，这个足球队是不会赢的。

2. 职业生涯成功的评价

全面评价是指对一个人职业生涯全过程的全方面评价。

按照人际关系范围，将职业生涯成功的评价分为自我评价、家庭评价、企业评价和社会评价四类评价体系。如果一个人能在这四类体系中都得到肯定的评价，则其职业生涯无疑是成功的。

自我评价是根据个人的价值观念及个人知识、能力的水平来进行的。职业生涯是否成功的自我评价是以个人的标准进行评价，评价者就是你自己。你是否充分施展了自己的才能？是否对自己在企业发展、社会进步中所做的贡献满意？是否对自己的职务、职称、工资待遇的变化满意？是否对你所处理的职业生涯发展与其他人生活动的关系的结果满足？

家庭评价的主体是你的父母、配偶、子女和其他家庭重要成员。评价内容是他们是否能够理解你的工作，是否能够给予你支持和帮助。评价的根据是家庭文化，家庭文化不一样，要求也就不一样。

企业也有企业的标准，在企业中是否能得到上级的肯定和表彰很重要，而能否得到下级、平级同事的赞赏则更关键。是否有职称、职务的提升，或同一个职务但责、权、利范围扩大？是否有工资待遇的提高？企业评价的根据是企业管理体系、企业文化及企业总体经营结果。

社会评价的主体是社会舆论、社会组织，是否有社会舆论的支持和好评，是否有社会组织的承认和奖励？评价标准是根据社会文明程度和社会历史进程，社会评价有一个最大的特点是滞后性。

成功既然没有统一的标准，是否能给它下个定义？职业生涯成功就是以愉快的心情实现了自己认为有意义的职业目标。

五、积极进取的人生态度是职业发展的基石

人生态度是人们对人生所具有的持续性信念，以及对各种人生境遇所做出的反应方式，它是人们在社会生活实践中所形成的对人生问题的稳定心理倾向和基本意图。面对不

同的人生境遇，不同的人会表现出不同的人生态度。有的人能积极进取，乐观向上；有的人则消极颓废，满不在乎。积极进取的人生态度会使人充满自信，意志坚强，正确处理索取与回报的关系，努力在职业发展中发挥自己的潜能，为社会多做贡献。而消极颓废的人生态度使人理想泯灭，意志销蚀，要么庸庸碌碌、得过且过，以冷漠和不负责任的态度对待人生；要么为了个人的前途而不择手段。

积极进取的人生态度能把一个弱者塑造为强者，因为它能促使一个人竭尽全力克服人生中所遇到的困难和挫折，做自己想做的事情，并且浑身充满干劲。

日本松下电器公司总裁松下幸之助，年轻时家庭生活贫困，必须靠他一人养家糊口。有一次，瘦弱矮小的松下到一家电器工厂去谋职。他走进这家工厂的人事部，向一位负责人说明了来意，请求给他安排一个哪怕是最低下的工作。这位负责人看到松下衣着肮脏，又瘦又小，觉得很不理想，但又不能直说，于是，就找了一个理由说："我们现在暂不缺人，你一个月以后再来看看吧。"这本来是个托词，但没想到一个月后松下真的来了，那位负责人又推托说此刻有事，过几天再说吧。隔了几天松下又来了，如此反复多次，这位负责人干脆说出了真正的理由："你这样脏兮兮的是进不了我们工厂的。"于是松下回去借了一些钱，买了一身整齐的衣服穿上又返回来。这人一看实在没有办法，便告诉松下："关于电器方面的知识你知道得太少了，我们不能要你。"两个月后，松下再次来到这家企业，说："我已经学了不少有关电器方面的知识，您看我哪方面还有差距，我一项项来弥补。"

这位负责人盯着他看了半天才说："我干这行几十年了，还是第一次遇到像你这样来找工作的，我真佩服你的耐心和韧性。"结果松下的毅力打动了那位负责人，负责人终于答应让他进那家工厂工作。后来，松下又逐渐发展成为一个非凡的人物。

在积极乐观的人眼里，失败只是暂时的挫折，而且还是一次机会，它说明自己还存在某种不足和欠缺，找到并补上这个缺口，自己就增长了经验、能力和智慧，也就会离成功越来越近了。人生发展中所遇到的困难是我们前进中的绊脚石还是踏脚石，并不取决于困难本身的大小，而是取决于我们对待困难的心态或态度。

比尔·盖茨曾对"进取心"做了高度评价。他说："这个世界愿对一件事情赠予大奖，包括金钱与荣誉，那就是进取心。"积极进取是一个人事业成功最重要的动力之一。拿破仑·希尔研究了数百个全球最富有的成功人士的历程，他发现这些人的创业历程中都有一个不可或缺的因素，那就是强烈的进取心。最后，希尔总结指出，只有能克服不可思议的障碍及巨大失望的人才能获得巨大成功。美国发明大王爱迪生曾说："我明白了，成功的大小不是由这个人达到的人生高度来衡量的，而是由他在成功路上克服的障碍的数目来衡量的。"

人生就好像爬山一样，你唯有怀抱达到山顶的雄心壮志才能爬到顶端。积极进取的人生态度是职业发展的基石。"你不能决定生命的长度，但你可以拓宽它的广度；你不能左右天气，但你可以改变心情；你不能改变容貌，但你可以展现笑容；你不能控制他人，但你可以掌握自己；你不能预知明天，但你可以利用今天；你不能样样胜利，但你可以事事尽力！"这就是积极进取的人生态度的生动写照。

第二节 职业生涯规划概述

人的一生可能从事不同的职业，不同的职业经历给你带来不同的结果和感受，让人拥有酸甜苦辣的多味人生。有时候，你可能会对自己所从事的职业有所怀疑：这真的是我想要的工作吗？为什么我一点成就感也没有？我会一直这样做下去吗？当你在失业与就业之间彷徨不定的时候，你是否觉得自己就像大海中一艘漫无目的漂泊的小船，不知该驶向何方？你知道为什么会出现这种情况吗？因为你没有规划自己的职业生涯！职业如同人生的航程，职业生涯规划就如同人生的导航图，指引你前进的方向。没有职业生涯规划就没有人生的目标，就没有行动的方向，你的一切努力可能都是竹篮打水一场空。

一、职业生涯概述

（一）生涯与职业生涯

1. 生涯（Career）

人生有涯，学海无涯。生涯本意是一段经历或历程。人们通过经历某种生涯而创造出一段有目的的、延续一定时间的生活模式或历程，比如，教师生涯、运动生涯、军旅生涯等。生涯辅导大师舒伯认为生涯是生活中各种事件的演进方向与历程，综合了个人一生中各种职业与生活角色，由此表现出个人独特的自我发展形态，是人生自出生到退休后一连串有酬或无酬职位的综合，除了职位外，尚包括与工作有关的角色，如家庭角色、公民角色等。由此可见，生涯是以工作为中心的人生发展历程。生涯的第一个特点是终身性，从出生到死亡，其发展贯穿人一生；第二个特点是综合性，并不局限于个人的职业角色，还包括了学生、子女、父母、公民等涵盖人生整体发展的各个层面的各种角色。另外，生涯还具有发展性、独特性的特点。

2. 职业生涯（Career Life）

Career既可以翻译成“生涯”，也可以翻译成“职业生涯”，但是其含义却大不相同。职业生涯是指一个人终身经历的所有职位的整个历程，是一个人在工作生活中所历经的所有职业或职位的总称。虽然职业生涯也是以“工作”为中心的历程，但它是从进入工作到退出工作的一段历程。职业生涯具有如下特点。

1）独特性

每个人的职业发展是独一无二的。职业生涯是个人依据其人生目标，为了自我实现而逐渐展开的一段独特的生命历程。不同的人有不同的特质及不同的追求，从而导致了每个人有着不同于他人的职业发展经历。从大致发展形态来看，也许有些人在职业生涯发展的形态上有着相似的地方，但是其过程却可能是完全不同的。职业生涯的独特性决定了并不存在一条适合所有人发展的职业道路，每个人应该根据自己的特点选择一条适合自己发展的职业道路。

2）发展性

职业生涯是一个动态的发展过程，个人在不同的人生发展阶段会有不同的诉求，这些诉求不断地在工作生活中表达出来，并寻求满足。个人正是通过这些诉求的表达，而成为自身职业生涯的主动塑造者。

3）内在性与外在性

职业生涯的内在性是指职业生涯发展表现在观念更新、心理素质提高、技能提升、经验丰富等内在因素上。职业生涯的外在性是指职业生涯发展表现在职位提升、待遇提高、工作环境改善、工作权限增加等外在因素上。这两者并不是孤立的，而是相互联动的。内职业生涯的发展是外职业生涯发展的基础，而外职业生涯的发展又会促进内职业生涯的提升。

4）无边界性

在现代社会，个人的职业生涯发展愈来愈表现出了跨组织、跨地域和跨职业的特点，这就是无边界职业生涯（Boundaryless Career）。在传统社会，一个人固定在一个单位、一个地方、一个职业是可能的。但是，随着经济的全球化、信息化，组织发展的不确定性剧增，越来越多的人自愿或非自愿地进行职业转换。

（二）职业生涯发展形态

在人的一生当中，每个人都要扮演多种角色。虽然每个角色对我们而言都是重要的，但是工作者的角色占去了我们最多的时间和心力。个人的职业转换与工作投入状况，我们称之为职业生涯发展形态。每个人都有独特的职业生涯形态，而这种形态的不同对人的发展影响极大。发展适合自己的职业生涯形态，能使自己的人生过得更加充实、有意义。常见的职业生涯发展形态主要有七种。

1. 步步高升型

实例：李立在一家颇具规模的家电制造公司工作多年，他开始是做家电业务员。因为他的业绩表现良好，能吃苦且服务周到，客户都非常欣赏他。后来，公司派李立去南方开发市场，别人无法达成的业绩，他做到了。几年后，李立回总公司担任业务副总。

说明：在一个组织，认真经营，即使工作地点或工作内容因公司的需要而有所改变，但是工作表现颇受主管的肯定，晋升速度较快。

2. 阅历丰富型

实例：建兴大学毕业后，感叹自己只拿到了一张文凭。他陆续当过高中代课老师、仪器公司专员、药厂研究员、贸易公司代表。每次换工作，建兴都是凭直觉。折腾几次下来，他说："换工作不见得好，但至少我对各行各业的认识比别人丰富多了，这也是一大笔人生财富。"

说明：换过不少工作，待过很多家公司，工作的内容差异性很大，勇于改变与创新，而且学习能力强，能面对各种突发的情况。

3. 稳扎稳打型

实例：裕民研究生毕业后，进入一家研究所工作。他从担任教授的研究助理做起，认真工作，慢慢积累。20年后，他终于当上了一所大学通信工程系的首席教授。

说明：在事业单位，如学校、行政机关、研究所，认真工作，一步一个脚印发展。此类单位的升迁与发展虽然缓慢，但是非常稳定。

4. 愈战愈勇型

实例：五年前，张芬原本会升为财务部门经理，但是公司内有些人对张芬所负责的财务工作大肆批评，甚至影射张芬的品德有问题。当初，张芬气得想离职以示抗议。后来，张芬主动请调分公司，事件才逐渐平息下来。几年后，当初批评她的人有的离职，有的退休。总公司为发挥张芬的财务专长，再度将她调回，并升任她为财务总监。

说明：职业发展已有明确的方向，但是因为某些原因而受到打击。受挫之后，凭自己的毅力与能力，积极发展，以更成熟的个性面对挑战。最后，工作的成就远超从前。

5. 得天独厚型

实例：震宇高中毕业后就被送到日本念大学，之后又到美国读企业管理硕士。他的英语、日语都很好，并具备国际观与企业管理知识。硕士还没毕业，父母便安排他在美国实习、工作，丰富人生阅历。在 30 岁那年，他回国准备掌管家族企业。在公司里，震宇从基层做起，只是别人花三年才能从组长升任科长，他只花了三个月。震宇是所谓的青年才俊，不到 35 岁，他已是某公司的总经理了。

说明：对于自己的职业，并没有花太多时间尝试，反而因为家庭的关系，很早就确定了方向，经过刻意的栽培与巧妙的安排，进入公司的决策核心。

6. 因故中断型

实例：艾玲婚前在广告公司上班，结婚之后，她发现身为医师的丈夫晚上常常要熬夜。如果艾玲是职业妇女，家中的事情谁料理？小孩子谁照顾？无奈之下，艾玲辞掉喜爱的工作。结婚 15 年，两个小孩念到中学，艾玲的职业生涯也中断 15 年。目前，艾玲生活的重心就在家庭与先生的事业。虽然有些遗憾，但是看到孩子的成长与先生的成就，她也颇为满足、骄傲。

说明：连续性的职业发展因为某些因素而停顿，处于静止或衰退状态。

7. 一心多用型

实例：淑贞是个会计师。她说："我的工作很繁重，但是，我承认自己很贪心，我总认为我这辈子不应该只是个会计师，我还想做点有意思、有乐趣的事情，即使不能为我赚来财富，但是可以丰富我的生活。所以，朋友找我投资艺术品，我欣然同意。现在，我不忙的时候，都会过去走一走，看一看自己的店，我觉得是很有成就感的。"

说明：有份稳定工作，同时在工作之余还从事其他类型工作，以使生活更为丰富。

二、职业生涯规划概述

人生在世，谁都想成就一番事业，然而，并非人人都能如愿以偿。问题何在？如何才能使事业获得成功？职业生涯规划为你提供了事业成功的技术与方法。良好的职业生涯规划可使我们充分认识自己，客观分析环境，科学地树立目标，正确选择职业，运用适当的方法，采取有效的措施，克服职业发展中的困难，从而获得事业的成功。

（一）职业生涯规划的含义

在解释什么是职业生涯规划（Career Planning）之前，让我们先澄清几个日常生活中常见的概念：职业生涯开发与管理（Career Development and Management）、职业生涯教育（Career Education）、职业指导（Career Guidance）、职业生涯咨询/辅导（Career Counseling）、职业生涯规划或设计（Career Design）。

（1）职业生涯开发与管理是指在企业组织环境下所设计的一系列员工职业发展方面的活动或措施，其目的是改善员工的工作习惯，提高员工对工作的胜任度，从而提高组织的生产力和经济效益。

（2）职业生涯教育是指在教育情境中所设计的一系列职业发展方面的活动或措施，其目的是增进学生的职业生涯意识，使学生能主动地为自己将来的职业生涯做良好的准备。

（3）职业指导是指由有经验的人通过谈话的形式对个人有关职业方面的困惑进行指导。在指导关系中，指导者与被指导者的地位是不对等的，指导者居于主导地位。

（4）职业生涯咨询/辅导是指一个以语言沟通的历程，咨询师与来访者建立一种平等、合作的关系，应用许多不同的咨询技巧，协助来访者解决自己职业发展方面的问题。

（5）职业生涯规划简称生涯规划，又叫职业生涯设计，是指组织或者个人把个人发展与组织发展相结合，对决定个人职业生涯的个人因素、组织因素和社会因素等进行测定、分析和总结，并在对自己的兴趣、爱好、能力、特点进行综合分析和权衡的基础上结合时代特点并根据自己的职业奋斗目标，制订个人一生中在事业发展上的战略设想与计划安排。它具有可行性、适应性等特点。根据定义，职业生涯规划首先要对个人特点进行分析，再对所在组织环境和社会环境进行分析，然后根据分析结果制订事业奋斗目标，选择实现这一事业目标的职业，编制相应的工作、教育、培训的行动计划，并对每一步骤的时间、顺序和方向做出合理的安排。生涯设计的目的绝不仅是帮助个人按照自己的资历条件找到一份合适的工作，更重要的是帮助个人真正了解自己，为自己定下事业大计，筹划未来，拟定一生的发展方向，根据主客观条件设计出合理且可行的职业生涯发展方向。

当今，大学生的职业生涯规划是个时髦的话题，许多大学开设了相关的课程或是专题报告与讲座，网络上也大肆炒作，一时间职业生涯规划成了大学毕业生最为关注的热点之一。但不少大学毕业生还没有真正理解职业生涯规划的确切含义，对职业生涯规划的重要意义认识不足，不了解职业生涯规划的程序，缺乏进行规划的具体技巧。所以不少大学生对职业生涯规划或冷眼相对，或无所适从，或规划流于形式，或不顾主客观条件任意随自己的兴致来“规划”，这些态度都会导致职业生涯规划的应有作用不能充分发挥。所以你必须认真制订一份书面文件，它详细描述了你职业生涯的方方面面。准备一份职业生涯规划将帮助你认真思考和评价你职业生涯的发展。

（二）职业生涯规划的内容与特征

1. 职业生涯的内涵

职业生涯从内涵上可分为外职业生涯与内职业生涯。

1）外职业生涯

外职业生涯是指从事一种职业时的工作时间、工作地点、工作单位、工作内容、工资待遇、荣誉称号等因素的组合及其变化过程。外职业生涯因素通常由他人给予和认可，也容易为他人所剥夺。比如，一个业务代表在应聘一家企业时，这个企业所提供的薪水不是他能决定的，即使他在进入企业之初的薪水很高，如果他不能给企业带来业绩，企业就可以随时降低他的薪水或将他辞退。

2）内职业生涯

内职业生涯是指在职业生涯发展中通过提升自身素质与职业技能而获取的个人综合能力、社会地位及荣誉的总和，它是别人无法替代和窃取的人生财富。内职业生涯因素是在外职业生涯过程中靠自己的不断探索获得的，不随外职业生涯的获得而自动具备，也不会由于外职业生涯的失去而自动丧失。

例如，小王被任命为销售经理，他获得的只是外职业生涯的一个职务，至于他是不是有能力做好这个经理，该职业应该具备的知识观念、经验能力、心理素质等并不是在他被任命的那一天就自动具备了，这些需要在工作实践中探索、思考，才能逐渐获得。而一旦获得以后，即使由于某种原因，小王不再担任该职务了，他的知识观念、经验能力和心理素质依然为他自己所拥有。

概言之，内职业生涯开发无止境，内职业生涯在人的职业生涯成功乃至人生成功中具有关键性的作用。因此，在开展职业生涯管理的过程中，应将着眼点和出发点放在内职业生涯的开发上，将职业生涯目标锁定在内职业生涯的发展上，这正好符合职业生涯管理的宗旨，即为了人的全面发展。至于外职业生涯，就让伯乐去开发吧。如果你成长为千里马了，相信总会被伯乐发现的。

3）内、外职业生涯的关系

内职业生涯的发展以外职业生涯的发展或成果为展示；内职业生涯的匮乏以外职业生涯的停滞或失败来呈现。内职业生涯的发展是外职业生涯发展的前提；外职业生涯依赖于内职业生涯的发展而增长；外职业生涯的发展又能拉动和促进内职业生涯的发展，因为如果内职业生涯的发展跟不上外职业生涯的发展，外职业生涯就会停滞不前，甚至会倒退。

如果职业人员的眼光只盯着外职业生涯的各种因素，如底薪是多少，职务有多高，提成比例如何，交通费是多少等，往往会使我们的职业发展方向发生偏差，不能达成预期目标。在职业生涯早期和中前期，一定要把对内职业生涯各因素的追求看得比外职业生涯更重。只有内、外职业生涯同时发展，职业生涯之旅才能一帆风顺。

2. 职业生涯规划的内容

个人职业生涯规划是个人对自己一生职业发展道路的设想和规划，它包括选择什么职业，以及在什么地区和什么单位从事这种职业，还包括在这个职业队伍中担负什么职务等内容。一般来说，个人希望从职业生涯的经历中不断得到成长和发展。个人通过职业生涯规划，可以使自己的一生职业有个方向，从而努力地围绕这个方向，充分地发挥自己的潜能，使自己走向成功。组织职业生涯规划是指在广大职员希望得到不断成长、发展的要求推动下，企业人力资源管理与开发部门为了了解职员个人的特点，了解他们成长和发展的方向及兴趣，不断增强他们的满意感，并使他们与企业组织的发展和需要统一协调起来，制订有关职员个人发展与组织发展需求相结合的计划，也可以把它称为职员职业生涯管理。

职业生涯规划一般应包括以下五点内容。一是自我价值和兴趣分析，确定成功标准，确定个体理想生存状态。二是确定职业目标。明确职业兴趣、理想职位和适宜的工作氛围，了解个体各方面素质特征和不可改变的社会现实环境并修订理想状态为可行的目标。三是制订职业发展路径和道路计划。四是明确需要进行的培训和准备。五是列出大概的时间安排和行动计划。

很多求职者都不能客观、全面地看待自己，对自己今后的职业生涯很少做出系统而全面的分析，很少认真地思考一些最基本而又最重要的问题，例如，我想做什么？我会做什么？环境支持或允许我做什么？我的优势是什么？我的不足是什么？我有没有职业与生活的规划？因此，在求职的过程中，他们经常碰壁，即使找到工作，也可能发现这份工作根本不适合自己，不得不重新进入求职的过程。

3. 职业生涯规划的特征

职业生涯规划的基本特征包括以下几个方面。

1）个性化特征

个人职业生涯规划必须由自己来主导。每个人的成长环境、教育背景、个性类型、文化资本构成、价值观、年龄、性别、资历、能力、学历、专业、学科、职业生涯目标、对成功评价的标准等不尽相同，所以，不同人的职业生涯规划也必不相同。因此，职业生涯规划具有鲜明的个性化特征。

2）可行性特征

职业生涯规划要结合实际情况进行，它不仅包含个人自身的实际情况，而且包括所处的经济、社会环境等实际情况，因此必须在主客观条件允许的情况下进行职业生涯规划，方能取得成功。否则，只能是空谈。

3）阶段性特征

职业生涯目标的制订与实现并不是一蹴而就的，因此，在进行职业生涯规划的过程中，需要将总体目标分解为阶段性目标，并为此制订相应的具体措施。当然，在实现或即将实现某一阶段性目标时，应该及时着手制订下一阶段的具体措施。

4）连续性特征

虽然职业生涯规划的具体措施是分阶段进行的，但是，各阶段之间并不是割裂开的，而是连续的，前一阶段目标的实现是为了实现下一阶段更高一级目标作铺垫的，而后一阶段是在前面各阶段完成的基础上起步的。

5）动态性特征

职业生涯规划本身是一个动态的概念，很少有人一生从事同一个职业，因而职业生涯规划也应该是动态的，需要随着自身情况或外界的环境的变化而进行适当的调整，甚至变更原来的规划。另外，规划应该有一定的弹性，以便在需要进行调整时有可以调整的空间，不要让计划束缚了自己的手脚。

6）相对稳定性特征

一个人的职业生涯规划一旦确定之后，如无特殊情况，一般应该保持其相对稳定性。

如果一个人朝三暮四，摇摆不定，那么，他的一生必将一事无成。

三、职业生涯规划的目的与意义

虽然有人认为，职业不过是一份工作，人生真正的满足可以从其他方面获得。然而，幸福的人往往是将自己的职业与生活目标有机结合。生活的目标或许是相对比较固定的、静态的，但是职业的生活方式却是处在一个动态的变化当中。如何在这样的动态和静态相结合的形势下找到一个最佳的平衡点，选择一条适合自己的职业发展道路，是个看似简单但实施起来却颇费工夫的难题。职业生涯规划可以帮助我们解决这一问题，提升我们的幸福感。

1. 职业生涯规划的目的

国内著名职业规划专家、爱未来首席职业顾问李廷海，在北京25所高校进行了一次以1200人为样本的大学生职业规划现状调查。调查中，有3～5年职业生涯规划的学生有16.5%，有模糊想法或到时候再说的学生有26.8%，而不知道自己将来做什么的学生竟然达到52.5%。“大学生职业规划严重缺位成为一个不争的事实，调查反映的突出问题是大学生职业规划不够，没有清晰的职业目标，所以很难找到理想的工作。”李廷海顾问这样解释大学生找工作难的问题。

职业生涯规划不同于就业指导，就业指导较多地关注就业层面，比如如何写简历、推荐信，如何填写招聘表格，如何参加面试等，这些都是很具体的找工作的技巧，而职业生涯规划不同于这些传统的求职准备，它站在更高的层面上，让人们对自己的整个人生职业的发展制订目标、确定方向，用心走好自己的人生之路。对于求职者来说，科学地进行职业生涯规划，可以帮助他们更早地意识到自己的目标，更有效率地度过每一天，更好地向人生目标迈进。

科学规划自己的职业生涯，精心策划自己的人生之旅，在有意识的规划中实现自己的人生价值，活出精彩的自己，是每个职场人的心愿。在当前经济一体化、自主择业的形势下，如何将自己的职业发展目标与市场经济相结合，如何将个人生涯规划与企业发展相融合，使自己在激烈的竞争中脱颖而出，通过精心规划走向成功，是个人职业发展规划中至关重要的人生课题。职业生涯规划的目的不是每个人都“成大功，立大业”，“选你所爱，爱你所选”才是职业生涯规划的最终目的。

职业生涯规划的目的是使职业和事业得到更好的发展。专家指出，随着年龄的增长，职业发展却没有增长是一种慢性危机，这种慢性危机最终可能导致失业。因为现在企业在招聘人员时，不仅要对能力做衡量，年龄也成为一个不可缺少的参照物。如果想三十而立，那就必须有自己循序渐进的职业发展路线。从目标方法上着手，一点一滴积累自己的职业竞争力，使自己朝着一个方向发展，最终实现自己的人生目标。没有人不渴望成功，而成功的人没有一个不是在有明确的目标指引下行动的，所以规划自己的职业生涯是非常必要的。

许多求职者可能会说：“外界环境变化太快，制订职业规划究竟有什么意义？有人当初没制订规划也成功了。”其实这种看法误解了职业规划的目的。职业规划与成功之间并没有必然的因果关系，但制订科学、合理、务实的职业规划会使目标更明确，更有助于成功。俗话说，机遇只偏爱有准备的人。无论世界复杂多变，从古至今，一个国家、一个城市或是一个组织都在为自身的发展制订规划。求职者制订职业规划的意义不在于控制变化，而在于认识自我，寻找方向，在变化中适时地调整自己的坐标，使职业发展之舟顺利前行。

换一个角度，从职业生涯来看，我们会发现，职业发展同样是一个动态的变化过程，这个动态的变化过程包括：在不同的年龄阶段，你会有不同的发展方向、发展任务，同时也会遇到不同的困难。如果说在一成不变的计划经济时代，你可以让时代推着你朝一个固定的方向走，那么在当今市场经济时代，却是行不通的。因为机会无处不在，变化无时不有，这些都会左右你的选择，影响你的发展。成功绝非偶然，它只属于有准备的人，所以每个人都应设定自己的人生目标，制订自己的职业生涯发展规划。

2. 职业生涯规划的意义

在国外，生涯规划教育从幼儿园就开始抓起，已形成一套完整的理论体系，并在高校中广泛运用。而在国内，高校教育则更偏重于知识方面的传授，对学生综合素质方面关注较少。如今，一方面，随着高校扩招，大学生就业压力增大；另一方面，大学生因为从小缺少生涯规划教育，生活没有目标，没有追求，临近毕业找工作时才发现自己已经蹉跎了大好光阴，此时再想重新认识自己，寻找适合自己的道路，已经走了许多弯路。职业生涯规划不仅仅是已在职场人的事情，更是在校大学生的事情，而且大学生的职业生涯规划比已在职场的人显得更重要。大学生在进入职场之前，就应该给自己制订出合理的职业规划及相应的职业定位，并不断地根据情况加以调整。

哈佛大学的爱德华·班菲德博士对美国社会进步动力的研究发现，那些成功的人往往都是有长期时间观念的人。他们在做每天、每周、每月活动规划时，都会用长期的观点去考察。他们会做出五年、十年，甚至二十年的未来计划。他们分配资源或做决策都是基于对自己在几年后的地位和成就的预期。这一研究成果，对于刚刚跨入社会的职场人士有着重要的启迪作用。如果我们在学校或参加工作后，从来没有对自己未来的职业生涯进行过长远规划，那么很可能等我们到了30岁，还没有形成自己的真正专长和对自己的准确定位，从而陷入在现有岗位继续下去没有大的出路，重新转行又要花费很大力气和付出很大机会成本的尴尬的境地。因此，职业生涯规划具有特别重要的意义。

第一，职业生涯规划可以发掘自我潜能，增强个人实力。一份行之有效的职业生涯规划的作用是：引导你正确认识自身的个性特质、现有与潜在的资源优势，帮助你重新对自己的价值进行定位并使其持续增值；引导你对自己的优势与劣势进行对比分析；引导你树立明确的职业发展目标与职业理想；引导你评价个人目标与现实之间的差距；引导你前瞻与实际相结合的职业定位，搜索或发现新的或有利的职业机会；引导你学会具体的方法，采取可行的步骤与措施，不断增强职业竞争力，实现自己的职业目标与理想。

第二，职业生涯规划可以增强发展的目的性与计划性，提升成功的机会。生涯发展要有计划、有目的，不可盲目地撞大运，很多时候我们的职业失败就是由于生涯规划没有做好。好的计划是成功的开始。“预则立，不预则废”就是这个道理。所以，一个有职业目标并围绕职业目标进行职业生涯规划的人，才会有积累，有了积累，才有优势，在事业发展上才会有突破。一个人能够对自己的职业生涯发展进行设计与规划，将极大地影响一个人的成功。

1970年，哈佛大学曾对智力相当的一群刚毕业的大学生进行过一次关于人生目标的调查。结果是这样的：27%的人没有人生目标，60%的人人生目标模糊，10%的人有清晰但比较短的目标，3%的人有清晰且长期的目标。以后的日子，他们经历了各自不同的人生。1995年，即25年后，哈佛大学对这群学生进行了跟踪调查。结果又是这样的：3%的人多年间他们朝着一个方向不懈努力，几乎都成为社会各界的成功人士，其中不乏行业领袖、社会精英；10%的人处于社会中层，由于短期目标不断实现，生活稳步上升，成为各个领域的专业人士；60%的人处于社会中下层，安稳地生活与工作，但都没有什么特别业绩；27%的人处于社会底层，生活没有目标，经常失业，过得很不如意，而且经常抱怨他人、抱怨社会、抱怨这个不肯给他们机会的世界。其实，他们之间的差别仅仅在于25年前他们中的一些人知道自己的人生目标，而另一些人不清楚或不是很清楚自己的人生目标。目标规划会提醒我们关注自己的工作，在实施与变化中，不断调整、进步。我们知道，一个职业目标清晰的人和一个职业目标模糊的人，他们走过相同的路，但收获是不同的。况且，当一个人发现自己的职业发展走错方向再回头时，不但一切从头开始，而且要付出巨大的时间和机会成本，甚至造成失业。

第三，职业生涯规划可以提升应对竞争的能力。当今社会处在变革的时代，到处充满着激烈的竞争。物竞天择，适者生存。职业活动的竞争非常突出，尤其是我国加入WTO后，要想在这场激烈的竞争中脱颖而出并保持立于不败之地，必须设计好自己的职业生涯规划，这样才能做到心中有数。而不少求职者不是先坐下来做好自己的职业生涯规划，而是拿着简历与求职信到处乱跑，总想会撞到好运气、找到好工作，结果是浪费了大量的时间、精力与资金，到头来感叹招聘单位有眼无珠，不能“慧眼识英雄”，叹息自己英雄无用武之地。这部分求职者没有充分认识到职业生涯规划的意义与重要性，认为找到理想的工作靠的是学历、业绩，认为职业生涯规划纯属纸上谈兵，简直是耽误时间，有时间还不如多跑两家招聘单位。这是一种错误的理念，实际上未雨绸缪，先做好职业生涯规划，磨刀不误砍柴工，有了清醒的认识与明确的目标，然后再把求职活动付诸实践，这样的效果要好得多，也更经济、更科学。

第四，职业生涯设计是个人职业发展的有效手段。首先，通过职业生涯设计可以明确个人职业发展的目标。现代社会中，职业发展的机会众多，往往使求职者无所适从，缺乏明确的目标，也使不少人在职业发展的道路上走不少弯路。有了职业发展目标，就会使人在每一天的工作和学习中，都在为这个目标的实现而积累资源。其次，通过职业生涯设计，可以使人了解自己，了解周围的环境，以便在纷纭的环境中找到适合自己的人生坐标，并不断发掘和拓展自己的潜能，最终实现职业目标。

第五，职业生涯设计是组织中人力资源开发的有效途径。组织的效能取决于组织中人力资源的发挥程度，传统的人力资源管理注重人职匹配，即将合适的人放在合适的位置上。现代人力资源管理与开发更注重人职发展，由于职位的要求是不断发展的，人也需要不断提高知识与技能，因此进行职业生涯设计，制订员工的职业生涯规划是一项必要的管理活动。通过职业生涯设计，可以最大限度发挥员工的潜能，使组织的效能最大化。

四、大学生职业生涯规划的误区

1. 职业生涯规划可有可无

职业生涯规划观念淡漠，是当代大学生的普遍特点。在召开的大学生座谈会上，80%的大学生表示自己从来没有对自己的职业生涯做过正规的规划，只知道大学生就业形势特别严峻，从进校开始就十分紧张，在感到不平的同时，并没有认真规划自己的职业前景。不少大学生认为职业生涯规划可有可无，反正能否就业不由自己说了算，听天由命。有大学生认为，自己尚处于学习阶段，未来有太多的不确定因素，所以现在规划自己为时过早。这种想法造成的后果是学习的无目的性，荒废了宝贵的学习时光，错过了职业规划下的有目的、有计划的人生发展的大好时机。

2. 职业生涯规划是毕业生的主要任务

不少大学生在谈及职业生涯规划时，都毫不怀疑地认为，这是毕业生的主要任务，而处于其他年级的学生是不必为职业规划而浪费时间的，认为计划不如变化快，职业规划等到即将毕业时再做不迟，其实这是一种误区。如果不从走进大学的第一天开始，就接受有关职业规划的理念，并在老师的指导下，逐渐形成自己的职业发展规划，到毕业真正面对就业问题时，就会陷入盲目状态，当意识到自己在专业水平和能力方面存在的不足时，已经无能为力，追悔莫及了。

事实上，不容乐观的就业形势也已经让一些大学生意识到职业规划从大一起就应该作为重点来做。通过职业规划，一方面，可选择适合自己发展的职业，确定符合自己兴趣与特长的生涯路线；另一方面，还可拓展到职业修养、价值观等内在的素质培养上来。但由于缺乏专门的指导和督促，不少学生没能够在进校时就开始科学的职业生涯规划。

3. 职业生涯规划中的自我定位不准

进行自我评估的目的是要找出自己的优势和不足。不幸的是，许多大学生在评估过程中看不到自己的优势所在，随之而来是对自己的过分否定，认为自己一无是处。不断地从自己身上找缺点并克服这些缺点，的确是难能可贵的，但过分的否定自己，也容易让自己失去信心。缺乏自信的人，其事业是难以成功的。

许多大学生没有做好自身的职业规划，首要的原因是对自己认识不清，不知道自己想干什么、适合干什么，想进行职业规划，但不知如何下手。在制订自己的职业规划时，最好是面对现实，做一个全面的自我分析，做好“四定”，即“定向”，确定自己的职业方向；“定点”，定自己职业发展的地点；“定位”，确定自己在社会上的位置；“定心”，做到心平气和。这些实际上就是解决职业生涯设计中“干什么”“何处干”“怎么干”“以什么样的心态去干”这四个最基本的问题。这样，既可以防止“低价出售”自己，也可以防止期望值过高而一无所获。

4. 职业生涯规划急功近利，把就业、职业与事业混为一谈

不少大学生忽视职业生涯规划过程的动态性和阶段性，不考虑自己的实际情况，盲目从众，急于求成，甚至企图走捷径实现目标。曾有一份在数百名大学生中所做的调查显示，95%的同学表示自己两年之内要做主管，5 年后成为部门总监；77%的同学说，35 岁之前要成为年薪 50 万～100 万的职业经理人；还有 20%的同学表示毕业后 10 年之内上《福布斯》等知名杂志的富豪排行榜，做一名金领。这样的职业规划对于绝大多数大学生而言很显然是不现实的，最终只能导致他们的失望与失败感。

有些大学生把就业、职业、事业混为一谈，认为就业等同于职业，甚至把就业与一生的事业发展画上等号。因此，在就业问题上显得优柔寡断，把就业当成一生中带有定格性的事情来对待，既不利于毕业时就业问题的解决，更不利于长远职业生涯的规划，更谈不上事业发展。职业生涯设计师徐小平认为人生职业分为三个层次：第一层次是就业，维持生存；第二层次是职业，从事比较稳定的工作，满足基本的物质需求；第三层次是事业，这个层次不仅有丰富的生活物质，更有精神上的满足感。这三个层次逐步推进，逐步实现，并不能一步到位。“先就业，后择业，再创业”也应围绕就业、职业、事业三个层次逐步推进。

五、职业生涯规划模式

（一）大学生生涯路径选择

了解职业生涯规划的基本内容，还需要明确生涯路径的选择。大学毕业将是人生一个转折点，毕业后的生涯路径有多种可能性。图 1-3 是一个毕业去向示意图。

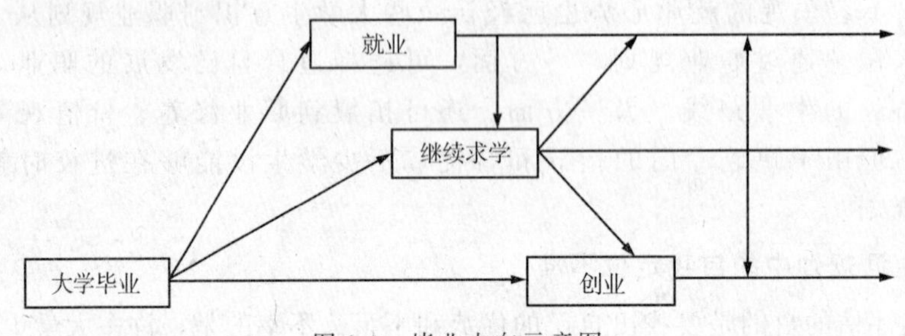

图 1-3 毕业去向示意图

从大的方面来说，大多数学生可能会先就业；部分同学可能会进入研究生阶段学习或者进行其他的进修学习，不急于参加工作，或者等待时机再就业；而有的同学可能会选择直接创业。这三种去向并不意味着从此截然不相干了。先就业的同学将来仍然可以选择重新回到学校继续学业或接受各种不同形式的培训，或者在条件成熟的时候创业。继续求学的同学在学习告一段落之后，也仍然会面临就业或是创业的选择。创业的同学也有可能重新就业或进入接受教育培训行列。同样，就业也有多种选择。

（二）大学生生涯规划模式

就发展历程的观点而言，大学生正处于生涯探索期和生涯建立期的关键阶段，面临着许多关乎未来发展的重大抉择，如学业、职业、人生价值、婚姻等。因此，大学生的职业生涯规划主要是要通过职业生涯探索的历程，增长生涯认知，并逐渐认清其生涯发展方向，以完成具体的职业生涯计划和准备。

美国的斯温（Swain，1989）教授为帮助大学生对自己的职业生涯进行良好的规划，提出了一个职业生涯规划的三维模式，如图 1-4 所示。

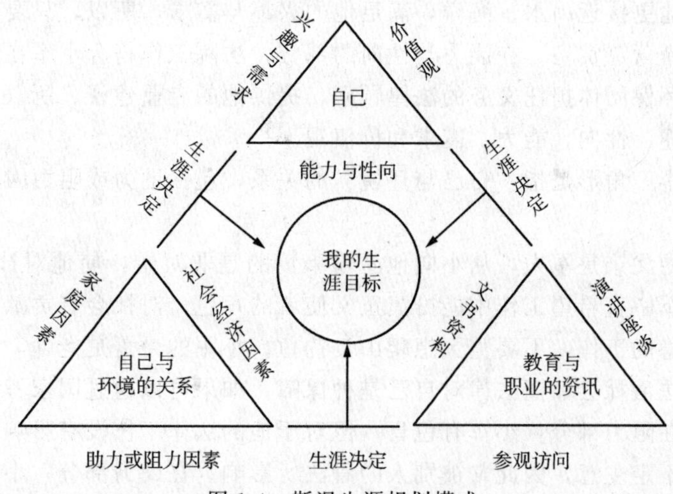

图 1-4　斯温生涯规划模式

斯温认为，一个规范的职业生涯规划应该包括三个重点，分别为个人特质的澄清与了解，教育与职业资料的提供和个人与环境关系的协调。这三个方面在生涯规划中同等重要。

（1）个人特质的澄清与了解涉及个人的需要、兴趣、能力倾向及价值观念等。了解自己，是职业选择或生涯规划的最基本要求。这些特质可以通过对生涯的探索活动、自我评定或心理测验等进行了解。

（2）教育与职业资料的提供是整个生涯目标决定过程中不可或缺的部分。缺乏对职业世界的了解而想做好职业选择，是不切实际的。个体的职业认定常受到原有印象的影响，如性别、学历等，也有的职业或专业的名称也许只是一字之差，但其内容、性质或发展却相差很多，因而正确资料的提供是职业目标决定的重要依据。

（3）影响职业规划的环境因素大多是社会文化与机会因素。这些因素通常是个人无法掌握或控制的，例如家庭或他人的重要意见，社会重大事件的影响，或经济是否景气等。因此，既然不可能做到改变环境来适应人的需求，那么就要求人具备良好的环境适应能力，主动协调与环境的关系，使其保持和谐一致。

（三）斯温模型的使用案例

图 1-4 中的大三角里的圆形是此模式的核心部分，表示一个人想要达成的生涯目标。

此目标的设定深受环绕着核心的三个小三角所影响，每个小三角形都是生涯探索与规划的重点，其内涵与实例如下。

（1）第一个小三角形是指“自己”，包括个体的能力、性向、兴趣、需求、价值观等个人特质。

实例：小军对大自然的一草一木有浓厚的感情，从小在乡下长大，在田里、河川嬉戏、玩耍。近年来环境污染日趋严重，他深感痛心。法律系毕业后，小军全力冲刺考上检察官。目前他在花莲服务法院工作，符合小军想为社会伸张正义的价值观，而且上班地点在滨海城区，使他更接近山水、海洋，满足他的兴趣与需求，所以，只要有空，他总是喜欢登山、钓鱼、露营、赏鸟。在能力与性向的部分，法院工作符合小军在学校的训练，同时，他偶尔也为环保团体担任义务的法律顾问，提供他的专业建议。所以，小军的工作颇能满足自己的兴趣、性向、能力、需求和价值观。

(2) 第二个小三角形是指“自己与环境”的关系，包括助力或阻力因素、家庭因素和社会因素。

实例：小军的父亲是军人，从小向他灌输事情的是非对错，使他对社会有份使命感。受父亲影响，小军一直希望工作中能扮演正义使者的角色，对社会有贡献。至于母亲则希望小军能有份安稳的工作，不要整天想爬山、钓鱼。小军的哥哥是老师，当初选填志愿时就告诉小军，在法治社会，懂法律对自己是种保障，如果可以通过国家考试，就业方面的困难就比较小。在阻力部分，小军有色盲，但对于他的法律工作没有影响。小军的个性比较犹豫不决，拿不定主意，因此常被别人的看法所影响。在助力部分，小军记忆力强、文笔好，经常登山的习惯使他的体力和耐力都很不错。

(3) 第三个小三角形是指“教育与职业”的信息，包括参观访问、文档数据和演讲座谈等。

实例：小军在学校时参加读书会，与同学一起念书、讨论、分享，增加了很多信息来源。并且，系里举办的座谈会，他一定会参加，与学长、学姐密切联系，他们也乐意为他传授考试的技巧和准备的方向。同时，小军在大三就报名应征系里的法律服务队，正式成为队员之后，小军开始与校外人士接触。他觉得这样的经验，对他日后与环保团体接触有很大的影响。

这三个三角形是职业生涯发展与规划的重点。斯温职业生涯规划模型以简单、明了的图形呈现出来，使生涯规划有架构可循。即使如此，每个人的主观判断还是会有不同比重的考虑，产生不同的生涯决定，从而使所达成的生涯目标呈现出每个人的独特性与原创性。

扩展阅读

【阅读1】 三文鱼的一生

当我们在饭桌上品尝美味的三文鱼时，也许很少会想到关于它们的令人感动的生命故事。

每四年一次的10月份，加拿大佛雷瑟（Fraser）河上游的亚当斯（Adams）河段，平静的水面变得沸腾起来，成千上万条三文鱼（Sockeye Salmon）从太平洋逆流而上，来到这里繁殖后代。三文鱼银白色的鱼身在逆流而上的过程中变成猩红，整个水面因为有太多的鱼而变成一片红色。

三文鱼的一生令人惊叹！从鱼卵开始——每条雌鱼能够产下大约4000个鱼卵，并想方设法将其藏在卵石底下，但大量的鱼卵还是被其他鱼类和鸟类当作美味吃掉——幸存下来的鱼卵在石头下度过冬天，发育长成幼鱼（Fry），春天来临时便顺流而下，进入淡水湖中，它们将在湖中度过大约一年的时光，然后再顺流而下进入大海。在湖中尽管它们东躲西藏，但大多数幼鱼依然逃不过被捕食的命运，湖中的每四条鱼就有三条被吃掉，只有一条能够进入大海。然而危险并没有停止，进入广袤的大海，也就进入了更加危险的领域。在无边无际的北太平洋中，它们一边努力地长大，一边每天要面对鲸、海豹和其他鱼类的进攻；同时还有更加具有危险性的大量的捕鱼船威胁着它们的生命。整整四年，它们经历无数艰险，才能长成三公斤左右的成熟三文鱼。

成熟之后，一种内在的召唤使得它们开始了回家的旅程。10月初，所有成熟的三文鱼在佛雷瑟河口集结，浩浩荡荡游向它们的出生地。自进入河口开始，它们就不再吃任何东西，全力赶路，逆流而上将会消耗掉它们几乎所有的能量和体力。它们要不断从水面上跃起以闯过一个个急流和险滩，有些鱼跃到了岸上，变成了其他动物的美食；有些鱼在快要到达目的地之前力竭而亡，和它们一起死去的还有肚子里的几千个鱼卵。最初雌鱼产下的每4000个鱼卵中，只有两个能够活下来长大并最终回到产卵地。到达产卵地后，它们不顾休息开始成双成对挖坑产卵受精。在产卵受精完毕后，三文鱼精疲力竭双双死去，结束了只为繁殖下一代而进行的死亡之旅。冬天来临，白雪覆盖了大地，整个世界变得一片静谧，在寂静的河水下面，新的生命开始成长。

三文鱼的一生充满了危险和悲壮，它们克服种种困难，躲避无数危险，在生命的最后时刻，逆水搏击，回游产卵，为自己的生命画上句号。也许这样做是遗传和基因使然，并不是一种自觉的精神意识。但这一现象在人类看来，依然令人感动，令人思索和振奋。三文鱼的一生贯穿着明确的生命主线：成长，不管各种艰难险阻的成长；经历，不管大海多么不可预测，也要从平静的湖水游向大海去的经历，去完成生命各个阶段的历程；使命，不管多少险阻都要完成一生的使命，返回出生地来繁衍后代，哪怕以生命为代价。这一生命的主线使得三文鱼的一生变得壮观。

人类生命的过程中，也应该有非常明确的生命主线。我们应该努力成长，不惜一切代价使生命变得成熟；为了成熟我们应该去经历，经历自然、人文、社会和历史，使我们的生命变得完美；我们更需要使命感，活着不仅仅为了活着而已，我们生命的背后有使命存在，这一使命也许各不相同，但从终极意义上来说，应该是一致的，是为我们和我们的后代在和谐自然的世界中更加幸福地生活。也许我们不需要像三文鱼一样以生命为代价，但完成这一使命的神圣却应该比三文鱼的回游产卵更加严肃和不可动摇。

在现实生活中，有太多的人忘记了自己需要成长，变得懒惰、无聊和平庸；有太多的人忘记了应该去经历，变得胆怯、狭隘和固执；有太多的人忘记了自己承担的使命，变得苍白、迷茫和失落。那些成千上万在三文鱼回游的季节来到河边的人们，在观看三文鱼生与死搏击的同时，是否从它们身上得到一点点感悟，并且开始重新思考自己生命的历程呢？

（资料来源：俞敏洪．生命如一泓清水［M］．北京：群言出版社，2007）

【阅读 2】 失去目标其实是还没确立目标

新生小佳前来咨询，皱着眉，绷着脸，露出无奈的苦笑："现在心情很不好，很茫然、郁闷。上高中时，目标很明确，就是要上大学。可上了大学以后突然就没有目标了，不知道为什么而学。家长说是为了以后找个好工作，可仅仅就为了这个吗？再以后又为了什么呢？看着时间一天天过去，心里着急，但就是不想动，如果学习就为了以后找个好工作，是不是有点没劲呢？……"

最近，类似小佳的个案非常多。新生入学三个月了，最初的新鲜劲过去了，突然有种不知所措的茫然，但是多年的学校训练又使他们深知浪费时间的后果，因而十分焦虑苦闷。

新生上大学后顿感失落，一是由于社会舆论对大学生活的美化与他们高中时的艰苦形成了鲜明对比，使他们对大学抱有不切实际的幻想。在大学中，主要标准仍然是分数和成绩，仍然需要努力学习，这一发现令很多新生吃惊。因为从前老师、家长鼓励他们时，总是说："上了大学，一切就会好了。"但事实是，只要上学，就要有考试、评分，这是一个游戏规则。二是不少新生在中学时习惯了听从父母、老师的安排，原先把上大学当作了人生目标，因而上大学后突然间就失去了方向和动力，加之缺乏对社会的了解，所以在面临将由自己设计的未来时，显得被动和茫然，但内心成长的需要又是那样强烈，以至于许多大学新生像小佳一样苦恼和焦急。

其实，大学生在大一感觉没有人生目标是很正常的事，对我国大学生而言就更是如此。

这个世界上，只有极少数人是在很小的时候就确立了人生目标的，而绝大多数人则是在青春期时（12～21岁）开始思考并寻找人生目标，并在青春期结束时才确立人生目标。现行教育体制使得青少年都把"考上大学"这一阶段性任务或目标当作了人生目标，根本无暇思考人生问题，因而上大学后便失去了方向。

所谓"人生目标"是指一个人对自己一生中所要达到的预期结果的整体规划，其中包括了人生理念和很多阶段性任务或说短期目标，人生理念如"充满幸福感地与他人共同创造并分享生活"，阶段性任务或说短期目标则包括：考上大学，把大学上好，找一个适合自己的工作，建立社会支持系统，回报父母和社会，创建自己的事业，再如建立家庭、养育后代等。

中学阶段由父母、老师确立的上大学的目标只是人生目标中的一个阶段性任务，是我们实现人生目标的一个阶梯，而并非人生目标。所以，"人生目标失落在大一"的说法似乎并不确切，并不是大学使很多人失去了人生目标，而是大家到目前为止还没有确立自己的目标。因此，在大学初始开始寻找并确立自己的人生目标，是绝大多数新生上大学的首要任务之一，也是人生必修课。

寻找目标也是追求人生目标的组成部分之一，这个过程同样能给人以动力，因为那将充满发现的惊喜，是一次自我探索之旅。这一次，你独自上路，你通过读书、学习、观察、思考、比较，去努力发现“我是谁?”“我从哪里来?”这类问题的答案，从而为解决“我将往何处去?”这一人生目标奠定坚实的基础，这也是成长中最激动人心的体验。

写到这儿，我想起 1978 年我上大学时，班里一位插过队的同学天天在北大图书馆里看小说，我问他：“你怎么总看小说不看专业书呢?”他很郑重地回答我：“我在寻找人生目标。”

人生目标不是靠冥思苦想就能得来的，它需要大量的实践，甚至是错误的尝试。就新生而言，就是要在脚踏实地地进行专业课学习、课外阅读、社团活动，以及在与老师和同学的相处中不断了解、发现自己，并在此基础上做出符合自己情况的人生目标。

有些新生在做未来设计时，把寻找目标和当前的努力对立了起来，认为如果不先确立人生目标，所有的努力就是白费时间，因此只有确立了人生目标，才可以开始为追求目标而努力，这样就造成了时间上的浪费。想到这点，也让他们很着急。但这种看法是片面的，因为任何目标都有相通之外，都需要共同的基本能力。所以，我们在寻找人生目标的同时，要开始为实现目标做大量的准备工作。比如，首先，可以在完成课业任务的前提下，要求自己具备一些任何目标都需要的基本功，如写作、英语、电脑等；其次，要在大学期间具备这样一些能力：与人合作、解决问题、沟通、学会自我调节等。

如果一个大学新生在寻找人生目标的同时，真能从如上所述的几个方面提升自己，具备真才实学，那么一旦你确立了自己的人生目标，你就可以心无旁骛直奔主题——为实现目标而做各种所需的专业准备，而无需再花时间在基本能力的锻炼上。

（资料来源：杨眉，首都经贸大学心理教授）

【阅读 3】　大学几年怎么过?

大学的三四年具体要做什么？给你如下建议。

学通一个专业。这个专业可能是你就读的本专业，但更可能是别的你喜欢的专业，一定要做到有一业可专，否则毕业后你就真的无法证明自己了。

精通一项技能。无论什么，你总要学一个会一个，如英语口语好、计算机打字速度快等，这是通过实际操作证明你自己的最好方式，当然建议你还是优先发展所学专业方面的技能，这样可以做到一脉相承，更容易证明自己。

培养一项专长。包括但不局限于技能层面的东西，专业方面的也可以，但最好是专业外的，如搜集资料的能力很强，或者可以连续 3 天不睡觉但干劲还很足。总之，除了掌握一项技能之外，你还要额外再培养一项专长，只要每天拿出 30 分钟或者每周拿出一天专门干这个就足够了。

培养几个爱好。爱好是休闲的最好方式，你可以选择和大家在一起的爱好，如打球，也可以选择独处的爱好，如养花、吹笛子等。当然最好培养几个高雅的、未来应酬可能用得上的爱好（很功利但很有效，如果你不认同，可以选择让自己自在的爱好）。总之，爱好是你放松、打发时间和专注的最好手段。

博览群书。可以什么都看，给你一个数量要求，1000 本，大学三到四年，无论什么书。好处就不说了，要提醒的是，很多书你现在不看，这辈子就永远也看不了了。不信？不信你就试试。

交几个良师益友。人生何以解忧，唯有良师益友。数量不用太多，几个就足够，这可能是你一辈子的朋友，有一个可以交往一辈子的知心朋友十分不容易。

做义工。学会为别人担忧和分忧，别动不动就提钱，钱是你一辈子要面对的东西，大学里别太计较钱，否则你就失去了人生最后的纯真和热情。多做一些对大家都有好处的事情，多为社会需要的人尽义务，不为钱。

攒钱。不多，一个月就 100 元，为什么？因为你还不太懂钱，不太会利用钱，但你却要时刻花钱。你说你可以开源，是的，你可以赚钱，但请你能够连续一年每个月攒 100 元再说，注意是每个月攒 100 元，而不是总量达到就可以了。什么时候用？大学期间一定不要用，毕业时特别需要时再用，如果可以的话，希望你能坚持到月薪 1 万时再随意处理。这将是一种非常好的考验自己、管理自己、抵制外在诱惑的方式。

（资料来源：王兴权．大中小学生的生涯规划教育．http：//blog. sina. com. cn/wangxingquan.）

探索与练习

【探索 1】好习惯——坚持写日志

日志也称日记或手记。

你还有写日记的习惯吗？魏书生曾经说：写日记是道德长跑。多数成功的人都有一个好习惯，就是坚持写日记。如果你好久没有写日记了，那么在这个过程中你看到了什么？是什么没有让你继续这一好习惯？如果你坚持写日记，那么翻一翻你的日记，是不是感到很充实？

从今日开始，建立写日志的习惯，每天记录你的计划，记录你的收获，记录你的所做、所思，记录你的成长，让成长看得见。

那么今天你的收获是什么？你的感悟是什么？你想度过怎样的人生？从今天开始你在生涯规划课堂上要有怎样的收获？这些美好的记忆和思想的火花会让你一生受益。

【探索 2】我的生命清单

美国人约翰·戈达德 15 岁的时候，就把自己一生要做的事情列了一份清单，被称作“生命清单”。在这份排列有序的清单中，他给自己定下了 127 个具体目标，比如，探索尼罗河、攀登喜马拉雅山、读完莎士比亚的著作、写一本书等。44 年后，他以超人的毅力和非凡的勇气，在与命运的艰苦抗争中，终于按计划实现了 106 个目标，成为一名卓有成就的电影制片人、作家和演说家。

我的梦想有多少？我要列出我的生命清单——

________的生命清单

序号	梦想描述	所属领域	实现时间	准备策略
1				
2				
3				
4				
5				

具体到大学几年该怎么度过呢？我们建议（以本科为例）：

阶段		发展内容
第一学年	自我发现	·在基础课、学生工作、体育运动、课余活动等方面发展你的兴趣和技能 ·学会熟练地在就业中心查询相关信息，了解不同的职业和职位 ·跟父母、朋友、老师和已经工作的前辈讨论你对职业的兴趣 ·参加一些跟求职有关的小组讨论、自我测试等，了解自己的优势，努力让自己的成绩越考越好
第二学年	扩展职业视野	·继续在职业选择方面扩展你的知识 ·通过招聘网站、报纸等媒介更多地了解人才市场 ·同那些在你感兴趣的领域工作的人面谈，了解更多信息，参与对方一天的工作 ·争取暑期实习、社会实践来积累工作经验，并通过实地考查，了解自己的职业偏好
第三学年	缩小选择范围	·缩小你的职业选择范围，并与就业辅导员讨论 ·如果你选择的职业需要更高的学位，那么开始准备读研 ·考查你所向往的公司及其工作环境，锁定那些能够提供适合你职位的企业 ·继续积累与就业相关的工作经验和领导经历
第四学年	做出职业选择	·通过参与就业中心的项目来探索成功求职的一些秘诀，并向职业咨询师咨询 ·为你的第一份工作做准备，和你的校友交流他们在工作第一年所得的经验体会 ·使用通讯录来找到那些可能提供工作机会或可以为你写推荐信的人 ·探询所有的机遇：参加招聘会和宣讲会，并密切注意网站、报纸等各种媒介

【探索 3】生涯幻游

指导语：尽可能放松，使自己能舒服地坐在椅子上……现在，闭上眼睛并完全放松自己……舒缓你的呼吸……看看身体有哪些地方还紧张……有的话，请放松、放松、放松……现在，我们一起坐上时光隧道机，一起来到未来世界，现在是五年后的一天，算一算你现在几岁？……想一想你现在的容貌有变化吗？……现在来到五年后的某一日……新的一天你刚醒来，几点了？……你在哪儿？……你听到什么？……闻到了什么？……你还感觉到什么？……有何人与你一起吗？谁？……现在，你已起床了。接着，你准备下床？尝试感觉脚指头接触地面一刹那的温度，凉凉的？……还是暖暖的？……经过一番梳洗，你来到衣柜前面，准备换衣服上班，现在，你正在穿衣服，你穿的是什么？……一旦你穿上了，你要做些什么？你的情绪如何？然后你在什么地方吃早餐？早餐吃什么？……一起用餐的还有谁？……你跟他们说什么话？……你上班了，坐什么交通工具？……有人和你在一起吗？……谁？……当你走时，注意周围的一切……后来你到目的地了……你在何方？这地方像什么？……请注意，你对这地方的感觉是什么？……在这儿，你要做什么工作？……旁边有哪些人与你一起工作？……有的话，与你是什么关系？……你要在这儿逗留多久？……今天你还想去别的地方吗？……在这一天中，还想做什么？……现在，你回家了，今天是什么日子？……到家时，家里有哪些有人欢迎你？……晚餐的时间到了，你会在哪里用餐？……跟谁一起用餐？……吃什么？……吃饱饭后你想做什么？……现在的感觉又是什么？你与别人分享你做的事吗？……你已准备去睡了……回想这一天，你感觉如何？你希望明天也是如此吗？……你对这种生活感觉究竟是如何？……我将要求你回到现在，回到学校，回到我们的班级。好了，你回来了……开始看看周围的一切，请你不要说话，用笔写一封信给未来的自己。

【本章同步思考题】

1. 什么是职业？你是如何理解职业的？
2. 职业对人生发展的重要性的影响。
3. 生涯的含义、特征分别是什么？
4. 职业生涯规划的内涵、特征分别是什么？
5. 搜集材料说明职业生涯规划有什么重要意义。
6. 结合自己的实际情况，谈谈你的生涯发展规划。

第二章　职业生涯规划理论

导引个案

听李开复老师回忆大学时代

上大学前我的梦想是做一个哈佛人，除了因为哈佛的光环，也因为我一直把法律当作我的目标，数学当作我的“后备”，而哈佛这两者都是最好的。

1979 年的 4 月的某一天，一封拒信打破了我这个梦想。至于原因，我估计可能是因为 SAT 英语考得太差了：只考了 550 分。如果当时有新东方，也许我就成为哈佛人了。

最后我去的是哥伦比亚大学，它是一所很好的学校，法律和数学系也都很好。哥大给学生很大空间，让你去学很广的课程。我的大一大部分时间都是在学美术、历史、音乐、哲学……，学得很多，我觉得这是找到自己兴趣的机会。直到今天，我还记得哲学系的老教授说的：“知道什么是 make a difference 吗？想象有两个世界，一个有你，一个没有你，让两者的 difference 最大，这就是你一生的意义。”

回到我的哥大法律梦，其实我当时主要学的是“政治科学（Political Science）”，属于一种“法学博士预科（Pre. Law）”的专业。但是，读了几门“政治科学”的课后，我发现毫无兴趣，每天都打不起精神上课，十分苦恼。有一门课实在太枯燥，我基本上堂堂睡觉，唯一的差别是在教室睡还是在宿舍睡。睡到学期过完后，平均勉强够得一个 C，在限期到前一天把这门课退掉，才避免了平均不到 3.0、助学金被取消的灾难。

我和家人提起我对法律的苦闷时，他们都鼓励我转系。姐姐说：“你不是高中时就把大二的数学读完了，还得了全州数学冠军吗？怎么不转数学系？”但是，这又碰到了我的第二个苦恼。进入大学后，学校安排我进了一个“数学天才班”，那里集中了哥大所有的数学尖子，整班只有七个人。可很快，我就发现我的数学突然由“最好的”变成“最坏的”。这时我才想到我虽是“全州冠军”，但是我的州是乡下的田纳西州，碰到了这些来自加州或纽约州的真正“数学天才”，我不但技不如人，连问问题都胆怯了，生怕同学看出我这“全州冠军”的真正水平。这么下来，就越到后来落后得越多，到今天对这门课还是“半懂不懂”（又一个“沉默不是金”的证明）。

读完这门课后，我深深地发现那些“数学天才”都是为了“数学之美”而为它痴迷。一方面，我羡慕他们找到最爱。但是，我发现我既不是一个数学天才，也不会为了它的“美”而痴迷……因为我不希望我一生的意义就是理解数学之美。

就这样，我与我向往的哈佛、选择的法律、自豪的数学一一挥别。

失去了哈佛、法律、数学，我的未来之路将往何方？幸好还有计算机。其实我在高中就对计算机有很浓厚的兴趣了。高中时很幸运，学校有一台古董的 IBM 机器，当时是

1977年，要靠打卡才能够使用电脑。就是在一张一张的卡片上打洞，然后再把一叠这些打了洞的卡片输入电脑。大一时，我很惊讶不用打卡也可以用电脑，我更惊讶这么好玩的东西也可以作为“专业”。我选修了一门计算机，得到了我的第一个“A+”。除了老师、同学的赞扬，我感觉到一种震撼：未来这种技术能够思考吗？能够让人类更有效率吗？可能有一天取代人脑吗？解决这样的问题才是一生的意义呀！

大一末时，我找了一份工作，在电脑中心打工，每小时他们会付点钱给我作为酬劳，虽然不多，但也是一种鼓励。同学有什么问题都会来找我，而且当时“会计算机”在学校是件很时髦的事情，他们都觉得这个人太COOL了。甚至那时候我的ID都跟别人不一样：一般人都是“院系名+姓名”，像学计算机的就是cs.kaifulee，学政治的就是ps.kaifulee，而我的是cu.kaifulee，cu代表哥伦比亚大学，哥伦比亚+李开复，和校长一样，多牛啊！

当时哥大法律系排名全美第三，而计算机系是新设的一个专业，选择计算机这个基础不是很厚重的专业，看来前途并不是很明朗。如果选择法律系，前途大概可以预测到：作法官、律师、参选议员等。因为之前有很多范本，可以照着规划。而计算机，甚至你连将来做什么都想不出来，而当时还没有软件工程师这种职业。但是，我想的更多的是“人生的意义”和“我的兴趣”（做一个不喜欢的工作多无聊、多沮丧啊!），并没有让这些现实的就业问题影响我。

大二时，我从“政治科学”转到“计算机科学”。当时，一个物理系的同学开玩笑说：“任何学科要加一个‘科学’作后缀，肯定不是真的科学。看看你，从一个‘假科学’跳到另一个‘假科学’，跳来跳去还是成不了科学家”。

——转自大学生职业规划论坛

☞ 本章内容导读和学习目标 »

本章全部为职业生涯规划理论，分职业生涯匹配理论、职业生涯发展理论、职业生涯决策理论及其他理论等四节，共讲述十一个职业生涯规划理论。这些理论从不同的角度对个人职业选择和职业生涯发展的问题进行了研究和阐述。对于大学新生来说，初步了解和掌握这些理论非常重要，因为这些理论是后面章节内容的理论基础，理解这些理论将有助于我们更好的学习后面的章节。另外，这些理论本身对我们认知自我、掌握职业生涯发展的阶段和规律、职业抉择的本质及职业决策的方法和步骤等都很有帮助。通过本章的学习，要达到以下几个学习目标：

1. 掌握各个职业生涯规划理论的基本内容；
2. 理解职业生涯规划理论分类的原理；
3. 学会利用部分职业生涯规划理论进行自我认知；
4. 学会利用部分职业生涯规划理论规划大学生活；
5. 学会利用部分职业生涯规划理论进行科学决策。

第一节　职业生涯匹配理论

一、帕森斯的特质因素理论

帕森斯（Parsons）的特质因素理论又称人职匹配理论，是用于职业选择与职业指导的最经典的理论之一。美国波士顿大学教授弗兰克·帕森斯于1909年在其《选择职业》一书中提出了一个全新的观点，即人与职业相匹配是职业选择的关键。他认为，每个人都有自己独特的人格模式，每种人格模式的个人都有其相适应的职业类型。所谓“特质”就是指个人的人格特征，包括能力倾向、兴趣、价值观和人格等；而所谓“因素”则是指在工作上要取得成功所必须具备的条件或资格。最重要的是，这些特质都可以通过心理测量工具来加以评量，同样这些因素也是可以通过对工作的分析而被了解的。这样就使得职业指导由理论分析走向了实际应用，从一般的定性分析走向了精确的定量测量。从此，职业规划真正成为一门科学。

帕森斯的特质因素理论因具有较强的可操作性，被人们广泛采用，近百年来经久不衰。其具体步骤如下。

第一步是评价求职者的生理和心理特点（特性）。通过心理测量及其他测评手段，获得有关求职者的身体状况、能力倾向、兴趣爱好、气质与性格等方面的个人资料，并通过会谈、调查等方法获得有关求职者的家庭背景、学业成绩、工作经历等情况，并对这些资料进行评价。

第二步是分析各种职业对人的要求（因素），并向求职者提供有关的职业信息。这些信息包括：①职业的性质、工资待遇、工作条件及晋升的可能性；②求职的最低条件，诸如学历要求、所需的专业训练、身体要求、年龄、各种能力及其他心理特点的要求；③为准备就业而设置的教育课程计划，以及提供这种训练的教育机构、学习年限、入学资格和费用等；④就业机会。

第三步是人职匹配。指导人员在了解求职者的特性和职业的各项指标的基础上，帮助求职者进行比较分析，以便选择一种适合其个人特点又有可能得到并能在职业上取得成功的职业。

帕森斯认为职业与人的匹配，分为以下两种类型。

第一，条件匹配：即所需专门技术和专业知识的职业与掌握该种特殊技能和专业知识的择业者相匹配。

第二，特长匹配：即某些职业需要具有一定的特长的人，如敏感、易动感情、不守常规、有独创性、个性强、有理想等人格特性的人，宜于从事美的、自我情感表达的艺术创作类型的职业。

帕森斯的特质因素论，作为职业选择的经典性理论，至今仍然有效，并对职业生涯规划和职业心理学的发展具有重要的指导意义。

二、罗伊的人格发展理论

罗伊（Roe）是一位临床心理学家，她的人格理论大约在20世纪60年代提出，她依据自己所从事的临床心理学经验及对各类杰出人物有关适应、创造、智力等特质的研究结果，综合了精神分析论、莫瑞的人格理论与马斯洛的需要层次论，形成了其人格发展理论。

（一）主要观点

罗伊的理论试图说明遗传因素和儿童时期的经验对于未来职业行为的影响。

罗伊认为，早年经验会增强或削弱个人高层次的需求，进而影响人的生涯发展。她特别强调早期经验对个体以后的择业行为的影响。

罗伊的理论假设每个人天生就有一种扩展心理能量的倾向，这种内在的倾向配合个体不同的儿童时期的经验，塑造出个人需求满足的不同方式。而每一种方式对于生涯选择的行为都有不同的意义。

罗伊认为需求满足的发展与个人早期的家庭气氛及成年后的职业选择有密切的关系。如个体成长过程中，父母对他是接纳的还是拒绝的，家中气氛是温暖的还是冷漠的，父母对他的行为是自由放任的还是保守严厉的，这些都会反映在个人所做的职业选择上。

（二）亲子关系与职业选择

罗伊认为父母对个体早期的教养方式，对其今后的职业选择有很大的影响。

她把父母对孩子管教的态度从“温暖”和“冷漠”两个基本方面，大致划分为三种类型、六种情况（图 2-1）。

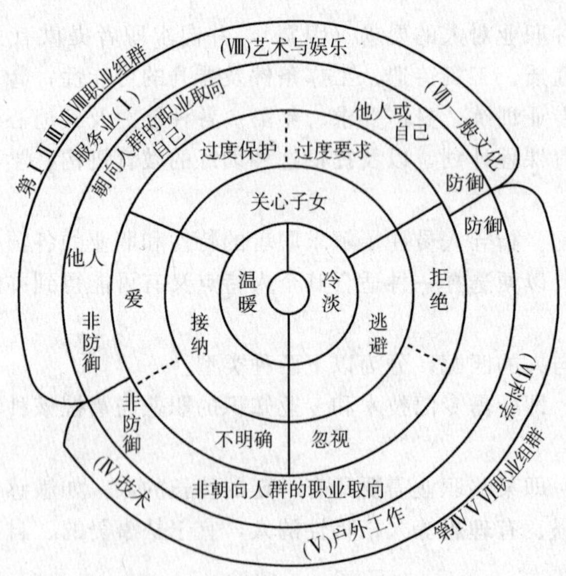

图 2-1 亲子关系与职业选择的关系

第一型“关心子女型”中的“过度保护型”父母，会毫无保留地满足子女的生理需求，却不见得能满足子女对爱与自尊的需求，即使这些需求都能得到满足，子女的行为未必表现出社会认可的行为。所以，在这类氛围下长大的子女，日后显示出较多的人际倾向，而且不是出自防御的心理机制。而“过度要求型”的父母，对子女需求的满足往往附加某些条件，也就是当子女表现出顺从的行为，或表现出父母认可的成就行为时，其生理需求或爱的需求才能得到满足，这种在父母的高标准、严要求下长大的孩子会变成完美主义者。他们会为表现得不够完美而焦虑，因而在做职业选择时较为困难。

在第二型“逃避型”父母的教养态度下，无论是受到拒绝或忽视，儿童需求满足的经验都是痛苦的，即不论生理需要还是安全需要的满足都会有所欠缺，更谈不上高级需要的满足。所以，这类儿童日后会害怕和他人相处，宁可在自己的工作岗位上靠自己的努力满足自己的需求。

第三型“接纳型”家庭的氛围大体上是温暖的。在温暖、民主气氛下长大的孩子，各类层次的需求不会缺乏，长大之后也能做独立的选择。

总之，童年的经验与职业选择有极大的关系。每一个家庭对子女的养育方式都不尽相同，养育方式上的差异致使个人各种心理需求的满足方式与程度也会有层次上的出入。因此，父母的教养态度对孩子的职业选择有重要的影响，应该让孩子从小去发展自己的能力倾向及职业兴趣，这样他们对终身的择业行为才有正确的观念及选择的能力，也愿意承担选择后的责任。

（三）职业分类

罗伊认为，我们所选择的工作环境往往会反映出幼年时的家庭气氛。如果我们小时候生活的环境充满温暖、爱、接纳或保护的氛围，就可能会选择与人有关的职业，包括服务、商业、文化、艺术与娱乐或行政（商业组织）等一类的职业；如果我们小时候生活在一个冷漠、忽略、拒绝或适度要求的家庭中，便可能会选择科技、户外活动一类的职业，因为这些职业的研究范围是以事、物和观念为主，不太需要与人有直接、频繁的接触。

罗伊把职业分为服务、商业交易、行政、科技、户外活动、科学、文化和艺术娱乐等八大职业组群，依其难易程度和责任要求的高低，分为高级专业及管理、一般专业及管理、半专业及管理、技术、半技术及非技术六个等级。这八大职业组群和六个专业等级，组成了一个职业分类系统。

三、霍兰德职业兴趣理论

约翰·霍兰德（John Holland）是美国约翰·霍普金斯大学心理学教授，美国著名的职业指导专家。他于1959年提出了具有广泛社会影响的职业兴趣理论。霍兰德认为人的人格类型、兴趣与职业密切相关，兴趣是人们活动的巨大动力，凡是具有职业兴趣的职业，都可以提高人们的积极性，促使人们积极地、愉快地从事该职业，且职业兴趣与人格之间存在很高的相关性。

（一）主要观点

霍兰德认为，生涯选择是个人人格在工作世界中的表露和延伸，某一类型的职业通常会吸引具有相同人格特质的人，而具有相同人格特质的人对许多生活事件的反应模式也是基本相似的，他们创造了具有某一特色的生活环境（也包括工作环境）。霍兰德认为，在同等条件下，人和环境的适配性或一致性将会增加个体的工作满意度、职业稳定性和职业成就感。

霍兰德生涯理论的基础主要由四个基本假设组成。①大多数人的人格特质都可以归纳为六种类型，即现实型、研究型、艺术型、社会型、企业型和常规型。②职业环境也有六种类型，其名称、性质与人格类型的分类一致。③人们都尽量寻找那些能突出自己特长、体现自己价值和能令自己愉快的职业，例如，一个现实型的人会尽力去寻找现实型的职业，其他几种人格类型和职业环境类型的匹配亦然。④一个人的行为表现是职业环境类型和人格类型相互作用的结果。如果知道自己的人格类型和职业类型，我们就可以预测自己的职业选择、工作变换、职业成就、教育及社会行为。

（二）人格类型

1. 现实型

现实型的人喜欢从事户外工作或操作机器，而不喜欢在室内工作。这种人通常比较现实，身强体壮，擅长机械和体力劳动，他们会倾向于选择如下一些职业：制造、渔业、野生动物管理、技术贸易、机械、农业、技术、林业、特种工程师和军事工作等。有时候，现实型的人在用言语表达自己的情感时可能会存在困难。

2. 研究型

研究型的人喜欢那些与思想有关的研究活动，如数学、物理、生物和社会科学等，他们喜欢研究那些需要分析、思考的抽象问题。研究型的人通常具有如下特征：聪明、好奇、有学问，具有创造性和批判性，具有数学和科学天赋，这一类型的人虽然常隶属于某一研究团体，但他们喜欢独立工作。以下人员就属于研究型的人：实验室工作人员、生物学家、化学家、社会学家、工程设计师、物理学家和程序设计员等。

3. 艺术型

艺术型的人喜欢自我表达，喜欢在写作、音乐、艺术和戏剧等方面进行艺术创作。他们通常会尽力避免那些过度模式化的环境。他们喜欢将自己完全投注在自己所制订的项目中。这样的人通常善于表达，有直觉力，具有想象力和创造力，具有表演、写作、音乐创作和讲演等天赋。他们从事的职业主要有作家、艺术家、音乐家、诗人、漫画家、演员、戏剧导演、作曲家、乐队指挥和室内装潢等。

4. 社会型

社会型的人典型的表现是喜欢与人合作，积极关心他人的幸福，喜欢给人做培训或给大家传达信息，愿意帮助别人解决困难。他们喜欢的工作环境是那些需要与人建立关系、与群体合作、与人相处，以及通过谈话来解决问题和困难的工作环境。社会型的人通常易合作、友好、仁慈、随和、机智、善解人意。他们偏好的主要职业有教学、社会工作、宗教、心理咨询和娱乐等。

5. 企业型

企业型的人喜欢领导和控制别人，或为了达到个人或组织的目的而去说服别人。他们追求高出平均水平的收入。他们喜欢利用权力，希望成就一番事业。这样的人多从商或从政。企业型的人通常精力充沛、热情、自信，具有冒险精神，能控制形势，擅长表达和领导。他们大多会在政治或经济领域取得成就。适合这类人的职业主要有商业管理、律师、政治领袖、推销商、市场经理或销售经理、体育运动策划者、采购员、投资商、电视制片人和保险代理人等。

6. 常规型

典型的常规型的人喜欢规范化的工作或活动，他们希望确切地知道别人希望他们怎么样和让他们干什么，他们喜欢整洁有序。若把常规型的人放在领导者的位置会让他们感到不适应，他们更愿意在一个大的机构中处于从属地位，随大流。常规型的人大多具有细心、顺从、依赖、有序、有条理、有毅力、效率高等特征。他们多擅长文书或数据类工作，通常会在商业事务性的工作中取得成就。适合这一类人的典型职业有会计、银行出纳、图书管理员、秘书、档案文书、税务专家和计算机操作员等。

（三）职业环境类型

1. 现实型的职业

通常是那些对物体、工具、机器、动物等进行操作的工作。从事现实型职业的人通常具有现实型的人格特质。他们大多是现实的、机械的，并具有传统的价值观，倾向于用简单、直接的方式来处理问题，也用他们的机械和技术能力来进行生产。

2. 研究型的职业

通常是指那些对物理学、生物学或文化知识进行研究和探索的职业。从事这一行业的人通常具有研究型的人格特质。他们大多是有学问、聪明的人，他们获取成就的方式主要是通过证明他们的科学价值，这样的人一般会以复杂、抽象的方式看待世界，并倾向于用理性和分析的方式来处理问题。

3. 艺术型的职业

通常指那些进行艺术、文学、音乐和戏剧创作的职业。从事这一职业的人通常具有艺术型的人格特质。他们大多擅长表达，富有创造力，直觉能力强，不随大流，独立性强。他们通常以展示自己的艺术价值来获取成就，以复杂的和非传统的方式来看待世界，与他人交往更富于情感和表达。

4. 社会型的职业

主要是那些与人打交道的工作，如教导、培训、发展、治疗或启发人的心智等。从事这类职业的人通常具有社会型的人格特质。他们通常乐于助人、善解人意、灵活而随和。他们获取成就的主要方式是通过展示自己的社会价值，并常常以友好、合作的方式来与人相处。

5. 企业型的职业

主要是指那些通过控制、管理他人而达到个人或组织目标的职业。从事这一职业的人通常具有管理型的人格特质。他们一般都具有领导和演说才能，通过展示自己的金钱、权力、地位等来获取成就，常常以权力、地位、责任等为标准来衡量外界事物，并通过控制的方式来处理问题。

6. 常规型的职业

通常是指那些对数据进行细致有序的系统处理的工作，如录入、档案管理、信息组织和工作机器操作等。从事这一职业的人通常具有常规型的人格特质。他们通常整洁有序，擅长文书工作，一般会在适应性和依赖性的工作中获取成就。他们通常以传统的和依赖的态度来看待事物，并用认真、现实的方式来处理问题。

（四）霍兰德六种类型之间的关系

霍兰德所划分的六大类型，并非是并列的，有着明晰的边界的，他以六边形标示出六大类型的关系（图 2-2）。

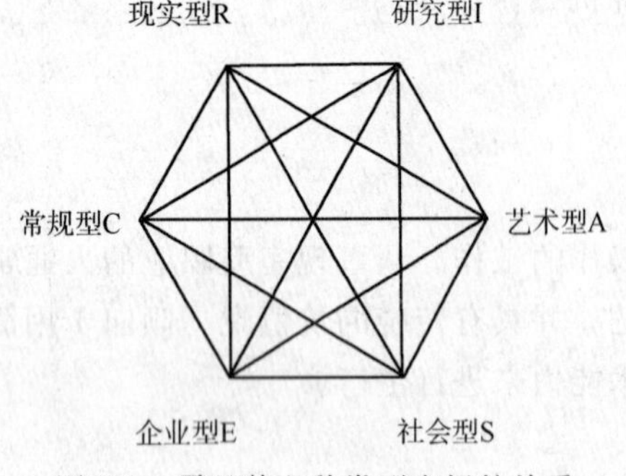

图 2-2 霍兰德六种类型之间的关系

1. 相邻关系

如 RI、IR、IA、AI、AS、SA、SE、ES、EC、CE、RC 及 CR。属于这种关系的两种类型的个体之间共同点较多，现实型 R、研究型 I 的人就都不太偏好人际交往，这两种职业环境中也都较少有机会与人接触。

2. 相隔关系

如 RA、RE、IC、IS、AR、AE、SI、SC、EA、ER、CI 及 CS，属于这种关系的两种类型个体之间共同点较相邻关系少。

3. 相对关系

在六边形上处于对角位置的类型之间即为相对关系，如 RS、IE、AC、SR、EICA 即是，相对关系的人格类型共同点少。因此，一个人同时对处于相对关系的两种职业环境都兴趣很浓的情况较为少见。

人们通常倾向选择与自我兴趣类型匹配的职业环境，如具有现实型兴趣的人希望在现实型的职业环境中工作。但职业选择中，个体并非一定要选择与自己兴趣完全对应的职业环境：一则因为个体本身常是多种兴趣类型的综合体，单一类型显著突出的情况不多，因此评价个体的兴趣类型时也时常以其在六大类型中得分居前三位的类型组合而成，组合时根据分数的高低依次排列字母，构成其兴趣组型，如 RCA、AIS 等；二则因为影响职业选择的因素是多方面的，不仅依据兴趣类型，还要参照社会的职业需求及获得职业的现实可能性。因此，职业选择时会不断妥协，寻求相邻职业环境，甚至相隔职业环境。在这种环境中，个体需要逐渐适应工作环境。但如果个体寻找的是相对的职业环境，意味着所进入的是与自我兴趣完全不同的职业环境，则我们工作起来可能难以适应，或者难以做到工作时觉得很快乐，相反，甚至可能会每天工作得很痛苦。

第二节　职业生涯发展理论

一、金斯伯格的生涯发展理论

美国著名职业指导专家金斯伯格（Ginzberg）对职业生涯的发展进行过长期研究，对实践产生过广泛影响。1951 年，金斯伯格出版《职业选择》一书，对青少年职业选择的过程与问题做了深入的研究，提出了职业发展的幻想阶段、尝试阶段、现实阶段三个发展阶段，认为职业在个人生活中是一个连续的、长期的发展过程。

1. 幻想期：处于 11 岁之前的儿童时期

这一时期儿童已逐渐获得了社会角色的直接印象，他们对自己经常看到或接触到的各类职业都感兴趣，并充满了新奇、好玩之感，幻想着长大要当什么。特别是他们在早期的游戏中，常常充分地运用各自的职业想象力，扮演他们各自所喜爱的角色。随着年龄的增长，游戏中所喜爱的角色得到初步强化，他们开始在日常服饰搭配、语言行动上对这些角色进行模仿。如果这种模仿得到了成人和伙伴的赞许、肯定，那么他们的这种开始萌芽的职业意识会得到强化。

这一时期儿童心理发展总的特点是：①属于单纯的兴趣爱好与模仿；②不考虑自身的条件和能力水平；③不能形成与社会需要相适应的认识，完全处于幻想之中。

2. 尝试期：11～17 岁

这是由少年儿童向青年过渡的时期。从此时起，人们的生理和心理在迅速成长、发育和变化，有独立的意识，价值观念开始形成，知识和能力显著增长和增强，初步懂得社会生活和生活经验。在职业需求上呈现出的特点是：有职业兴趣，并能客观地审视自身各方面的条件和能力；开始注意职业角色的社会地位、社会意义，以及社会对该职业的需要。但此时，由于长期处于学校学习，对社会和职业的理解还不全面，对职业主要考虑的还是个人的兴趣，具有理想主义色彩。

金斯伯格还把尝试期阶段分为兴趣阶段、能力阶段、价值观阶段和综合阶段四个子阶段。

（1）兴趣子阶段：开始注意并培养其对某些职业的兴趣，期盼着将来从事某些职业。

（2）能力子阶段：不仅仅考虑个人的兴趣，同时也注意到个人能力与职业的关系，注重衡量自己的能力，并积极参加各种相关的职业活动，以检验自己的能力。

（3）价值观子阶段：开始注意了解各种职业的社会价值和个人价值，并运用这些价值审视自己的职业兴趣和能力，以便进行职业选择。

（4）综合子阶段：开始综合有关职业信息，并综合判断个体职业发展方向，缩小职业兴趣范围，把自己在前几个阶段中形成的职业价值判断和早期职业行动，转移到自己初步确定的职业方向上来。

3. 现实期：17 岁以后的青年段

与尝试期青少年的职业心理不同，17 岁以后是青年向成人过渡和迈进的年龄阶段。

个体开始步入社会劳动并实现就业。这一时期的个体能够客观地把自己的职业愿望同自己的主观条件、能力及社会现实的职业需要密切联系和协调起来，寻找适合自己的职业角色。他们对职业的认识已不再模糊不清，并形成了明确的、具体的、现实的职业生涯目标。客观性、现实性是这一时期青年的最明显的特点。

金斯伯格也把现实期阶段分为试探阶段、具体化阶段和专业化阶段三个子阶段。

(1) 试探子阶段：对尝试期初步确定的职业方向进行各种职业的试探活动，如调查、访谈、参观、考察、查询、咨询等，了解职业发展方向及就业机会，为选择职业生涯做准备。

(2) 具体化子阶段：对职业试探活动中的某些结果，结合自己的情况进行比较分析，再一次缩小职业选择范围，使自己的职业选择方向更加具体化、明确化。

(3) 专业化子阶段：对个体职业发展的专业方向进行确认，并以实际行动投入到目标变为现实的行为过程中去，包括选择专业院校学习和直接对工作单位进行选择。

金斯伯格的职业发展理论主要研究的是个人进入职业前的一段时期的职业观的变化及进入职业前的职业选择问题，对进入职业角色后如何调整与发展职业生涯研究得不够。

金斯伯格为了完善他的理论，于 1983 年对他的职业选择理论进行了重新阐述，其中着重强调的一点就是：对那些从工作中寻找满足感的人来说，职业选择是一个终生的决策过程，是他们不断增进自己正在变化的职业目标和工作现实之间匹配的过程。这一过程受三个因素的影响：最初的职业选择、最初的选择与随后工作经验所给予的反馈及经济与家庭状况。这就是说，如果一个人最初的职业选择没有达到所期望的职业满意度，他很可能要重新进行一次职业选择，而再次的职业选择依然受到家庭和经济状况等因素的制约。

二、舒伯的职业生涯阶段理论

舒伯（Super）是美国有代表性的职业规划大师。舒伯于 1953 年在美国的《美国心理学家》杂志上发表文章提出"生涯"的概念，他把"生涯"定义为生活中各种事态的演进方向和历程，它统合了人一生中的各种职业和生活角色，由此表现出个人独特的自我发展形态；生涯也是人生自青春期至退休后所有有酬和无酬的职位的综合，除了职业还包括任何与工作有关的角色，如学生、退休者，甚至还包含家庭和公民的角色。

(一) 舒伯职业生涯发展理论的主要观点

"自我概念"是舒伯理论中的核心概念。所谓"自我概念"，就是指个人对自己的兴趣、能力、价值观及人格特征等方面的认识和主观评价。一个人的自我概念在青春期以前就开始形成，至青春期较为明朗，并于成人期由自我概念转化为生涯概念。工作与生活满意与否，取决于个人是否在工作和生活中找到实现自我的机会。用舒伯的话说，"生涯就是对自我的实现"。他的观点可以总结为以下 14 项。

(1) 人们在能力、人格、需求、价值、兴趣和自我概念等个人特质上存在差异。

(2) 具有独特本质的个体适合从事某些特定的职业范畴。

(3) 每种职业对应相应的一组个人特质；职业和个体之间有一定的选择自由度。

(4) 个体特质（职业偏好、能力、生活）、工作环境及自我概念，都会随时间的推移而改变。自我概念会在青少年晚期后逐渐稳定和成熟，在职业生涯选择与适应上持续发挥影响。

（5）个体的职业生涯可归纳为一系列的生命阶段，包括成长、探索、建立、维持及衰退几个人生发展阶段。每一个阶段之间的转换经常受到环境或个人各种不稳定因素的影响。然而，不确定的转换会带来新的成长、再探索、再建立的历程。

（6）影响职业生涯类型（包括所有任职水平、谋职的次序、频率、持续时间）的因素有：个体的社会经济地位、心理能力、教育、技巧、特质（需求、价值、兴趣与自我概念）、生涯成熟及机遇。

（7）在各阶段，个人能否成功地适应环境和个人需求，主要取决于他的准备情况，即职业成熟程度。职业成熟是由个人生理、心理、社会特质等组成的整体状态。

（8）职业生涯成熟是一个假设性概念，如同智力的概念一样，很难界定其操作性定义。但可以确定的是，生涯成熟度并非单一维度的特质。

（9）个人职业生涯的发展可以被引导：一方面促进个人能力和兴趣的成熟；一方面指导个人实践，形成自我概念。

（10）生涯发展的实质就是自我概念的发展、形成。自我概念是个人的遗传、身体状况、观察和扮演不同角色、评估角色、扮演、与他人互相学习等活动交互作用的产物。

（11）个人在自我概念和现实之间的心领神会或退让妥协，是一个角色扮演和反馈的学习过程。这些学习的场所包括游戏、生涯咨询、教室、打工场所及正式的工作等。

（12）个人工作和生活满意的程度取决于如何为自身的能力、需求、价值、兴趣、人格特质与自我概念寻找适当的出口。

（13）个人从工作中所获取的满意程度与其体验到的自我实现程度成正比例关系。

（14）工作和职业，对大多数人来说，提供了个性发挥的条件；对某些人来说，这只是处于生命的边缘位置，甚至是微不足道的，而其他角色，如休闲活动和家庭照顾，居于核心。社会传统，诸如性别角色的刻板形象、楷模学习、种族偏见、环境机会结构及个别差异等，决定了个人对工作者、学生、休闲者、持家者及公民等角色的偏好。

（二）舒伯的职业生涯发展阶段

舒伯依据年龄将个体生涯阶段划分为成长、探索、确立、维持与衰退五个阶段，其中有三个阶段与金斯伯格的分类相近，只是年龄与内容稍有不同，舒伯增加了就业及退休阶段的生涯发展，具体分析如下。

1. 成长阶段（0～14岁）

该阶段孩童开始发展自我概念，开始以各种不同的方式表达自己的需要，且经过对现实世界不断尝试，来修饰自己的角色。

这个阶段发展的任务是：发展自我形象，发展对工作世界的正确态度，了解工作的意义。这个阶段包括三个时期：一是幻想期（0～10岁），以“需要”为主要思考因素，在这个时期幻想中的角色扮演很重要；二是兴趣期（11～12岁），以个人喜好为主要考虑因素；三是能力期（13～14岁）以“能力”为主要考虑因素，能力逐渐具有重要作用。

2. 探索阶段（15～24 岁）

该阶段的青少年，通过学校活动、社团活动、打零工等机会，对自我能力及角色、职业做了一番探索。

探索阶段属于学习打基础阶段，在这一时期，个人将认真地探索各种可能的职业选择，对自己的天资和能力进行现实性评价，并根据未来的职业选择做出相应的教育决策，完成几次择业和初就业。具体又可以分为三个阶段：实验期（15～17 岁）：综合认识和考虑自己的兴趣、能力与职业社会价值、就业机会，开始进行择业尝试；过渡期（18～21 岁）：正式进入劳动力市场，或者进行专门的职业培训，由一般性的职业选择转为特定目标的选择；尝试期（22～24 岁）：选定工作领域，开始从事某种职业，对职业发展目标的可行性进行试验。

3. 确立阶段（25～44 岁）

该阶段属于选择、安置阶段。在这一时期，经过早期的试探与尝试后，最终确立稳定职业，并谋求发展，获得晋升。这一阶段是大多数人职业生涯周期中的核心部分，是整个人生的高产期，一般又分为三个时期：①尝试期（25～30 岁）：对初就业选定的职业不满意，再选择、变换职业工作。变换次数各不相同，也可能对初选职业较为满意而无变换。②稳定期（31～44 岁）：最终确定稳定的职业目标，并致力于实现这些目标。③职业中期的危机阶段（30～40 岁）：处于转折期。可能会发现自己并没有朝着目标靠近或发现了新的目标，因而需重新评价自己的需求和目标。

4. 维持阶段（45～64 岁）

该阶段属于升迁和专精阶段。在这一阶段，劳动者一般达到常言所说的“功成名就”情景，已不再考虑变换职业工作，只力求维持已取得的成就和社会地位。

5. 衰退阶段（65 岁以上）

该阶段属于退休阶段。在家庭上投入相当多的时间，休闲者和家长的角色最为突出，这一阶段的主要任务就是注重发展新的角色，寻求不同方式以替代和满足需求。

（三）循环式发展任务

在以后的研究中，舒伯对于发展阶段的理论又进行了深化。他认为，在各个发展阶段中都要经历成长、探索、确立、维持和衰退这些阶段，这样就形成了一种螺旋式循环发展的模式。这种大阶段套小阶段的模型丰富和深化了生涯发展阶段的内涵。

根据上述循环式发展任务，在大学阶段，大学一年级的新生必须适应新的角色与学习环境，经过“成长”和“探索”，一旦“确立”了较固定的适应模式，同时“维持”了大学学习生活之后，又要开始面对另一个阶段——准备求职。原有的已经适应了的习惯会逐渐衰退，继而对新阶段的任务又要进行“成长”“探索”“确立”“维持”与“衰退”，如此周而复始。

（四）生涯彩虹图

从 1957 年到 1990 年，舒伯拓宽和修改了他的终身职业生涯发展理论，这期间他最主要的贡献是“生涯彩虹图”。1976 年到 1979 年间，舒伯在英国进行了为期四年的跨文化研究，提出了一个更为广阔的新观念——生活广度、生活空间的生涯发展观。舒伯加入了角色理论，并将生涯发展阶段与角色彼此间交互影响的状况，描绘出一个多重角色生涯发展的综合图形。这个生活广度、生活空间的生涯发展图形，舒伯将它命名为“一生生涯的彩虹图（Life-career Rainbow）”（图 2-3）。它形象地展现了生涯发展的时空关系，更好地诠释了生涯的定义。

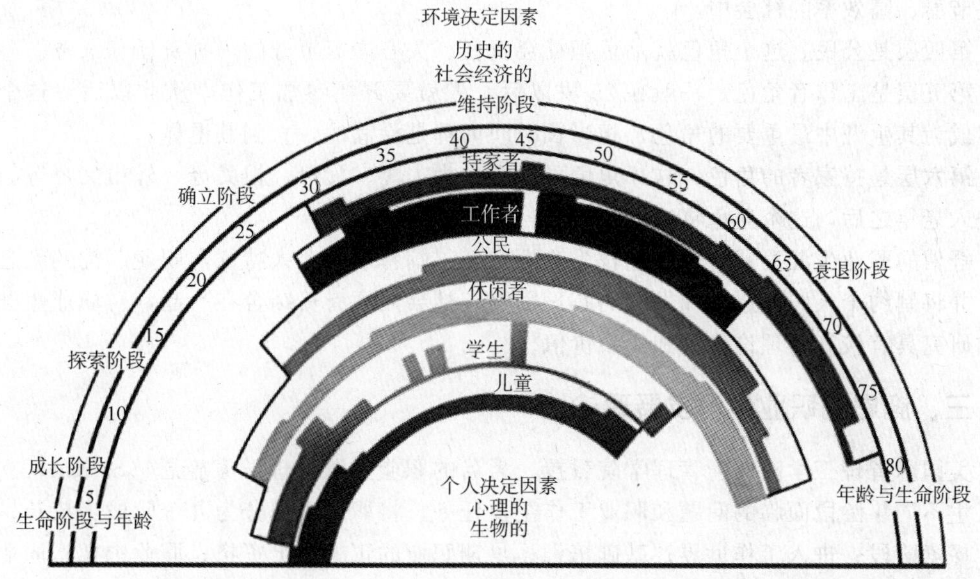

图 2-3　Super 生涯彩虹图

1. 纵贯一生的彩虹——生活的广度

在一生生涯的彩虹图中，横向层面代表的是横跨一生的生活广度。彩虹的外层显示人生主要的发展阶段和大致估算的年龄：成长期（相当于儿童期）、探索期（相当于青春期）、确立期（相当于成人前期）、维持期（相当于成人后期）及衰退期（相当于老年期）。

2. 纵贯上下的彩虹——生活空间

在一生生涯的彩虹图中，纵向层面代表的是纵贯上下的生活空间，是由一组职位和角色组成的。舒伯认为在一生当中必须扮演九种主要的角色，依次是：儿童、学生、休闲者、公民、工作者、持家者、家长、父母和退休者。各种角色是相互作用的，一个角色的成功，特别是早期角色如果发展得好，将会为其他角色提供良好的关系基础。但是，在一个角色上投入过多的精力，而没有平衡协调各角色的关系，就会导致其他角色的失败。

以上图为例，半圆形最中间一层是儿童的角色，也是为人子女的角色。这个角色一直存在。早期个体享受父母的照顾，随着年龄成长，慢慢和父母平起平坐，而在父母年迈之际，则要开始多花费一些心力陪伴父母，赡养父母。

第二层是学生角色。一般从 4 岁或 5 岁开始，10 岁以后进一步加强，20 岁以后大幅度减少，25 岁以后便戛然而止。但在 30 岁以后，学生的角色又出现，特别是 40 岁以后学生的角色几乎占据全部的生活空间，但几年后就会完全消失，直到65岁以后。这是由于在这个现代科技发展日新月异、知识爆炸的社会，青年在离开学校、工作一段时间之后，常会感到自身知识已经不能满足工作需要了，所以集中学习来充实自我。学生角色在35、40、45岁左右回升，正是这种现象的反应。

第三层是休闲者的角色。这一角色在前期较平稳地发展，直到60岁以后迅速增加，这是和退休有关的缘故。在现代生活中，平衡工作与休闲是一项非常重要的任务，特别是在快节奏、高效率的社会中。

第四层是公民。这个角色就是承担社会责任、关心国家事务的一种责任和义务。

第五层是工作者角色。一般在25岁以后，人就要开始参加工作，从此以后，这个角色将成为其生涯中最重要的角色，相当长时间内都是涂满的，直到其退休。

第六层是持家者的角色，这一角色可以拆分为夫妻、父母、祖父母、外祖父母等。在人进入老年之后，这个角色将成为生命中最重要的角色。

舒伯的职业生涯发展阶段理论较为全面完整，阐释了将个人特征与职业匹配的动态过程，并将制约个人职业选择和发展的心理因素、社会因素有机结合在一起，对职业生涯发展的研究具有较高的理论价值和实践价值。

三、施恩的职业生涯发展理论

美国麻省理工学院斯隆管理学院教授、著名的职业生涯管理学家施恩（Schein）立足于人生不同年龄段面临的问题和职业工作主要任务，将职业生涯分为九个阶段：成长、幻想、探索阶段；进入工作世界；基础培训；早期职业的正式成员资格；职业中期；职业中期危险阶段；职业后期；衰退和离职阶段；离开组织或职业——退休。

1. 成长、幻想、探索阶段（0～21岁）

处于这一职业发展阶段的主要任务：①发展和发现自己的需要和兴趣，发展和发现自己的能力和才干；②学习职业方面的知识，寻找现实的角色模式，从测试和咨询中获取丰富信息，发展和发现自己的价值观、动机和抱负，做出合理的教育决策，查找有关职业和工作角色的可靠的信息源，将幼年的职业幻想变为可操作的现实；③接受教育和培训，开发工作世界中所需要的基本习惯和技能。在这一阶段所充当的角色是学生、职业工作的候选人、申请者。

2. 进入工作世界（16～25岁）

步入该阶段的人，首先要进入劳动力市场，谋取可能成为一种职业基础的第一项工作；其次，个人和雇主之间达成正式可行的契约，个人成为一个组织或一种职业的成员，充当的角色是应聘者、新学员。

3. 基础培训（16～25岁）

与上一个正在进入职业或组织的阶段不同，基础培训要担当实习生、新手的角色。也就是说，已经迈进职业或组织的大门，此时的主要任务：一是了解、熟悉组织，接受组织文化，融入工作群体，尽快取得组织成员资格，成为一名有效的成员；二是适应日常的操作程序，应付工作。

4. 早期职业的正式成员资格（17～30岁）

获取早期职业的正式成员资格，面临的主要任务：①承担责任，成功地完成与第一次工作分配有关的任务；②发展和展示自己的技能和专长，为提升或进入其他领域的横向职业成长打基础；③根据自身才干和价值观，根据组织中的机会和约束，重估当初追求的职业，决定是否留在这个组织或职业中，或者在自己的需要、组织约束和机会之间寻找一种更好的配合，还要体会第一次工作中的成功感和失败感。

5. 职业中期

处于职业中期的正式成员，年龄一般在25岁以上。此时的主要任务：①选定一项专业或进入管理部门；②保持技术竞争力，在自己选择的专业或管理领域内继续学习，力争成为一名专家或职业能手；③承担较大责任，确定自己的地位；④开发个人的长期职业计划。

6. 职业中期危险阶段（35～45岁）

这一阶段的主要任务：①现实的评估自己的进步、职业抱负及个人前途；②就接受现状或者争取看得见的前途做出具体选择；③建立与他人的良师关系。

7. 职业后期

从40岁以后直到退休，可说是处于职业后期阶段，此时的职业状况或任务：①成为一名良师，学会发挥影响，指导、指挥别人，对他人承担责任；②扩大、发展、深化技能，或者提高才干，以担负更大范围、更重大的责任；③如果求安稳，就此停滞，则要接受和正视自己影响力和挑战能力的下降。

8. 衰退和离职阶段

一般在40岁之后到退休期间，不同的人在不同的年龄会衰退或离职。此间主要的职业任务：一是学会接受权力、责任、地位的下降；二是基于竞争力和进取心的下降，要学会接受和发展新的角色；三是评估自己的职业生涯，并准备退休。

9. 离开组织或职业——退休

在失去工作或组织角色之后，面临两大问题或任务：①保持一种认同感，适应角色、生活方式和生活标准的急剧转化；②保持一种自我价值观，运用自己积累的经验和智慧，以各种资源角色，对他人进行“传帮带”，回首过去的一生，感到有所实现和满足。

需要指出的是，施恩虽然基本依照年龄增大顺序划分职业发展阶段，但并未限于此，其阶段划分更多的是根据职业状态、任务、职业行为的重要性。因为施恩教授划分职业周期阶段是依据职业状态、职业行为和发展过程的重要性，又因为每个人经历某一职业阶段的年龄有别，所以他只给出了大致的年龄跨度。

1971年，施恩通过研究发现，个人在特定组织内有三种职业流动方式。

1. 横向流动方式

这种流动方式是组织内部个人的工作或职务沿着职能部门或技术部门的同一等级进行发展变动。这种流动方式可以培养掌管全局的管理人员，为以后的纵向发展做准备；同时可以满足工作丰富化的需要，以平衡部门之间的人员。

2. 向核心地位流动模式

由组织外围逐步向组织内圈方向变动。通过这种流动，成员对组织情况的了解会更多，承担的责任也会更重大，并且经常会参加重大问题的讨论和决策。

3. 纵向流动模式

纵向流动模式指组织内部的个人工作等级职位的升降。这种流动模式与传统观念中的最佳流动模式很相似，在一般的观念中，只有纵向的上行流动，才能得到发展和肯定。

四、格林豪斯的职业生涯发展阶段理论

美国心理学博士格林豪斯（Greenhaus）研究人生不同年龄阶段职业发展的主要任务，并将职业生涯发展分为五个阶段。

1. 职业准备

典型年龄段为0～18岁。主要任务：发展职业想象力，对职业进行评估和选择，接受必需的职业教育。一个人在此阶段所做的职业选择，是最初的选择而不是最后的选择，主要目的是建立个人职业的最初方向。

2. 进入组织

18～25岁为进入组织阶段。主要任务：在一个理想的组织中获得一份工作；在获取足量信息的基础上，尽量选择一种合适的、较为满意的职业。在这个阶段，个人所获得信息的数量和质量将影响个人的职业选择。

3. 职业生涯初期

处于此阶段的典型年龄是25～40岁。主要任务：学习职业技术，提供工作能力；了解和学习组织纪律及规范，逐步适应职业工作，适应和融入组织；为未来职业成功做好准备。

4. 职业生涯中期

40～55岁是职业生涯中期阶段。主要任务：对早期职业生涯重新评估，强化或转变自己的职业理想；选定职业，努力工作，有所成就。

5. 职业生涯后期

从55岁直至退休为职业生涯后期。继续保持已有的职业成就，维持自尊，准备引退，是这一阶段的主要任务。

第三节　职业生涯决策理论

一、克朗伯兹的社会学习理论

社会学习论是由班都拉（Bandura）所创，强调的是个人独特的学习经验对其人格与行为的影响。克朗伯兹（Krumboltz）将其观念引用到生涯辅导上，用以了解在个人决策历程当中，社会、遗传与个人因素对于决策的影响，并对职业生涯决策影响因素进行了

分析。

（一）影响职业决策的三个因素

克朗伯兹认为影响职业选择的因素有多种，最主要的应包括以下三个因素。

1. 遗传因素

遗传因素是指人们先天所获得的各种因素，包括各种生理特征，如身高、外形、肤色、身体残疾等，这些因素可以拓展或限制你的职业偏好和能力。另外，有些人天生就在艺术、音乐、书法、体育等方面有天赋。一般来说，人们在某方面越是有天赋，他们就越是在那些方面或领域中有“可塑性”。

2. 环境条件和社会现象

大量的环境因素会影响到个体的职业生涯选择。这些因素一般来说是个体能力控制范围之外的，包括社会、文化、政治及经济的因素。另外，像气候和地理环境这样的因素在很多方面也会影响到个体。生活在一种受污染的环境中或是生活在一种经常发生地震或气候非常寒冷的环境中，对人们进行职业生涯选择有重要影响。克朗伯兹和他的同事们把这些影响因素归纳为社会因素、教育因素及职业因素。

3. 完成任务的技能

完成任务的技能包括目标设定、价值观归类、想法的产生，以及获取职业信息、找出备选职业并选定职业。而遗传基因、环境状况及学习经历都会培养做事技能。

（二）职业决策的七个步骤

克朗伯兹于 1973 年提出了进行职业决策的模式，认为在进行个人职业决策时应采取八个步骤。1977 年他又对此模式进行了修正，修正后的职业决策模式主要分为七个步骤。

（1）界定问题：理清自己的需求和个人限制，即认识自我的过程，明确自己想要什么，自己对此存在哪些优势与不足，在此基础上，制订出明确的目标和实现目标的时间表。

（2）拟定行动计划：在明确自己的需求目标的基础上，思考可能达到目标的各种行动方案，并规划达成目标的流程。

（3）澄清价值：界定个人的选择标准，即明确自己最想要的是什么，作为评量各项方案的依据。

（4）找到可能的选择：搜集资料，找出可能的方法。

（5）评价各种可能的选择：依据自己的选择标准和评分标准，逐一评价各种可能的选择，找出可能的结果。

（6）系统地删除：有系统地删除不合适的方案，挑选最合适的选择。

（7）开始行动：开始执行行动方案，以达成选定的目标。

（三）个人职业决策中的五个困难

克朗伯兹从 1983 年开始注意决策的个人规则及相应的困难，他认为在进行职业决策时可能遇到以下五种困难。

(1) 人们可能不会辨认已有的可解决的问题。

(2) 人们可能不努力做决策或解决问题。

(3) 因为错误的原因，人们可能会消除一个潜在的满意的选择对象。

(4) 因为错误的原因，人们可能会选择较差的选择对象。

(5) 在感到没有能力达到目标时，人们可能会经受痛苦和焦虑。

在进行职业决策时，我们要重视以上困难，特别是要克服不努力做决策或解决问题的困难，要积极面对可能出现的问题，通过自身的努力寻求自己最优的选择。

该模式注意到社会及遗传因素对个人决策的影响，个人在决策时不仅要考虑个人因素，明确我想要什么，还要考虑社会、遗传等因素，知道我可能得到什么，我能够做到什么。该模式还特别强调学习的重要性及它对职业选择的影响，把职业决策看作是一种习得的技能，并主张职业决策技能是可以在教育和职业辅导课程中教授的，特别强调教授识别影响职业决策的因素。

二、彼得森等人的认知信息加工理论

1991 年，彼得森（Peterson）、桑普森（Sampson）和里尔敦（Reardon）三人合著了《职业生涯开发和服务：一种认知的方法》（*Career Development and Services：A Cognitive Approach*）。在书中，他们提出了一种新的思考职业生涯发展的方法并进行了论述，这就是认知信息加工（Cognitive Information Processing，CIP）理论。

（一）基本观点

认知信息加工理论认为，生涯发展是关于一个人如何做出生涯决策及在生涯决策过程中是如何使用信息的。做出生涯选择是一项解决问题的活动，生涯决策需要动机，有赖于我们想什么、如何想，而生涯的质量有赖于我们是否很好地学习和掌握了做出生涯决策所需的技能。所以，通过改进认知信息加工技能，可以提高生涯管理的能力。

金字塔中的最高层是称为元认知的执行加工领域，是个人为完成一项任务或达到一定目标而投身其中的记忆和思考，是一种思维活动过程。元认知的作用是对认知过程进行调节、监督和控制，主宰着如何思考生涯问题和制定决策，它包括自我言语、自我觉察、控制与监督。

中间层是决策技能领域，关注的是“个体如何做决策”，其功能相当于计算机的程序软件，让我们对所存储的信息进行加工处理。

最底层是知识领域，包含自我知识和职业知识。自我知识包括了解自己的价值观、兴趣、需要和技能；职业知识包括理解特定的职业、学校专业、休闲及组织状况等。知识领域相当于计算机的数据文件，需要我们进行存储，这是职业生涯决策的基础。

在这三个层次中，执行加工领域相当于电脑的工作控制功能，操纵电脑按指令执行程序，对其下的两个领域进行监控和调节；决策技能领域相当于电脑的应用软件，对所存储的信息进行加工处理；而知识领域相当于电脑的数据文件。从这个模型可以看到，任何一个层次出问题，都会影响职业生涯规划决策的质量。

（二）通用信息加工技能的五个步骤

金字塔中间层的决策技能领域是关键环节，对所有的信息进行加工处理，进而形成决策，它由五个环节构成：沟通（Communication）、分析（Analysis）、综合（Synthesis）、评估（Valuing）和执行（Execution），缩写为CASVE，构成了决策的循环。

1. 沟通

个体意识到理想和现实情境之间存在差距，于是意识到有做出职业选择的需要。这一步是决策的开始，个人如果没有意识到自己的需要，后面的步骤则无从谈起。沟通包括内部沟通和外部沟通。内部沟通包括情绪信号和身体信号，比如，你所接收到的信息对你的职业计划带来的焦虑感（不满、厌烦、失望）；外部沟通包括老师、父母、媒体传递给你的有关就业不容乐观的信息。

2. 分析

将问题的各个组成部分相互联系起来，对现状进行评估，对所有的信息进行分析。检查自我知识和职业知识领域，改善自己在兴趣、技能、价值观、职业、学习机会、工作组织、行业类型等方面的知识，考虑和分析可能影响职业决策的积极或消极想法。分析的目的在于决策时避免冲动、盲目行事。

3. 综合

把前一步骤分析阶段提供的各种信息放到一起，进行综合和加工，制订出消除问题或差距的行动方案。在此阶段，个体首先要搜索查找各种解决问题的可能性，扩展解决问题的选项，对每一个选项进行思考；然后再逐步缩小选项的范围，保留下最好的，通常要减缩到三至五个。

4. 评估

从可行性和满意度两方面评估保留下来的选择方案，并按照评估结果予以排序，得出最终的选择。在评估中，每个人都必须面对这样的抉择：

（1）对个人而言哪个选择是最好的；

（2）对我生活中重要的他人如父母和亲友而言哪个选择是最好的；

（3）对社会而言哪个选择是最好的。

每一种选择都要从对自己和对他人的代价和利益两方面进行考虑。在排序时，能够最有效地消除在沟通阶段所确定的存在于现实与理想状态之间的差距的那个选择排在第一位，次好的选择排在第二位，以此类推。

5. 执行

执行是整套CASVE的最后一个部分，它意味着对你的选择付诸积极行动并解决在沟通阶段所确定的职业问题。

需要注意的是，决策是一个循环的过程，也就是说，在行动之后，还需要对自己的决定及其结果进行评估，由此可能进入新一轮的决策过程。

第四节 其他职业生涯理论

一、职业锚理论

职业锚理论产生于在职业生涯规划领域具有教父级地位的美国麻省理工学院斯隆管理学院教授、著名的职业生涯管理学家施恩教授领导的专门研究小组，是从对该学院毕业生的职业生涯研究中演绎而成的。斯隆管理学院的 44 名 MBA 毕业生，自愿形成一个小组接受施恩教授长达 12 年的职业生涯研究，包括面谈、跟踪调查、公司调查、人才测评、问卷等多种方式，最终分析总结出了职业锚理论。

（一）职业锚的含义

施恩认为，职业锚是指一个人不得不做出职业选择的时候，不会放弃的职业中的那种至关重要的态度和价值观。“锚”是指抛到水底可以使船停稳的器具，“职业锚”则又有职业稳定、定位等含义。在职业心理学中，职业锚实际上就是人们选择和发展自己的职业时所围绕的自己确定的中心。一个人对自己的天资和能力、动机和需要及态度和价值观有了清楚的了解之后，就会意识到自己的职业锚到底是什么，直到他们不得不做出某种重大选择的时候，比如，到底是接受公司将自己晋升到总部的决定，还是辞去现职，转而开办和经营自己的公司？正是在这一关口，一个人过去的所有工作经历、兴趣、资质、潜能等才会集合成一个富有意义的职业锚，这个职业锚会告诉此人，对他个人来说，到底什么东西才是最重要的。

可见，职业锚是自省的才干、动机和价值观的模式，是自我意向的一个习得部分。具体而言，是个人进入职业生涯早期或工作情境后，由习得的实际工作经验所决定，与在经验中自省的动机、需要、价值观、才干相符合，达到自我满足和补偿的一种稳定的职业定位。

（二）职业锚的类型

施恩根据自己对麻省理工学院毕业生的研究，提出了以下五种职业锚：技术职能型职业锚、管理能力型职业锚、安全稳定型职业锚、自主独立型职业锚和创造型职业锚。不同类型的职业锚，也就是不同类型的自我概念模式。

1. 技术职能型

技术职能型的人愿意在专业领域里发展，追求在技术或职能领域的成长和技能的不断提高，以及应用这种技术或职能的机会。他们往往不喜欢从事一般的管理性质的工作，因为这将意味着他们放弃在技术或职能领域的成就。在我国，过去经常将技术拔尖的科技人员提拔到领导岗位，但他们本人往往并不喜欢这个工作，而是更希望能继续研究自己的专业。

2. 管理能力型

管理能力型的人有强烈的愿望去做管理人员，同时经验也告诉他们，自己有能力达到高层领导职位。他们倾心于全面管理，追求权力；具有强烈的升迁动机和价值观，追求并致力于职位、收入的提升；善于与人沟通；具有较强的分析能力和领导、操纵、控制他人的能力；对组织有很大的依赖性。

3. 创造型

创造型的人需要建立完全属于自己的东西，或是以自己名字命名的产品或工艺，或是自己的公司，或是能反映个人成就的私人财产。他们认为只有这些实实在在的事物才能体现自己的才干。他们具有强烈的创造需求和欲望，意志坚定，勇于冒险。

4. 自主独立型

自主独立型的人更喜欢独来独往，希望随心所欲地安排自己的工作方式、工作习惯和生活方式。追求能施展个人能力的工作环境，最大限度地摆脱限制和制约。他们宁可放弃提升或工作扩展机会，也不愿意放弃自由与独立。很多有这种职业向往的人同时也有相当高的技术型职业定位。但是他们不同于那些单纯技术型定位的人，他们并不愿意在组织中发展，而是宁愿做一名咨询人员，或是独立从业，或是与他人合伙开业。其他自由独立型的人往往会成为自由撰稿人，或是开一家小零售店。

5. 安全稳定型

安全稳定型的人最关心的是职业的长期稳定性与安全性。他们为了安定的工作、可观的收入、优越的福利与养老制度等付出努力。对他们来说，一份安全稳定的职业、一笔体面的收入、优越的福利与良好的退休保障是至关重要的。尽管有时他们能达到一个较高的职位，但他们并不关心具体的职位和具体的工作内容。

上述五种职业锚之间可能存在交叉，但是，每一种都有一个最突出、最强烈、最易识别的特性。由于职业锚是个人和工作情境之间相互作用的产物，职业锚不可能像职业性向那样通过各种测评来预测，而必须经过若干年的实际工作的内化沉积，才能被发现。

施恩教授在 1978 年时提出了五种类型的职业锚，随后大量的学者对职业锚进行了广泛的研究，并在 20 世纪 90 年代将职业锚类型确定为如下八种类型。

1. 技术/职能型

技术/职能型的人追求在技术/职能领域的成长和技能的不断提高，以及应用这种技术/职能的机会。他们对自己的认可来自他们的专业水平，他们喜欢面对来自专业领域的挑战。他们一般不喜欢从事管理工作，因为这将意味着他们放弃在技术/职能领域的成就。

2. 管理型

管理型的人追求并致力于工作晋升，倾心于全面管理，独自负责一个部分，可以跨部门整合其他人的努力成果，他们想去承担整个部分的责任，并将公司的成功与否看成自己的工作。具体的技术/职能工作仅仅被看作是通向更高、更全面管理层的必经之路。

3. 自主/独立型

自主/独立型的人希望随心所欲安排自己的工作方式、工作习惯和生活方式。他们追求能施展个人能力的工作环境，希望最大限度地摆脱组织的限制和制约。他们宁愿放弃提升或工作扩展机会，也不愿意放弃自由与独立。

4. 安全/稳定型

安全/稳定型的人追求工作中的安全与稳定感。他们可以预测将来的成功从而感到放松。他们关心财务安全，例如，退休金和退休计划。稳定感包括诚实、忠诚及完成老板交代的工作。尽管有时他们可以达到一个较高的职位，但他们并不关心具体的职位和具体的工作内容。

5. 创业型

创业型的人希望用自己的能力去创建属于自己的公司或创建完全属于自己的产品（或服务），而且愿意去冒险，并克服面临的障碍。他们想向世界证明公司是他们靠自己的努力创建的。他们可能正在别人的公司工作，但同时他们在学习并评估将来的机会，一旦他们感觉时机到了，便会自己走出去创建自己的事业。

6. 服务型

服务型的人指那些一直追求他们认可的核心价值，例如，帮助他人，改善人们的安全，通过新的产品消除疾病。他们一直追寻这种机会，即使这意味着变换公司，他们也不会接受不允许他们实现这种价值的工作变换或工作提升。

7. 挑战型

挑战型的人喜欢解决看上去无法解决的问题，战胜强硬的对手，克服无法克服的困难、障碍等。对他们而言，参加工作或职业的原因是工作允许他们去战胜各种不可能。新奇、变化和困难是他们的终极目标。如果事情非常容易，他们马上会变得非常厌烦。

8. 生活型

生活型的人喜欢允许他们平衡并结合个人的需要、家庭的需要和职业的需要的工作环境。他们希望将生活的各个主要方面整合为一个整体。正因为如此，他们需要一个能够提供足够的弹性让他们实现这一目标的职业环境。生活型的人甚至可以牺牲他们职业的一些方面，例如，提升带来的职业转换，来换取三者的平衡。他们将成功定义得比职业成功更广泛。他们认为自己如何生活，在哪里居住，如何处理家庭事务，以及在组织中的发展道路是与众不同的。

二、MBTI 理论

1921 年，心理学家荣格（Jung）发表了他经典的心理学类型学说。他在书中设计了一套性格差异理论，他相信性格差异同时会决定并限制一个人的判断。他把这种差异分为内向性/外向性，直觉性/感受性和思考型/感觉型。同时，他认为这些差异是与生俱来的，并且在一个人的一生中相对固定。20 世纪 40 年代，美国一对母女伊莎贝尔·迈尔斯（Isabel Myers）和凯瑟琳·布里格斯（Katharine Briggs）对荣格学说进行研究并加以发展，形成了 MBTI 理论。

（一）四个基本维度

MBTI 的人格类型分为四个维度，每个维度有两个方向，共计八个方面，即共有八种人格特点，具体如下。

1. 内倾（I）—外倾（E）维度

内倾—外倾维度用以表示个体心理能量的获得途径和与外界相互作用的程度，即个体的注意较多地指向于外部的客观环境还是内部的概念建构和思想观念。外倾型态度表现为主体的注意力和精力指向于客体，即在外部世界中获得支持并依赖于外在环境中发生的信息，这是一种从主体到客体的兴趣向外的转移。外倾型个体需要通过经历来了解世界，所以他们更喜欢大量的活动，并偏好于通过谈话的方式来思考，在语言的交流中对信息予以加工。而内倾型态度表现为主体的注意力和精力指向于内部的精神世界，其心理能量通过内部的思想、情绪等而获得。内倾型个体在内部世界中获得支持并看重发生的事件的概念、意义等，因此他们的许多活动是精神性的，他们倾向于在头脑内安静地思考以加工信息。外倾型个体经常先行动后思考，而内倾型个体经常耽于思考而缺乏行动。

2. 感觉（S）—直觉（N）维度

感觉—直觉维度又称之为非理性维度或知觉维度，表示个体在收集信息时注意的指向，即倾向于通过各种感官去注意现实的、直接的、实际的、可观察的事件，还是对事件将来的各种可能性和事件背后隐含的意义及符号和理论感兴趣。感觉型的个体倾向于接受能够衡量或有证据的任何事物，关注真实而有形的事件。他们相信感官能告诉他们关于外界的准确信息，也相信自己的经验。他们重现在，关心某一刻发生的所有的事情。而直觉型的个体自然地去辨认和寻找一切事物的含义，他们重视想象力，注重将来，努力改变事物而不是维持它们的现状。直觉型的个体看到一个环境就想知道它的含义和结果可能如何。感觉型的个体被视为较具有实际意识，而直觉型个体被视为较有改革意识。感觉—直觉维度在问题解决过程中有重要作用。

3. 思维（T）—情感（F）维度

思维—情感维度又称之为理性维度或判断维度，该维度用于表示个体在做决定时采用什么系统，即做决定和下结论的方法，是客观的逻辑推理还是主观的情感和价值。情感型的个体期望自己的情感与他人保持一致，他们做决定的基石是何者对他们自己和他人是重要的；其理性判断的依据是个人的价值观。而思维型的个体通过对情境做的客观的、非个人的逻辑分析来做决定，他们注重因果关系并寻求事实的客观尺度，因此较少受个人感情的影响。

4. 知觉（P）—判断（J）维度

知觉—判断维度用以描述个体的生活方式，即倾向于以一种较固定的方式生活（或做决定）还是以一种更自然的方式生活（或收集信息）。这一维度是一种态度维度。虽然个体能够使用直觉和判断，但是这两极不能够同时被运用。多数个体会自然地发现采用某种生活方式时总是比另一种更轻松，因此总是在和外部世界打交道时采用这种生活态度。判断型个体倾向于以一种有序的、有计划的方式对其生活加以控制，他们期望看到问题被解决，习惯于并喜欢做决定。而知觉型个体偏好于知觉经验，他们不断地收集信息以使其生活保持弹性和自然。他们努力使事件保持开放性，让其自然地变化，以便出现更好的事件。

(二) 16种MBTI类型与四大类型

四个维度两两组合，共有16种类型。以各个维度的字母表示类型，如下所示：

ESFP ISFP ENFJ ENFP

ESTP ISTP INFJ INFP

ESFJ ISFJ ENTP INTP

ESTJ ISTJ ENTJ INTJ

实际上这16种类型又可归于四个大类之中，在此我们将四个大类型筛选，并总结如下。

1. SJ型——忠诚的监护人

具有SJ偏爱的人他们的共性是有很强的责任心与事业心，他们忠诚、按时完成任务，推崇安全、礼仪、规则和服从，他们被一种服务于社会需要的强烈动机所驱使。他们坚定、尊重权威、等级制度，持保守的价值观。他们充当着保护者、管理员、稳压器、监护人的角色。大约50%有SJ偏爱的人为政府部门及军事部门的职务所吸引，并且显现出卓越成就。其中在美国执政过的41位总统中有20位是SJ偏爱的人。

2. SP型——天才的艺术家

有SP偏好的人有冒险精神，反应灵敏，在任何要求技巧性强的领域中游刃有余，他们常常被认为是喜欢活在危险边缘寻找刺激的人。他们为行动、冲动和享受现在而活着，约60%有SP偏好的人喜欢艺术、娱乐、体育和文学，他们被称赞为天才的艺术家。我们熟悉的歌星麦当娜、篮球魔术师约翰逊、音乐大师莫扎特等都是具有SP性格特点的例子。

3. NT型——科学家、思想家的摇篮

达尔文、牛顿、爱迪生、瓦特这些发明家、科学家你一定不陌生吧！有NT偏爱的人有着天生的好奇心，喜欢梦想，有独创性、创造力、洞察力，有兴趣获得新知识，有极强的分析问题、解决问题的能力。他们是独立的、理性的、有能力的人。人们称NT是思想家、科学家的摇篮，大多数NT类型的人喜欢物理、研究、管理、电脑、法律、金融、工程等理论性和技术性强的工作。

4. NF型——理想主义者、精神领袖

有NF偏爱的人在精神上有极强的哲理性，他们善于言辩、充满活力、有感染力，能影响他人的价值观并鼓舞其激情。他们帮助别人成长和进步，具有煽动性，被称为传播者和催化剂。约有一半的人在教育界、文学界、宗教界、咨询界及心理学、文学、美术和音乐等行业显示着他们非凡的成就。

大部分人在20岁以后会形成稳定的MBTI类型，此后基本固定。当然，MBTI的类型会随着年龄的增加、经验的丰富而发展完善。根据MBTI理论，每种个性类型均有相应的优点和缺点、适合的工作环境、适合自己的岗位特质。使用MBTI进行职业生涯开发的关键在于如何将个人的人格特点与职业特点进行结合。

【阅读】　北大学生大二执意退学读技校：毫不后悔，适合自己都会很强大

2014 年 11 月 4 日，第六届全国数控技能大赛决赛开幕式在北京工业技师学院举行。在会场，一个看起来很沉稳的男孩代表参赛选手进行宣誓，他的一举一动时刻吸引着媒体记者们的眼球。他就是周浩。

周浩有足够让人惊讶的经历。三年前，他从北京大学退学，转学到北京工业技师学院，从众人艳羡的高材生到普通的技校学生，从北大生命科学研究院人才储备军到如今还未就业的技术工人，这样的身份转变足以让人不敢相信。周浩这样做了，并且谈起当年的决定，他说“毫不后悔，很庆幸”。

2008 年 8 月，顶着如火的骄阳，周浩踏上了去往北京的火车。

在当年的高考中，周浩考出了 660 多的高分，他是青海省理科前五名。本来他想报考北京航空航天大学，但这个想法遭到了家人和老师的一致反对，父母觉得这样高的分数不报考清华北大简直就是浪费，高中班主任也一直希望他能报考更好的学校。“我从小就喜欢拆分机械，家里的电器都被我重装过。在航空航天大学，有很多实用性的课程，这比较对我的胃口。”但是，周浩最终还是妥协了，“当时还小啊，再有主见也还是听家长的。”没想到，当年的妥协竟困扰了他两年多。

到了北大，周浩以为可以有一个新的开始，会习惯这里的生活。事实证明，他错了。大一上学期，周浩努力适应一切，浓厚的学习氛围，似乎永远也上不完的自习，激烈的竞争环境……从小就喜欢操作和动手的周浩开始感受到了不适应。到了第二学期，理论课更多了，繁重的理论学习让周浩觉得压力很大。“生命科学是比较微观的一门学科，侧重于理论和分析，操作性不是很强。而我又喜欢捣鼓东西，喜欢操作。所以我们互相不来电。”

没有兴趣的专业让周浩痛不欲生，每天接受的都是纯粹的理论更让他头脑发胀，对于未来也变得非常迷茫：“不喜欢学术，搞不了科研，但是生命科学系的很多学生未来几乎都会读研究生，这样的路并不是我想走的。”于是，周浩学习开始不那么积极了，不再像刚入大学那会儿跟着室友一起去上自习，“越来越迷茫，不知道自己的出路在哪儿”。就连作业，周浩也不再认真完成，每次都是敷衍了事。

一开始，周浩觉得问题的关键在于自己适应环境的能力太差。于是，他试了各种办法让自己习惯这种学习氛围。

同学告诉他可以尝试去听工科院系的课程，从中找到自己的兴趣。他便去旁听北大工科院和清华工科院的课，却发现这些课基本上也是纯理论，而实践操作课只有工科院本院的学生才能去上。然后，他开始谋划转院。但是在北大，转院并不是一件容易的事。想转的院和所在的院系公共课要达到一定的学分才能转院。周浩想转的工科院和他所在的生科院基本上没有什么交集，周浩知道转院这条路终究是走不通了。接二连三地遭受打击之后，周浩开始陷入了绝望。

第一年的尝试失败了，于是，他决定大二先休学一年。到了深圳，周浩觉得自己应该认真规划一下自己的未来。

休学期间，他当过电话接线员、做过流水线工人，没有一技之长又不擅长交际的周浩感受到了社会的残酷。“对于人间冷暖有了初步的体会，大家不会因为你是大学生就尊重你，就会多给你一次尝试的机会。”周浩以为初入社会的挫败感让自己能喜欢上北大的生活，静下心来学习，能再次接受自己不喜欢的专业。

然而，重新回到校园的时候，周浩有了比以前更大的不适应感，他越来越觉得自己实在不适合学习这门专业。“现在看来，我休学一年所做的思考基本上都是失败的，”周浩苦笑道。

在旁听、转院、逃避都没有解决问题的情况下，周浩开始打起了转校的算盘。从大一开始，他就已经在网上对中国的一些技师学院进行了解，并且还翻墙去看德国数控技术方面的网站，对比了中国与德国这方面的差距，初步对中国的数控市场进行了判断。“我觉得中国是比较缺知识技能复合型人才的，就像德国很多技术工人都是高学历，而中国的技术工人基本上学历都不高。”

了解了自己高学历的优势，周浩开始选择适合他的学校。“在网上搜到了北京工业技师学院，它的水平在行业内是领先的。既然想学点技术，尤其是数控技术，那这里就是最好的地方。”

从北京大学退学，要去一个听都没有听过的技术学校，这样的想法一定是疯了！当时，周浩身边的亲戚朋友和同学都这样认为。父亲知道周浩的想法以后非常反对，打了很多电话劝他，让他再坚持坚持。父亲劝不动周浩，意识到儿子是认真的以后，父亲开始妥协。“他开始退让，同意让我转到父亲所在的深圳大学，但就是不让去技校。”

周浩却坚持去技校，“北京大学这样在国内算是比较自由的学府都没有给予自己希望，那么去别的学校万一又出现同样的问题呢？难道到时候又转校吗?”周浩觉得要找一个可以真正学到技术的学校。

周浩从小和母亲关系很好，几乎无话不谈。于是，周浩决定先说通母亲支持自己。在知道周浩在北大的经历以后，母亲震惊了，她没想到儿子在人人向往的北大竟然过得这么痛苦和压抑。她决定帮助儿子摆脱烦恼。终于，在母亲的劝说下，父亲同意了周浩的决定。

在得到父母的支持以后，周浩觉得自己离梦想近了一大步。“我一直比较在乎别人的看法，但是如果一辈子都要做自己不喜欢的事，你的一生就毁了。”周浩说：“如果我过得很精彩，总有一天，可以证明给当初质疑我的人看。”

2011年冬天，周浩收起铺盖从海淀区到了朝阳区，从北大到了北京工业技师学院，开始了人生新的起点。

对于北京工业技师学院来说，这无疑是一个天大的喜讯。“你想想，为了增加生源，我们学校给农村户口的孩子减免学费，却还是没有起到多大的效果。这样一个北大学生的到来，当然是很惊天动地了。”学校党委副书记仪忠谈起自己的得意门生很自豪："考虑到周浩之前有一定的操作基础，学校没有让他从基础课学起。为了让周浩接受更大的挑战，他直接进入了技师班，小班授课，并且给他配了最好的班主任。"这种小班式、面对面地和老师交流，让周浩找到了很强的归属感。

除了学院的培养，找到兴趣点后的周浩重新拾回了对学习的热情，这让他在这里得以大显身手。大学的生活很散漫，而技师的生活就是朝八晚五，一切都靠自律。实验室十几台瑞士进口的数控机器，老师面对面的亲自指导，直接上手的机器操作，这一切都令周浩兴奋不已。由于之前没有接触过数控技术，而别的同学都已经学了两年，为了赶上大家的进度，他学得格外认真，"每天都把老师教过的技术重复练习，有不懂的就及时问。"很快，周浩便成了小班中项目完成速度最快、质量最好的学生。

周浩的努力没有白费。凭借北大的理论基础和北京工业技师学院的技术学习，周浩慢慢朝着自己努力的知识技能复合型人才的道路发展，他成了学院最优秀的学生之一。尽管有很多企业向周浩伸出橄榄枝，但对于未来，周浩有自己的设想，"现在还不想就业，我还是想继续深造，对数控技术了解得越深，我就越觉得自己学得太少，还是要再多充充电。"

"我所学的技术在人们的生活中起着很大的作用，我不后悔自己的选择。而且三百六十行，行行出状元，每个人只要在适合自己、自己感兴趣的岗位上工作，都会很强大的！"周浩说。

（资料来源：澎湃新闻网）

探索与练习

MBTI职业性格测试：测试一下，你适合什么工作

每7题为一部分，请找出你选择最多的那个字母，按顺序进行排列。每道题无需考虑很久，找个纸片记下来你的答案。

（1）你倾向从何处得到力量：

E. 别人

I. 自己的想法

（2）当你参加一个社交聚会时，你会：

E. 在夜色很深时，一旦你开始投入，也许就是最晚离开的那一个。

I. 在夜晚刚开始的时候，我就疲倦了并且想回家。

（3）下列哪一件事听起来比较吸引你？

E. 与关系密切的人到有很多人且社交活动较多的地方。

I. 待在家中与关系密切的人做一些特别的事情，比如说看一部你想看的电影并享用你最喜欢的外卖食物。

（4）在约会中，你通常：

E. 整体来说很健谈。

I. 较安静并保留，直到你觉得舒服。

（5）过去，你遇见你大部分的异性朋友是：

E. 在宴会中、夜总会中、工作上、休闲活动中、会议上或当朋友介绍我给他们的朋友时。

I. 通过私人的方式，例如个人广告、录影约会，或是由亲密的朋友和家人介绍。

（6）你倾向拥有：

E. 很多认识的人和很亲密的朋友。

I. 一些很亲密的朋友和一些认识的人。

（7）过去，你的朋友和同事倾向于对你说：

E. 你难道不可以安静一会儿吗？

I. 可以请你从你的世界中出来一下吗？

（8）你倾向于通过以下哪种方式收集信息：

N. 你对有可能发生之事的想象和期望。

S. 你对目前状况的实际认知。

（9）你倾向相信：

N. 你的直觉。

S. 你直接的观察和现成的经验。

（10）当你置身于一段关系中时，你倾向相信：

N. 永远有进步的空间。

S. 若它没有被破坏，不予修补。

（11）当你对一个约会觉得放心时，你偏向谈论：

N. 未来，关于改进或发明事物的种种可能性。例如，你也许会谈论一个新的科学发明，或一个更好的方法来表达你的感受。

S. 实际的、具体的、关于“此时此地”的事物。例如，你也许会谈论品酒的好方法，或你即将要参加的新奇旅程。

（12）你是这种人：

N. 喜欢先纵观全局。

S. 喜欢先掌握细节。

（13）你是这类型的人：

N. 与其活在现实中，不如活在想象里。

S. 与其活在想象里，不如活在现实中。

（14）你通常：

N. 偏向于去想象一大堆关于即将来临的约会的事情。

S. 偏向于拘谨地想象即将来临的约会，只期待让它自然地发生。

（15）你倾向如此做决定：

F. 首先依你的心意，然后依你的逻辑。

T. 首先依你的逻辑，然后依你的心意。

（16）你倾向比较能够察觉到：

F. 当人们需要情感上的支持时。

T. 当人们不合逻辑时。

（17）当和某人分手时：

F. 你通常让自己的情绪深陷其中，很难抽身出来。

T. 虽然你觉得受伤，但一旦下定决心，你会直截了当地将过去恋人的影子甩开。

(18) 当与一个人交往时，你倾向于看重：

F. 情感上的相容性：表达爱意和对另一半的需求很敏感。

T. 智慧上的相容性：沟通重要的想法；客观地讨论和辩论事情。

(19) 当你不同意亲密朋友的想法时：

F. 你尽可能地避免伤害对方的感情；若是会对对方造成伤害的话，你就不会说。

T. 你通常毫无保留地说话，并且直言不讳，因为对的就是对的。

(20) 认识你的人倾向形容你为：

F. 热情和敏感。

T. 逻辑和明确。

(21) 你把大部分和别人的相遇视为：

F. 友善及重要的。

T. 另有目的。

(22) 若你有时间和金钱，你的朋友邀请你到国外度假，并且在前一天才通知，你会：

J. 必须先检查你的时间表。

P. 立刻收拾行装。

(23) 在第一次约会中：

J. 若你所约的人来迟了，你会很不高兴。

P. 一点儿都不在乎，因为你自己常常迟到。

(24) 你偏好：

J. 事先知道约会的行程：要去哪里，有谁参加，你会在那里多久，该如何打扮。

P. 让约会自然发生，不做太多事先的计划。

(25) 你选择的生活充满：

J. 日程表和组织。

P. 自然发生和弹性。

(26) 哪一项较常见：

J. 你准时出席而其他人都迟到。

P. 其他人都准时出席而你迟到。

(27) 你是这种喜欢?? 的人：

J. 下定决心并且做出最后肯定的结论。

P. 放宽你的选择面并且持续收集信息。

(28) 你是此类型的人：

J. 喜欢在一段时间里专心于一件事情直到完成。

P. 享受同时进行好几件事情。

十六种人格类型的简要描述与推荐职业如下。

(1) ISTJ 人格类型特征

严肃、少言，依靠精力集中，通过全面性和可靠性获得成功。注重实践、秩序、实事求是，有逻辑、现实、值得信赖。他们自己决定该做什么并不愿反对和干扰，并坚定不移地朝着目标前进，不易分心。喜欢将工作、家庭和生活都安排得井井有条。重视传统和忠诚。

ISTJ 推荐职业

首席信息系统执行官、天文学家、数据库管理、会计、房地产经纪人、侦探、行政管理、信用分析师。

(2) ISFJ 人格类型特征

少言、友善、有责任感和良知。坚定地致力于完成他们的义务。可以使任何项目和群体更加稳定。忠诚、体贴、周到、刻苦、精确，他们的兴趣通常不是技术性的。有洞察力，能对必要的细节有耐心，关心他人的感受。努力把工作和家庭环境营造得有序而温馨。

ISFJ 推荐职业

内科医生、营养师、图书/档案管理员、室内装潢设计师、客户服务专员、记账员、特殊教育教师、酒店管理。

(3) INFJ 人格类型特征

沉静、坚强、责任心强、关心他人、富创造力，坚持自己的价值观，全力投入自己的工作。因其坚定的原则而受尊重，寻求思想、关系、物质等之间的意义和联系，希望了解什么能够激励人，对人有很强的洞察力。对于怎样更好地服务大众有清晰的远景，别人可能会尊重和追随他们。在对目标的实现过程中有计划而且果断坚定。

INFJ 推荐职业

特殊教育教师、建筑设计师、培训经理/培训师、职业策划咨询顾问、心理咨询师、网站编辑、作家、仲裁人。

(4) INTJ 人格类型特征

具有创造性的思想，并大力推动他们自己的主意和目标。目光远大，能很快洞察到外界事物间的规律并形成长期的远景计划。一旦决定做一件事就会开始规划并直到完成为止。在吸引他们的领域，他们有很好的能力去组织工作并将其进行到底。不轻信，具批判性、独立性，有决心，对于自己和他人的能力和表现要求都非常高。

INTJ 推荐职业

首席财政执行官、知识产权律师、设计工程师、精神分析师、心脏病专家、媒体策划、网络管理员、建筑师。

(5) ISTP 人格类型特征

安静的观察者，一旦有问题发生，就会马上行动。自制，以独有的好奇心和出人意料的有创意的幽默观察和分析生活。分析事物运作的原理，对原因和结果感兴趣，能从大量的信息中很快找到关键的症结所在，用逻辑的方式处理问题，重视效率。

ISTP 推荐职业

信息服务业经理、计算机程序员、警官、软件开发员、律师助理、消防员、私人侦探、药剂师。

(6) ISFP 人格类型特征

羞怯、友善、敏感、和谐，谦虚看待自己的能力。不喜欢争论和冲突，不将自己的观点和价值观强加于人。喜欢有自己的空间，喜欢能按照自己的时间表工作。一般说，无意于做领导工作，但对于自己的价值观和自己觉得重要的人非常忠诚，有责任心。他们享受眼前的乐趣，所以事情做完经常松懈而不愿让过度的紧迫和费事来破坏这种享受。

ISFP 推荐职业

室内装潢设计师、按摩师、客户服务专员、服装设计师、厨师、护士、牙医、旅游管理。

(7) INFP 人格类型特征

沉稳的观察者，理想主义、忠实，希望外部的生活和自己内心的价值观是统一的。有求知欲，很快能看到事情的可能性，能成为实现想法的催化剂。只要某种价值观不受到威胁，他们都善于适应，灵活、善于接受。愿意谅解别人和了解充分发挥人潜力的方法。对财富和周围的事物不太关心。

INFP 推荐职业

心理学家、人力资源管理、翻译、大学教师（人文学科）、社会工作者、图书管理员、服装设计师、编辑/网站设计师。

(8) INTP 人格类型特征

安静、内向、灵活，适应力强。喜欢理论性的和抽象的事物，热衷于思考而非社交活动。对于自己感兴趣的领域有超凡的集中精力和深度解决问题的能力。谋求他们的某些特别的爱好能得到运用的那些职业。多疑，有时会有点挑剔，喜欢分析。

INTP 推荐职业

软件设计师、风险投资家、法律仲裁人、金融分析师、大学教师（经济学）、音乐家、知识产权律师、网站设计师。

(9) ESTP 人格类型特征

擅长于现场解决问题，注重当前，自然不做作。喜欢行动，不喜多加解释。对任何的进展都感到高兴。往往喜好机械的东西和运动，享受和他人在一起的时刻。善应变、容忍、重实效，注重结果，觉得理论和抽象的解释非常无趣。最喜好能干好、能掌握、能分析、能合一的交际事物。学习新事物最有效的方式是通过亲身感受和练习，喜欢物质享受和时尚。

ESTP 推荐职业

企业家、股票经纪人、保险经纪人、土木工程师、旅游管理、职业运动员/教练、电子游戏开发员、房产开发商。

(10) ESFP 人格类型特征

开朗、随和、友善、接受力强。热爱生活、人类和物质上的享受。喜欢和别人一起将事情做成功。喜欢行动并力促事情发生。他们了解正在发生的事情并积极参与。在工作中讲究常识和实用性，并使工作显得有趣。在需要丰富的知识和实际能力的情况下表现最佳。灵活、自然不做作，对于任何新的事物都能很快适应，学习新事物最有效的方式是和他人一起尝试。

ESFP 推荐职业

幼教老师、公关专员、职业策划咨询师、旅游管理/导游、促销员、演员、海洋生物学家、销售。

(11) ENFP 人格类型特征

热情洋溢、极富朝气、机敏、富于想象力，认为人生有很多可能性。能很快将事情和信息联系起来，然后很自信地根据自己的判断解决问题。常常依据他们自己的能力去即席成事，而不是事先准备。几乎能够做他们感兴趣的任何事情，对任何困难都能迅速给出解决办法。总是需要得到别人的认可，也总是准备着给予他人赏识和帮助。经常能对他们想做的任何事情找到令人信服的理由。灵活、自然不做作，有很强的即兴发挥的能力，言语流畅。

ENFP 推荐职业

广告客户管理、管理咨询顾问、演员、平面设计师、艺术指导、公司团队培训师、心理学家、人力资源管理。

(12) ENTP 人格类型特征

敏捷、睿智，有发明天才，长于许多事情。有激励别人的能力，机警、直言不讳。可能出于逗趣而争论问题的任何一个方面。在解决新的、具有挑战性的问题时机智而有策略，不喜欢例行公事，很少会用相同的方法做相同的事情，易把兴趣从一点转移到另一点。能够轻而易举地为他们的要求找到合乎逻辑的理由。善于找出理论上的可能性，然后再用战略的眼光分析。善于理解别人。

ENTP 推荐职业

企业家、投资银行家、广告创意总监、市场管理咨询顾问、文案、广播/电视主持人、演员、大学校长。

(13) ESTJ 人格类型特征

实际、现实主义、果断，迅速行动起来执行决定。由于有天生的商业或机械学头脑，所以对抽象理论不感兴趣。善于将项目和人组织起来将事情完成，并尽可能用最有效率的方法得到结果，在实施计划时强而有力。喜欢组织和参与活动，通常能做优秀的领导人。注重日常的细节，有一套非常清晰的逻辑标准，有系统性地遵循，并希望他人也同样遵循。

ESTJ 推荐职业

公司首席执行官、军官、预算分析师、药剂师、房地产经纪人、保险经纪人、教师（贸易/工商类）、物业管理。

(14) ESFJ 人格类型特征

热心、健谈、受欢迎、有责任心、天生的合作者、积极的委员会成员。要求和谐并可能长于创造和谐，并为此果断地执行。喜欢和他人一起精确并及时完成任务。事无巨细，都会保持忠诚。能体察到他人在日常生活中的所需并竭尽全力帮助。在得到鼓励和赞扬时工作最出色。主要的兴趣在于那些对人们的生活有直接和明显的影响的事情。

ESFJ 推荐职业

房地产经纪人、零售商、护士、理货员/采购、按摩师、运动教练、饮食业管理、旅游管理。

(15) ENFJ 人格类型特征

敏感、热情，为他人着想，有责任心。真正地关心他人的所想所愿。善于发现他人的潜能，并希望能帮助他们实现。处理事情时尽量适当考虑别人的感情。能成为个人或群体成长和进步的催化剂。能提出建议或轻松而机智地领导小组讨论。喜社交、受欢迎、有同情心。对表扬和批评敏感。

ENFJ 推荐职业

广告客户管理、杂志编辑、公司培训师、电视制片人、市场专员、作家、社会工作者、人力资源管理。

(16) ENTJ 人格类型特征

直率、果断，有天生的领导能力。能很快看到公司/组织程序和政策中的不合理性和低效能性，发展并实施有效和全面的系统来解决问题。善于做长期的计划和目标的设定。长于需要论据和机智谈吐的任何事情，如公开演讲之类。通常见多识广，博览群书，喜欢拓宽自己的知识面并将此分享给他人。在陈述自己的想法时强而有力。

ENTJ 推荐职业

公司首席执行官、管理咨询顾问、政治家、房产开发商、教育咨询顾问、投资顾问、法官。

【本章同步思考题】

1. 你当前处于职业生涯的那个阶段？目前面对的主要问题是什么？
2. 各个理论之间有什么联系与区别？
3. 本章理论的学习对你有什么启发？
4. 同样性格类型的同学之间并不完全一样，合理吗？
5. 做与自己兴趣不符合的事就不能成功吗？

第三章　自我认识与职业潜能探索

导引个案

史同学是计算机专业的研究生一年级学生，用他自己的话说，他在专业方面比较优秀，本科四年专业学习的成绩和在校表现都很突出，考研也很顺利。他在专业方面表现出一定的创新能力、分析问题和解决问题的能力，同时又有很强的人际协调能力和领导能力。在本科阶段有很多的学生工作经历，且表现优秀，担任过学生会干部和社团干部，还在文艺部做过主持人。大四毕业的时候，因为各个方面表现突出，他还被选为所在省份的选调生，因为研究生考试成绩颇佳，就把名额让给了另外一位同学。现在到了研究生阶段他认为需要思考自己的专业发展道路，到底是走技术路径还是走管理路径，还是走出国继续深造的道路？这一直困扰着他，他发现自己在学校发展比较全面和均衡，反而让自己迷惑，原来本科期间只是想多历练、打好基础，提升继续学习的层次水平，没想到一进入研究生阶段这个问题马上变得尖锐起来。他需要先从自我探索入手，发现自身的职业潜能，然后对职业进行探索，选择合适的职业，并制订职业发展路径。

本章内容导读和学习目标

通过本章内容的学习和探索，增强大学生职业生涯规划的意识。在全社会就业压力较大的形势下，招生和就业安置方式发生了很大的变化，个人有更多的自由同时也有更多的责任去选择自己的职业。这就需要大学生群体尽早结合自身的特点、职业要求和社会需求，全面发展个人素质，提前做好就业准备，努力提高求职竞争力。选择职业是一生中面临的最大挑战之一，高质量、审慎专业的职业规划不仅帮助大学生个体实现自我的职业理想，也是实现一个国家人力资源高效利用的关键因素。

通过本章的学习体验帮助大学生充分理解“知己知彼”在职业规划和选择中的重要，开发自我清明的才智，认清自己和认清工作世界是职业人求职的关键要素。通过学习和体验式自我整理，促进大学生全面了解自己的性格、兴趣、价值观和能力优势，帮助大学生了解和发现自己，从而制订切实可行的行动计划，发展适合自己的求职策略。执行自己的执行力，实现自我的职业理想。

通过本章的学习，要达到以下几个学习目标：

1. 增强自我职业生涯规划的意识；
2. 建立自我认识的能力；
3. 学习澄清自我的兴趣、价值观；
4. 了解自我的气质、能力和性格；
5. 开发自我的职业潜能。

第一节 自我认识

每一位对自己的生命存在认真的人都会不停地问自己：我是谁？我从哪里来？要到哪里去？从实际生活经验的反省中，我们不难发现，人终其一生都在选择、准备和实践个人生涯形态与生活方式，包括学业、职业、家庭、休闲、社会参与及其他许多必须面对的人生课题，这些课题进而统合构成贯穿个人一生的发展历程。对自己的一生做好各种评估、选择、准备与计划，个人独特的生命意义才得以实现。从一个理想模式来看，所谓的生涯规划即是指个人在生涯发展历程中，对个人各种特质及职业与教育环境资源进行生涯探索，掌握环境资源，以逐渐发展个人的生涯认同，并建立生涯目标；在面对生涯选择的时候，有能力择其所爱，爱其所择，承担自己选择的责任，以致生涯适应和自我实现。职业规划的起点是自我认识和自我了解，对自我探索、对职业与教育资源的探索及对环境资源的评估正是生涯规划鼎足而立的三角框架，而自我认识是其他两条边成立的基础。

一、什么是自我认识

即使有些大学生进入工作岗位，依然迷茫和挣扎，而升学前的茫然、彷徨，考研和择业时的困惑，究其原因是对自己不了解。人本主义心理学家罗杰斯曾表达过一个精辟的观点：一个人只有深深地理解和接受自己，才会深深地理解和接受他人和世界。每一个人都有一个主观的现象世界，这个世界构成了个人的知觉场，每个生命个体都生活在变化的主观经验世界里，并且他自己就是这个世界的中心。个人对自己的态度、感情和其他内在状态也通过知觉场去感知，形成对自我的经验，形成对自我的一个有组织的结构，并且自我容易进入意识，被意识所反映，在不断地进行改变。自我认识可以用“两面三点”来描述，所谓“两面”，是指自我知觉所反映的对象为两个方面，一是个人各种特点和能力；一是自己与他人及环境的关系。所谓三点，是指对上述两个方面的反映性质，包括知觉、评价和理想。例如，“我是男的”“从高楼上往下看我会心悸”，是对个人特点的知觉；“我还是挺有魅力的”“我能通过英语六级考试”，是知觉和评价的混合物；“我喜欢我的同学”“这个公司适合我”，是对自己与环境关系的评价；“我不满意我现在的样子”“要是我能赢得老师的青睐就好了”，其中含有个人的目标和理想。自我认识的核心是对个人特点及个人环境关系的知觉和评价。

二、自我认识的意义

著名心理学家亚隆说：“人类总是憎恨不确定的东西，多少年来，人类开始提供各种解释——主要是宗教和科学——来支配宇宙间的种种现象。对一种现象的解释是控制它的第一步。”对于人自身来说，对于人生的经历和发展，每个人也都做着各种科学的、迷信的解释。我们对自我的认识可以帮助我们组织思想和行为。自我认识的内涵包括指导我们对与自我有关的信息进行特殊加工的自我图式，和我们害怕或梦想成为的可能自我。在自我认识的成果中对个体最有价值的是一个人健康的自尊心，自尊是对自我价值的整体认识，影响我们如何评价自己的特点和能力。

1. 自我认识引导自我同一的实现

人都有寻求自我同一的天然倾向。个人需要按照保持自我看法一致性的方式行动。自我认识在引导一致性行为方面发挥着重要的作用。自我认识促使人成功地形成适当的自我同一。自我同一的人为自己设置了一条路线，为自己未来的心理发展奠定了基础。自我同一性健康的人了解自己独特的能力，并相信这些能力，最有意义的是在对自己是谁准确感知的基础上，充分发挥自己的独特力量，努力成为自我想实现的那个人。一个人有了消极的自我同一，他就会去寻求一个消极的环境，自然带来的就是对自己消极想法的验证，结果更强化了一个人的消极自我；积极的自我同一去促进一个人去寻求积极的环境，践行成功的经验，会去更多地与成功的人在一起。

2. 自我认识影响自我效能感的建立

我们怎样感知自我确实会影响我们的行为。在接受挑战性任务时，想象自己通过努力工作而获得成功的那些人会胜过想象自己是失败者的人，想象你的积极可能性会让你更可能计划和制定一个成功的策略。对自己能力和效率的乐观信念可以获得更积极的结果和更大的回报。在日常生活中自我效能感指引我们挑战新的、突破性的目标，并且在面对困难时更有韧性和积极情绪，往往自我效能感强的人有更高的学业成就。在不同的行业中，自我效能感高的人成绩更佳。努力加坚持就是成就，而自我效能伴随着辛苦付出后得来的成就而增强。人的自我效能是你在多大程度上感觉自己有能力去做一些事情。人在成长过程中会有很多的经验，经验对于个人的意义完全不同，这是因为经验对不同的人意义也是特定的。他们对经验的解释也不同。自我解释在自我效能感中起到很大的作用。进入你的心理世界的每一种知觉都要通过自我认识来过滤，在过滤中被赋予意义，而所赋予意义的高度是人已经形成的自我认识的结果。

自我效能感高的人感觉发生的事情在很大程度上是受自我的努力和技巧所支配的。也就是说这样的人认为命运是由自己来控制的。那些认为自己具有内在控制力的人在学业、职业和处理实际生活问题中表现更优秀。他们更倾向于把挫折和失败看成是一次意外，或者认为自己需要尝试新的方法。在体育竞技性项目中，持乐观解释风格的人比悲观的人表现比预期要更好。

3. 自我认识决定着人们的自我期望

心理学家伯恩斯 1982 年指出，儿童对于自己的期望是在自我认识基础上发展起来的，并与自我认识相一致，其后继的行为也决定于自我认识的结果。在生活中，自我认识会产生循环现象：即有积极自我的人，由于信心足、自我期望高，因此表现比较优异。而优异的结果增强了自我的确认，使一个人觉得自己的确是好的、优异的，自我就更积极。如此周而复始、良性循环下去，以致这个人很能适应环境，并能获得比较高的成就。反之，一个与如上所述能力相当的人，如果具有消极的自我确认，常常认为自己不够好、不行，则可能因为信心不够，自我期望又低，而导致比较差的表现，结果，表现不佳成为他自己的评价参考，进而认为自己的确不好，于是自我越来越消极，周而复始，恶性循环，导致这个人适应能力差，成就也每况愈下。

三、职业规划中自我认识的内容

1. 了解个人所追求的生活形态

个人所选择的职业会影响其生活形态，不同的职业决定个人在什么环境下工作，和什么样的人共事，以及每天的作息如何，休闲形态如何，家庭生活如何。因此，厘清自己未来生活形态的理想，有助于自己做出主动的选择。

2. 了解自己的兴趣

无论是求学还是就业，能适合自己的兴趣，则效率高而且能保持身心愉快。做自己喜欢的事，会感受到生活的意义和自己价值所在。因此在专业选择和生涯规划中必须要考虑个人对各种事务或活动的喜好。

3. 了解自己的能力

自己目前能做什么？不能做什么？在哪些方面比较突出？过去和目前自己的哪些功课比较强？哪些比较弱？一般而言，社会上多数专门职业的就业能力都需要相当时间的训练。

4. 了解自己的性格

所谓性格，就是个人在对人、对己、对事务各方面适应时，在其行为上所显示的独特个性。了解自己这些性格上的特征，甚至于个人的需求，将更有助于清楚且明智地选择职业。例如，善于人际交往的人适合行政、贸易与管理类的职业；文思细腻、感情丰富的人适合选择文学、翻译的职业。

5. 了解自己的工作价值观

对于工作你看中什么？2014 年大学生就业季的调查显示：大学生在就业中考虑的因素包括：热爱、对从事的工作有兴趣、地域户口、薪酬高低、能力培养和个人发展空间；其中在优先考虑的因素中个人发展空间占 42.72%，薪酬、户籍等福利占 24.24%，地域占到 16.93%。不同的职业满足不同的人生价值，你希望在未来的职业当中得到什么也是需要你不断地进行探索的。

四、自我认识的方法

一个勇敢的人是敢于面对真实自己的人，也是一个接受了现实的自己的人。很多大学生面对自己的世界时，感到非常茫然，很想探询一些答案；也有一些学生因为不能客观地认识自己，从而出现过度的自我接纳和自我拒绝；甚至有的学生躲在自己的世界里不肯出来，出现以自我为中心的倾向。在职业的选择中，客观的自我认识和积极的自我态度本身就是做出正确选择的资源。寻找到自我认识的方法是找到自己的基础。

1. 现实情景检验法

人们在苦苦地寻觅自己的时候，很多人忘记了一个最质朴的方法，那就是在现实情景的释放中去认识自己。金利来公司在招聘员工的时候，总是在等候大厅里随意地放倒几个拖把，丢弃一些垃圾，甚至有的时候会有突然奔跑的孩子摔倒。在等待面试的人中，有的人聚精会神地背诵着求职的黄金法则；有的人会不断地整理自己的衣着；有的人在仔细地阅读关于公司的背景资料；有的人会很自然地扶正放倒的拖把、捡起垃圾、扶起摔倒的孩子。最后的结果是扶正拖把、捡起垃圾、扶起孩子的人会被录用。因为他们在没有任何矫饰和防御的情况下，自然地释放着对人、对事和对周围环境的态度。

现在公司和企业的校园招聘过程中有一个环节“无领袖小组讨论”。实际上就是在一个现实的情境中，观察一个人的行为表现，考查一个人具有的性格特征和职业素养，具体在一个真实的问题解决情境中考评学生的仪表风度、表达能力、逻辑思维、客户意识、创新精神和组织协调能力。

2. 从过去的成长经历中去认识自己

北野武这位享誉国际的导演曾经以《坏孩子的天空》《菊次郎的夏天》等多部电影赢得了广泛的赞誉，他对20世纪90年代的日本电影有深远的影响。有一次他在接受电台的采访时，坦言其实在他的潜意识里，总希望通过暴力引起别人的注意和关怀，他最想引起父母对他的注意和关怀。但是这个情节成就了他的创作基调。每个人的成长都是有积累的，每个人都是背负着成长的经历走到今天，你的过去一定会给你的今天抹上一缕特殊的色彩。有一位心理学家很形象地说：“你现在的人际关系是你过去人际影响的全部总和的再现。”从这个角度去认识自己也不乏是一个很好的方法。人格的发展和其生命中重要他人之间的关系息息相关。生命中重要他人不仅可以造成一个人的心理情绪失调和心理病理状态，他（她）也可以塑造一个人的正常心理功能、领导力和天才发展。

3. 适当地运用心理投射测验

在信息传播如此之迅速的今天，也有一些学生选择网络上的一些投射测验，或者是短信上的一些投射测验来了解自己，有部分同学对杂志上的投射测验也非常感兴趣，但是投射测验应该是很严肃地去选择、去应用和去解释。所有的心理测验都应该是中国心理测量委员会正式出版和声明有效的测验才可以去运用。再者心理测验的解释很重要，解释不当会给人带来负面的暗示。

下面给出读者一个测人际特点的投射测验。

这些图片上有四种花，你选择哪一种花？

选择向日葵的人，在人际交往中安全、质朴、自然，对人宽厚，感情弥漫而深沉，人际交往的时间长而且较少操纵朋友，不求回报；选择香水百合的人在交往中信奉一个原则：我永远比我的朋友重要，在与人交往中比较有原则，并且有空间感，不会因为别人而失去自己，即使有时会表现的爱护别人超过了爱自己也是因为自己的需要；选择水仙的人冰清玉洁，孤芳自赏，不愿意也不需要打开自己的世界，比较以自我为中心；选择罂粟花的人爱一个人有多深就会恨一个人有多深，在人际中痛苦体验比较多，属于矛盾焦虑型人

格，适当的时候需要心理干预。

4. 通过镜像自我来了解自己

著名的心理学家库里提出别人的存在就像是你的镜子。通过别人对自己的态度和行为方式来了解自己，判断自己，给出一个客观和公正的定位。每个人在社会生活中都会有人告诉你真实的声音，这些声音在你的成长中是宝贵的，如果你有十个朋友，他们就像你的十面镜子，从不同的方向照射你，促进你的自我完善。不要怕刺眼，勇敢地正视镜中的自己。

5. 通过内省的方法来了解自己

人能够与自己的内心真实地接触，和自己进行一个对话，来反思和认识自己也是一个很好的方法。《论语》中孔子说“吾日三省吾身”。人在内心深处整理自己的时候，会发现自己以前不曾发现的领域，甚至有的时候会产生顿悟，心里打开一扇窗，自己会主动地选择积极、建设性的改变。

第二节 气质与性格探索

一个人的职业选择是其个人人格在工作世界中的延伸。人格是影响一个人的核心因素，它不仅是一个人的人格特征，这种特征也影响了一个人将选择什么样的工作，同时，一个人选择什么样的工作也丰富和满足了个人的性格偏好。人格的含义是非常丰富的，它包括气质、性格等稳定的心理特征。人格中的气质是人在生活早期就表现出来的稳定的个性差异，即那些由遗传和生理决定的心理和行为特征。一个人个性的底色是气质，气质是表现在心理活动的速度、强度、灵活性、指向性等方面的特征，它给每个人的整个心理活动蒙上一层独特的色彩。

一、气质类型与职业

不同的气质类型各自显示出独特的心理特征，就像春、夏、秋、冬四季一样分明。

多血质——春天里的雨：浪子燕青的气质，具有这一气质类型的人像春风一样得意洋洋，富有朝气，这种人乖巧伶俐，惹人喜爱，情绪丰富而外露，喜、怒、哀、乐皆形于色，表情丰富折射出内心的世界。活泼、好动、乐观、灵活是他们的优点，喜欢与人交往，有种自来熟的本事，但是交情浅淡。语言表达能力强而且富有感染力；思维灵活、行动敏捷，对各种环境适应力强，可塑性很强。气质上的弱点是：缺乏耐心和毅力，稳定性差，见异思迁。这种气质类型的人适合的职业是：政府及企事业管理者、外事人员、公关人员、驾驶员、医生和律师、运动员、公安人员、服务员等。有调查结果表明：管理者的气质类型偏多血质的人多。

胆汁质——夏天里的火：情绪爆发快，点火就着，暴跳如雷，但是情绪很难持久，如同一阵狂风、一场雷雨，这种人精力旺盛，争强好斗，做事勇敢果断，为人热情直爽、朴实真诚；但是思维是粗枝大叶、不求甚解，遇事欠思量，鲁莽冒失，感情用事，刚愎自用，但是表里如一。整个心理活动都笼罩着迅速而突变的色彩。适合的职业是导游、推销员、勘探工作者、节目主持人、外事接待人员、演员等。

黏液质——冬天里的雪：这种气质类型的人安静、沉稳，沉默寡言。喜欢沉思，表情平淡，情绪不易外露，但是内心的情绪体验深刻，自制力强，不怕困难，忍耐力强，内刚外柔。他们与人交往适度，交情深厚，一般朋友少，但知心朋友多。思维灵活性差，但是考虑问题细致而周全，这往往弥补了思维的不足。接受力不是很强，但是非常踏实。适合的职业有：外科医生、法官、财会人员、统计员、播音员等。

抑郁质——秋天里的风：这种气质类型的人总是给人忧伤、无奈的感觉，情绪体验深刻、细腻而持久，主导心境消极抑郁，多愁善感，心事重重，给人以柔弱怯懦的感觉。但是他们聪明而富有想象力，自制力强，注重内心世界，不善交往，孤僻离群，虽然踏实稳重，但却柔弱寡断。适合的职业：编辑、机要员、秘书、档案管理人员、化验员等。

请看四种不同气质类型（图 3-1），检测一下自己倾向于哪一个类型

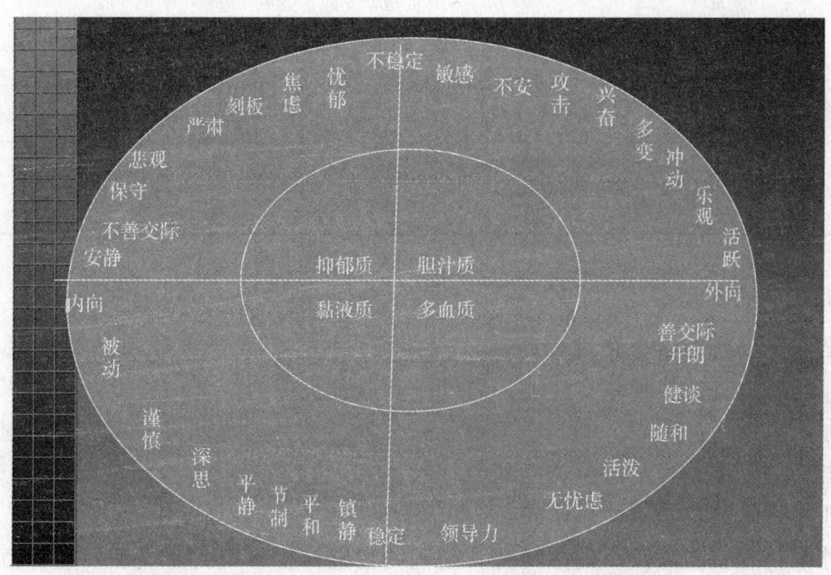

图 3-1 四种不同气质类型

二、性格与职业的适应性

1. 霍兰德的个性-工作适应性理论

霍兰德提出了个性-工作适应性理论。他指出员工对工作的满意度和流向的倾向性，取决于个体个性与职业环境的匹配程度。他划分了六种基本个性类型，以及与其相适应的工作环境。每个人都是这六种类型的不同组合，只是占主导地位的类型不同。他还认为，每一种职业的工作环境也是由六种不同的工作条件所组成，其中有一种占主导地位，占主导地位的职业个性取向在很大程度上影响到工作绩效。一个人的职业是否成功、是否稳定、是否顺心如意，在很大程度上取决于其个性类型和工作条件之间的适应情况。霍兰德职业人格能力测验就是通过对被试者在活动兴趣、职业爱好、职业特长及职业能力等方面

的测验，确定被试者的六种类型的组合情况，并根据其个性类型寻找适合被试者的职业。一个人的多种职业个性取向越相似，在职业选择时的冲突就越小。请看表 3-1。

表 3-1 个性-工作适应信息表

类型	偏好	个性特质	职业范例
现实型	需要技能力量、协调性的体力活动	害羞、真诚、持久、稳定、顺从、实际	机械师、钻井操作工、装配线工人、农场主
研究型	需要思考、组织和理解的活动	分析、创造、好奇、独立	生物学家、经济学家、数学家、新闻记者
艺术型	需要创造性表达的模糊和无规律可循的活动	富于想象力、无序、杂乱、理想、情绪化、不实际	画家、音乐家、作家、室内装饰师
社会型	能够帮助和提高别人的活动，提高他人福祉的活动	社会、友好、服务、理解	社会工作者、教师、议员、临床心理学家
企业型	能够影响他人和获得权利的言语活动	自信、进取、精力充沛、盛气凌人	法官、房地产经纪人、公共关系专家、小企业主
常规型	规范、有序、清楚明确的活动	顺从、高效、实际、缺乏想象力缺乏灵活性	会计、业务经理、银行出纳员、档案管理员

2. 荣格的人格类型理论

荣格把人分成两类，一类是外倾性，一类是内倾性。荣格还把人的心理活动分成感觉、思维、情感、直觉四种基本功能。内外倾和四种机能的组合构成了人格的八种类型。

（1）外倾思维型：外倾，偏向于思维，思维特点是一定要以客观资料为依据，以外界信息激发自己的思维过程。这种类型的人情感压抑，甚至表现为冷漠或傲慢等人格特点。偏向的职业类型是经济学家、科学家。

（2）外倾情感型：外倾，偏重情感，他们的情感符合客观的情境和一般价值。易动感情，尊重权威和传统，爱交际，寻求与外界的和谐，不重思维。适合的职业：节目主持人。

（3）外倾感觉型：外倾，偏重感觉功能，他们头脑清醒，倾向于积累外部世界的经验，但对事务并不过分地追根究底。寻求享乐，追求刺激，情感肤浅，直觉压抑。适合的职业：商人、建筑师。

（4）外倾直觉型：外倾，偏重直觉，他们力图从客观世界中发现多种多样的可能性，并不断追求新的可能性。做事首重预感，好改变主意，富有创造性，对自己潜意识的许多东西了解很多，不重视

细腻的分辨。适合的职业：公关人员、冒险家。

（5）内倾思维型：内倾，偏重思维，他们本身对思想观念本身感兴趣，收集外部世界的事实来验证自己的思想。感情压抑、冷漠，沉溺于幻想，固执、刚愎和骄傲。适合的职业：哲学家。

（6）内倾情感型：安静，富于情思，略带情感，对别人的意见和感受较少注意，不轻易流露情感，不重思维。适合的职业：音乐家、宗教人士等。

（7）内倾感觉型：被动、安静，具有艺术色彩，在乎周遭的事与物，不喜欢高谈阔论，对人生的大道理不感兴趣，不重直觉。适合的职业：美术鉴定家、审美家、品酒师。

（8）内倾直觉型：他们力图从精神现象中发现各种各样的可能性。偏执喜欢做白日梦，观点稀奇、新颖但稀奇古怪，苦思冥想，很少为人理解，但不为此感到苦恼，以心理体验指导生活，不重操作。适合的职业：神秘主义者、诗人。

3. 九型人格与职业类型

请看下面的图片（图 3-2）对应的性格类型。

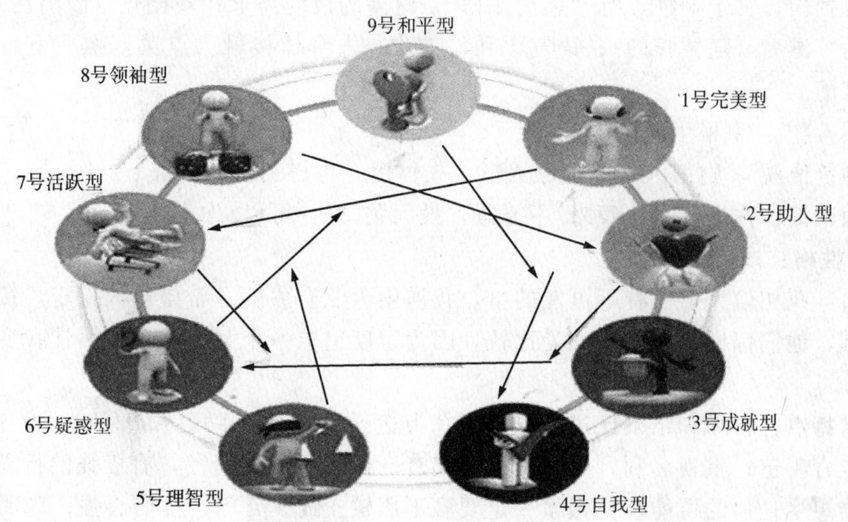

图 3-2　九型人格

1 号性格：完美型

自白：我觉得凡事都应该有规有矩，我一直坚持自己的标准。我理性正直、做事有原则、有条理、有效率，事事力求完美，但别人说我过于挑剔、吹毛求疵。

经常说的话：应该这样不应该那样。

性格特点：一丝不苟，一本正经，不苟言笑，严肃，严谨，爱批评，不怒自威，理性，不讲情面，整洁、挑剔；做事情前需要充分准备，完美主义、守时，有计划、有目标，要求过高；做事情有原则（原则是自己定的）；世界是黑白分明的，没有灰色地带，对是对，错是错，做人一定要公正。做事一定要有效率，现实、实用主义者，不满现状，压抑愤怒，负责任，有道德优越感，正直、严于律己，同时也严于律人，不喜欢别人说他，对别人的批评会耿耿于怀，同时也会去改正自己的缺点；自我批判，追求高度自律。

典型人物：朱镕基、包公、郭靖、张瑞敏

典型价值观：追求卓越，没有最好只有更好，细节决定成败，鞠躬尽瘁。

常用的措辞：应该/不应该；对/错；不/不是的；照规矩

名人名言：不管前面是地雷阵还是万丈深渊，我都将勇往直前，义无反顾，鞠躬尽

瘁，死而后已。——朱镕基

2 号性格：助人型/大爱型/活雷锋

自白：我乐于付出（随时随地帮人，动机单纯）、善解人意，容易与人相处，总是热情地去满足他人的需要。别人容易与我倾诉心事，同时我也渴望得到爱与关怀，可别人却常常忽略我。

性格特点：毫不利己，专门利人；喜欢帮助别人，不懂得拒绝别人。忽视自己、重视别人，心肠好人缘好，喜欢被别人依赖而获得成就感；感性，天生的同理心，乐于助人，主动取悦他人。时常感觉自己付出的不够，相信别人胜过相信自己的家人，强调别人需求，忽略自己的需求，对家人不关心，做他的家人比较痛苦；做自己家的事懒惰，为别人家干活很勤快；甘于牺牲，有“感情账簿”，对爱的极度需求；戏剧化（吸引注意），拒绝别人帮助。漂亮（随便长的）；语气柔和，喜欢与人身体接触（点菜，推一下）；关注人，不关注事情。

典型人物 ：牛根生、雷锋。

典型价值观 ：财散人聚，财聚人散，先付出，再得到。

常用词汇：你坐着，让我来/不要紧，没问题/好，可以/你觉得呢。

3 号性格：成就型

自白：我相信天下没有不可能的事，我渴望事业有成就。希望被人肯定，接受别人注意和羡慕，他们都说我急性子、爱比较，因为过度追求一个又一个目标而让我变成了“工作狂”。

性格特点：目标和结果比过程更重要；为达到目的不择手段，随时随地改变外在。高能量；能言善道；重视名利，是个现实主义者。做事愿意走捷径，有极强的行动力。为达成目标会想尽任何的可能性，做事一定要赢不服输。做事灵巧；自信心强；聪明；喜爱支配，竞争力强；卖弄自己的才华，喜欢比较，虚荣心强，爱表现自己。炫耀自己，重视形象，喜欢被别人夸奖。喜欢出头，在意自己在别人面前的表现。让人看到最好的一面，喜欢成为众人的焦点。

典型人物：刘德华、章子怡、巩俐、江南春、王石（简单、高效，粗暴，遇到对手“杀”）。

典型价值观：超越他人、超越自我，简单的事情重复做，快鱼吃慢鱼，财富是我能力的证明。

常用词汇：可以，没问题/保证/绝对/最/顶/超。

名人名言：我并没有说要成为世界第一，我只是想超越在我前面的盖茨而已。——拉里·埃里森（美国甲骨文软件公司 CEO）

4 号性格 艺术家型/自我型/林黛玉

自白：我时常觉得自己独特，与别人不同，我很容易情绪化，情感世界较一般人丰富得多，充满幻想，又有时觉得自己有缺憾及不足。我渴望别人多了解我内心的感受，但总是苦恼于这个世界真的没有人能真正明白我。

性格特点：讲究个性，渴望与众不同；有艺术才华；我行我素，有深度、有品位；敏感，容易情绪化、嫉妒；爱幻想；创作力强；容易沉浸在自我世界；浪漫、感性不了解人情世故，占有欲强，喜欢通过有美感的事物去表达个人感情，内向、抽离、忧郁。追求独特的感觉，恐惧平淡、被遗弃；对人若即若离；寻求拯救者，一个了解他们并且支持他们梦想的人。

典型人物：王菲、张国荣、亚里士多德。

典型价值观：创意与灵感追求独特，品位超群。

常用词汇：惯性/保持/静默（无语）。

名人名言：忧郁的男人是最富有才气的。——亚里士多德

5号性格：理智型思想家型

自白：我总是喜欢思考，追求知识，渴望比别人知道的多、懂的多，了解周遭一切事物的原理、结构、因果以至宏观全局。我觉得做人要有深度。由于我不爱说好听的话，身边的人总是说我不懂人情世故。

性格特点：思想的巨人，行动的矮子；忘我工作；讨厌情绪激动的人；不喜欢喧闹，喜欢独处；与现实脱节、抽离，不喜欢群体运作，希望了解事情的全部，而不是部分。分析和逻辑思维能力特别强；容易把复杂的事情分解；重视精神享受，不重视物质享受；做事情不喜欢被别人打扰，喜欢分析事物及探讨抽象的观念从而建立理论架构，百分百用脑做人，刻意表现深度，保护隐私。不重外表但注重内涵。喜欢被动，不喜欢主动。基本生活技能较弱。

典型人物：培根、马克思、李敖。

典型价值观：科学管理，学无止境。

常用词汇：我想/我认为/我的分析是/我的意见是/我的立场是。

名人名言：知识就是力量。——培根

6号性格：疑惑型/缺乏安全感的追随者

自白：我为人忠心耿耿，但却多疑过虑，内心深处常有担心和不安，安全方面我总是想得太多，常因此拖延。我时常怀疑自己的能力，无论做得多好，也需要别人的肯定方能安心。

性格特质：始终和别人保持一定的距离；多疑；做事总是有许多担心，恐惧犯错，过分谨慎，凡事做最坏的打算；防卫性强，缺乏安全感。怀疑并非明显的恐惧；相信权威；需要团队；凡事有周详的计划，勤奋，逆商很高，人称打不死，有责任感，可靠；重承诺；不喜欢受人注目，老二心态。

典型人物：张学友、曹操（先发制人 宁可我负天下人，不可天下人负我）。

典型价值观：置之死地而后生，从最坏处着眼，凡事预则立，务实稳健。

名人名言：最佳的防守就是进攻。——比利（前世界球王）

7号性格：活跃型/开心果

自白：我喜欢“新鲜好玩、自由自在、开心快乐”的生活；讨厌重复沉闷的事情。

性格特质：当察觉压迫感来临时，我通常以活动来逃避，不愿面对；坦率、自信、朋友众多，聪明、乐天派；多才多艺、兴趣广泛，理想主义者，喜欢探索新鲜事物，深知自我娱乐。不能吃苦，花心；精力充沛；怕束缚；天生热爱自由，讨厌规则；等级观念淡薄，不够坚持；做事缺少耐心；逆商不高，过程很重要，结果不

重要。贪食、惰性；不知足，及时行乐，自我为中心，很少顾及他人感受；反叛；目标不清晰，无承诺感。

典型价值观：创新是第一生产力，快乐工作快乐生活。

典型人物：周伯通、傻根、洪七公、曾志伟。

常用词汇：管他呢/用了/吃了/做了再说 /爽。

名人名言：这个世界之所以美好，是我们可以选择快乐。——华特·迪士尼（美国迪士尼乐园创办人）

8 号性格：领袖型/大哥大和大姐大

自白：我对人直截了当，有正义感，他人喜欢我与否绝不重要，重要的是他们尊重我和敬畏我。喜欢带领并保护身边的人，但别人却不领我的情，反而认为我太过专横而疏远我。

性格特质：霸道，喜欢控制大局；喜欢有很多人追随他；遇到问题立即解决；脾气暴躁，不懂温柔，但是在家里表现的和善。彻底的自由主义者，敢冒险，是掌舵人、创业者，固执，支配性，热情助人；遇强则强，遇弱则弱；以自己的方式行事，感觉迟钝，忽略他人的感受；激励别人，决不拖泥带水。对人的防卫性强，不让人接近，强化外壳，防止受伤。

典型人物：李小龙、毛泽东。

典型价值观：追求一统江湖，为有牺牲多壮志，敢教日月换新天。

常用词汇：喂，你/我告诉你/为什么不能/去/看我的/跟我走。

名人名言：中国人不是东亚病夫。——李小龙

9 号性格：和平型/生活中的润滑剂

自白：我是一个平和的人，相信“忍一时风平浪静，退一步海阔天空”，对人决不苛求，凡事随遇而安。我怕冲突，容易退缩让步，万事以和为贵，有时会委屈自己。渴望人人能和平相处，可别人却说我优柔寡断。

性格特质：不爱做决定，别人说什么他都说好；谁也不得罪；也不轻易给别人建议；生活的润滑剂、倾听者；甘于现实，不求调整，为人被动；对生命表现得不甚热衷，自我意识弱，常将专注力放在别人的身上。依附自动化的习惯；容易分散注意力。有颇强烈的宿命论，因此一切听天由命；强调别人处境的优势，逃避面对问题及面对自己，过度适应；遇到问题逃避，越老脾气越坏。

典型人物：周恩来、甘地。

常用词汇：随便啦，随缘吧/你说呢？/让他去啦/不要那么认真吗。

资料：测测你的性格

以下几个图形各代表不同的性格类型，选择一个最吸引你的图形，阅读相关的文字，即可知道你自己的性格。

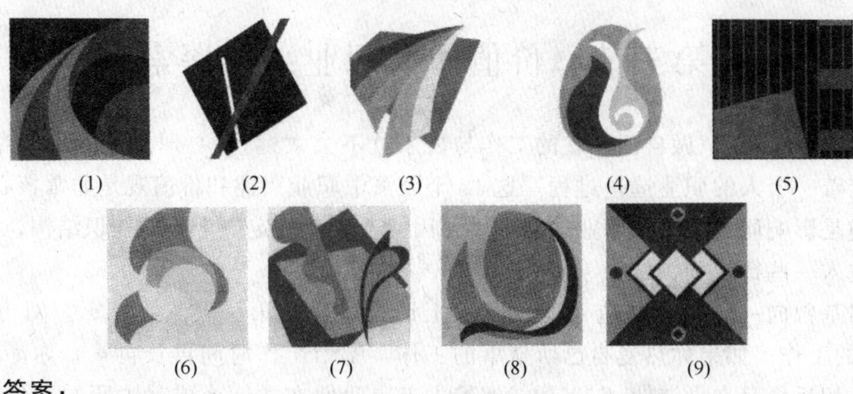

参考答案：

(1) Introspective　敏于思、易感型。重视自我远超乎重视旁人。讨厌表面的虚浮，宁愿独处也不愿忍受无味的言谈。但与朋友的关系却是密切的，他们带给其内在的平静与和谐，让人感到美好。

(2) Independent　独立、不受局限型。要求自由而独立的生活以便决定自己的道路。在工作和余暇中充满了浪漫唯美的曲折，对自由的渴望往往使自己所做的和所期待的完全相反。其生活形态是高度个人化的，不盲从世俗。

(3) Dynamic　活泼外向型。勇于探险，愿意承担其间的乐趣，接受不同的挑战。例行的公事会使你奄奄一息。喜欢扮演积极的角色，使个人的意见受到重视。

(4) Down to Earth　稳重和谐型。钟爱自然的形态，不喜欢复杂。极受人们欣赏，因为他脚踏实地，让人足以信赖。给接近他的人安全感和空间，让人感到温暖和人情。拒绝夸饰与陈腐，衣着重在实用与优雅。

(5) Professional　专业自信型。喜欢挑战人生，相信行动而非运气。擅以实际而不复杂的方式解决问题，以务实的角度看待日常生活而犹豫不决。在工作中，被赋予高度的责任，因为人们知道他是可以信赖的。其意志的力度对别人展现了他的自我保证。从不满足，直至完成自己的理想。

(6) Careful　平和谨慎型。思虑周到，容易交到朋友，却仍然可以保留隐私和自立；喜欢时间，独自思考生命的意义，并且享受自我；需要空间，因此会逃到美丽的藏身之处，但却不因此而成为一个孤独的人；喜欢保持自我与世界的祥和一致，享受生命和世界提供的一切。

(7) Carefree　无忧无虑、好玩型。热爱自由和自主的生活。享受生活且充满好奇心，对所有新鲜的事物开放心胸，在变化中茁壮成长。没有什么是可以让其感到疲倦的，喜欢多彩多姿地体验四周而总是惊喜于万物的美好。

(8) Romantic　浪漫感性型。非常敏感，拒绝以清醒而理性的观点看事情，相信自己的感觉。藐视浪漫而只重理性的人，讨厌被任何事物限制自己丰富的心情变化。

(9) Analytical　分析、自信型。连瞬间的感受都是高品质和耐久的，文化在其生活中扮演了重要的角色，以优雅而独一无二的个人方式发掘自我，悠游于时尚的奇想之外。

第三节 价值观与职业兴趣探索

张怡筠博士说："做自己喜欢的工作与快乐就不会太远。"心理学家罗伊认为有 12 个因素决定着一个人的职业选择过程。这 12 个因素中职业兴趣和价值观是非常核心的因素。职业兴趣是影响职业定向和职业选择的重要因素。专业决定一个人的知识结构，而兴趣帮助我们进入一些行业和领域。

卡耐基曾向一位轮胎制造业的成功人士请教成功的第一要素是什么，对方回答说："喜爱你的工作。如果你热爱自己所从事的工作，哪怕工作时间再长再累，你都不觉得是在工作，相反像是在做游戏。"兴趣能够给人带来我们在才能或成就中所看不到的一些东西，这些东西就是人们想做的事情及那些能使我们感到满意的事情。

一、兴趣在职业活动中的作用

兴趣是指人们喜爱或不喜爱某项特定活动或对象的态度。兴趣也是人们积极地接触、认识和研究某种事物的心理倾向。因此，兴趣是人们喜爱做某事的那些表现。兴趣来自价值观、家庭生活、社会阶层、文化和物质环境等因素，兴趣是价值观的表现，但是兴趣总是与特定的任务或活动相联系的。比如，两个都重视工作中创造性的人，其中一个对科学创造有强烈的兴趣，而另一个偏爱文学创作，这两种兴趣对他们有同样的作用，即有助于他们拓展自己的创造性价值观。这样就可以理解，为什么那些工作与兴趣相一致的人，会比那些工作与兴趣不一致的人更加满意自己的工作。事实上，兴趣与职业生涯选择之间一致与否，是和此后他对工作的满意程度及持久性紧密相连的。

研究职业兴趣的一位心理学家曾对从事社会工作者和心理咨询师这两类职业的人做访谈，发现他们的职业兴趣有很强的相似性。并且，人的职业兴趣具有一定的稳定性和持久性。

当人的兴趣对象指向职业活动时，就形成了人的职业兴趣，职业兴趣主要是回答"我喜欢做什么?"的问题。职业兴趣对人的职业活动有重要的影响。一份符合自己兴趣的工作常常能够给自己带来愉悦感、满足感。在选择职业时，人们总会将自己是否对此有兴趣作为考虑因素之一。从感到有趣开始，到逐渐地形成更加稳定、持久的乐趣，进而再与自己的奋斗目标相结合，形成有明确方向性和意志性的志趣，这是人的兴趣发展的过程。从事自己感兴趣的职业活动时，人们可以被激发出强烈的探索和创造的热情，可以在良好的体能、智能、情绪状态之下从事有意义的职业活动，激发自己全身心地投入而感觉心甘情愿。从事自己感兴趣的职业活动可以使人比较容易适应变化的职业环境，可以使人在追求职业目标时表现出坚定有恒的意志力。可见职业兴趣是个人在进行职业设计时必须考虑的重要因素之一。

因此，大学生应该努力培养自己多方面的兴趣爱好，并且注意培养自己的中心兴趣，努力发展自己的专长，从而使自己的兴趣爱好有明确的方向性，在进行职业选择时可以既有一个较广的适应范围，又有一个确定的指向，同时只有将能力和兴趣结合起来考虑，才更有可能取得职业的适应和成功。李开复关于兴趣的五点建议可供同学们参考：选你所爱；爱你所选；把握每一个选择兴趣的机会；忠于自己的兴趣；找到最佳结合点。

总之，对个人来说，如果从事有兴趣的工作，就会更加努力，而有努力就会出成就。从某种意义上甚至可以说，兴趣比能力更重要。具体来说，兴趣对人们的职业活动的影响主要表现在以下三个方面。

1. 兴趣是人们职业选择的重要依据

正像人们在日常生活中喜欢参加自己感兴趣的活动一样，具有一定兴趣类型的个人更倾向于寻找与此有关的职业，特别是在外界环境限制较小时，人们都会选择自己感兴趣的职业。因此，对个人的兴趣类型有了正确的评估后，就有可能预测或帮助人们进行职业选择。

2. 兴趣可以增强人的职业适应性

兴趣可以通过工作动机促进个人能力的发挥，兴趣和能力的合理结合会大大提高工作效率。研究表明：如果一个人从事自己感兴趣的职业，就会发挥他的全部才能的80％～90％，而且长时间保持高效率却不感到疲劳；而对所从事工作没有兴趣的人，只能发挥其全部才能的20％～30％。

3. 兴趣在某些情况下具有决定性作用

由兴趣的本质特征所决定，兴趣影响一个人的工作满意度和稳定性，在某些情况下，如不考虑经济因素，兴趣甚至具有决定性作用。一般来说，从事自己不感兴趣的职业很难让人感到满意，并由此会导致工作的不稳定，更重要的是自我价值感的降低。

二、测测你的职业兴趣

约翰·霍兰德发现工作的兴趣是个性的重要表现，有六种兴趣分别反映着人的个性中的特定因素，这六种兴趣包括务实型、研究型、社会型、传统型、创业型及艺术型。具有务实兴趣的人往往愿意多做一些任务明确的实事，比如：农业、自然、体育、军事活动、机械修理；具有研究兴趣的人则更讲科学性，愿意研究，倾向的职业是在科学、数学、医学领域；具有社会型兴趣的人更多地关注人文的、个人的价值倾向，并擅长处理人际关系，倾向的职业是教育、社会服务、医疗服务、宗教活动；具有传统型兴趣的人关注的则是结构、传统和细节，适合的职业领域是数据管理、计算机操作、办公室服务；具有艺术型兴趣的人更喜欢不太讲究的环境，这样才能表现出他的创造性和个性，倾向的职业是音乐、戏剧、美术、实用艺术、烹饪艺术、写作；创业型的人往往愿意当组织者，进行管理，喜欢目标明确的活动，倾向的职业领域有政治、法律、商务、销售、组织管理。

下面是一个职业兴趣问卷，测测你的职业兴趣。

◆职业兴趣问卷（台湾吴武典修订）

说明：

（1）这个测验的目的在于了解你的兴趣，以便帮助你将来选择适当的职业。

（2）作答的方法很简单，只要在题前“是”或“否”的方格里，划上“√”的记号即可。每一项问题都要作答。

（3）请如实作答。

是　否

□　□　1. 飞行员（驾驶飞机）

□　□　2. 秘书（在办公室中替人整理信件或打字）

□　□　3. 侦探（侦查犯罪的人）

□　□　4. 邮务人员（在邮局工作）

□　□　5. 电子技师（做电子技术工作）

□　□　6. 摄影师（做拍照工作）

□　□　7. 飞机修护员（修理飞机）

□　□　8. 气象学家（研究气象）

□　□　9. 神职人员（在教会工作，如牧师、神父等）

□　□　10. 簿记员（在机关里记账）

□　□　11. 诗人（写诗歌）

□　□　12. 报社编辑（编印报纸）

□　□　13. 托儿所保姆（在托儿所照顾三四岁的小孩）

□　□　14. 律师（在法院审判案件时，替人辩护）

□　□　15. 生物学家（研究动物和植物）

□　□　16. 中学教师（在中学教导学生）

□　□　17. 品质管制专家（管制货物的品质）

□　□　18. 采购人员（采购公司货物）

□　□　19. 交响乐队指挥（指挥管弦交响乐队）

□　□　20. 建筑物拆除者（拆掉古老、破旧的建筑物）

□　□　21. 医生（替人治病）

□　□　22. 小学教师（在小学教导学生）

是　否

□　□　23. 校长（当学校的校长）

□　□　24. 发电厂操作员（在发电厂工作）

□　□　25. 天文学家（研究星星、月亮、太阳等天上的物体）

□　□　26. 预算审核员（核算预备开支的账目）

□　□　27. 音乐家（从事音乐工作）

□　□　28. 起重机操作员（建筑或造房子时，操作起重机）

□　□　29. 铅管工（装修下水槽、浴缸及其他铅管设备）

□　□　30. 航空设计工程师（从事飞行设计工作）

□　□　31. 语言矫治专家（矫治说话有困难的人）

□　□　32. 交通业经理（经营交通业务）

□　□　33. 制造商代理（代理出售产品）

□　□　34. 作家（写作文章或著书）

□　□　35. 消防队队员（失火时，参加救火工作）

□　□　36. 军官（在军队里带领士兵）

□ □ 37. 室内装潢师（帮助人们设计家具或房屋）
□ □ 38. 小说家（写小说）
□ □ 39. 人类学家（从事人员研究）
□ □ 40. 婚姻辅导员（帮助别人解决婚姻问题）
□ □ 41. 统计人员（统计数字）
□ □ 42. 电视机制造商（制造电视）
□ □ 43. 商业性艺术字（设计广告、排版等）
□ □ 44. 外交官（出使外国的代表）
□ □ 45. 政府官员（在政府机关工作）
□ □ 46. 雕刻家（刻雕像）
□ □ 47. 汽车技工（修理汽车）
□ □ 48. 测量员（测量土地）
□ □ 49. 动物学家（从事动物研究）
□ □ 50. 体育教师（教导人们运动技能）
□ □ 51. 速记员（迅速记事）

是 否

□ □ 52. 旅馆经理（经营旅馆）
□ □ 53. 运动选手（参加运动竞赛）
□ □ 54. 木匠（用木头制造器具）
□ □ 55. 建筑监工（监督房屋建选的工作）
□ □ 56. 化学家（做化学实验）
□ □ 57. 游乐场指导员（在游乐场所指导人们做游戏）
□ □ 58. 出纳员（在公司或机关计算薪水并发放薪金）
□ □ 59. 商业经理（商业主管）
□ □ 60. 银行职员（在银行工作）
□ □ 61. 电台播报员（在电台广播新闻或气象）
□ □ 62. 科学家（从事科学研究）
□ □ 63. 心理学家（帮助人们了解他们的能力和兴趣）
□ □ 64. 税赋专家（从事税赋的研究）
□ □ 65. 餐馆服务人员（在餐馆工作）
□ □ 66. 艺术品商人（贩卖艺术品）
□ □ 67. 裁判员（执行运动规则，以裁定胜负）
□ □ 68. 加油站服务员（在加油站工作）
□ □ 69. 社会科学教师（教社会科学的老师）
□ □ 70. 司仪（报道典礼仪式的程序）
□ □ 71. 爆破员（使用炸药开挖山洞或挖坑）
□ □ 72. 英语教师（教英语）
□ □ 73. 营销经理（推销货物）

□ □ 74. 树木修剪员（修剪树枝的人）
□ □ 75. 科学杂志编辑（编科学性的刊物）
□ □ 76. 福利机构主任（福利事业的主管）
□ □ 77. 电脑设备操作员（操作电脑）
□ □ 78. 旅行推销员（到各地推销物品）
□ □ 79. 音乐会歌星（在音乐会里歌唱）
□ □ 80. 检察官（处理犯法案件）

是 否

□ □ 81. 工厂领班（领导工厂里的工人）
□ □ 82. 大学教授（在大学教书）
□ □ 83. 工具设计师（设计工具）
□ □ 84. 地质学家（研究岩石和化石以探测石油和矿物）
□ □ 85. 督学（监督学校的教学与行政工作）
□ □ 86. 经济分析学家（分析经济情况）
□ □ 87. 不动产经纪人（做房屋土地买卖的生意）
□ □ 88. 作曲家（创作乐曲）
□ □ 89. 人像艺术家（描绘人像）
□ □ 90. 机械师（制造机械的技师）
□ □ 91. 火车工程师（设计或制造火车）
□ □ 92. 植物学家（研究植物）
□ □ 93. 生活辅导员（帮助人们解决问题）
□ □ 94. 物价估计员（估计物品价格）
□ □ 95. 工商关系顾问（提供意见给工商界的专家）
□ □ 96. 戏剧指导（指导演员演戏）
□ □ 97. 制图员（绘制工作）
□ □ 98. 法官（在法庭上做审判官）
□ □ 99. 精神病患者个案工作员（帮助精神病患者解决问题）
□ □ 100. 职业拳击师（参加拳击或摔跤以争取奖金）
□ □ 101. 剧本作家（写剧本）
□ □ 102. 儿童服饰设计师（设计儿童服装的式样）
□ □ 103. 货车司机（开货车）
□ □ 104. 电器技工（修理电器）
□ □ 105. 物理学家（研究物理学）
□ □ 106. 职业辅导员（帮助人们选择适当的工作）
□ □ 107. 银行审计员（审查银行的各种收支记录）
□ □ 108. 漫画家（画卡通图片）
□ □ 109. 社会工作者（从事服务社会的工作）

是 否

☐ ☐ 110. 锁匠（制造钥匙）

☐ ☐ 111. 殡仪师（在殡仪馆做事）

☐ ☐ 112. 运货及收货员（从事送货、收货工作）

☐ ☐ 113. 保险经纪人（做推销保险的生意）

☐ ☐ 114. 理发师（替人理发）

☐ ☐ 115. 收账员（从事收款工作）

☐ ☐ 116. 探险家（到没有人去过的地方探险）

☐ ☐ 117. 火车司机（开火车）

☐ ☐ 118. 乐谱改编者（改编乐曲）

职业兴趣类型及题目如下，回答“是”记1分，回答“否”不记分。

⏩R（Realistic）实用型：

3，7，20，24，28，29，35，42，47，48，54，55，68，71，74，81，90，97，103，104，114，117

⏩I（Investigative）研究型：

1，5，8，15，17，21，25，30，39，49，51，56，62，83，84，91，92，105，116

⏩A（Artistic）艺术型：

6，11，12，19，27，34，37，38，43，46，72，75，79，88，89，96，101，102，108，118

⏩S（Social）社会型：

9，13，16，22，23，31，40，50，53，57，63，67，69，76，82，85，93，106，114

⏩E（Enterprising）企业型：

14，18，33，36，42，44，45，52，59，60，65，66，70，73，78，80，87，95，98，99，113

⏩C（Conventional）日常型：

2，4，10，26，32，41，51，58，61，64，77，86，94，107，111，112，115

R	I	A	S	E	C	TOTAL

通过记分便可看出测试者职业类型的倾向性。

◆兴趣探索游戏

1. 六岛环游游戏

使用目的：职业兴趣分析

使用方法：让来询者进行选择，选择以后可以询问选择的原因，进行分析交流。该游戏不能取代正式的兴趣评估，使用的时候只能作为参考。具体各岛的解释可以参照霍兰德职业兴趣类型的解释。

假设在你度“十一”长假途中，你所乘坐的轮船发生了意外故障，必须紧急靠岸。此时，轮船正处于以下 6 个岛屿中间。

你希望选择哪一个岛屿靠岸？

请按照优先顺序选择 3 个岛屿。

条件：至少要在所选择的岛屿上生活半年。

2. 畅想未来的今天

不管你现在是大学阶段的几年级或者是研究生阶段的几年级，请你做一个基本的想象和假设，想象你毕业以后的今天，是毕业以后今天的此时此地，你在哪里？你具体在做什么？周围是什么环境？你喜欢你正在做的事情吗？假如你所在的地方不是你现在上学的城市，你会乘什么车去？以什么速度？

三、探索自我的职业价值观

杨澜在北京邮电大学与同学们讨论思想与梦想的话题时，多次提到在大学阶段一定要明白自己要什么？导演贾樟柯说道：“梦想与你的价值观有联系，是你对生活的夙愿，它提醒你不要忘记你自己的初衷”。作家麦加说道：“梦想是远大到涵盖一生生命的容器，是与你的信念和价值观相联系的。”

84 岁的慈善家余彭年公开表明，他的 30 亿财产不留给儿子。余彭年常说的一句话是：“儿子强于我，留钱做什么？儿子弱于我，留钱做什么？他们有房子住，有工作做，有这些就足够了。”余老先生生活俭朴，却慷慨捐助社会。

这是一位亿万富翁对金钱的态度，也表现了一定的价值取向。

(一) 什么是价值观

价值观以信什么、要什么、坚持什么和实现什么的方式存在于人的精神目标系统。从其功能来看，价值观是人们心目中用于衡量事物轻重、权衡得失的尺子，价值观是人们关于事务重要性的观念，是依据客体对于主体的重要性，对客体进行价值判断和选择的标准。就社会的整体角度而言，它是人和社会精神文化系统中深层的、相对稳定的、起主导作用的部分；就生命个体而言，它是每个人生活和事业中最重要的精神追求、支柱和动力所在，它具有动机功能，而且不仅是评价性的，还是规范性的和禁止性的，是行动和态度的指导。职业价值观是无论从事什么工作，都会在工作中追求的且最希望获得的东西。

1. 奥尔波特的价值观分类

奥尔波特编制了价值观研究量表，共分为 6 种类型。

(1) 经济型：强调有效和实用。

(2) 理论型：重视以理论和批判的方法寻求真理。

(3) 审美型：重视外形与和谐均称的价值。

(4) 社会型：强调对人的热爱。

(5) 政治型：重视拥有权力和影响力。

(6) 宗教型：关心对宇宙整体的理解和体验的融合。

2. 罗克奇的工具性、终极性价值观分类

罗克奇把个体的价值观分为两类，即终极性价值观与工具性价值观。终极性价值观是指欲达到的最终存在状态或目标，如和平的世界、舒适的生活等；工具性价值观是指为达到上述目标所采用的行为方式或手段，如负责任的和自我控制的等。

表 3-2　罗克奇的工具型、终极型价值观对照表

终极型价值观	工具型价值观
舒适自在的生活（富足的生活）	雄心勃勃（辛勤工作、奋发向上）
振奋的生活（刺激的、积极的生活）	心胸开阔（开放）
成就感（持续的贡献）	能干（有能力、有效率）
和平的世界（没有冲突和战争）	欢乐（轻松、愉快）
美丽的世界（艺术和自然的美）	清洁（卫生、整洁）
平等（兄弟情谊、机会均等）	勇敢（坚持自己的信仰）
家庭安全（照顾自己所爱的人）	宽容（谅解他人）
自由（独立自主地选择）	助人为乐（为他人的福利工作）
幸福（满足）	正直（真挚、诚实）
内在和谐（没有内心冲突）	富于想象（大胆、有创造性）
成熟的爱（性和精神上的亲密）	独立（自力更生、自给自足）
国家的安全（免遭攻击）	智慧（有知识、善思考）
快乐（快乐的、休闲的生活）	符合逻辑（理性的）

续表

终极型价值观	工具型价值观
救世（救世的、永恒的生活）	博爱（温情的、温柔的）
自尊（自重）	顺从（有责任感、尊重的）
社会承认（尊重、赞赏）	礼貌（有礼的、性情好）
真挚的友谊（亲密关系）	负责（可靠的）
睿智（对生活有成熟的理解）	自我控制（自律的、约束的）

3. 以下 12 项是人们重视的人生目标，请以 1～12 表示你对各目标和价值的重要性排列。

领袖地位与权力________

快乐的婚姻关系________

丰厚的经济收入________

为人父母，胜任而有满足感________

心理成熟和良好的精神健康________

自我实现，快乐________

宗教、伦理和道德的信念________

满足的性关系________

在工作上胜任而有满足感________

对国家和社会有贡献________

与同性朋友有亲和的好关系________

身体健康________

（二）探索自我的职业价值观

1. 测测你的职业价值观

◆如果你乘船遇难了逃到一个荒岛上，你选择做：

（1）祈祷者　　（5）跳海者

（2）造船者　　（6）等待者

（3）安慰者　　（7）自义者

（4）组织者

◆请你凭着你的感觉去抓以下几样东西：

扳手　　试管　　口琴

麦克风　　原子笔　　洋娃娃

请自己看看自己的职业价值观。

扳手：耐劳，有操作机械的能力。喜欢做和物体、机械、工具、动物和植物有关的工作，是勤奋的技术家，如农牧者、机械师、电器师或匠人。（实用型、经济型）

试管：有数理能力和科学研究精神。喜欢观察、学习、思考、分析和解决问题，是重客观的科学家，如生物、医学、化学、物理、地质和天文，人类学家。（研究型、理论型）

原子笔：有敏捷的文字和计算能力。喜欢处理数字和文字资料，注意细节，按照指示完成琐碎的事，是谨慎的事物家，如会计师、银行职员、财税专家、文书人员、秘书、资料处理人员。

麦克风：有领导和说服他人的能力。喜欢以影响力、说服力和人群互动，追求政治或经济上的成就，是有自信的领导者，如企业家、政治家、法学家。（企业型、政治型）

口琴：有艺术、直觉和创作的能力。喜欢运用想象力和创造力，从事美感的创作，是表现美的艺术家，如作家、音乐家、画家、设计师、演员、舞蹈家。（艺术、审美型）

洋娃娃：有教育、宽容及与人安全相处的能力。喜欢与人接触，以教学或是协助的方式，增加他人的知识、自尊心、幸福感，是教育或社会工作者，如教师、心理治疗师、辅导或社会工作人员。

2. 职业价值观的自我检核

根据对不同职场中人们对工作价值观的调查，有如下的职业价值观类型，请你自己对照这些类型，在主导自己行为和想法、自己认可的生涯价值观后打钩，然后，整理、厘清自己的价值观。

➤审美性：很重视美感，希望自己做出来的东西都能带有一些美感和艺术气息，追求美感的呈现，不喜欢简陋、平凡的事务（ ）

➤职场物质环境：选择工作时，会特别注意该工作所提供的工作环境。喜欢在安静、舒适的环境下工作，也会尽量去经营自己的工作环境，使它更舒适而适合自己的工作。（ ）

➤威望：较看中自己的尊严和威望。希望所从事的工作带来好的名声，也因此希望获得别人的尊重和肯定，对社会地位较高的职业更有兴趣。（ ）

➤利他主义：有较明显的理想性格，工作的目的是为了造福人群，喜欢从事能够帮助别人的工作，希望因自己的付出而让社会更加美好。（ ）

➤自主性：能安排自己该做的工作，很有主见，别人的意见通常只是仅供参考，坚持己见是常有的事。（ ）

➤工作中人际关系：重视与同事和上司的关系，喜欢在工作中认识很多朋友，更希望自己在工作中人际关系和谐，除了工作时间以外，也喜欢与同事来往、交流。好的同事关系能带来较大的满足，而不佳的人际关系则会影响工作效率，甚至影响生活。

➤经济报酬：工作的主要目的是获取报酬，重视财富的累积，收入的高低常会有意无意地影响他对工作的选择。

➤崇法修德：重视工作的正当性，不去从事不正当的、不合乎道德的或不合乎法律的工作，更不希望他的工作会造成对他人直接或间接的伤害。（ ）

➤挑战性：喜欢面对不同的挑战，宁愿失败也不愿意守旧，喜欢向自己的极限挑战，不断超越自己的成就。

➤成就：较看重工作中的成就感，希望能有成功、突出的表现，也能因为一项工作的完成而获得满足。喜欢从事能够看得到具体成效的工作。

➢心灵成长：希望能在工作中促进自我成长，并通过工作认识各种不同个性、生活背景的人。

➢变异性：希望自己的工作是多彩多姿、丰富变化的，不喜欢每天做同样的事情，更讨厌呆板、单调。

➢安定性：较注重工作的安定、稳定，而不是冒险，不希望经常调换工作，很少想要调工作。

➢实现性：工作的目的在于能够表达自己的想法和看法，喜欢能表现自我风格的工作，更希望能将个人理念透过工作而付诸实现。

➢对组织及工作的影响力：希望能对所在的机构有影响力，喜欢领导别人一起工作时的能力感，而不喜欢无从改革的无力感；若自己无力改变组织中不合理的现状，则会感到比其他人更深的挫折感，因此，常是组织中最有影响力的领导者。（ ）

➢升迁及个人发展：较重视工作的长期发展，在考虑选择工作时，会以升职、进修、在职训练机会较多，或者有发展趋势而选择工作。（ ）

➢专业表现：希望在自己的工作中发挥所学，实现自己的专业理想。因此，适合自己的兴趣、个性，展现自己的能力，发挥自己的专长是最吸引人的 。（ ）

➢自我充实：对于工作的附带效益较重视。希望工作能使自己获得更多的知识，增加见识，不断进步，不断创造性地完成增加的工作理想。（ ）

➢生活安适：最重视能过安适的生活，不希望辛苦、挑战，不希望因为工作而让自己的生活太过辛苦、紧张，认为工作应该轻松、愉快，过得去就好了。

➢休闲时间：较重视假期，希望有较多、较长的假期，无法接受忙碌得几乎没有休假的工作，也不希望工作会妨碍到自由自在的生活。

◆请你完成下列句子

如果我有 500 万，我会：

我最欣赏的一个理念是：

在这个世界上，我最想改变的是：

我一生中最想要的是：

我会在（ ）情况下表现最好。

我最关心的是：

我幻想最多的是 ：

我的父母最希望我能：

我生命中最大的喜悦是：

我认为我自己是：

熟知我的人认为我是：

我相信：

（三）探索自我期待的生活形态

使用目的：喜欢的生活形态分析

使用方法：请做职业探索的同学先进行选择，然后对自己所选择的生活形态进行分析。通过生活形态对职业方向进行筛选，选择适合自己的职业方向。

下面有许多生活形态的项目，对每个人的重要性是不一样的。了解这些项目对自己的重要程度，对未来生活的规划与安排会有所助益。根据自己的实际情况，在相应的栏目里打“√”。

生活形态项目	很重要	普通重要	稍微重要	不重要
住在宁静的乡村				
生活富有挑战性、创造性				
有崇高的社会声望				
能自由支配金钱				
有充分的闲暇做自己感兴趣的事				
住在都市地区				
积极参与社区活动				
居住在文化水准较高的地区				
经常旅游，扩展视野				
居住在小孩上学比较方便的地方				
每天有固定的时间与家人相处				
每天准时下班				
担任主管职务				
拥有宽广、舒适的生活空间				
工作安定有保障				
拥有较高的经济收入				
和朋友保持密切的交往				
和父母住在一起，承欢膝下				
参加和宗教有关的活动				
每个月有固定的储蓄				
固定居住在某个地方				
随时吸收新知，充实自己				
和妻（或夫）住在一起				
调配时间督导子女的课业				
和家人共享假期				
每天运动，锻炼身心				
工作之余参与社团活动				
能密切配合工作伙伴				
贡献自己所能，参与社会服务				

第四节　职业能力探索与职业潜能提升

一、能力及职业能力

（一）能力

能力就是指顺利完成某一活动所必需的心理条件，是直接影响活动效率并使活动顺利完成的个性心理特征。能力总是和人完成一定的活动联系在一起，人的能力是在活动中形成、发展和表现出来的。倘若一个人不参加某种活动，就难以确定他具有什么能力。离开了具体活动既不能表现人的能力，也不能发展人的能力。同时，能力也是从事某种活动必需的前提。能力影响活动的效果，能力的大小只有在活动中才能比较。能力是由多种心理品质所构成的系统，具有复杂的结构。分析能力的结构对于深入理解能力的本质，合理地设计出能力的测量手段，科学地拟定能力培养计划，都有重要的意义。

美国著名生理学家、教育家，哈佛大学教授加德纳提出的多元智能理论，他认为每个人都至少拥有八项智能，分别介绍如下。

（1）语言智能：指阅读、写作及日常会话的能力。主持人、记者、律师、教师、文学擅长者、推销员等都具有突出的语言智能。

（2）数理逻辑智能：指数学运算与逻辑思考的能力。科学家、工程师、统计人员、财会人员、电脑软体研发人员等都具有很强的逻辑智能。

（3）音乐智能：指对声音、韵律的辨别与表达能力。比如作曲家、歌唱家、指挥家、调琴师、音乐欣赏水平较高的听众等。

（4）空间智能：指用三维空间的方式进行思维，并能以图画的形式表达出来的能力。比如航海家、飞行员辨别方向的能力比较强；画家、摄影师、建筑设计人员空间表达能力比较强。

（5）身体运动智能：指能巧妙地操作物体和调整身体的能力。运动员、影视演员、舞蹈演员、外科医生、机械师、手艺人等都有这方面的智能。

（6）人际交往智能：指理解别人和与人交往的能力。外交家、领导者、心理咨询师、公关人员、推销员等具有较强的人际智能。

（7）自省智能：指善于自我反思、自我认识，并据此做出适当行为的能力。心理学家和哲学家、作家就有高度的自省智能。

（8）自然观察智能：指善于观察自然界中的各种形态，对物体进行辨别和分类的能力。如天文学家、生物学家、地质学家、考古学家、环境设计师、农艺师等。

（二）职业能力

职业能力是指职业作为一种重要而又复杂的社会活动，要求从业者具备的必要的生理和心理条件。职业能力直接影响职业活动效率和职业活动能否顺利完成。没有职业能力，就无从进入职业工作，也就无从谈起职业生涯发展。职业能力可分为专业技能和可迁移技能。专业技能是指具体的、专业化的，针对某一特定工作的基本技能，例如会计记账、教师讲课、IT 工程师编程、医疗专业人员解释心电图等。这些技能涉及学科的主题，如历史学、政治学、经济学、汽车制造、机械设计、医学等。专业技能最显著的特点是：它们需要经过有意识的、专门的学习培训，在通过记忆掌握特殊的词汇、程序和学科的基础上获得。专业技能可迁移的可能性比较小，专业技能是一个人成为职业化人士的基本条件。

可迁移技能就是可迁移的通用技能。可迁移技能指的是在某一种环境中获得，并可以有效地移用到其他不同的环境中去的技能，是个人能够持续运用和最能够依靠的技能。可迁移技能具有可迁移性、普遍性和实用性，可分成以下几类。

（1）交流表达能力：通过口头或者书面语言形式及其他适当形式，准确、清晰地表达主体意图，和他人进行双向（或者多向）信息传递，以达到相互了解、沟通和影响的能力，包括倾听-提问的技巧、提供信息、让别人接受自己的观点、自信独特地表达自我等。

（2）数字运算能力：运用数字工具，获取、采集、理解和运算数字符号信息，以解决实际工作中的问题的能力。

（3）创新能力：在前人发现或者发明的基础上，通过自身努力，创造性地提出新的发现、发明或者改进革新方案的能力。

（4）自我提高能力：在学习和工作中自我归纳、总结，找出自己的强项和弱项，扬长避短，不断加以自我调整改进的能力。

（5）与人合作能力：在实际工作中，充分理解团队目标、组织结构、个人职责，在此基础上，与他人相互协调配合、互相帮助的能力，包括正确认识自我，能尊重与关心别人，能对他人的意见、观点、做法采取正确的态度。

（6）解决问题能力：在工作中把理想、方案、认识转化为操作或工作过程和行为，并最终解决实际问题、实现工作目标的能力，包括分析问题、处理抽象问题，对一个问题提出多种解决方法并挑选出最合适的一种，运用批判性的思考方式来看待各种因果关系，设置并达到目标，创造性思考。

（7）组织策划能力：计划、决策、指挥、协调、交往。

（8）信息处理能力：运用计算机技术处理各种形式的信息资源的能力。

（9）外语应用能力：在工作和交往活动中实际运用外语语言的能力。

（10）学习能力：善于发现并记录，坚持不懈克服困难、继续学习的能力。

（11）管理能力：包括管自己、信息、他人和任务的能力。

这些技能可增强个人竞争力，对就业和终身发展都具有重要作用和深远的影响。

（三）大学生应具备的职业能力

大学生就业成功的内在要素可分为专业因素和非专业因素两类。专业因素是就业重要的前提之一。合理的知识结构不仅包括精深的专业知识，还包括广博的基础知识。专业知识是知识结构的核心部分，是人才知识结构的特色。基础知识是知识结构的根基，是知识更新的原动力。专业知识与基础知识的有机结合，是担任现代社会职业岗位的必要条件，是人才成长的基础。没有一定的专业知识和技能，企业招聘就缺少了最基本的考评依据。但专业不是万能的，在高校内换专业的现象和就业时脱离本专业的现象，就从一个侧面证明了非专业因素也在日益被关注。专业之外的核心能力成为大学生成功就业最基本、最直接的因素。核心能力主要包括以下几个方面。

(1) 沟通能力。企业发展越来越强调团队的合作与交流，沟通能力的基本要求就是准确、鲜明、生动、层次清楚。

(2) 实践能力。实践能力是指大学生在工作中解决实际问题的能力，主要包括运用所学知识有效地分析问题和解决问题的能力，以及有效地运用工具的能力。

(3) 学习能力。科技迅猛发展使知识递增速度越来越快，知识陈旧的周期越来越短。在这种情况下，无论是组织和个人都要善于学习，善于把新的知识迅速转换成新的能力。

(4) 组织管理能力。大学生毕业后不可能人人都走上领导岗位从事管理工作，但每个人在将来的工作中都会不同程度地运用到组织管理才能。

管理自己即有效地管理时间，设置目标和标准，为自己的学习承担责任，主动有目的地倾听，运用一系列学术技能（分析综合记忆），开发和改进学习策略，显示智力上的灵活性，在新的或不同的情境中进行学习，制订面向长期目的和目标的计划，有目的地反思自己的学习，批评性地阐明立场，应付压力。管理信息即使用恰当的信息资源，使用恰当的技术和媒体，有效掌握各种信息和资料，在活动中使用恰当的语言和形式，解释多种信息格式，提供有说服力的信息或观点，对不同的目的环境或观念做出反应，批判性使用信息，以革新或创新方法使用信息。管理他人即执行共同任务，尊重他人观点和价值，在合作环境中有效工作，适应群体要求，说明观点或行动，发挥带头作用领导他人，委派任务、协商，提供建设性批评，担当重要角色，在合作环境中学习和帮助他人。管理任务即确认关键特征，把问题概念化，提出坚持重点，确定战略性选择，计划或执行行动的路线，组织子任务，开发利用适合的策略，评价结果。组织管理能力是带领团队完成某件综合性工作的能力，包括策划、组织、协调、指挥、沟通、控制等多方面的能力。具备管理能力才能组织更多的人与资源发挥更大的作用。

(5) 社会适应能力。社会适应即个人和群体调整自己的行为使其适应所处社会环境的过程。根据现实情况调整自己的生活方式、行为方式、思维方式，适应新环境的要求，才能获得更充分的生存与发展的条件。

(6) 社会交往能力。人际交往是交流信息、获取知识的重要途径。人际交往是个体认识自我、完善自我的重要手段。在人际交往的过程中，彼此从对方的言谈举止中认识了对方。同时，又从对方对自己的反应和评价中认识了自己。交往面越宽，交往越深，对对方的认识越完整，对自己的认识也就越深刻。通过人际交往，我们可以相互传递、交流信息和成果，使自己丰富经验、增长见识、开阔视野、活跃思维、启迪思想。大学生培养自己的人际交往能力不仅是自我发展、完善的需要，也是未来工作环境的需要，关系到工作效能的高低和事业的成败。

(7) 创新能力。联合国教科文组织在其《学会生存》的报告中指出："人们对付当今世界性问题和挑战的能力，归根结底取决于人们能够激发和调动的创造力的潜力。"只有那些思维敏锐，能在自然和社会发展中的新问题面前充分地发挥其创造才能，以新颖的创造去解决问题的人，才能更多地得到企业单位和社会的重视，为企业单位和社会的发展做出更大的贡献。创造力可以看作是人们从事创造性活动的能力，是以想象力为基础，产生改革旧事物所需的灵感和创造性设想的能力，对已有知识和经验加以改造，产生新知识、新成果和新产品的能力。创造力是一种特殊能力，是人的一种高级能力。衡量创造力的指标有：敏觉力、流畅性、变通性、独创力、精进力。具有创造性人格的特征表现为：冒险心、挑战心、好奇心、想象心。正是有了创造力，人类的生活才能够丰富多彩、日新月异。对一个人的创造力进行测量，对于预测他在未来的职业中的成就具有重要的参考意义。创造力的重要性在当今时代被提到了一个前所未有的高度，在人才选拔尤其是选拔高层管理人才和技术人才时，创新能力的高低更是一个关键指标。在学习的过程中，应着意不断培养和强化自己的开拓创新能力。

二、职业能力探索

了解自己职业能力的状态，是做职业生涯选择的基础，也是有的放矢地培养和锻造自我能力的基础。请大学生们积极探索自我能力的发展状况，为能力的发展做好准备。

（一）能力盘点游戏

1. 能力分类卡

使用目的：能力分析

使用方法：

方法一：让来询者将能力清单上的词汇直接填入表格，对来询者的能力进行分析；方法二：将能力清单及程度词汇做成卡片，职业规划师先将程度词汇按照表格的样子排好，然后来询者把能力卡片放到相应的位置。对于能力清单的内容可以按照需要进行增减。

能力清单：

授权、执行、图像处理、监督、分析、团队、阅读、设计、时间管理、咨询、谈判、创新、战略思考、决策、销售、编辑、写作、情绪控制、综合、评估、指导、同时处理多个任务、计划、组织、观察、讲课、客服，适应变化、对数字敏感、抽象思考、处理混乱、激励、当众表演，出新主意、预见、直觉、应急、测试、记录。

	非常熟练	能胜任	缺乏/未掌握
最愿意			
非常愿意			
喜欢			

续表

	非常熟练	能胜任	缺乏/未掌握
不愿意			
最不喜欢			

2. 可迁移的技能水平评估

请自我评估自己以下各项技能的水平，并在“高”“中”“低”栏目下打钩。

技能领域	技能项目	高	中	低
管理	计划组织			
	分配职责			
	命令			
	关注细节			
	评价同学、同事及自己的工作绩效			
	利用数据库和相应的软件来组织和呈现信息			
	灵活性			
	同时管理多项任务			
沟通	倾听-提问的技巧			
	提供信息			
	接受信息			
	记录回答、报告等，并做专业的分类			
	向大/小规模的群体展现信息			
	协调能力			
	掌握一门外语			
	自信和独特地表达自己			
	利用电子手段来交流			

续表

技能领域	技能项目	高	中	低
问题解决	分析问题			
	处理抽象的问题			
	对于同一个问题提出多种解决方法，选出最合适的一种			
	利用批判性的思考方式来看待各种因果关系			
	设置并达到目标			
	创造性地思考			
人际关系	领导一个团队			
	衡量和评价他人的工作			
	解决问题和冲突			
	激励别人			
	为别人提供激励或支持			
	了解工作环境和人们的需要并做出适当的回应			
	和不同的人很好地共事			
	教导和培训他人			
学习	善于发现并记录			
	好奇心			
	勤奋并有毅力地工作			
	坚持不懈、足智多谋地克服障碍			
	利用光盘盒网络数据库			
	利用网络来做研究			

3. 知识技能清单

使用目的： 帮助学生清楚自己的知识和技能。

使用方法： 按照各个栏目的类别进行回忆，全部填写以后进行综合分析，发现自身能力上的优势。

从工作中学习到的	从会议、辅导班、培训班、研讨会中学习到的	在家学习到的：通过阅读、看电视、听磁带、学习课程	休闲时学习到的：志愿工作、爱好等

续表

从工作中学习到的	从会议、辅导班、培训班、研讨会中学习到的	在家学习到的：通过阅读、看电视、听磁带、学习课程	休闲时学习到的：志愿工作、爱好等

（二）测测你的职业能力

现在来简单介绍职业能力倾向测验。

1. 一般性能力倾向成套测验

一般性能力倾向成套测验是由美国劳动部所属各机构共同研究的，于 1947 年编制的这套能力倾向测验，主要用于职业咨询，为就业咨询和再就业提供服务。它是使用范围最广的测试方法之一，在提供职业数据库内容方面是独一无二的。有了这种方法研究出的基本才能和能力的情况，就可以和已经确定的包含 460 多种职业的职业能力样本进行比较，以了解职业能力倾向。

一般性能力倾向成套测验用于对许多职业所必需的九种能力倾向进行测试。其中测试项目共有 15 项，A～K 是纸笔测试项目，M～P 是操作测验。

A：工具匹配测验；B：名词比较测验；C：划纵线测验；D：计算测验；E：平面图判断测验；F：打点速度测验；G：立体图判断测验；H：算术应用测验；I：语义；J：打记号；K：开关匹配测验；M：插入；N：调换；O：组装；P：分解。

一般能力倾向成套测验可以测试的九种能力为：

（1）一般学习能力（G）：把测量 V、N、S 因素的三个分测验的分数相加得到。

（2）言语能力（V）：要求被试者指出每一组词中哪两个词意义相同或相反。

（3）数理能力（N）：计算和算数推理。

（4）空间能力（S）：三维空间测验，包括理解三维物体的二维表示及想象三维运动的结果。

（5）形状知觉（P）：包括两个分测验：一个是匹配有同样工具的图画；另一个是匹配同样的几何图形。

（6）书写知觉（Q）：与形状知觉类似，但要求匹配名称。

（7）运动协调（K）：要求被试者在一系列方格中用铅笔做出特定的记号。

(8) 手指灵活度(F):装配和拆卸铆钉和垫圈。

(9) 手部敏感性(M):在一个木板上传递和翻转木桩。

根据一般性能力倾向对九种能力的测验,可以组合成 15 种职业能力结构,如表 3-3 所示。

表 3-3 15 种职业能力结构

1	人文系统的专门职业	C-V-N
2	特别需要语言能力的事物职业	C-N-Q
3	自然科学系统的专门职业	C-N-S
4	需要数字能力的一般事务职业	C-N-Q
5	机械装备的操纵运转及警备保安职业	C-Q-M
6	机械事务的职业	C-Q-K
7	需要一般判断力和注意力的职业	C-Q
8	美术作业能力	C-S-P
9	设计、制图作业及电器职业	N-S-M
10	制版、插图的职业	Q-P-F
11	检查分类的职业	Q-P
12	造型手指作业的职业	S-P-F
13	造型手背作业的职业	S-P-F
14	手背作业的职业	P-M
15	看试作业、立体性作业的职能	K-F-M

一般性能力倾向的测试程序是:用 2~3 小时进行全套测验,其中纸笔测验可集体进行,动作测验可个别进行。记分后,将各种能力分数换算成标准分数,然后绘制个人能力倾向剖析图,并与职业能力倾向结构分类表相对照,就可以判断被测者最合适的职业领域。

2. 特殊能力倾向测验

特殊能力是指完成某种特殊活动所需的各种能力。特殊能力倾向测验作为鉴别个体在机械、文书、美术等方面是否具有特殊潜能的一种工具,最初是为了弥补智力测验的不足而编制和使用的。它是多重能力倾向测验的有力补充,具有较大的灵活性。特殊能力测验广泛地用于教育、工业和军事上的人员选拔中。

特殊能力倾向测验分为心理运动能力测验、文书能力倾向测验、机械能力倾向测验、音乐能力倾向测验、美术能力倾向测验。

1) 心理运动能力倾向测验

心理运动能力倾向测验主要用于预测特定职业和行业的工作绩效,是最早建构起来的特殊能力测验。包括斯特龙伯格敏捷测验、普度钉板测验、本纳特手动工具敏捷性测验。

(1) 斯特龙伯格敏捷测验。这个测验主要用于全面测试手指、手掌和手臂运动速度和准确性。测试过程中,要求受测者将 54 张三种颜色(红、黄、蓝)的小图片按照规定的顺序尽快地摆放在一起。该测试可以考察机械操作员、焊接工等工作中的操作灵敏性。

（2）普度钉板测验。这一测验主要用于测查被试者的手—手指—手臂的灵活性，包括五项任务。在测验的第一部分，受测者分别用右手、左手和双手把钉子放入一块木板的小洞中；测验的第二部分，要求受测者把钉子放入小洞，然后再上面放上垫圈和铜圈。研究发现，该测验的分数与机械工和钟表工等职业的工作绩效显著相关。

（3）本纳特手动工具敏捷性测验。这一测验将手指敏捷性及手臂和手的整体运动结合起来进行测试。主要任务是让受测者从一个框架右边的三种不同型号的 12 个螺丝钉上拧下 12 个螺帽，然后重新装配框架左边的螺帽和螺丝钉。分数按照测验的时间来计算。

2）文书能力倾向测验

（1）一般文书测验。这种测验是一种综合的文书能力测验，包含九个分测验，主要分三种能力计分。①文书速度和准确性，主要测量受测者的一般文书才能，由校对和字母排列两个分测验组成。②数字能力，测量受测者的算数潜能，由简单计算、指出错误、算数推理三个分测验组成。③言语流畅性，主要测量受测者的语文水平，包括拼字、阅读理解、字词和文法四个分测验。

（2）明尼苏达文书测验。这一测验主要用于选拔要求知觉和操作符号能力的职业人员，比如检验员等。测验分为两个部分：①数目比较，呈现给受测者 200 对数目，每个数目包含 3～12 个不同的数字，要求受测者尽快地找出两个数目完全相同的数对。②姓名比较，与数目比较类似，不过使用的是西方常见的姓名，而不是数字。测验十分简单，用做对题目的数量减去做错题目的数量。

（3）翁德里克人事测验。这一测验用于人事与选拔中的智力测验。该测验是一个多项选择测验，其 50 个项目涉及语言、数学、图形及分析等方面。它与多种工作绩效测量都显著相关。同时有大量证据表明，在这个简短测验上的得分与在韦克勒斯成人智力量表等更加复杂的测验上得分之间高度相关。此测验的计算机化版本主要用于评估能力和人格因素。

（4）ZHC 国家职业汉语能力测试。ZHC 由中国劳动和社会保障部职业技能鉴定中心组织国内语言学、语言数学、心理学和教育测量等方面的专家开发研制。ZHC 是考察应试者在职业活动中实际运用汉语能力的国家级测试。合格者可以获得中国劳动和社会保障部职业技能鉴定中心颁发的“国家职业汉语等级证书”。ZHC 是一项核心职业技能测试，面向所有就业者。职业汉语能力是指人们在职业活动中运用汉语进行交际和沟通的能力，运用汉语获得和传递信息的能力。重点考察应试者在工作场所和职业情境中实际运用语言的能力。考察应试者运用汉语进行交际的能力和逻辑思维能力。目前，这一测试暂时仅仅考察阅读理解能力和书面表达能力。在不久的将来，将会增加听力测试和口语测试。

3）机械能力倾向测验

（1）明尼苏达空间关系测验。这一测试包括 A、B、C、D 四块板，两套几何形状的木板，一套插在 A 板和 B 板的凹陷处，另一套插在 C 板和 D 板的凹陷处。测验开始时，这些木块是零散摆放的，受测者的任务是尽可能快地捡起木块，放入板中的特定位置。完成整个测验的时限为 10～20 分钟，按照受测者所用时间和正确率计分。该测验具有较好的信度和效度。

（2）本纳特机械理解测验。这个测验主要测量在实际情境中理解机械关系和物理定律的能力。目前该测验有两个副本，S 式和 T 式。题目的难度大，在选拔需要机械能力的学生和职员时运用广泛，也用于军事方面的选拔。在预测机械贸易和工程方面的工作时，有很高的同时效度和预测效度。在第二次世界大战期间，这个测验是对飞行员的表现最优预测力的测验之一。

4）音乐能力倾向测验

（1）西肖尔音乐才能测试。西肖尔音乐才能测试是第一个标准化的音乐能力测验，西肖尔编制这个测验的目的是测量不受音乐训练影响的基本音乐能力，该测验以一系列音乐调试或音乐符号为材料，测查受测者的感观辨别力。这一测验适用于小学生到成人受测者。

主要测试内容包括：音调辨别力、音量辨别力、时间音程辨别力、节奏判断力、音色判断力。

（2）戈登音乐能力倾向测验。戈登于 1965 年编制的音乐能力倾向测验采用真正的音乐题材作为材料，考察受测者的音乐能力。戈登音乐能力倾向测验首先包含一些测量受测者音乐理解力的项目，要求受测者分别以旋律、和声、速度和拍子为依据，判断两小段音乐是否相同。受测者完成以后，再进行三个分测验的测试。①T 测验，考察受测者的音调形象（旋律、和声），方法是使用两种演奏方法，让受测者判断异同。②R 测验，考察受测者的节奏形象（速度、节拍）。③S 测验，考察受测者的音乐感受能力（乐句、对比和风格）。要求受测者判断两段音乐哪一种更有魅力。戈登对五个学校中年龄在 10～11 岁的 250 名学生进行了为期三年的追踪研究，发现该测验分数对学生在音乐训练上的成绩有较好的预测能力。

5）美术能力倾向测验

梅尔经过长期研究，认为构成美术能力的要素有六种：①手艺技巧，眼手的动作协调良好；②坚定的意志，注意力集中，精力充沛，坚定完成有目的的工作；③美术智力，具有一般智力与美术的基本智力；④敏锐的知觉，敏锐精细的观察力；⑤创造性想象，由经验发展到创作出一件美术作品的能力；⑥美的判断，辨认客观情境中的审美能力。

（1）梅尔美术判断力测验。梅尔美术判断力测验是由梅尔编制的，主要考察受测者的审美能力，即对美术作品的鉴赏能力。梅尔美术判断力测验包含两个分测验，分别是艺术判断和审美知觉。艺术判断分测验包含 100 对不着色的图片，内容包含风景、静物、木刻、壁画等，每对图片都由两幅图片组成，一幅是公认的杰作的复制品，一幅是在某些方面（平衡、比例、明暗等）对杰作稍有修改的作品，要求受测者在两幅作品中选出他认为更好的一幅。这些图画的好坏标准是根据 25 位艺术专家的意见决定的，其中有些较难判断，分值权重比其他图画高。受测者选择正确的图画获得的分数即为其成绩，常模分为初中、高中和成人三组，采用百分位数。

审美知觉分测验包括 50 道题目，每题为一件艺术作品的四种形式，每一种形式相对于另外三种在比例、整体性、形状、设计等特征上有所不同，要求按照其优劣排列等级。

（2）格雷福斯图案判断测验。格雷福斯图案判断测验是通过受测者对美术基本原则的认识和反应来判断其美术能力。该测验包含 90 套二维或三维的抽象画，每题包含 2～3 个同一图案的变式（其中只有一个符合调和、主题、变化、平衡、连贯、对称、比例和韵律八项美学基本原则），要求受测者选择他认为最好的那个。受测者的得分即为其正确选择的题目的数量。

（3）霍恩美术能力倾向测验。这一测验是一种操作性的美术能力测试，测试一般美术记忆力、技巧、想象力和创造力。该测验包括两部分内容：①素描画，要求受测者画出常见物体的素描，考察其作品的线条品质和画面布置的技能；（随意画），测量受测者用指定的图形画成简单的抽象图案的能力；②想象画，给受测者 12 张卡片，每张上都有一些线条，要求受测者根据这些线条画一幅画，用以评判受测者的想象力和作画技巧。该测验能有效地将美术专业人士和一般人区分开来，对美术学生的成功具有较好的预测力。

3. 行政职业能力倾向测验（AAT）

行政职业能力倾向测验是对受测者适应职位要求的能力考查。

公务员录用考试把对行政职业能力倾向的评价作为一个重要方面，它有利于帮助人事部门了解考生从事行政工作的潜能与差异，避免选人过程中可能出现的“高分低能”现象，提高选人、用人的准确性。《行政职业能力倾向测验》是由人事部考录司组织心理学等学科的专家研制而成的，是专门用来测量与行政职业成功有关的一系列心理潜能的一种标准化考试。既不同于一般的智力测验，也不同于行政职业通用基础知识或专业知识技能的测验，其功能主要是通过测量一系列心理潜能，进而预测考生在行政职业领域内的多种职位上取得成功的可能性。行政职业能力倾向测验（表 3-4）包括五大部分内容：

（1）知觉速度与准确性；

（2）判断推理；

（3）言语理解；

（4）数量关系；

（5）资料分析能力。

表 3-4 行政职业能力倾向测验内容结构

部分	内容	题量	时限（分钟）	测试目标
一	知觉速度与准确性	60	10（单独计时）	各种中英文文字及数字、图形、符号的知觉加工速度及准确性
二	数量关系	15	10	基本数量关系的快速理解和计算能力
三	言语理解	20	25	中文词句含义理解能力、文章段落的准确理解、掌握运用能力程度
四	判断推理	40	30	图形关系、文章段落和社会生活等常识性问题的推理判断能力
五	资料分析	15	15	较简单的图、表及文字资料的阅读和分析能力
合计	150	90		

资料来源：萧鸣政主编《人员测评与选拔》，复旦大学出版社，2005 年 2 月第一版，316 页

4. 创造力测验

正是有了创造力，人类的生活才能够丰富多彩、日新月异。对一个人的创造力进行测量，对于预测他在未来的职业中的成就具有重要的参考意义。创造力的重要性在当今时代被提到了一个前所未有的高度，在人才选拔尤其是选拔高层管理人才和技术人才时，创新能力的高低更是一个关键指标。心理学家在20世纪50年代就对创造力进行了系统科学的研究，编制了一系列测验对创造力进行测量。进行测量的主要量表有：威廉斯创造力倾向测验量表；托伦斯创造性思维测验；南加利福尼亚测验；芝加哥大学创造力测验等。这里我们选择较具代表性的威廉斯创造力倾向测验量表，以供大学生自测时参考。

威廉斯创造力倾向测验

下面是一份帮助你了解自己创造力的练习。请你根据每个句子对你的适合程度进行选择，每个句子都有三种选择："完全符合"(A)；"部分符合"(B)；"完全不符合"(C)。

注意：①每一题都要做，不要花大多的时间去想。②所有的题目都没有"正确答案"，凭你读完每个句子后的第一印象进行选择。③虽然没有时间限制，但应争取以较快的速度完成。④切记，凭你自己的真实的感觉作答，将最符合的选择所对应的字母填入题后括号内。

1. 在学校里，我喜欢试着对事情或问题做猜测，即使不一定都猜对也无所谓。(　)
2. 我喜欢仔细观察我没有看过的东西，以了解详细的情形。(　)
3. 我喜欢听变化多端和富有想象力的故事。(　)
4. 画图时我喜欢临摹别人的作品。(　)
5. 我喜欢利用旧报纸、旧日历及旧罐头盒等废物来做成各种好玩的东西。(　)
6. 我喜欢幻想一些我想知道或想做的事。(　)
7. 如果事情不能一次完成，我会继续完成尝试，直到成功为止。(　)
8. 做功课时我喜欢参考各种不同的资料，以便得到多方面的了解。(　)
9. 我喜欢用相同的方法做事情，不喜欢去找其他新的方法。(　)
10. 我喜欢探究事情的真假。(　)
11. 我不喜欢做许多新鲜的事。(　)
12. 我不喜欢交新朋友。(　)
13. 我喜欢一些不会在我身上发生的事情。(　)
14. 我喜欢想象有一天能成为艺术家、音乐家或诗人。(　)
15. 我会因为一些令人兴奋的念头而忘记了其他的事。(　)
16. 我宁愿生活在太空站，也不喜欢在地球上。(　)
17. 我认为所有的问题都有固定的答案。(　)
18. 我喜欢与众不同的事情。(　)
19. 我常想知道别人正做什么。(　)
20. 我喜欢故事或电视节目所描写的事。(　)
21. 我喜欢和朋友一起，和他们分享我的想法。(　)
22. 如果一本故事书的最后一页被撕掉了，我就自己编造一个故事，把结局补上去。(　)

23. 我长大后，想做一些别人长大后从来没想过的事情。（ ）
24. 尝试新的游戏和活动是一件有趣的事。（ ）
25. 我不喜欢太多的规则限制。（ ）
26. 我喜欢解决问题，即使没有正确的答案也没关系。（ ）
27. 有许多事情我都很想亲自去尝试。（ ）
28. 我喜欢没有人知道的新歌。（ ）
29. 我喜欢在班上同学面前发表意见。（ ）
30. 当我读小说或看电视时，我喜欢把自己想象成故事里的人物。（ ）
31. 我喜欢幻想2000年前人类生活的情形。（ ）
32. 我常想自己编一首新歌。（ ）
33. 我喜欢翻箱倒柜，看看有些什么东西在里面。（ ）
34. 画图时，我很喜欢改变各种东西的颜色和形状。（ ）
35. 我不敢确定我对事情的看法都是对的。（ ）
36. 对于一件事情先猜猜看，然后再看是不是猜对了，这种方法很有趣。（ ）
37. 玩猜谜之类的游戏很有趣，因为我想要知道结果如何。（ ）
38. 我对机器有兴趣，也很想知道它里面是什么样子，以及它是怎样转动的。（ ）
39. 我喜欢可以拆开的玩具。（ ）
40. 我喜欢想一些点子，即使用不着也无所谓。（ ）
41. 一篇好的文章应该包含许多不同的意见和观点。（ ）
42. 为将来可能发生的问题找答案，是一件令人兴奋的事。（ ）
43. 我喜欢尝试新的事情，目的只是为了想知道会有什么结果。（ ）
44. 玩游戏时，通常是有兴趣参加，而不在乎输赢。（ ）
45. 我喜欢想一些别人常常谈过的事情。（ ）
46. 当我看到一张陌生人的照片时，我喜欢去猜测他是怎样一个人。（ ）
47. 我喜欢翻阅书籍及杂志，但只是知道它的内容是什么。（ ）
48. 我不喜欢探询事情发生的各种原因。（ ）
49. 我喜欢问一些别人没有想到的问题。（ ）
50. 无论在家里还是在学校，我总是喜欢做许多有趣的事。（ ）

威廉斯创造力倾向量表评分方法：威廉斯创造力倾向测验共有50题，包括冒险性、好奇性、想象力、挑战性四项；测试后可得四种分数，加上总分，可得五项分数。

冒险性：包括1，5，21，24，25，28，29，35，36，43，44等11题，其中29，35为反向题目。记分方法分别为：正向题目，A记3分，B记2分，C记1分；反向题目：A记1分，B记2分，C记3分。

好奇性：包括2，8，11，12，19，27，32，34，37，38，39，47，48，49等14题。其中12，48为反向题目。记分方法同冒险部分。

想象力：包括6，13，14，16，20，22，23，30，31，32，40，45，46等13题。其中45题为反向题目。记分方法同前。

挑战性：包括3，4，7，9，10，15，17，18，26，41，42，50等12道题。记分方法

同前。

计算自己的最后得分，得分高说明能力强，得分低说明能力差。

三、职业能力培养与自我潜能的提升

职业生涯设计过程中，具体需要执行的是个人结合自身的情况、抓住自身的机遇，客观地分析制约因素，为自己确定职业方向、职业目标，选择职业发展道路，确定学习计划、训练计划和发展计划，并执行行动方案，执行自己的执行力，把计划变成现实。即使是一个完整的系统化的职业生涯发展规划，也需要随着时间的推移不断地去完善，根据个人能力的发展及面临机遇环境的变化做出调整，这个过程是动态发展的。

在实现这一过程中，充分认识和发掘自我的潜能，有意识、有目的地去训练、培养自我的能力是执行职业规划的基础。发掘潜能的基础依然是认识自己，包括认识自己的遗传素质。认识自我的潜能首先要认识自我的智力潜力，主要表现在身体素质上，如感官的特征、发音器官的特征、四肢和运动器官的特征、脑的形态和结构特征等。其次是认识自我的性格特征，性格是一种习惯化的思维方式和行为方式。人与人的心理特征差异导致每个人认识问题的方式不同，而在不同的环境和情境下，直接影响每个人能力特长的发挥和表现。最后是在具体的实践情境中分析已经取得成功经验，在学习、工作、社会实践的经历中，哪些活动是你需要付出很大的努力才能有结果，哪些是你很轻松就能取得结果的，在很轻松地取得结果的实践中表现出来的综合能力是一个人优势潜质的表现，也就是说你在这些方面更有潜质。但是你在经过很艰苦的努力获得的成功中会发现，能力是你通过自己的努力可以去提高的，这些能力以前你是没有的，做了一个具体的活动以后，你锻炼了自己，你在这方面的能力得到了提高，能力一定是在具体的实践环境中训练和在学习中形成和发展起来的。

培养自我能力潜能需要一个过程，这个过程是有强烈的动机去寻找支持性的环境，环境条件对能力形成的影响表现在：心理机能是对环境适应的结果，能力的价值是对环境尤其是生存环境的最高原则的适应；社会环境与人的交互作用形成人的社会综合能力；行为环境表现为文化上与固定的行为相匹配的物理环境，形成群体和个人的行为能力。对于大学生来说在了解自我需要的基础上，去有的放矢地寻找训练能力的环境和活动很重要，比如，参加学校的社团活动、领袖气质训练营、蒙牛营销训练营、校园模拟招聘会、大学生辩论赛、数学建模比赛、大学生作品设计大赛、校园歌手大赛等。在环境的选择和实践活动的结合中开发自我的潜能，发展能力。我国古代思想家王充指出“施用累能”，即能力是在使用中积累起来的。王充还提出“科用累能”，即从事不同职业的活动就积累了不同的能力。大学生在对自己专业认识的基础上，充分利用实习、实践教学、实践教学课外活动、寒暑假的实践活动发展专业能力，在假期实习和打工的过程中发现和培养职业能力。大量的事实表明，任何能力都是在支持性的环境和实践活动中才能形成和发展的。

在实践的过程中优良的个性品质对能力的形成和发展起着非常重要的作用，像动机、勤奋、谦虚和坚强的毅力等都有助于能力的形成和发展。激发自我形成和发展潜力的动机非常重要，动机激发和维持个体进行活动，并导致该活动朝向某一目标的心理倾向或动力。动机在大学生能力培养中起着激发、指向、维持和调节的功能。有了动机，行为才会有动力，对一个具体的活动才会坚持下去。反过来一个人优良个性的优化也是在实践活动的历练中模塑、检验和强化的，在实践活动和任务完成的过程中，培养一个人的职业性格。

职业能力的培养需要大学生掌握特定领域的知识、训练技能，结合优良的个性品质，一方面，能力是在掌握知识、通过技能的严格训练的过程中形成和发展起来的，离开学习和训练，任何能力都不可能形成。另一方面，掌握知识、技能又是以一定的能力为前提。能力制约着掌握知识、技能的难易、速度和巩固程度。知识、技能的掌握又会导致能力的提高或新能力的发生。

【阅读1】 倾听荒漠的声音

迩半坡

2011年4月，南京市的高中生万欣考上了美国深泉学院，成为媒体的头条新闻。在美国，还有比哈佛更难考的学校？来自美国权威的《普林斯顿评论》的数据显示，有一所默默无闻的学院在招考新生时更加苛刻，它正是少有人知的美国深泉学院。这所大学十分神秘，几乎与世隔绝，自创办至今已近百年，一直特立独行。它坐落在美国加利福尼亚州东边的沙漠深处，被称为“世界优秀学生的乌托邦”。目前全校师生加起来还不足40人，学制只有两年，每年招收不超过15名学生，且是名副其实的男校，女生禁止入内，牛仔式的校园生活是它的最大特色。学院创办者是一个名叫卢西恩·卢修斯·纳恩的美国人。深泉学院的校训是：劳动、学术、自治。第一是劳动。整座学院位于山谷中，如同世外桃源，自给自足，一切运作都要靠所有学生和老师劳动来维持。第二是学术。援引学院网站上的解释：“在这里，过量的工作是一种特权，我们不会轻易地发放。”这所学校的学术声誉也毫不逊色，平均每年都有学生获得美国国家级学术奖。第三是自治，即学生对学校的高度自治，包括老师的聘用与招生都由学生们负责。学校每年都会讨论要不要招女生，结果到目前为止，都还没有最终确定下来。对于南京的万欣而言，这将是生命中的奇妙之旅。2011年1月，为参加面试，南京考生万欣由上海起程，12小时后飞抵美国，再向深山和大漠深处继续进发，从洛杉矶向北驱车五小时，转乘大巴三小时后抵达大山脚下，最后坐上学院专车，翻越海拔2000多米的高山，到达茫茫沙漠深处的深泉学院。这里距离最近的小城镇也有30多英里（约等于48.28千米）。一路耗费了36个小时，兴奋的万欣没有合过眼。面试时，一张偌大的长方桌摆在一间很大的教室里，15名“面试官”围坐在桌子的三面，其中三名是老师，其余都是在校生——能否被学院录取，在校生更具有发言权。面试并不太难，答辩如同儿戏般轻松愉快，加之万欣英文不错，“考官们”都很满意。接下来，四天的体验生活开始，内容就是种地、喂牛、做饭……除了盖房子，什么都得体验一番。这正是这所学院的特别之处，因为有可能在某个冬天的凌晨4点，校长会不期然地敲响学生宿舍的门，大声宣布：“牛奶场被淹了，快去帮忙！”学院极少招收国际生，一旦被录取，可享有全额助学金，省下每年大约5万美金的学费和生活费，其代价是每个星期必须要干完20个小时的体力活。不经允许，学生绝不得离开校园，严禁接触酒精，不提倡看电视，电话和互联网经常由于恶劣天气而中断，报纸则通过邮局寄过来，通常都要晚两天才能看到。据说在2006年，一位来自中国苏州的男生曾体验过这世界上独一无二的教育。万欣接到被录取的消息，自然欣喜若狂，他将在一个上千公顷的大学校园里，与世隔绝地耕种和放牧两年。学院创始人纳恩曾说："沙漠有着深邃的性格，它有一种声音需要仔细倾听。先生们，为了什么，你们才来到这旷野？不是为了传统的学术训练，亦不是为了田园牧歌般的生活，不是为了在商业中成功，或在职业的道路上追求个人的利益——你们来，是为了准备好用你们的生命去服务。拥有过人的能力和高贵的信念是我对你们的期望。"就是这所学院成为美国高等教育实验的成功典范。近80%的毕业生离开它后，直接转学到哈佛、耶鲁、哥伦比亚和牛津大学等名校读大三，超过半数的学生最终取得博士学位。在职业道路上，这里的学生很少选择为赚钱而赚钱，超过40%的学生成为律师、医生或是教授。从荒漠深处走出的学生们牢记校旨：真正的伟人，能在浮躁和喧嚣的物质世界中静心倾听"荒漠的声音"。

（资料来源：肖成美摘自《中国青年》2011年第11期）

【阅读2】　职业水准

钱黄萍

一个夏日的午后，一位顾客从圆山附近的一家餐厅出来，招手叫了一辆出租车，但因为临时想起一件事来，他又与同伴说了几句话才上车。本以为司机会生气，甚至会有怨言，没想到司机仍用一张笑脸欢迎他。上车后，他告诉司机去松山机场。这位顾客在外贸协会的生产中心工作，与朋友吃完饭后想回自己的公司。生产中心坐落在松山机场附近的外贸协会二馆，因楼不是太大，也不是太显眼，知道的人不多，所以他每次都说是去机场，免得费力解释半天。但这次他刚说完，司机就紧接着说道："你是不是要去外贸协会二馆啊？"这位顾客非常吃惊，通常顾客说去机场，司机一般就不再作声，而热心肠或话多的司机要问，最多会说你是要去哪里呀，或你搭乘哪家航空公司的飞机呀，还从来没有人这么具体而准确地说出他要去的地方。他便细问司机是怎么知道的。司机说："第一，你上车时跟朋友只是一般性的道别，一点都没有送行的感觉；第二，你没有任何行李，连仅供外出一天所使用的小件行李都没有，而你这个时间才去机场，就算搭乘最晚班机，都没有可能在当天赶回来，所以，你真正去的地方不可能是机场；第三，你手里拿的是一本普通的英文杂志，并且被你随意地卷折过，一看就不是重要的公文之类的东西，而是供你自己消磨时间用的。一个把英语书刊作为普通阅读物的人，既然不是去机场就一定是去外贸协会啦，机场附近就只有外贸协会一家单位的人才会这样读英语。"

司机边说边从后视镜里望着顾客笑。那位顾客非常吃惊，司机怎么会在瞬间捕捉到这么多信息，又怎么会如此自信。一路聊开来，顾客才发现那位司机真有自信的本钱。他平均每个月都会比其他出租车司机多赚几万台币。他每天的行车路线都是根据季节、天气、日期详细计划好的。周一至周五早晨，他会先到民生东路附近，那里是中上等的住宅区，搭乘出租车上班的人相对较多。到9点钟左右，他又会跑各大酒店。这个时间，顾客大约刚吃完早餐。出差的人要出去办事了，游玩的人也要出去玩了。而这些人均来自外地，对环境非常陌生，所以，出租车是最多也是最好的出行选择。他的中午又分成两部分：午饭前，他跑公司云集的大写字楼，这个时间会有不少人外出吃饭，又因中午休息时间较短，这些人中大多数人又会为快捷方便而选择搭出租车；午饭后，他跑餐厅较集中的街区，因为吃完饭的人又赶着要返回公司上班。到了下午3点左右，他则选择去银行附近。就算抛却一半存钱的人，也还有一半取钱的人。这一半取钱的人因带了比平时多的钱，也大多不会再去挤公车而会选择较安全的出租车，所以，载客的几率也会相对较高。而到了下午5点钟，市区开始塞车了，他便去机场、火车站或郊区。到了晚饭后，他又回到生意红火的大酒楼，接送那些吃完饭的人。自己稍事休息一下，他再去休闲娱乐场所门口。“怎么样，我够职业水准吧?”司机讲完自己的行车路线后，不无得意地问顾客。事后，那位顾客一直忘不了那个出租车司机，尤其是出租车司机最后说的那四个字——职业水准。

（资料来源：朱权利摘自《华人时刊》2013年第4期）

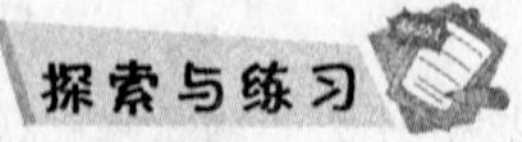

测测你的自我认同感

看看以下这些问题是否适用于你，根据下列标准给自己打分：

1＝非常不适用　2＝偶尔适用，或者基本不适用

3＝常常适用　　4＝非常适用

__1. 我不知道自己是怎样的人

__2. 别人总是改变他们对我的看法

__3. 我知道自己应该怎样生活

__4. 我不能肯定某些东西在道义上是否正确

__5. 大多数人对我是哪类人的看法一致

__6. 我感到自己的生活方式很适合我

__7. 我的价值为他人所承认

__8. 当周围没有熟人时，我感到能更自由地成为真正的自己

__9. 我感到自己生活中所做的事并不真正值得

__10. 我感到我对我生活的集体适应良好

__11. 我为自己成为这样的人感到骄傲

__12. 人们对我的看法与我对自己的看法差别很大

__13. 我感到被忽略

__14. 人们好像不接纳我

__15. 我改变了自己想要从生活中得到什么的想法

__16. 我不太清楚别人怎么看我

__ 17. 我对自己的感觉改变了

__ 18. 我感到自己是为了功利的考虑而行动或做事

__ 19. 我为自己是我生活于其中的社会的一分子感到骄傲

记分时，先把 1，2，4，8，9，12，13，14，15，16，17，18 题的结果转换一下，如选择的是 1，就打 4 分；选择 2，打 3 分；选择 3，打 2 分；选择 4，打 1 分。其他问题则保持不变。然后把 19 个问题的得分相加。

用这个量表对 15～60 岁的人进行测试时，他们的平均得分在 56～58 之间，标准差在 7～8 之间。这表明，大多数人的得分在平均得分正负 7 或 8 点的范围内，得分明显高于该数字的人表明他的自我认同感发展良好；得分明显低于该数字的人，表明他的自我认同感还处在发展和形成阶段。

霍兰德职业性向测验量表

联系个人实际，利用下面提供的霍兰德职业性向测验量表，分析自己的职业性向。

本测验量表将帮助您发现和确定自己的职业兴趣和能力特长，从而更好地做出求职择业的决策。如果您已经考虑好或者选择好了自己的职业，本测验将使您的这种考虑或者选择具有理论基础，或向您展示其他合适的职业；如果您至今尚未确定职业方向，本测验将帮助您根据自己的情况选择一个恰当的职业目标。

本测验共有七个部分，每部分测验都没有时间限制，但请您尽快按要求完成。

第一部分　您心中的理想职业（专业）

对于未来的职业（或升学进修的专业），您也许早有考虑，它可能很抽象、很朦胧，也可能很具体、很清晰。不论是哪种情况现在都请您把自己最想干的三种工作或最想读的三种专业，按顺序写下来。

____

____

____

第二部分　您所感兴趣的活动

下面列举了若干种活动，请就这些活动判断您的好恶。喜欢的，请在“是”栏里打“√”，不喜欢的在“否”栏里打“√”，请回答全部问题。

R：实际型活动	是	否
1. 装配、修理电器或玩具	____	____
2. 修理自行车	____	____
3. 用木头做东西	____	____
4. 开汽车或摩托车	____	____
5. 用机器做东西	____	____
6. 参加木工技术学习班	____	____
7. 参加制图、描图学习班	____	____
8. 驾驶卡车或拖拉机	____	____
9. 参加机械和电器学习班	____	____
10. 装配和修理机器	____	____
统计“是”一栏得分计		____

A：艺术型活动	是	否
1. 素描/制图或绘画	____	____
2. 参加话剧/戏剧	____	____

3. 设计家具/布置室内 ______ ______
4. 练习乐器/参加乐队 ______ ______
5. 欣赏音乐或戏剧 ______ ______
6. 看小说/读剧本 ______ ______
7. 从事摄影创作 ______ ______
8. 写诗或吟诗 ______ ______
9. 进艺术（美术/音乐）培训班 ______ ______
10. 练习书法 ______ ______

统计“是”一栏得分计 ______

I：调查型活动 **是** **否**

1. 读科技图书或杂志 ______ ______
2. 在实验室工作 ______ ______
3. 改良水果品种，培育新的水果 ______ ______
4. 调查了解土和金属等物质的成分 ______ ______
5. 研究自己选择的特殊问题 ______ ______
6. 解算数或玩数学游戏 ______ ______
7. 物理课 ______ ______
8. 化学课 ______ ______
9. 几何课 ______ ______
10. 生物课 ______ ______

统计“是”一栏得分计 ______

S：社会型活动 **是** **否**

1. 学校或单位组织的正式活动 ______ ______
2. 参加某个社会团体或俱乐部活动 ______ ______
3. 帮助别人解决困难 ______ ______
4. 照顾儿童 ______ ______
5. 出席晚会、联欢会、茶话会 ______ ______
6. 和大家一起出去郊游 ______ ______
7. 想获得关于心理方面的知识 ______ ______
8. 参加讲座或者辩论会 ______ ______
9. 观看或参加体育比赛和运动会 ______ ______
10. 结交新朋友 ______ ______

统计“是”一栏得分计 ______

E：事业型能力 **是** **否**

1. 对他人做劝说工作 ______ ______
2. 买东西与人讨价还价 ______ ______
3. 讨论政治问题 ______ ______
4. 从事独立的个体或独立的经营活动 ______ ______
5. 出席正式会议 ______ ______
6. 做演讲 ______ ______
7. 在社会团体中做一名理事 ______ ______
8. 检查与评价别人的工作 ______ ______

9. 结识名流 ______ ______
10. 带领一群人去完成某项任务 ______ ______
统计“是”一栏得分计 ______

C：常规型（传统型）活动　　是　　否

1. 整理好桌面或房间 ______ ______
2. 抄写文件或信件 ______ ______
3. 为领导写报告或公务信函 ______ ______
4. 检查个人收支情况 ______ ______
5. 打字培训班 ______ ______
6. 参加算盘、文秘等实务培训 ______ ______
7. 参加商业会计培训班 ______ ______
8. 参加情报处理培训班 ______ ______
9. 整理信件、报告、记录等 ______ ______
10. 写商业贸易信 ______ ______
统计“是”一栏得分计 ______

第三部分　您所擅长获胜的活动

下面列举了若干种活动，其中您能做或大概能做的事，请在“是”栏里打“√”；反之，在“否”栏里打“√”。请回答全部问题。

R：实际型活动　　是　　否

1. 能使用电器、电钻或锉刀等木工工具 ______ ______
2. 知道万用表的使用方法 ______ ______
3. 能够修理自行车或其他机械 ______ ______
4. 能够使用电钻床、磨床或缝纫机 ______ ______
5. 能给家具或木制品刷漆 ______ ______
6. 能看建筑设计图 ______ ______
7. 能够修理简单的电器用品 ______ ______
8. 能修理家具 ______ ______
9. 能修理收音机 ______ ______
10. 能简单地修理水管 ______ ______
统计“是”一栏得分计 ______

A：艺术型能力　　是　　否

1. 能演奏乐器 ______ ______
2. 能参加二部或四部合唱 ______ ______
3. 独唱或独奏 ______ ______
4. 扮演剧中角色 ______ ______
5. 能创作简单的乐曲 ______ ______
6. 跳舞 ______ ______
7. 能绘画、素描或书画 ______ ______
8. 能雕刻、剪纸或泥塑 ______ ______
9. 能设计板报、服装或家具 ______ ______

10. 写得一手好文章	______	______
统计“是”一栏得分计		______

I：调研型能力	**是**	**否**
1. 懂得真空管或晶体管的作用	______	______
2. 能够列举三种蛋白质含量丰富的食品	______	______
3. 理解铀的裂变	______	______
4. 能用计算尺、计算器、对数表	______	______
5. 会使用显微镜	______	______
6. 能找到三个星座	______	______
7. 能独立进行调查研究	______	______
8. 能解释简单的化学反应	______	______
9. 理解人造卫星为什么不落地	______	______
10. 经常参加学术会议	______	______
统计“是”一栏得分计		______

S：社会型能力	**是**	**否**
1. 有向各种人进行说明解释的能力	______	______
2. 常参加社会福利活动	______	______
3. 能和大家一起友好地相处并工作	______	______
4. 善于与年长者相处	______	______
5. 会邀请人、招待人	______	______
6. 能简单易懂地教育儿童	______	______
7. 能安排会议等活动顺序	______	______
8. 善于体察人心和帮助他人	______	______
9. 帮助护理病人和伤员	______	______
10. 安排社团组织的各种事务	______	______
统计“是”一栏得分计		______

E：事业型能力	**是**	**否**
1. 担任过学生干部并且干得不错	______	______
2. 工作上能指导和监督他人	______	______
3. 做事充满活力和热情	______	______
4. 有效利用自身的做法调动他人	______	______
5. 销售能力强	______	______
6. 曾作为俱乐部或社团的负责人	______	______
7. 向领导提出建议或反映意见	______	______
8. 有开创事业的能力	______	______
9. 知道怎样做能成为一个优秀的领导者	______	______
10. 健谈善辩	______	______
统计“是”一栏得分计		______

C：常规型能力	**是**	**否**
1. 会熟练地打印中文	______	______
2. 会使用外文打字机或复印机	______	______
3. 能快速记笔记或抄写文章	______	______

4. 善于整理、保管文件和资料	____	____
5. 善于从事事务性工作	____	____
6. 会用算盘	____	____
7. 能在短时间内分类和处理大量文件	____	____
8. 能使用计算机	____	____
9. 能搜集数据	____	____
10. 善于为自己或集体做财务预算表	____	____
统计“是”一栏得分计		____

第四部分　您所喜欢的职业

下面列举了多种职业，请逐一认真地看，如果是您有兴趣的工作，请在“是”栏里打“√”；如果是您不太喜欢的、不关心的工作，请在“否”栏里打“√”。请回答全部问题。

R：实际型活动	是	否
1. 飞机机械师	____	____
2. 野生动物专家	____	____
3. 汽车维修工	____	____
4. 木匠	____	____
5. 测量工程师	____	____
6. 无线电报务员	____	____
7. 园艺师	____	____
8. 长途公共汽车司机	____	____
9. 火车司机	____	____
10. 电工	____	____
统计“是”一栏得分计		____

A：艺术型职业	是	否
1. 乐队指挥	____	____
2. 演奏家	____	____
3. 作家	____	____
4. 摄影家	____	____
5. 记者	____	____
6. 画家、书法家	____	____
7. 歌唱家	____	____
8. 作曲家	____	____
9. 电影电视演员	____	____
10. 电视节目主持人	____	____
统计“是”一栏得分计		____

I：调研型职业	是	否
1. 气象学或天文学者	____	____
2. 生物学者	____	____
3. 医学实验室的技术人员	____	____
4. 人类学者	____	____
5. 动物学者	____	____

6. 化学学者	______	______
7. 数学学者	______	______
8. 科学杂志的编辑或作家	______	______
9. 地质学者	______	______
10. 物理学者	______	______
统计“是”一栏得分计		______

S：社会型职业	**是**	**否**
1. 街道、工会或妇联干部	______	______
2. 小学、中学教师	______	______
3. 精神病医生	______	______
4. 婚姻介绍所工作人员	______	______
5. 体育教练	______	______
6. 福利	______	______
7. 心理咨询员	______	______
8. 共青团干部	______	______
9. 导游	______	______
10. 国家机关工作人员	______	______
统计“是”一栏得分计		______

E：事业型职业	**是**	**否**
1. 厂长	______	______
2. 电视片制片人	______	______
3. 公司经理	______	______
4. 销售员	______	______
5. 不动产推销员	______	______
6. 广告部长	______	______
7. 体育活动主办者	______	______
8. 销售部长	______	______
9. 个体工商业者	______	______
10. 企业管理咨询人员	______	______
统计“是”一栏得分计		______

C：常规型职业	**是**	**否**
1. 会计师	______	______
2. 银行出纳员	______	______
3. 税收管理员	______	______
4. 计算机操作员	______	______
5. 会计人员	______	______
6. 成本核算员	______	______
7. 文书档案管理员	______	______
8. 打字员	______	______
9. 法庭书记员	______	______
10. 人口普查登记员	______	______

第五部分 您的能力类型简评

下面两张表是您在六个职业能力方面的自我评定表。您可以先与同龄者比较自己在每一方面的能力，然后经斟酌后对自己的能力做评估。请在表中适当的数字上画圈。数字越大，表示您的能力越强。

注意：请勿全部画同样的数字，因为人的每项能力不可能完全一样。

表 A

R型	I型	A型	S型	E型	C型
机械操作能力	科学研究能力	艺术创造能力	解释表达能力	商业洽谈能力	事务执行能力
7	7	7	7	7	7
6	6	6	6	6	6
5	5	5	5	5	5
4	4	4	4	4	4
3	3	3	3	3	3
2	2	2	2	2	2
1	1	1	1	1	1

表 B

R型	I型	A型	S型	E型	C型
体育技能	数学技能	音乐技能	交际技能	领导技能	办公技能
7	7	7	7	7	7
6	6	6	6	6	6
5	5	5	5	5	5
4	4	4	4	4	4
3	3	3	3	3	3
2	2	2	2	2	2
1	1	1	1	1	1

第六部分 统计和确定您的职业倾向

请将第二部分至第五部分的全部测验分数按前面已统计好的六种职业倾向（R型、I型、A型、S型、E型、C型）得分填入下表，并做纵向累加。

测试	R型	I型	A型	S型	E型	C型
第二部分						
第三部分						
第四部分						
第五部分 A						
第五部分 B						
总分						

请将上表中的六种职业倾向总分按大小顺序依次从左到右排列：

____型____型____型____型____型____型

最高分______你的职业倾向性得分______最低得分______

第七部分 您所看重的东西——职业价值观

这部分测验列出了人们在选择工作时通常会考虑的九种因素（见所附工作价值标准）。现在请您在其中选出最重要的两项因素，并将序号填入下边相应空格中。

最重要 ____________ 次重要 ____________

最不重要____________ 次不重要____________

附：工作价值标准

1. 工资高、福利好
2. 工作环境（物质方面）舒适
3. 人际关系良好
4. 工作稳定有保障
5. 能提供较好的受教育机会
6. 有较高的社会地位
7. 工作不太紧张，外部压力少
8. 能充分发挥自己的能力特长
9. 社会需要与社会贡献大

以上全部测验完毕。

现在，将您测验得分居第一位的职业类型找出来，对照下表，判断一下自己适合的职业类型。

职业索引——职业兴趣代号和与其相适应的职业对照表 R（实际型）：木匠、农民、操作 X 光的技师、工程师、飞机机械师、鱼类和野生动物专家、自动化技师、机械工（车工、钳工等）、电工、无线电报务员、火车司机、长途公共汽车司机、机械制图员、修理机器、电器师。

I（调查型）：气象学者、生物学者、天文学家、药剂师、动物学者、化学家、科学报刊编辑、地质学者、植物学者、物理学者、数学家、实验员、科研人员、科技作者。

A（艺术型）：室内装饰专家、图书管理专家、摄影师、音乐教师、作家、演员、记者、诗人、作曲家、编剧、雕刻家、漫画家。

S（社会型）：社会学者、导游、福利机构工作者、咨询人员、社会工作者、社会科学教师、学校领导、精神病工作者、公共保健护士。

E（事业型）：推销员、进货员、商品批发员、旅馆经理、饭店经理、广告宣传员、调度员、律师、政治家、零售商。

C（常规型）：记账员、会计、银行出纳、法庭速记员、成本估算员、税务员、核算员、打字员、办公室职员、统计员、计算机操作员、秘书。

下面介绍与您三个代号的职业兴趣类型一致的职业表，对照方法如下。

首先根据您的职业兴趣代号，在下表中找出相应的职业，例如您的职业兴趣代码是 RIA，那么牙科技术员、陶工等是适合您兴趣的职业，如您的职业兴趣代码是 RIA，那么，其他由这三个字母组合而成的编号（如 IRA、IAR、ARI 等）对应的职业，也较适合您的兴趣。

RIA：牙科技术员、陶工、建筑设计员、模型工、细木工、制作链条人员。

RIS：厨师、林务员、跳水员、潜水员、染色员、电器修理、眼镜制作、电工、纺织机器装配工、服务员、装玻璃工人、发电厂工人、焊接工。

RIE：建筑和桥梁工程技师、环境工程技师、航空工程技师、公路工程技师、电力工程技师、信号工程技师、电话工程技师、一般机械工程技师、自动工程技师、矿业工程技师、海洋工程技师、交通工程技术员、制图员、家政经纪人、计量员、农民、农场工人、农业机械操作、清洁工、无线电修理、汽车修理、手表修理、管工、线路装配工、工具仓库管理员。

RIC：船上工作人员、接待员、杂志保管员、牙医助手、制帽工、磨房工、石匠、机器制造者、机车（火车头）制造者、农业机器装配工、汽车装配工、缝纫机装配工、钟表装配和检验工、电动器具装配工、鞋匠、锁匠、货物检验员、电梯机修工、托儿所所长、钢琴调音员、装配工、印刷工、建筑钢铁工作、卡车司机。

RAI：手工雕刻员、玻璃雕刻员、制作模型人员、木工、制作皮革品者、手工绣花者、手工钩针纺织、排字工作、印刷工作、画图雕刻、装订工。

RSE：消防员、交通巡警、警察、门卫、理发师、清洁工、屠夫、锻工、开凿工人、管道安装工、出租汽车驾驶员、货物搬运工、送报员、勘探员、娱乐场所的服务员、装卸机操作员、灭害虫者、电梯操作工、厨房助手。

RSI：纺织工、编织工、农业学校教师、某些职业课程教师（诸如艺术、商业、技术、工艺课程）、雨衣上胶工。

REC：抄水表员、保姆、实验室动物饲养员、动物管理员。

REI：轮船船长、航海领航员、大副、试管实验员。

RES：旅馆服务员、家畜饲养员、渔民、渔网修补工、水手长、收割机操作工、搬运行李工人、公园服务员、救生员、登山导游、火车工程技术员、建筑工作者、铺轨工人。

RCI：测量员、勘测员、仪表操作员、农业工程技术员、化学工程技师、民用工程技师、石油工程技师、资料室管理员、探矿工、煅烧工、烧窑工、矿工、保养工、磨床工、取样工、样品检验员、纺纱工、炮手、漂洗工、电焊工、锯木工、刨床工、制帽工、手工缝纫工、油漆工、染色工、按摩工、木匠、农民建筑工、电影放映员、勘测员助手。

RCS：公共汽车驾驶员、一等水手、游泳池服务员、裁缝、建筑工人、石匠、烟囱修理工、混凝土工、电话修理工、爆炸手、邮递员、矿工、裱糊工人、纺纱工。

RCE：打井工、吊车驾驶员、农场工人、邮件分类员、铲车司机、拖拉机司机。

IAS：普通经济学家、农场经济学家、财政经济学家、国际贸易经济学家、实验心理学家、工程心理学家、心理学家、哲学家、内科医生、数学家。

IAR：人类学专家、天文学专家、化学家、物理学家、医学病理学家、动物标本制作者、化石修复者、艺术品管理者。

ISC：侦查员、电视播音室修理员、电视修理服务员、验尸室人员、编目录者、医学实验室技师、调查研究者。

ISR：水生生物学者、昆虫学者、微生物学家、配镜师、矫正视力者、细菌学家、牙科医生、骨科医生。

ISA：实验心理学家、普通心理学家、发展心理学家、教育心理学家、社会心理学家、临床心理学家、目标学家、皮肤病学家、精神病学家、妇产科医师、眼科医生、五官科医生、医学实验室技术专家、民航医务人员、护士。

IES：细菌学家、生理学家、化学专家、地质专家、地球物理学专家、纺织技术专家、医院药剂师、工业药剂师、药房营业员。

IEC：档案管理员、保险统计员。

ICR：质量检验技术员、地质学技师、工程师、法官、图书馆技术辅导员、计算机操作员、医院听诊员、家禽检查员。

IRA：地理学家、地质学家、声学物理学家、矿物学家、古生物学家、石油学家、地震学家、声学物理学家、原子和分子物理学家、电学和磁学物理学家、气象学家、设计审核员、人口统计学家、数学统计学家、外科医生、城市规划家、气象员。

IRS：流体物理学家、物理海洋学家、等离子体物理学家、农业科学家、解剖学家、食品科学家、园艺学家、植物学家、细菌学家、解剖学家、动物病理学家、作物病理学家、药物学家、生物化学家、生物物理学家、细胞生物学家、临床化学家、遗传学家、分子生物学家、质量控制工程师、地理学家、兽医、放射性治疗技师。

IRE：化验员、化学工程师、纺织工程师、食品技师、渔业技术专家、材料和测试工程师、电器工程师、土木工程师、航空工程师、行政官员、冶金专家、原子核工程师、陶瓷工程师、地质工程师、电力工程师、口腔科医生、牙科医生。

IRC：飞机领航者、飞行员、物理实验室技师、文献检查员、工商业规划者、矿藏安全检查员、纺织品检查员、照相机修理者、工程技术员、编计算机程序者、工具设计者、仪器维修工。

CRI：簿记员、会计、记时员、铸造机操作工、打字员、按键操作工、复印机操作工。

CRS：仓库保管员、档案管理员、缝纫工、讲述员、收款人。

CRE：标价员、实验室工作者、广告管理员、自动打字机操作员、电动机装配工、缝纫机装配工。

CIS：记账员、顾客服务员、报刊发行员、土地测量员、保险公司职员、会计师、估价员、邮政检查员、外贸检查员。

CIR：校对员、工程职员、海底电报员、检修计划员、发报员。

CES：接待员、通信员、电话接线员、售票员、旅馆服务员、私人职员、商学教师、旅游办事员。

CRS：运货代理商、铁路职员、交通检查员、办公室通信员、簿记员、出纳员、银行财务职员。

CSA：秘书、图书管理员、办公室办事员。

CER：邮递员、数据处理员、办公室办事员。

CEI：推销员、经济分析家。

CES：银行会计、记账员、私人秘书、速记员、法院报告人。

ECI：银行行长、审计员、信用管理员、地产管理员、商业管理员。

ECS：信用办事员、保险人员、各类进货员、海关服务经理、售货员、购买员、会计。

ERI：建筑物管理人员、工业工程师、农场管理员、护士长、农业经营管理人员。

ERS：仓库管理员、房屋管理员、货栈监督管理员。

ERC：邮政局长、渔船船长、机械操作领班、木工领班、瓦工领班、驾驶员领班。

EIR：科学、技术和有关周期性出版物的管理员。

EIC：专利代理人、鉴定人、运输服务检察员、安全检察员、废品收购人员。

EIS：警官、侦查员、交通检查员、安全咨询员、合同管理员、商人。

EAS：法官、律师、公证人。

EAR：展览室管理员、舞台管理员、播音员、驯兽员。

ESC：理发师、裁判员、政府行政管理员、财政管理员、工程管理员、职业病防治人员、售货员、商业经理、办公室主任、人事负责人、调度员。

ESI：博物馆管理员、图书馆管理员、古迹管理员、饮食业经理、地区安全服务管理员、技术服务咨询者、超级市场管理员、零售商店店员、批发商、出租汽车服务站调度。

ESA：博物馆馆长、报刊管理员、音乐器材售货员、广告商、售画营业员、导游、（轮船或班机上的）乘务长、飞机上的服务员、船员、法官、律师。

ASE：戏剧导演、舞蹈教师、广告撰稿人、报刊和专栏作者、记者、演员、英语翻译。

ASI：音乐教师、乐器教师、美术教师、管弦乐指挥、合唱团指挥、歌星、演奏家、哲学家、作家、广告经理、时装模特。

AER：新闻摄影师、电视摄影师、艺术指导、录音指导、丑角演员、魔术师、木偶戏演员、骑士、跳水员。

AEI：音乐指挥、舞台指导、电影导演。

AES：流行歌手、舞蹈演员、电影导演、广播节目主持人、舞蹈教师、口技表演者、喜剧演员、模特。

AIS：画家、剧作家、编辑、评论家、时装艺术大师、新闻摄影师、演员、文学作者。

AIE：花匠、皮衣设计师、工业产品设计师、剪影艺术家、复制雕刻品大师。

AIR：建筑师、画家、摄影师、绘画员、环境美化工、雕刻家、包装设计师、陶器设计师、绣花工、漫画工。

SEC：社会活动家、退伍军人服务官员、工商会事务代表、教育咨询者、宿舍管理员、旅馆经理、饮食服务管理员。

SER：体育教练、游泳指导。

SEI：大学校长、学院院长、医院行政管理员、历史学家、家政经济学家、职业学校教师、资料员。

SEA：娱乐活动管理员、国外服务办事员、社会服务助理、一般咨询者、宗教教育工作者。

SCE：部长助理、福利机构职员、生产协调人、环境卫生管理人员、戏院经理、餐馆经理、售票员。

SRI：外科医生助手、医院服务员。

SRE：体育教师、职业病治疗者、体育教练、专业运动员、房管员、儿童家庭教师、警察、引座员、传达员、保姆。

SRC：护理员、护理助理、医院勤杂工、理发师、学校儿童服务人员。

SIA：社会学家、心理咨询者、学校心理学家、政治科学家、大学或学院的系主任、大学或学院的教育学教师、大学农业教师、大学工程和建筑课程的教师、大学法律教师、大学数学教师、医学教师、物理教师、社会科学教师和大学生命科学教师、研究生助教、成人教育教师。

SIE：营养学家、饮食学家、海关检查员、安全检查员、税务稽查员、校长。

SIC：描图员、兽医助手、诊所助理、体检检查员、监督缓刑犯的工作者、娱乐指导者、咨询人员、社会科学教师。

SIR：理疗员、救护队工作人员、手足病医生、职业病治疗助手

【本章同步思考题】

1. 请你参加一次自己所在学校的校园模拟招聘会，细致地了解每一个工作流程，认真地准备，执行整个招聘过程，对整个过程的参与写出一个评估分析报告。

2. 请你看最近的一期“非你莫属”，请你分析三个参与者中表现最优秀的角色，他（她）的优秀表现在哪里？被灭灯最多的一位为什么被拒绝？

3. 请你分析一下在 2014 年大学生就业季的面试经历中“彩虹面”（七轮面试）的每个环节的面试目的是什么？你需要做哪些准备？

4. 在职业规划计划中，除了就业之外，一部分人会选择考国家公务员，一部分人继续深造考研，部分人会准备出国留学，还有一部分人会选择自己创业，开创自己的职业人生。请你厘清自己的选择，然后对自己的选择进行分析，从专业、性格、气质、能力、兴趣及家庭背景等方面进行分析。

5. 请你就自己的大概职业规划定位，进行三至五人的访谈，这几个人要在这一职业领域的不同发展阶段。

6. 请你上网查一下 2014 年大学生就业季的统计资料，然后整理自己对这些信息的感受，并分析一下这对自己将来两三年之后的打算有什么帮助。

第四章　职业分析与选择

导引个案

小李性格内向，不爱说话，她曾应聘过接待秘书、宾馆公关、导游等职务，屡屡受挫。她在母亲的陪同下，到职业指导中心找职业指导师咨询。职业指导师与小李应聘过的单位的人事经理联系后，了解到该单位不录用小李的原因是：小李太内向，不愿意说话，又没有工作经验，不适合做与人打交道的工作。在职业指导过程中，职业指导师发现小李虽然有自闭症倾向，自卑、压抑、消沉，但她喜欢画画，她随手画的卡通形象很传神，够得上专业水准，于是就建议她参加电脑绘画技能的培训，并向一家电脑动画广告公司进行了推荐。小李前去面试，因为非常符合那家公司的要求，马上就被录用了。当她拿到第一个月的工资，高兴地去向职业指导师报喜时，职业指导师发现她正走出自卑、压抑、消沉的阴影，并已感受到实现人生价值后的喜悦。

事实上，充分认识自己是顺利实现就业的基础。求职者只有先了解自己的兴趣和爱好，性格特征、能力与专长，才能选到适合自己的职业并顺利地就业。上述案例中小李的经历就充分说明了这一点。小李性格内向，不爱说话，自卑、压抑、消沉，不适合做与人打交道的工作，但她却去应聘接待秘书、宾馆公关、导游等与人打交道的工作，所以她在应聘时才会屡屡受挫。后来在职业指导师的帮助下，她找到了自己绘画的特长并在电脑动画广告公司找到了工作，从而为自己的特长找到了用武之地。

渴望有一个好的职业，能够充分发挥自己的聪明才智，成就一番事业，这是每一个有进取心的人都梦寐以求的事情。在现实生活中，人人都希望得到一份适合自己特点、能充分发挥自己才能的好工作。这样既能在充分发挥积极性、主动性的基础上为社会多做一些贡献，又能在有兴趣的职业生活中不断地陶冶和完善自己。但是由于职业往往也有其自身的特点和要求，同时，由于每个人的生长环境、智力条件、生理和心理结构、教育程度及生活方式的不同，也会形成各具差异的素质结构和从业志向，所以内外因相结合也就要求我们必须正视并做好职业选择。而在进行择业之前，还应先对职业进行一番必要的了解。

本章内容导读和学习目标

本章将围绕环境认知主题，与您一起探讨家庭、学校、社会等环境的认知，对不同的个体，我们可能具有相似的环境资源，也可能有天差地别的环境资源，但不管怎样，制订科学的生涯规划离不开对周围环境的充分了解，下面就让我们一起走进生涯规划的环境世界，学会认知我们周围的环境资源。通过本章学习，让大学生了解家庭、学校、社会等环境对个体的性格、兴趣、能力、职业价值观及择业、就业的影响，并指导大学生对自己成长发展的环境进行全面认知，进而对科学规划职业生涯奠定基础。希望通过学习本章内容，增强大学生对环境认知的重视，帮助大学生全面、科学认知环境因素，在规划自己的职业生涯时能做到知己知彼。通过本章的学习，要达到以下几个学习目标：

1. 了解变迁中的职业世界与工作环境；
2. 了解专业和职业生涯之间的关系；
3. 掌握职业环境探索与分析的方法。

第一节　职业环境的变化与趋势

与个性、兴趣和价值观等自我因素相对稳定的状况不同，职业的外部环境一直处在不断的变化之中，无论是从历史发展的宏观视角去看，还是从现实生活的微观视角去看，只是变化的程度有所区别。探索变迁中的职业世界与工作环境，有利于大学生更好地把握个人生涯的发展。

一、当代社会的职业概况

近几十年来，职业世界与就业市场发生了天翻地覆的变化，只有了解过去、把握当前，才能对个人未来职业生涯做出恰当的预判和决策。

（一）职场的变迁趋势

十年前，人们很少接触知识工人、学习型组织、全球经济、SOHO（家庭办公室）等这些词语，但现在，大家对这些词语都已习以为常；十年前，绝大多数人一份工作做到底，但现在，换工作已不再是新鲜的事情。这一切变化都源于新经济带来的冲击。所谓新经济是区别于传统经济而言的，从广义上理解，是指基于知识经济的全球化经济；从狭义上理解，是指基于信息技术的全球化经济，以新型企业和新产业为标志。

为了较好地区分这种变化，有人将20世纪称为旧职业世界，而将进入21世纪之后的职业世界称为新职业世界（表4-1）。

表4-1　旧职业世界与新职业世界的区别

比较内容	旧职业世界	新职业世界
企业运作模式	雇员人数随经济发展而日益增加，营造人才济济的大机构形象	企业的业务周期缩短，不断精简架构，削减不必要人员
就业结构	劳动密集型：人力主导。制造业和建造业等依赖员工体力劳动的行业及职位是主流	知识型：资本/科技主导。地区经济开始向高技术、高增值的服务业转型。制造业和低技术、低学历的基层职位将逐渐减少
受聘形势	终身受聘制：以长期和全职工作为主	浮动制：全职、兼职、短工、合约制、临时工作、自由职业者及自雇等盛行
人力资源管理	普及制：企业直接聘用不同部门的所有员工	精英制：企业倾向聘用核心要员，将其余支持性质员工外派
工作地点	本地化：极少出埠工作	全球化/全国化：定期在世界/全国各地工作

续表

比较内容	旧职业世界	新职业世界
职责	雇主要求雇员有一技之长	企业要求雇员集多项不同技能于一身
薪酬制度	薪酬大多以员工的工龄年限而按年递增	薪酬与公司营业额、员工工作绩效、工作表现和知识技能等直接挂钩
行业划分	高技术装备软件、计算机服务、金融服务咨询、通信媒体、电子商务、远程教育等	建筑运输业、公用事业、制造业、批发/零售业、个人服务/卫生保健、教育等

（二）就业市场的最新特点

随着经济全球化及科学技术的迅猛发展，就业市场逐渐形成了新的十大趋势。

1. 人才竞争全球化

经济全球化导致人才竞争全球化。随着全球化的激烈竞争，社会结构产生剧烈变动，好学校通往大公司、好工作的梯子渐渐消失。大学生面临的工作环境已与全球紧密联结在一起。是不是人才，会不会受重用，是跟全世界的人相比。对于大学生来说，这既是机会，同时又是挑战。

2. 就业形势持续严峻

在目前中国的劳动力市场上，有三支庞大的就业大军——下岗员工再就业、农村剩余劳动力向城市转移及大中专学生毕业，而经济增长带来的新增就业岗位明显不足，导致在相当长的一段时间内就业形势不会得到明显改观。

3. 灵活就业和不充分就业将成趋势

全职、兼职、短工、合约制、临时工作、自由职业者及自雇等多种就业形式同时并存。技术及职业变动加快，失业将是一个长久存在的问题，因而不充分就业（即所从事的职业不会让工作者尽展其受教育程度或能力所长）对于某些大学生而言，仍是需要面对的现实。

4. 终身学习成为职场发展之必需

未来所有的工作机会将是现在不存在而被新创造出来的，因此，人们无法使自己的受教育和培训背景与将来面临的职业和岗位完全吻合；此外，由于技术进步及其他原因，人的一生中很可能会不止一次地变换工作，因此，未来职业世界将是一个学习型社会，只有不断充电，才能避免失业。

5. 多技能、创造力成为人才竞争的重要资本

就业市场需要具有广博知识及技术基础的专业人员。白领职业将继续增长，知识型工作者将继续在劳动力中占主导地位。创新正成为经济发展的动力。未来的工作要求从业者发挥更多功能，运用更多技能，更富有创造力。

6. 职业化素质越来越受到雇主的重视

在雇主眼里，与人沟通、团队协作、敬业精神、工作道德等软性技能、非专业性技能和工作的技术性要求同等重要。保持与企业价值观协调一致的员工，将更多地受到雇主的青睐。

7. “两阶段雇用”将成为大学生就业的常态

未来大学生进入职场前，需要经历一个过渡阶段，无法立刻成为正式员工。而第一阶段可能是实习，或者先以派遣员工、短期约聘人员、技术员名义任用，也可能是见习生身份。

8. 人力需求形成高、低两极化的现象

人力需求结构以高、低两层人才为主，大量文书工作被电脑取代，形成两极化的现象。

9. 工作与生活的界限越来越模糊

应酬、出差、加班加点或变动上下班时间等工作不定时现象时有发生。而日新月异的通信技术及创意型办公室、SOHO 办公形式的出现，将生活与工作的界限模糊。

10. 中小企业成为就业的主渠道

有关数据统计显示，国企吸纳的就业人数仅占全国总就业人数的 8.2%，而民营经济却解决了全国 75%，甚至 80%以上人员的就业问题，因此，中小企业占主体地位的民营企业是我国吸纳劳动力最重要的渠道。

二、职业世界的变化与发展

据有关部门统计，在 20 世纪，我国消失的旧职业达 3000 个。这不仅包括新中国成立前那些天桥卖艺的把式、坐在墙角替人代写书信的落拓秀才，也包括我们儿时还经常看到的补锅匠、江湖艺人、赤脚医生，而且还包括十几年前曾经风行一时的粮油票证管理员、物资供应员等。职业的剧烈变迁反映着时代的进步、社会的发展、人民生活水平的提高和生活方式的改变。据专家预测，今后每十年将发生一次全面性的“职业大革命”，其中，重大变化每两年就会有一次。另有未来学家预计，人类职业将面临每 15 年更换 20%的严峻局面。选择一份不会失业的工作，对于进入 21 世纪的我们来说，至关重要。

由于新职业都是适应社会经济的发展和市场需求而产生的，因此基本上也都是目前职场上的热门职业、走俏职业、能够获得高薪的职业。

（一）新职业

这里所说的新职业，是指经济社会发展中已经存在一定规模的从业人员，具有相对独立成熟的职业技能，《中华人民共和国职业分类大典》中未收录的职业，包括：①全新职业：随经济社会发展和技术进步而形成的新的社会群体性工作；②更新职业：原有职业内涵因技术更新产生较大变化，从业方式与原有职业相比已发生质的变化。

2015 年出版的《中华人民共和国职业分类大典》延续职业分类的大类、中类、小类和细类结构，细类是最基本的类别，即职业。调整后的职业分类结构为 8 个大类、75 个中类、434 个小类、1481 个职业。与 1999 版相比，维持 8 个大类不变，增加 9 个中类、21 个小类，减少 547 个职业（新增 347 个职业，取消 894 个职业）。

新职业具有几个特性：一是目的性，即有人专职从事此业赖以谋生；二是社会性，即为他人提供产品或服务；三是规范性，即合乎法律规范；四是群体性，一般要求有不少于5000名的从业人员；另外，还要求有稳定性和独特技术性。

(二) 新型工作方式

在职业和工作领域里，变化最大的也许要数工作方式。以前，较为常见的工作方式是全职工作，即连续为同一个雇主工作，工作时间为每周40小时以上。尽管有些工作如医生、警察等是不按常规时间上班的，但这些工作仍相对比较稳定，因此可以将其视为全职工作。随着经济世界的变化，工作方式也在不断地变化。除了全职工作以外，出现了弹性工作制、兼职、多重工作、自由职业、远程工作、自我创业等工作方式。

1. 弹性工作制

弹性工作制即允许员工根据自己的实际情况确定自己的工作时间和计划，如每周只工作4天，但将每天工作的时间由8小时延长至10小时；或保持8小时工作但将工作时间提前2小时；或一周工作中，根据实际情况每天工作的时间长短不一，等等。这种工作方式便于员工更好地处理个人事务和工作的关系。

2. 兼职

兼职是近年来增长最快的工作方式之一。兼职和多重工作是比较类似的工作方式，指的是一个人同时从事两份或两份以上的工作，通常是一个人在从事一份全职工作的基础上再承担一两份兼职工作。

3. 自由职业

自由职业（Small Office House Office，SOHO），这是一种自雇的工作方式，是一个人的经营模式。由于这种工作方式自由、开放，因此受到不少人的追捧。

4. 远程工作

远程工作是另一种快速发展的工作方式，指的是在远离办公室或者工作场所的地方办公。随着科技的发展、新技术的发明，笔记本电脑、传真机、移动电话、互联网、电子邮箱、办公电视会议系统等，都为远程工作提供了保障。

5. 自我创业

自我创业指自己经营企业，自己既是雇主也是雇员，同时还雇用其他人经营企业。这是一种风险较高的工作方式，也是国家提倡、鼓励和支持的大学生就业途径。

(三) 新职业模式

传统职业生涯是以有工作安全感为主的心理契约，而新的心理契约则以增强员工的就业力为基础。员工与组织的结合将在彼此需要的动态平衡基础上呈现出多样性和不确定性特征，绝对的组织忠诚将逐渐让位于相对的职业忠诚、专业忠诚和可雇用性忠诚，并且双方都将愈发强调即期收益的性质、质量、多寡及对彼此长远发展的终极影响。

在传统的职业模式中，一个人的职业一生很少发生变动，即使有变化也是在组织内部；职业发展路径和阶段可以看得见、摸得着，可以预期；职业发展的主动权在组织手中；职业生涯管理的责任主要由组织承担。在新的组织环境中，由于上升的空间受到限制，雇员们更加频繁地在组织的不同部门间流动，在不同组织和不同专业间流动，流动模式更加多样化，不稳定的因素也越来越多。

一份调查结果显示：在找到第一份工作后，50%的大学生选择在一年内更换工作；两年内大学生的流失率接近 75%。而随着职业变动频率的增加及流动方式的变化，终身依附一个组织的固定职业不断削减，独立的、不依赖于任何组织的自由职业不断产生，例如，自由讲师、咨询顾问等。

与传统职业模式注重地位、薪酬所不同的是，职场上成长起来的新一代，职业成功的标准发生了很大的变化，他们更多地强调职业生涯的目标是心理成就感，他们对地位并不十分看重，但希望工作丰富化，具有灵活性，并渴望从工作中获得乐趣。

职场上的变化及由此而来的人们职业心理、职业行为模式的变化表明，当代中国人在个人的职业生涯发展中拥有了越来越多的选择机会和自主权力，同时也意味着个人对自己职业的成败负有越来越多的责任。加强自我职业生涯管理，是这个时代对个人提出的新要求。

第二节　大学生就业环境分析

分析职业环境，了解工作世界的内容，是大学生职业生涯发展阶段的一项重要任务。探索职业环境，主要从社会环境、行业环境、企业环境、校园环境、家庭环境、岗位环境等几个方面入手。

一、社会环境分析

我们每一个人都生活在社会之中，我们的各个方面和各种行为都必然会受到社会因素的制约与影响。社会因素不是个人所能左右和控制的，职业选择与职业生涯发展也会受到社会因素的影响。

在社会经济发展日益市场化的背景下，职业选择及职业生涯发展必然要受到社会大环境的极大影响和制约。所谓社会环境分析，就是对我们所处的社会大环境中政治环境、经济环境、法制环境、科技环境、文化环境等宏观因素的分析。社会环境中流行的工作价值观、政治经济形势、社会产业结构的调整与变动、人事管理体制的变化、社会劳动力市场人才的需求与变化等因素，无疑都在个人职业选择上留下深深的烙印。所以，作为青年学生，应该通过对社会大环境包括国际、国内与所在地区三个层次的分析，来了解和认清国际、国内和自己所在地区的政治、经济、科技、文化、法制建设、政策要求及发展方向等，以更好地寻求各种发展机会。

总体来说，我们现在面临一个非常好的宏观环境，社会安定，政治稳定，经济发展迅速，并与全球一体化接轨，法制建设不断完善，文化繁荣自由，尖端技术、高新技术突飞猛进。因此，在这个大前提之下，我们需要特别注意的是职业环境的变化。

二、行业环境分析

（一）什么是行业环境分析

所谓行业，是指从事国民经济中同性质的生产或其他社会经济活动的经营单位和个体等构成的组织结构体系，如林业、汽车业、银行业、房地产业等。行业与职业不同，行业是企业的集合。从事同类产品的生产销售企业或提供类似服务的企业达到一定的数量才形成一个行业。例如，家电行业包括生产电视机、空调、冰箱、洗衣机等不同类型具体产品的若干家企业。在同一行业内，可以从事不同的职业。例如同在保险业，可以作保险业务员，也可以是人力资源部经理。

所谓行业环境分析，就是要分析行业本身所处的发展阶段及其在社会经济发展中的地位，分析影响行业发展的各种因素，预测行业未来的发展趋势，判断行业对人才选拔的准入条件，从而为我们的职业生涯规划提供依据。

（二）行业环境分析的内容

行业环境分析是对目前从事或拟从事的目标行业的环境进行分析。社会是由不同行业组成的，进入社会就必须对行业有一个比较全面的了解。了解行业首先要明白这个行业是干什么的。当我们进入大学学习某个专业的时候，应弄清这个专业与社会中哪个行业接轨，毕业后自己将服务于哪个行业，这个行业是做什么的。我们一定要对行业现状有一个比较直观的了解，比如说这个行业是靠什么建立和发展起来的？若是企业，它又是如何赚钱的？

（三）行业环境分析的意义

对一个行业环境的分析和了解是大学生进行职业生涯规划的依据，也是将来职业生涯能够发展和成功的需要。俗话说，“男怕入错行，女怕嫁错郎”。在现代职场中，其实男女都害怕入错行，耽误自己的发展。职业生涯规划理论认为，适合自己的才是最好的。要进入适合自己的行业，就必须对自己拟进入的行业进行深入全面的了解。不论是为了自己的职业生涯规划，还是为了将来的职务提升、职业发展，通过分析了解行业环境对每个人都必不可少。每个人都希望自己将来能在社会上谋得一个好职位，但行业的从业人才数量及企业对人才的需求程度决定了个人的价值。如果你是在一个处于下降趋势的行业里，那就难以长久地获得好的职位。因此，要用心研究自己的职业方向与目前正在呈上升趋势的行业是否吻合，寻找快速成长或高回报的行业。一般说来，热门行业或正处于上升趋势的行业，谋得好职位的机会比较多，个人发展空间也自然比较大。

好行业什么样

从工作的角度理解可以解释为，一个好的行业就是给予你：

（1）喜欢的工作内容；

(2) 平衡的生活方式；

(3) 接触所喜欢和仰慕的人群（包括内部的同事、行业的同仁和外部的客户）；

(4) 自己所期望的社会地位和荣誉；

(5) 理想的收入；

(6) 能够实现最核心的理想和使命。

每个人潜意识里都是对这六个方面有要求和期望的，只不过有的时候你只会表露出某一些，或者出于现实的状况，六个方面并不能同时满足的时候，每个人会有所取舍。让自己一个一个把这六项排个顺序，你才有可能选择一个让你感到幸福的行业。

(四) 进行行业环境分析要注意的问题

在分析行业环境时，一定要结合社会大环境的发展趋势。由于科学技术的飞速发展，会使某些行业如同夕阳坠落，逐渐萎缩、消亡；更有许多极具发展前途的朝阳行业不断出现、发展起来。同时还要注意国家政策的影响，要了解国家对某一行业是支持、鼓励和引导，还是限制、控制和制约。要尽量选择那些有前景、发展空间较大的行业。例如，我国近年来狠抓环境保护，推行可持续发展战略，保护生物多样性，在农业生产中控制化学制品的使用，开发“绿色食品”等，使环境保护产业如初升朝阳，充满生机，导致环保设备生产、环保技术咨询等行业迅速发展，提供了大量就业岗位。而这时如果不了解情况，为了一时利益，盲目进入那些污染后果严重的行业谋职，必将给自己的职业生涯造成严重的不良后果。

三、组织环境分析

现代社会是组织起来的社会，每一个人都在一定的组织内活动。组织的目标、性质、规模及组织的发展变化趋势，对个人职业生涯目标和规划及实施有直接的重要影响。

在社会科学中，社会组织有广义、狭义之分。广义的社会组织是指人们从事共同活动的所有群体形式，包括氏族、家庭、社会团体、政府、军队和学校等。狭义的社会组织是为了实现特定的目标而有意识地组合起来的社会群体，如企业、政府、学校、医院、社会团体等。

我们在进行职业环境分析的时候，涉及的组织主要是用人单位、自己所在的学校及自己的家庭。在我国，用人单位可以从单位性质、所有制形式、隶属关系、规模大小、营利性组织与非营利性组织等多种角度进行分类。从单位性质而言，我国用人单位可分为企业单位、事业单位、机关单位、民办非企业单位等。

小资料

“用人单位”是我国劳动就业市场中特有的概念，创制于国家颁布的《劳动法》。在外国没有这一概念，而只有“雇主”“雇佣人”等相应概念。西方各国及日本、韩国、我国台湾地区等广泛使用“雇主”“雇佣人”这一对概念来指称劳动关系双方，反映了立法者对本国劳动关系形成方式乃至本质差异性的认识，同时也体现其国民法制意识发展的水平比较高。在我国，目前尚未形成像西方国家那样的现代农业，而且，农村土地集体所有制的主体认定尚存在争论，真正意义上的土地流通关系尚未确定，因此，农村集体经济组织难以用“雇主”来指称。对于那些公司法人性质兼顾的事业组织、社会团体则只好在当前特殊的宏观经济体制条件下称为“用人单位”。

在进行组织环境分析的时候，与大学生关系较为密切的是企业环境分析、校园环境分析和家庭环境分析等三个方面的内容。

（一）企业环境分析

1. 企业环境分析的主要方法

企业环境分析尤为重要。个人在选择企业时有必要通过个人可能获得的一切渠道，比如，可以通过公司所在地的新闻出版机构的新闻线索，来了解该企业产品及服务的详细情况和富有深度的财政经济状况；通过有关书籍和企业发展史、当地各种商业活动、企业人物获奖的细节也能了解到可供参考的资料信息；另外公司的网站上介绍公司价值观念的那些主页也会透露一些企业文化的有关线索；至少还可以通过参观或参加面试时的谈话资料和知识背景来充分了解和考虑各种因素。

2. 企业环境分析的主要内容

企业环境分析包括：用人单位的声誉和形象是否良好？企业实力怎样？在本行业中的地位、现状和发展前景怎样？所面对的市场状况如何？产品和服务在市场上的发展前景怎样？能够提供哪些工作岗位？是否与自己适合对路？有无良好的培训机会？企业领导人怎样？企业管理制度怎样？是否先进开明？企业文化是否与自己吻合？福利待遇是否完善等若干方面。

具体来讲，对企业环境的分析可以从以下四个方面来进行。

1）企业实力

企业在社会中的地位和声望如何？企业目前的产品、服务和活动范畴是什么？企业的发展领域在哪些方面？发展前景如何？战略目标是什么？技术力量和设施是否先进？在本行业中是否具备很强的竞争力？是发展扩张，还是倒退紧缩，处于一个很快就会被吞并的地位？谁是竞争对手？企业目前的财政状况如何？要仔细观察是真正在“做大”“做强”，还是空有其壳？有没有长久的生命力？企业的组织结构是怎样的？是扁平的还是等级制的？等等。

2）企业领导人

企业主要领导人的抱负及能力是企业发展的决定性因素，而且个人在职场上的运气很大一部分来自于你的老板。很多成功的大企业都有一位出色的企业家作为掌舵领航人。当然炒老板鱿鱼也是职场的一道家常菜。因此，要了解企业主要领导人是真心要干一番事业，还是想捞取名利？管理是否先进开明？他有足够的能力带领员工开创新天地吗？他有没有战略眼光和措施？他尊重员工吗？

3）企业招聘要求及福利待遇

在进行企业环境分析的过程中，要注意了解企业对拟招聘人才规格的要求，包括专业知识、能力、性格等。例如，你最擅长的技能是否能够在这个企业得到施展？同时还要了解企业的薪酬标准、工资福利待遇等情况。比如，假如你进入该单位，起点工资预计是多少？是否有医疗保险、住房补贴、养老保险等？这些情况都应设法调查清楚。

值得一提的是，选择一个企业的目的，不仅仅是要让自己有一份工作，拿来一份工资，更重要的是寻求实现个人价值和社会价值的机会。因此，在了解企业的过程中，还要关注企业提供给员工的培训和发展机会。

4）企业文化和企业制度

除了很好的福利、吸引人的薪酬、舒适的工作环境和出色的管理之外，优秀的企业还会创造积极的企业文化，让员工感到快乐和受尊重，从而使员工工作更有创造性。员工与企业相互配合是否良好的关键在于企业文化。因此，在求职时选择什么样的企业文化氛围让你觉得最舒服，才是至关重要的。

企业制度涉及的范围比较广，包括管理制度、用人制度、培训制度等，尽可能了解这些信息，了解企业在组织结构上的特征与发展变化趋势，分析这种安排对自己的未来可能带来什么样的影响。特别要注意企业用人制度如何，能否提供教育培训机会，提供的条件是什么？自己将来有没有可能在该企业担任更高级的职务或担负更大的责任？个人待遇提升的空间有多大？是基于能力还是工作年限？企业的标准工作时间怎样？是固定的还是可以变通的？当然也还要考虑企业提供的薪酬和福利待遇与行业内其他公司比较如何？

总之，通过以上分析，应理出一条清晰的线索，确定自己的职业生涯在这个企业中有没有足够的发展空间，衡量自己的目标能够在该企业得以实现的可能性。通过对企业环境的分析还应明确，自己是否认同企业发展战略、企业文化和管理制度，企业组织结构发展的变化趋势如何，与自己有关的未来职务的发展预计是怎样的，等等。

（二）校园环境分析

校园环境分析是对大学生个体成长过程中所受学校教育的分析，是对个体成长环境中所受教育环境的分析。所谓教育，是按照一定的要求，对受教育者的德、智、体、美诸方面施以积极影响的一种有计划的活动。事实上，社会上的一切教育活动都会给受教育者产生某种积极或消极的影响。教育是影响个人职业生涯的重要因素。

从大学前的学校教育来看，由于高考指挥棒的作用，不管是幼儿、小学，还是初中、高中，都在一定程度上变成了一种应试教育。学生也以应试的学习方式来接受教育，造成了学生知识结构不合理，学习的主动性不够，养成了一种依附性的学习习惯，这种情况直接影响到学生后期的发展。

进入大学阶段以后，大学教育的特点是按照专业门类来培养学生适应职业需要的基本素质和能力。通过这一过程，使学生从某一专业的逻辑起点达到能够解决该专业一定问题的理论和技术修养水平，从而形成适应某类或某种职业需要的专业特长。也就是说，大学生所受的专业教育直接制约着其职业适应的范围。如果大学生所学的专业面较窄，其职业适应的范围就小；反之，职业适应的范围就宽广。所以，大学生在制订职业生涯规划时，首先，要了解本专业开什么课程，培养的是哪些方面的技能；其次要对照适应未来职业发展有关的课程设置，寻找差距，进行补课。

毋庸置疑，由于大学毕业生就业结构性矛盾的存在，社会对不同学科专业和不同学校的学生需求程度也不一样。就学科专业来讲，随着高新技术产业的迅猛发展和国家对基础设施投资规模的加大，计算机、通信、电子、土建、机械、自动化、医药、师范等学科的大学毕业生需求旺盛，而哲学、社会学、经济学、法学、农学、林学等学科的社会需求时有波动。另外，在院校之间，重点大学、名牌院校、名牌专业的“名牌”效应呈现出优势，社会需求增长，其就业率也较高；而一般院校、一般专业的需求相对较弱。这种情况也会直接影响大学生的职业选择与规划。

大学分为大专生、本科生、硕士生、博士生等层次。不同的层次反映了不同的受教育程度和水平。而一个人所受到的教育程度和水平，直接影响到他的职业选择方向和获取他喜欢的职业的概率。总体而言，所受教育程度越高，职业选择难度越低。就社会需求而言，在学历之间，社会对高层次的复合型、外向型和开拓型的人才需求日益迫切，出现了对人才结构、学历层次要求“重心”的上移。在毕业生就业中，出现了研究生就业好于本科生，本科生好于专科生的局面。大学生在进行职业生涯规划时，应当认识到自己成长的环境与受教育的条件对个性形成的影响。各种教育内容的相互交叉和渗透，可以促进个人整体素质的提高。因此，大学生应当通过主观努力，改变自身的不利因素，终身学习和接受教育，全面提高素质，为求职择业和职业发展创造更加有利的条件。

（三）家庭环境分析

任何人的性格和品质的形成及个人的成长都离不开家庭环境的影响。大学生在进行职业生涯规划时，考虑更多的是家庭的经济状况、家人期望、家庭文化等因素对本人的影响。家庭环境好坏对人的心态影响非常大，进而会影响到个人工作和事业的发展。个人职业发展规划的确立总是同自身的成长经历和家庭环境相关联。个人在成长过程中，在不同时期也会根据自己的成长经历和所受教育的情况不断修正、调整，并最终确立职业理想和职业计划。正确而全面地评估家庭情况才能有针对性地设计适合自己的职业规划。对家庭环境的了解和分析主要包括以下几个方面：家庭经济状况、家庭文化、家人期望等。

1. 家庭经济状况

西方国家对孩子的教育方式和我国不同。他们较注重培养孩子独立思索和解决新问题的能力，父母只是给孩子提供参考意见，而很少替孩子做决定。经济状况越好的家庭，父母就越注重对孩子这方面能力的培养。因此，家庭经济状况较好的孩子，他们独立解决职业新问题的能力会更强，同时，父母也能给他们提供更多的就业信息。所以家庭经济状况较好的学生的职业成熟度发展水平也更高。而在我国，家庭经济状况不好的孩子只能依靠自己的能力和条件寻找适合的职业，他们更可能意识到选择职业是自己的事，而不能依靠别人。因此，他们会主动寻找各种职业信息、就业途径，对就业做各方面的预备。当了解到自己的理想职业在目前状况下不能实现时，他们也更容易在现实和理想职业面前做出一定的妥协，使自己更好地适应社会。在职业选择的过程中，他们职业选择的各方面能力也得以较快地发展，如能对自己做出正确评估、为未来职业做好规划等。而家庭经济水平较好的孩子，他们更可能对自己做出过高评估，同时，也更易通过亲朋好友找到工作。因此，他们自己解决职业选择的能力没有得到很好锻炼，有可能比经济状况差的孩子的个体职业成熟度发展水平要低。

2. 家庭文化

家庭文化是指家庭成员文化、科技、思想、道德、价值观念和行为方式等主观因素的总和，是以单个家庭构成的或以一家庭成员与另一家庭成员之间在自由时间里从事的具有群体性文化娱乐为特征的一种社会性文化。家庭文化是群众文化的重要组成部分，具有较强的生命力和凝聚力。它既能适应广大人民群众精神生活的特点和需求，又能调整现代社会人际关系，培养健康向上的生活方式，促进群众文化的发展。良好的家庭文化环境对于大学生职业认识、职业选择和职业定位等有着极其深刻的影响。

3. 家人期望

家庭在人生大事上会留下深刻痕迹，其中，大学生职业选择就融合了家长意志。职业选择的前奏是专业选择，许多家长对子女的专业选择并不是耳提面命式的命令，父母影响更多地通过家庭环境的熏陶，逐渐融入了大学生的心理结构。出身农民家庭的大学生，对父母脸朝黄土背朝天的农作生活有着强烈感受，从父母的言谈举止和谆谆教诲中，作为子女的大学生就会拒绝选择父母从事的职业。艺术家庭出身的大学生，在长期的家庭成员接触中，很可能继承父母的职业价值观，从而走上了父母的职业道路。但是，当子女与家长在职业目标上发生冲突，或者子女极力摆脱家长的意志的时候，两者的矛盾就会产生。父母们有一个天然的倾向，即把对子女的爱同对子女的控制乃至干涉简单地等同起来。父母对子女常说的一句话是：我这样做是为你好。“这样做”是父母对子女的一种控制措施；“为了你好”是父母对子女的爱的表达。通过这么简简单单的一句话，父母控制子女就会获得合法形式和情感支持。大学毕业后，大学生又面临着具体职业的选择，这时家庭作用又会凸显出来。不过，此时它的影响力已远不如昔，因为大学生专业知识已较为丰富，职业意识也更加明晰，心理日渐成熟，相应的对家庭的心理依赖也就大为减弱。但是，家庭作为大学生的后盾力量，对职业选择发挥的影响不会从根本上丧失，尤其当子女在职业选择道路上犹豫不决并寻求帮助时，父母意志的作用又会放大，并对子女的职业选择产生重要影响。有些大学生完全按照自已的意愿选择了某种职业，有些大学生则被引入了父母正在从事或者父母希望子女从事的职业。在后者的情况下，子女被看作父母希望的延伸，或者家庭的代表，他们的使命是实现父母的理想。这种职业选择的效果不能一概而论。不过，这也在无形中隐藏了一种危险，即如果职业实践不尽如人意，那么子女很可能会将这种结果归咎于父母，让父母来承担职业实践不理想的责任。

四、岗位环境分析

岗位也称职位。在组织中，在一定的时间内，当由一名员工承担若干项任务，并具有一定的职务、责任和权限时，就构成一个岗位。

所谓岗位环境分析，就是对组织中某个特定工作职务的目的、任务或者职责、权利、工作条件、任职资格等相关信息进行收集与分析，以便对该职务的工作做出明确的规定，并获得工作描述和工作规范的过程。

工作描述是关于任职者所从事工作的基本信息和工作的具体性，如岗位名称、工作目的和工作责任、工作的绩效标准、工作中所使用的设备和工具、工作联系、工作权限等，主要包括以下内容：

（1）做什么？是指员工所从事的工作内容；

（2）为何做？是指员工的工作目的及该项工作在整个组织中的作用；

（3）由谁做？是指由谁来从事此项工作，及对从事该项工作的人员所必须具备的素质的要求；

（4）何时做？是指对员工从事此项工作的时间安排；

（5）何处做？是指员工工作的地点、环境等；

（6）为谁做？是指员工从事的工作与组织中其他部门之间的相互关系；

（7）如何做？是指员工如何从事或者组织要求员工如何从事此项工作。

工作规范则是指特定岗位对任职者的胜任特征的基本要求，包括任职者应具备的知识、能力、教育背景、工作经验、个性特征等。工作规范可以让员工更详细地了解其工作的内容和要求，以便顺利地进行工作。通过工作规范，可以看到什么样的人可以从事此项工作，以及有意愿从事此项工作的人在进行职业准备的时候，应该着手从哪些方面进行训练和提高。

大学生在进行职业生涯规划的时候，要认真进行岗位分析，深入了解拟从事岗位的工作描述和工作规范，并与自己的现状进行比较，找出自己与工作要求之间的差距，从而明确努力的方向，并制定策略和缩短差距的措施，积极努力，迅速提高。

第三节　专业与职业

因为职业和兴趣的原因，社会上会非常关注不同专业的人员的就业情况。其中有两个非常有意思的现象，一个现象是不管专业的冷热，从个体而言，都会有求职困难的现象。学计算机的大学生找不到工作，学法律的大学生找不到工作，学金融的找不到工作，学工程的找不到工作，学英语的、学中文的……他们大都把原因归结为专业，冷门专业毕业的自然很有理由，专业太偏了；热门专业的竟然也振振有词，学这专业的人太多了，竞争太激烈了。

而与此同时，却还有另一个现象，真正在职场上成功的，什么专业的都有。搜狐张朝阳的专业是物理学，阿里巴巴马云的专业是英语，复兴集团总裁郭广昌的专业是哲学。你可能会说这些人都是超人而且都是创业者，不具有代表性。其实从各行各业的职场杰出人士中可以看出，他们最初的专业真的是五花八门，而他们又绝对算得上是行业的精英。这样的例子还可以举出更多，你数一数现在文坛上有点名气的作家，有几个是中文系毕业的？如果还不信的话随意在你身边做个调查，你就会认同所说的这种现象。

其实造成这种现象的根本原因反而与专业无关，正如新东方徐小平老师所说的，教育严重与市场需求脱节，是中国大学教育及人才发展体系中最严重的问题。这个问题直接导致大学生就业难，导致按理说最有活力和创造力的一代人，无法享受中国经济发展的甜蜜果实——就业挣钱、回馈父母、成家立业、享受人生。这些问题包括：大学生就业意识稀薄——不知道毕业后原来是要工作的；求学历程中职业意识缺位——不知道一切学历必须以职业定位为最终目标，结果今年硕士明年博士；求职技巧匮乏——不懂得求职技巧原来是连接大学与社会的跨海大桥，因而不知道如何向雇主卖自己、赢得机会；从业心态糟糕——进入职场后往往不懂得珍惜工作机会，竞争发展空间，处理与上司、同事、客户之间的复杂关系……这不是哪一个专业的问题，而是很多专业的毕业生都会遇到的类似情况。其实不管是哪个专业的学生，只要拥有了良好的就业意识和一定的求职技巧，都能够在职场的长跑中通过不断做出有利于自己发展的职业决策来获得最终的胜利。

一、专业和职业生涯之间的关系

专业的冷热不均，在就业市场上已经被众人所熟知。同一学校不同专业毕业的学生，由于社会行业发展的不平衡，会面临不同的用人单位需求。社会对某些专业毕业的学生需求较小，于是毕业生供大于求；而另外一些专业的学生，由于行业发展对人才构成较大的需求，在就业形势比较严峻的情况下，仍然保持着“旺销势头”。所以我们当年高考的时候经常挂在老师嘴边的一句话就是“好学校不如好专业”。

首先来谈一下专业所带来的优劣势。所谓专业优势，是指所学专业近年来有旺盛社会需求或者预期具有旺盛需求的专业，在就业过程中可能具有的由于专业原因而产生的优势。专业优势的另一通俗表达就是“热门专业”。

专业最大的优势自然是就业容易而且就业后的发展前景好，由此衍生出了社会比较认同的热门专业，比如计算机、金融、物流、财务等。说白了就是这些专业的产品相对比较好销售，市场的需求比较热烈，而且这些专业大都起薪高，发展前景好。

热门专业的好处就不多说了。但是热门专业里面也有发展不顺的从业者，那是因为热门专业本身并不能够把你放进成功的保险箱。选择了热门专业的人们，在学习和工作的过程中，容易出现以下问题。

（1）热门专业并不等同于自己喜欢的专业。有相当一部分求职者，当初报考大学选择专业时，是根据父母的意见和社会舆论的导向进行的。即使自己是被填报的第一志愿录取，但究竟自己对这一专业是否喜欢，自己的气质性格是否与将要从事的职业匹配等，却难以给出肯定的回答。也许，从表面上看，自己进入了“中意”的专业，而在具体的学习过程中，却未必能调动足够的兴趣。只有适合的，才是最好的。这在什么地方都管用。

（2）热门专业在学习和就业过程中面临更加激烈的竞争。对热门专业的“争夺”，从在高考志愿填报过程中就已经开始。往往只有填报第一志愿，而且考分位居前列的学生，才能被录取。因此，进入热门专业的学生，原有的基础更为扎实，而要在这批尖子学生中做到出类拔萃，也就需要付出更多的努力。要知道，任何群体，只要存在，如果一定要按某方面的指标排序的话，一定会有一个最后一名。但这个指标并不一定就代表全部素质的客观体现，你需要一种对自我的认同，要看到自己的特色和优点所在。这样才可以在竞争激烈的职场中占得先机。

（3）热门的专业容易被“热门”的假象迷惑。热门专业的就业形势好，热门专业的求职者心态自然也很牛，“我是‘热门’我怕谁”。可有的人身在“热门”，自然不免高估“热门”的威力，认为自己无论怎样“混”，到时依旧能对用人单位进行挑挑拣拣。道理是没错。但是事实却并不完全如此，一是你进大学的时候是热门，毕业的时候未必是热门。比如说某专业目前的供需比是 1∶8，等到你毕业的时候形势发生了变化，供需比变成了

1∶2甚至是2∶1。有的人刚读大学的时候贸易可算是热门专业，可等到毕业的时候学贸易行业一片萧条，找工作都有困难。那时候通信算是冷门，可到了毕业的时候竟然成了热门中的热门。铁路和邮政专业也都遇到过类似的问题。二是用人单位是来招贤的，宁缺毋滥，用人单位对应聘者的专业背景并非十分看中，而是更关注考察其专业能力和专业素质。专业再好，能力和素质跟不上也是枉然。三是专业的门槛并不是像很多人想象的那么高，外专业能跨越这一门槛与你进行竞争的人多着呢！像物流、管理等很多的专业本身基本上门槛很低，即使像一些门槛看似很高的专业也不像想象的那么高，很多数学系、物理系、机械系以至外语系学生计算机水平反而比一般的计算机专业的学生还要高，很多系的学生英文水平超过英文专业的也并不稀奇，至于“高手总在文坛外”的说法更是早就有之。

二、不同专业的分类

三百六十行，行行出状元。不怕专业冷门，只怕学艺不精。不管你的专业是什么，只要你在这个领域确实学有所成，你就一定能利用你在这个领域的知识成就一番事业。事实上，除了极少数确实和民生关系不大的专业，没有永远的热门也不会有永远的冷门，就如同海尔所言“没有疲软的市场，只有疲软的产品”。尤其是经历过职业长跑以后，原来所学的专业热门也好冷门也罢，都会遭到一定程度的稀释。

其实不同专业有不同的职业规划办法，人家没有专业的都能够取得职业的成功，何况有专业的呢？关键是不要让你的专业成为前进的包袱，而是要让其成为发展的基石。只有根据自己拥有的资源不断去调整和积累，职业之路才能越走越宽。

从长远来看，真正决定你职业发展的是你的个人素质。当然从自己的专业出发去做职业规划绝对是事半功倍的做法。从个人的实际经验来看，我们所学的专业大致可以分为如下几类。

1. 工具类专业

工具类专业的特点是专业本身只是一种工具，其行业性特点不强。例如说语言类专业、管理类专业等。对于这类专业，要想获得比较好的职业发展，最关键的选择是要入行，否则想获得职业的可持续发展非常难，职业之路也会越走越窄。以英语专业为例，这种类型的其他专业都可以作参考。大学生毕业的时候有个英语六级证书就觉得算是个有含金量的证书了，但是在今天这个人人学英语、人人会英语的年代，英语说得好的人已经是随处可见了，很多非英语专业的人也能够操着熟练的英语进行工作和交流，所以英语作为一种工具的特征越来越明显。因此对于英语专业的人来说，第一个选择是走精深之路，例如做英语方面的研究者或者老师，就是单纯地凭借英语吃饭，这注定是少数人的选择，因为这个领域容纳的人本身很有限；第二个选择是要迅速地进入一个行业，例如利用英语的优势进入外贸行业或者机械行业，例如利用英语的优势去做销售或者人力资源，例如利用英语的优势去做导游等。这个应该是大多数人的选择。工具类专业的人如果不入行很难做到职业生涯的可持续发展。一般意义上的翻译做个小白领还绰绰有余，但要想有大的发展还是要入行，而且入行之后要逐步成为主战场的一分子。

另一个和这个类似的例子就是管理。管理似乎是个非常高尚的工作，很多人说不清道不明的时候往往就来一句“我是从事管理工作的”。为数不少的人上大学读企业管理专业，好像还很热门；至于管理的升级版 MBA 的热度更是一直有增无减。但是我们在组织中进行工作的，无论是企业还是政府部门，无论从事哪个具体职位，都是需要了解管理知识的；现实中也很少有哪个企业设置专门的管理职位（除了一些综合性的企业偶尔设置这样的职位）。管理一定是和具体的行业、企业和职能联系在一起的，如果失去了具体的行业和职能本身，管理就会浮在上面，你就会成为“职场骷髅人”。所以现在有一个很强烈的趋势，做业务的人都去学习管理，做管理的人都拼命去学习业务。对于做管理的人而言，如果不能深入到具体的行业和业务当中去，职业生涯的发展就会后续乏力。

2. 职能类专业

职能类专业本身就是为企业的职能而设定的，例如财务、人力资源、营销、投资等。这类专业的职业生涯其实是最容易规划的，只要坚定地沿着自己的方向走下去就能够成为一个领域的高薪人士。对于这类专业，需要注意的一是要尽可能地选择一定规模的企业，因为只有这样这类专业才能够发挥作用，创造更大的价值，个人的发展空间才会大。有的企业只有一个出纳一个会计，你做财务能有多大前途？其次是要加强本职能领域的相关技能提升，保持内在职业生涯的连续性，不要轻易地改弦更张。要把本领域的事情做深做透，而不是停留在知道或了解的层面，要不断向更高端进阶，同时你的职业生涯也会沿着本专业的既定职业路径发展。例如会计——会计主管——财务经理——财务总监，或者招聘专员——薪酬专员——人力资源经理——人力资源总监等。举个最简单的例子，同样是做人力资源的，有的人年薪两三万，有的人年薪上百万，薪酬差距天壤之别。原因就在于前者没有体现出专业性。例如人力资源最基本的工作招聘面试，年薪两万的人的面试水平比非专业的人强不了多少，他们只是因为在这个岗位上从事这个工作而已，至于人力资源的高端工作比如薪酬设计、绩效考核之类也没有形成自己的体系和见解，自然与高薪无缘。等到了一定的高度你可选择的余地就会非常宽广。专业职能的人最容易怀疑自己的专业价值，其实那是因为你的专业影响力不够。

3. 行业类专业

行业类专业一看名称就知道你应该进哪个行业，例如化学工程、造纸、通信等。这一类的专业你能够喜欢那是最好，直接进入和其相关的行业，踏踏实实去做，一步一步成为行业的专家或者高级管理者。不喜欢找一个方向去做也能够取得成功。

4. 研究类专业

比如什么考古、马列之类的专业。如果喜欢这类专业，那就干脆一路读到博士，老老实实待在大学或者研究所做研究，实在耐不得寂寞可以做个兼职之类的，收入也不见得低。

5. 垃圾类专业

垃圾类专业的设置有很多，例如矿业加工工程、皮革、力学、造纸等专业。几乎就等于没有专业，甚至有时候还会限制一个人的发展，这时候最好的做法恐怕只能是忘记专业靠个人素质谋求长远发展了。

找工作要不要专业对口？这个问题看似简单，却影响了很多人的职业发展。大学生毕业时的第一反应就是寻找专业对口的岗位，总觉得花了好几年学个专业不能用一下实在太可惜了。对于专业不对口的岗位，连投简历的勇气都没有，尤其是在就业环境越来越恶劣的今天。但是你要想获得职业生涯的发展，一定不要有专业限制的包袱。能够学到自己喜欢的专业并找到本专业对口的工作固然是一件幸事，但是学到了并不理想的专业其实没有什么大不了的，一样可以通过自己的努力获得成功的职业生涯。

三、培养专业能力，增强职业意识

（一）培养专业能力

我们的社会正在向学习型社会目标前进，已经不可能仅仅依靠在学校所学的专业知识和技能来成就自己整个生涯的发展，我们的专业能力需要在生涯实践中不断地丰富和提高。作为一名在校生，在专业能力的培养上需要注意的是以下四个方面。

1. 培养良好的学习态度和学习方法

在知识经济时代，各行各业的新知识如同爆炸一样增长，专业知识是学之不尽的。所以，注意培养良好的学习态度和学习方法就显得尤为重要，也就是说，我们要注意培养自己有强烈的学习意愿，使自己学会学习，例如，怎样更有效地读书，带着目标选择学习内容、专业思维方式等。良好的学习态度和学习方法是我们学习的诀窍，可以起到事半功倍的效果，反之，则会事倍功半。

2. 注意在实践中培养专业能力

专业能力的形成和发展离不开实践活动。专业知识需要在实践活动中得到真正的理解和运用，操作技能更是在实践活动中不断操练而成的。靠灌输和死读书得来的知识只能对付考试，却不能真正地培养专业能力。大家都知道那个伯乐相马的故事，说的是伯乐是位相马专家，但他的儿子却只是在家苦读父亲写的《相马经》，以为自己也可以做一名相马专家，结果最后在外面抓了一只癞蛤蟆回来，说：根据书上所说，千里马的特点是两眼凸出、前额大、走路跳跃，它完全符合，所以是千里马。这个看起来有点荒诞的故事告诫我们一定要投身实践，在实践中锤炼和发展自己的专业能力。在校学生应当积极认真地学习一些实践性课程，努力地去做去体验。此外，还要注意利用各种实习机会和社会实践能力，提高自己的专业能力。

3. 积极获取职业资格证书和技能等级证书

职业资格证书和技能等级证书是由经过政府批准的考核鉴定机构负责对劳动者实施职业技能考核鉴定合格后颁发的，它是对每个人的专业能力的一种客观和权威的认定，是我们专业能力水平的一个明确指标，而且对我们今后的求职和专业晋升能够发挥“通行证”的作用。因此，在校学生应该了解与所学专业相关的职业资格证书有哪些，决定考取哪些，计划什么时候考；并且积极准备、参加职业资格证书和技能等级证书考试，获取相应证书，是有针对性地迅速培养和提高自己专业能力的有效途径。

4. 运用网络获取信息的能力

有人把网络称为“最博学的老师”，要学会从网络中获得需要的信息。网络信息资源有多种多样的类型：电子图书馆、电子书刊、网络参考工具书、电子邮件、电子布告板等，大量的网络信息可能会让人无从下手，关键是要明确需要什么样的信息，然后利用网络引擎、检索工具检索信息。现代网络信息来源太多，难免存在一些不真实的内容，不能完全相信，大学生要学会提高分析信息的识别能力。现代社会，运用网络获取信息的能力已经成为各种专业大学生必备的基本能力之一，要有意识地进行自我培养。

（二）增强职业意识

每个人经过几年的学习完成学业以后，就会选择职业，进入社会。那么在校期间，就应该增强职业意识，进行步入社会的准备，主要有以下几点。

（1）要熟悉与所学专业对应的职业或职业群，关心这些职业或职业群的变化情况。

（2）积极收集有关国民经济发展和社会发展趋势、国家产业政策、地区经济与社会发展状况、国家劳动就业政策等方面的信息，学会准确地判断和分析。

（3）注意报刊、电视等媒体上有关的招聘人才的信息，学会运用现代媒体求职。我们的社会正在向学习型社会目标前进，已经不可能仅仅依靠在学校所学的专业知识和技能来成就自己整个生涯的发展，我们的专业能力需要在生涯实践中不断地丰富和提高。

第四节　职业环境分析的途径和方法

在进行职业环境分析的过程中，一个最基本的工作就是要想方设法占有大量的有关职业环境的信息。你所掌握的有用信息越多，质量越高，内容越详尽，就越能帮助你进行全面深入的职业环境分析，就越有助于你做出最适合自己的职业选择和职业规划。虽然搜集职业信息是一个需要花费时间和精力的过程，但是它在整个职业选择的过程中起着至关重要的作用。我们可以通过以下途径和方法来获取相关的信息，进而进行职业环境分析。

懂得资源共享

有一天，从早晨开始就大雨滂沱。路边几个叫卖食品的小贩，一直没有什么生意。快到中午时，卖烤饼的小贩，已经烤好一大沓饼，他大概是饿了，心想：反正也卖不出去，就吃起一块自己烤的饼。

卖西瓜的坐着无聊，也就敲开一个西瓜来吃，卖辣香肠的开始吃辣香肠，卖杨梅的也只好吃杨梅了。雨一直下着，四个小贩一直这样吃着。卖杨梅的吃得太酸，卖辣香肠的吃得太辣，卖烤饼的吃得太渴，卖西瓜的吃得太胀。这时，从雨中冲过来四个嘻嘻哈哈的年轻人，他们从四个小贩那儿，把这些东西都买齐了，然后坐到附近的亭子里吃，有香辣，有酸甜，吃得津津有味。

启示：人如果在物质上仅止于自给自足，也就是将自己置身于落后、狭隘的经济观念之中，只会永远陷入贫乏的境地。与人相互交换一种食物，你就得到两种食物；与人相互交换一种思想，你就拥有两种思想。只有把个人的血液融于组织中，取长、补短，个人才能得到充分发展。

一、网络资源

在计算机网络技术高度发达的今天，掌握了计算机技术的现代大学生可以通过网络资源全面了解职业环境情况。

显而易见，现在许多人是通过浏览网页来了解天下大事的，有关的社会政治、经济、法制、科技、军事、文化等新闻、报道，在网络世界俯首可拾，比比皆是。人们从网络中了解这些社会环境方面的情况极为方便、快捷。

随着信息技术的发展，各个行业都建立起了计算机中心互联网信息交流平台。各行业或企业网站成了了解行业的重要渠道。特别是像阿里巴巴这样的 B2B 网站，里面覆盖了几乎所有的行业，每个行业都有自己的论坛，你到相关行业的论坛上，自然什么信息都能了解到。网络搜索也是一个办法，搜出某个行业的企业，从它们网站里了解行业。不过，通过这种方式了解到的信息往往支离破碎，有的还有失偏颇。

通过网络了解企业等用人单位也很便捷。用人单位作为一种社会组织，必然要同社会其他组织和个人进行信息交流。在这些信息中，有许多是公开的，如行政机关的对外宣传资料、学校的招生招聘广告、企业的产品推介与服务信息等，无不包含着丰富的用人单位信息。这些信息的搜集途径广，不受时间、空间的限制，尤其是在那些信息化程度比较高的社区里，你随时可以通过网络轻松获得。

二、生涯人物访谈

所谓生涯人物访谈，就是指通过选择一个在职的对象，对他进行采访，从而了解该岗位的实际工作情况，判断你是否真的对该工作感兴趣。这种方式一方面可以更好地了解该职业的确切信息，另一方面也可以借鉴别人的职场历程和经验来设计、规划自己的职业发展途径，提高成功的效率。通过访谈不仅可以让自己以其他的途径搜集到的职业信息得到确认和检验，而且这种面对面的交流和访谈也可以近距离地了解这些工作者内心的感受和体会，使自己更近地走进该职业。

生涯人物访谈一般都要经过以下的流程。

1. 搜集生涯人物的信息和资料

搜集相关信息和资料时可以通过家人、朋友、同学、老师等人的介绍和引荐，也可以通过报刊、媒体、各种组织、协会或网络搜索等方式，先获得自己想拜访的生涯人物的联系方式和相关资料，然后再进行联系。

2. 整理和安排

整理所获取的生涯人物的资料，然后依据各人的具体情况（包括年龄、生活习惯、个人爱好、居住地等）选择进行访谈具体时间、地点的安排。

3. 访谈前的准备

（1）打电话给你要访谈的人。进行自我介绍时要说明自己的来意，最好说一下自己获取他联系方式的途径。

（2）说明你访谈的目的、原因及需要的时间（一般以 20～30 分钟为宜）。要是访谈对象因故不能与你面谈，可以提出电话访谈。实在不行，就请他给你推荐一个和他所做工作类似的人。

(3) 要是对方接受了你的访谈，就应表示感谢，然后确定具体的时间和地址；要是没有接受，就应表示遗憾；要是愿意给你推荐其他的人，那么就要准备记下对方的信息。

4. 提前将自己想要问的问题列举出来

1) 访谈人力资源部门负责人或相关工作人员

①你认为在你的企业中从事这一职业/岗位需要具备哪些基本职业素质？例如，性格特点、一般能力、个人兴趣爱好、职业道德素养等。②你认为在你的企业中从事这一职业/岗位需要具备哪些专业/职业技能？③你的企业对应聘这一职业/岗位的应届大学毕业生有哪些具体的要求？④请你结合企业的具体情况评价一下应届大学毕业生从事这一职业/岗位后的基本工作状况。

2) 访谈企业目前从事该职业或在岗的员工

①你认为你所从事的这一职业/岗位需要具备哪些基本职业素质？例如，性格特点、一般能力、个人兴趣爱好、职业道德素养等。②你认为你所从事的这一职业/岗位需要具备哪些专业/职业技能？③你能谈谈在从业过程中，你遇到了哪些具体的问题和困难吗？例如，专业技能、人际关系、工作环境、工作待遇、个人性格等。

3) 访谈企业目前从事该职业的往届大学毕业生，即一年前毕业者

你能谈谈，在你刚刚步入工作岗位后，你遇到了哪些具体的问题和困难吗？例如，专业技能、人际关系、工作环境、工作待遇、个人性格等。

除以上规定的必问问题外，各位同学可根据访谈过程中的具体情况，酌情增加一些问题，使访谈工作更为切实、深入。

5. 访谈应注意的问题

①注意着装和仪表，态度和蔼、大方。②访问前应简要说明访谈目的，表明自己的身份。③访问前应确认受访者是否是你要访问的对象。④访问中要有礼貌，措辞得体，严格遵循访问问题发问。⑤访问中受访者提出对访问问题的疑问，应遵照访问目的和访问问题给出耐心的解释。⑥访问中应制造良好的气氛，记录受访者对问题的解答，避免漏问访问问题。⑦访问完毕后应注意检查是否有遗漏的访问项。⑧访问完毕后应礼貌致谢受访者。

三、参观、实习、社会实践、职业体验及角色扮演

（一）参观

要想深入地了解职业环境，就必须深入一线企业，占有第一手资料。如果有条件的话，大学生可以到企业所在地进行参观，进行现场考察。若条件不允许，展览会也是提供一线企业信息的好场所，亲自去参加一个行业展览会，很多事情就都了解了。

（二）实习

许多规模比较大的用人单位，如跨国公司、机关、高校等常常有招聘实习生的机会。能去用人单位实习是一件对双方都有利的事情。从大学生的角度来看，实习不仅是从课堂

理论学习走向实际应用的必要环节，也是对职业环境进行实际了解的重要途径。通过实习，大学生不仅可以深入了解用人单位的管理体制、发展潜力等情况，还可以学习用人单位的管理经验、技术方法，为毕业设计等提供素材，为就业创造条件。如果用人单位需要招聘人员，而你在实习期间的表现又不错，那你就可能成为拟招聘的最佳人选。可以说，有过实习，大学生可以更为全面和深刻地了解职业环境、企业环境及岗位环境的情况。

大学生选择实习单位，要结合自己的职业生涯规划目标，锁定与自己专业对口的单位范围，同时应从是否有利于实现自己的职业生涯规划目标和发挥自己的专业特长着手，而不能一味追求名气、规模和级别。同时，还应重视实习单位的“软环境”，特别是有意向去企业实习的大学生，要把企业是否建立了完善的现代化管理机制作为选择标准之一。

实习的注意事项

(1) 有一定的专业能力与技巧，能达到所被要求的工作表现。

(2) 以正面的态度接受工作的辛苦、压力、甚至枯燥乏味。

(3) 通过学习不断自我成长，加强灵活度与弹性。

(4) 了解企业独特的文化与价值观，设法融入其中。

(5) 做个“忠诚”的员工，尊重与关心公司及他人的利益。

(6) 了解上司的管理风格，与上司相处有诀窍。

(7) 懂得“听话”的技巧，具备良好的沟通与协调能力。

(8) 不惹是生非、说人闲话，不扯入是非圈。

(9) 适度参与“办公室政治”，但也要懂得时时保护自己。

(三) 社会实践

要想真正了解一个职业，最好的办法就是亲自去体会。而对于在校大学生而言，参加社会实践和各种形式的实习和兼职则是最好的选择。当然，所做的应该是经过选择之后与自己想从事的职业相符或相关的。这种不同于正式就业的体会方式，不仅可以帮助你更清楚地认识到该职业是否真的适合自己，也为自己以后真正从事该职业积累了经验和感悟。

社会实践要学什么

对于大学生来说，实践的目标还是学习，那都要学习什么呢？要学六个方面：做人、做事、能力、知识、规则、思维方式。

做人是根本，也是一辈子的事，要向上司、有为的同事等学习，看看人家是怎样为人的。

做事就是办事能力，要学习如何分析问题、解决问题，怎样解决工作中的问题，还有生活中的小事。

能力，泛指一切让自己有提升的能力，如使用办公用品的能力、汇报工作的表达能力等，因为你很可能在实践中赚不了多少钱，所以多锻炼能力就足够了。

知识，社会中的知识、工作上的知识、交际上的知识等，都是你拓展知识面的机会。

规则，只要有人的地方就有规则，明显的条文、潜藏的规则等，尤其是那些工作上的规则，了解规则才能有效遵守和使用。

思维方式是很难学的，这只能在潜移默化中、在你处处留心总结中学到，尤其是积极的心态、端正的态度等。

（四）职业体验

职业体验是指大学生结合专业特点和自己的职业兴趣，以职业认知、体验为目标，通过对自己希望从事的职位、岗位的了解、观察、体会，深入客观地认识该职位、岗位。职业体验的内容主要有两大方面：一方面是对该职位、岗位工作具体内容的了解；另一方面是对该职位、岗位对人才专业知识、技能和职业素质要求的认识。

通过职业体验，可以增加大学生对职业的深入了解，并根据职业体验的结果判断自己是否适合从事该职业。

（五）角色扮演

如果能找到好的合作伙伴，可以就各自喜欢的职业角色编练话剧和小品。这种带有游戏性质的方法其实也是一个很有效的职业体验和了解过程。因为在扮演的过程中，你只有深切体会到人物的内心活动，感受到职业要求对人物的向导性作用，才能比较传神地表现出该角色。

请找三四个学生，自编自演一个话剧。要求：

（1）每个人都必须有明确的职业角色，不得重复，一定要邀请观众观看。

（2）语言、行为必须职业化，要生动表现出该职业的特点。

（3）情节要有波澜，要有矛盾和冲突。

（4）排练表演完毕后，要写出各自的心得。

（5）向观众征询意见，并且评选出最佳的表演者。

四、行业协会、招聘会

（一）通过行业协会了解行业环境

要了解一个行业，可以先从龙头抓起。每个行业都有行业协会之类的组织，有的还不止一个。这个或这些组织就是管理和协调整个行业事务的。比如，想了解建筑业，就可以从它的协会——中国建筑业协会和国际建筑业协会来了解。这些机构一般都有相应的网站和定期不定期的出版物，它们对行业的报道和分析，无疑是最权威、最全面的。

（二）尝试性参加各种形式的招聘会和面试

在生活中，我们每天都能从报纸、电视、网络及招聘会上见到各种各样的招聘信息，这些招聘信息一般都会注明所招岗位的要求、薪资情况。你可以把自己感兴趣的职业信息搜集、整理起来，形成一个该职业当前最基本的资料。因为这些来自于招聘单位的信息，最能反映当前该职业的行情，对你在职业的选择上会有很大的帮助和参考价值。不管你现在是否面临就业，都可以从现在就开始，留意周围各种形式的招聘信息，学会通过这种途径搜集自己需要的职业信息。

不管你现在是否要毕业求职，你都可以尝试性地去参加自己喜欢的职业的招聘。只要有机会，你就可以和那些招聘人员面对面地沟通，了解他们期望应聘该职业的人员具备什么素质，然后再告诉他们你当前所具备的素质和优势，从而找到自己存在的差距。另外，专业的招聘人员一般也能比较敏锐地发现你的潜力和不足，那样你得到的信息就更具有可操作性和针对性。

收集饺子皮的大嫂

有个富家子弟特别爱吃饺子，每天都要吃。但他又特别刁，只吃馅，两头的皮尖就丢到后面的小河里去。

好景不长，在他16岁那年，一把大火烧了他的全家，父母急怒中相继病逝。这下他身无分文，又不好意思要饭。邻居家大嫂非常好，每餐给他吃一碗面糊糊。他则发奋读书，三年后考取官位回来，一定要感谢邻居大嫂。

大嫂对他讲：不要感谢我。我没有给你什么，那些都是我收集的当年你丢的饺子皮尖，晒干后装了好几麻袋，本来是想备不时之需的。正好你有需要，就又还给你了。

大官听后思考了良久，良久。

但拥有资源的人不一定成功，善用资源的人才会成功。

【阅读1】 视频简历找工作 新兴行业藏商机

小小光盘大显身手

小庞是西北工业大学电子专业的一名学生。在近期频繁的招聘会中，他递给应聘公司的不是一叠厚厚的文字材料，而是一张小小的光盘。光盘里面有他精心制作的简历、求职信，此外还有一些他制作的专业设计和Flash动画。在电脑上，鼠标轻轻一点，简历就翻到下一页，阅读起来非常方便。他告诉记者，这样的视频简历容量非常大，形式也比较生动活泼，容易吸引招聘单位注意并认真查看，成功率较高。

小庞说，这种形式也是这一两年来才流行起来的，许多电子、计算机专业的学生都逐渐采取了这种求职方式。不少学生就是凭借这种方式被招聘单位记住并接受的。尽管是“新花样”，但自己动手制作这样一张光盘成本并不高，基本花费不会超过10元。如果到外面的公司设计制作，则稍微贵一些。

记者走访了几家专门代替求职者做视频简历的公司，目前市面上制作视频的费用按照不同档次从几十元到1000元不等。最简单的是坐在室内，对着摄影机讲，镜头没有切换的版本；贵一些的则包括了外景拍摄、蒙太奇效果等设计构思。记者了解到，随着就业竞争的加剧，一些大学生很舍得在简历上多花些钱。一位来取光盘的大学毕业生告诉记者，自己花 500 元制作了一个视频，属于中等档次的那种。对于这笔投入他认为值得。他说："不做视频，我也要制作几十份传统的纸质简历，还要坐车去各个公司投，成本更高。有了视频，人家可以更加直观地了解我的形象、气质，对我条件的判断更加准确，一旦通知我去面谈，成功的可能性就很高，而且大大减少了我的奔波和交通费用。视频是一次性投入，做完了就可以坐在电脑前广泛地发了。"

求职双方省时省力

在西方发达国家，视频简历早已成为各大企业人力资源经理甄选求职者的主要手段，大大提高了求职、面试的效率。北京联动世纪有限公司总监高先生介绍，通过视频简历可以获得求职者最基本的信息，更重要的是，一般初次面试都是由人力资源经理来完成，重要职位的面试工作则是由总经理来亲自完成面试的，视频简历的出现可以在很大程度上使总经理与人力资源经理之间的沟通变得更为具体和感性，大大节约了招聘成本。

在很多美国大学生眼里，文字简历是对个人情况的基本介绍，而视频简历就好比是一场初次的面试，能够多方面地展示自己的形象、性格和才艺。

那么，怎么样才能在视频简历中更好地表现自己呢？记者从视频招聘网站的工作人员处了解到，普通视频简历制作的标准步骤大致为介绍自己的姓名、教育背景（包括毕业于哪所大学，学的是什么专业，如果在大学期间得过什么奖励或是哪些成绩不错，都可以讲）、特长爱好（比如有一些与申请职位相关的技能，像计算机水平高等，都可以说出来或进行展示）等。如果你的简历只针对特定公司或是特定的职位，那么你还应该阐述自己申请这一职位的原因。

市场空间带动新兴行业

视频简历在我国出现得比较晚，但市场发展的空间广阔。作为求职的一种最新方式，视频简历越来越受到用人单位的青睐。像一些演艺公司招聘演员，单纯的文字简历无法体现出应聘者的音容笑貌，而视频简历却能把应聘者真实的自己展现给招聘方，这样求职的成功率会大大提高。

正是看到视频简历的大好前景，一些投资者和网络精英从中嗅到了商机。近两年，我国已经陆续出现了以拍摄、制作视频简历为业务的工作室，而一些大型的招聘网站也纷纷推出视频简历服务。这些新兴服务公司开始主动为用人单位提供服务，联合网站将自己打造成一个同时为求职者和用人单位服务的平台：一方面，求职者能够在网站上看到一些有关用人单位办公环境的视频信息；另一方面，对用人单位来说，他们也能浏览到求职者的视频简历。

应该说，未来视频简历会越来越广泛地应用到招聘领域。谈到视频简历，北京服务管理学校的贾老师表示，这个新兴行业会越做越大、越做越细。但值得注意的是，不是所有的岗位都适合用视频简历。应聘一些需要展示个人才艺的岗位，比如创意类工作、电视节目主持人、公关等，视频简历可用来展现个人魅力，而应聘普通的管理、技术类岗位，则没有这个必要。同时，并不是所有的求职者都适合制作视频简历，对那些外表普通、表达能力不够好的求职者来说，视频简历恰恰突出了个人的弱点，反而对应聘不利。

专家建议，未来职场供需应充分利用网络技术，采取分层、分类、分时段的共享方式，实现岗位需求信息发布和求职信息的深度共享。只有这样，才能实现足不出户的“职场立交桥”。

【阅读 2】 成就人生发展的环境与资源

一、人生发展的环境条件

1. 友伴条件：朋友要多量化、多样化且有能力。

2. 生存条件：要有储蓄、发展基金和不动产。

3. 配偶条件：个性要相投，社会态度要相同，要有共同的家庭目标。

4. 行业条件：注意社会当前及未来需要的行业，注意市场占有率。

5. 企业条件：要稳定，则在大中型企业；要创业，则在小企业。公司有改革计划吗？公司需要什么人才？

6. 地区条件：视行业和企业而定。

7. 国家（社会）条件：注意政治、法律、经济（资源、品质）、社会与文化、教育等条件，该社会的特性及潜在的市场条件。

8. 世界条件：注意全球正在发展的行业，用“世界观”发展事业。

二、人生成就的三大资源

1. 人脉：家族关系、姻亲关系、同事（同学）关系、社会关系。

〔解决方案〕沟通与自我推销。

2. 金脉：资薪所得、有价证券、基金、外币、定期存款、财产（动产、不动产）、信用（与为人和职位有关）。

〔解决方案〕储蓄、理财有方、夫妻合作，努力工作提高自己的能力条件及职位。

3. 知脉：知识力、技术力、咨讯力、企划力、预测（洞察）力、敏锐力。

〔解决方案〕做好时间管理，安排学习计划，上课、听讲座、进修，组织内轮调，多做事，反复练习，经常做笔记，做模拟计划。

（资料来源：徐军．人生发展的环境条件：快乐成功学 http://www.cgxtd.com/blog/u/）

【阅读 3】 外部环境分析写作示范

我选择的职业资产评估师的外部环境分析。

(1) 家庭环境分析

家庭情况：父母双方都参加工作，经济状况良好，父母身体健康，我是家中的独生女，所以家人会把最好的都给我。

家人期望：由于我是家中的独女，家人对我的期望都很大，希望我能学习好，未来的路走得平坦，但他人都不会给我太大的压力，只要求我尽力而为。

家庭影响：父母从小教育我不要不劳而获，所有的东西都是要自己争取的，这能影响到我的价值观，使我很独立，凡事都靠自己。

(2) 学校环境分析

学校办学特色：以学生为本，以就业为导向。

专业特色：我所学的专业是资产评估与管理，属于新兴专业。市场需求很大，前途光明。

就业情况：我校就业率较高，企业对本专业需求空间大，就业竞争比较少，但要求高，需要不断自我增值。

(3) 社会环境分析

社会发展：我国经济发展迅速，政治稳定。国家对人才的需求越来越大，不断对高校投入经费，大学生越来越多，就业岗位增长速度慢，大学生就业竞争激烈。

就业形势：资产评估与管理专业是新兴的专业，现有的执业资产评估师有限，社会需求大。从大学培养出来的专门人才少，所以就业竞争比较小。

(4) 目标地域分析

我的目标城市是广州。广州经济发展迅速，目前拥有专业和非专业的资产评估公司两百多家，而且缺乏人才，所以在广州发展会很有前途。我是广州人，对广州有强烈的归宿感，希望在生我养我的广州工作，这样不会出现生活不习惯等的情况，而且我在广州有一定的人际关系。

(5) 目标行业发展状况分析

我的目标公司是广州中天衡资产评估公司。

广州中天衡评估有限公司的前身是广州资产评估公司，成立于1989年，是国内第一批组建的资产评估专业机构之一，1999年按照国家的要求进行脱钩改制，由原公司法人代表和全体注册资产评估师出资设立，并依法继承了原公司的所有执业资格。2001年根据建设部的要求分设组建了广州中天衡房地产评估有限公司，一直专门从事企业价值、房地产、机器设备、无形资产的独立评估和咨询服务。

以下是该公司最近的招聘信息：

1. 首席评估师

条件：同时具备资产评估、房地产评估和工程造价咨询资格。

待遇：月薪基本工资6000元＋提成＋年终绩效奖。

2. 注册评估（估价）师、注册造价工程师

条件：具备执业资格、素质高、经验丰富、业务娴熟、有敬业精神，具备房地产估价、资产评估和工程造价资质的执业注册资产评估师优先录用。

待遇：一经试用合格，可签订长期（五年以上）合同。享受两万元安家费和其他特殊津贴，月薪面议。

外部环境分析小结：公司的招聘条件、待遇和我假期在公司的实习让我认识到：我国经济建设的健康迅速发展，需要资产评估行业；目前和今后一段时间内广州中天衡房地产评估有限公司的业务会加速发展；需要不断吸纳大量高素质的人才。进入广州中天衡房地产评估有限公司工作是一个不错的选择。

【探索 1】 职业家族树

家族成员对个人职业选择乃至生涯发展都有深远的影响，职业家族树（Occupational Family Tree）即以图画方式，了解家族对个人职业的影响，促进对自我生涯的认知。其操作步骤如下。

1. 在“树梢”处填上个人爱好的职业（可填数种）。

2. 将家族中各人的职业分别填入树的枝干上（各支干代表家族人员，标出称谓）。由于各人职业可能有所变动，因此可同时填上目前的职业与先前从事过的主要职业，并将与咨询对象有密切关系的重要人物圈起来。

3. 将家族人员职业的共同特点填在“树根”处。

4. 老师与同学（或者同学分组）共同讨论“职业家族树”，可以从下列问题引向深入。

（1）对家族中各人的职业有何感觉（骄傲、尴尬、羡慕、不屑等）。

（2）如何知道他们希望我选择何种职业。

（3）在兴趣、能力、体能、外貌等方面我与家族中谁最相似，他们从事的职业与我的偏好有何关联。

（4）我的家族工作上最感满意的是什么（如休闲时间、生活条件、家庭气氛等）。

（5）家族中哪些工作习惯与特质构成满意（或不满意）的因果关系。

5. 经过上述讨论，老师或者组长可以进一步引导同学探讨各人各种职业的优点与缺陷（如普通的职业对个人与社会的正面价值，或高层次职业的负面影响等）。

【探索 2】 设计你的不朽人生

做法：1. 首先列出自己崇拜的人生榜样，并对其进行简单的调研；

2. 根据选项设计自己的不朽人生。

我欣赏的大人物（人生榜样）

1.他是

2.他生活的时代

3.他的职业

4.他的主要事迹

设计我的不朽人生

1.我希望自己在哪些方面不朽

2.我希望何时实现

3.我打算怎样实现

4.我的下一步行动方案是

《福布斯》世界富豪、日籍韩裔富豪孙正义 19 岁的时候曾做过一个 50 年生涯规划：

20 多岁时，要向所投身的行业宣布自己的存在；

30 多岁时，要有 1 亿美元的种子资金，足够做一件大事情；

40 多岁时，要选一个非常重要的行业，然后把重点都放在这个行业上，并在这个行业中取得第一，公司拥有 10 亿美元以上的资产用于投资，整个集团拥有 1000 家以上的公司；

50 岁时，完成自己的事业，公司营业额超过 100 亿美元；

60岁时，把事业传给下一代，自己回归家庭，颐养天年。

现在看来，孙正义正在逐步实现他的计划，从一个弹子房小老板的儿子，到今天闻名世界的大富豪，孙正义只用了短短的十几年。

【探索3】　自我盘点

1. 了解自己的社会资源。

(1) 社会资源指的是个人在自己的社会关系网络中所能获得的、来自他人的物质和精神上的帮助和支援。请你对以下问题做一个简单的解答：

①如果自己陷入困境，有多大把握能得到他人广泛、及时而又有效的帮助？

②这些“他人”都包括谁？请将其罗列出来。

③你在遇到物质上的困难时，最有可能求助并且有把握得到支持的人有谁？

④你在遇到精神上的痛苦时，最有可能求助并且有把握得到支持的人有谁？

⑤想到自己的社会支持系统，你会产生什么样的感觉？

⑥在得到别人的帮助后，你会想到感恩吗？

⑦别人向你求助时，你会帮助他们吗？

(2) 看看自己可以求助的人有几个，如果你的社会支持系统中不足5个人，你就需要问问自己“是什么阻碍了我拥有较多的社会资源？”“我现在可以做些什么来增强自己的社会支持系统？”

2. 描述一下你的职业环境。

参考上题中自我的社会资源情况，通过老师的指导与讲解，向家长、朋友多渠道了解，并通过网上查询资料及平时搜集资料等途径进行分析与描述。

3. 根据上题对自我环境的描述，认真完成下表。

家庭环境分析：

分析内容	状况分析	家庭环境总体评价
家庭成员健康状况		
家庭经济状况		
家庭关系		
家人期望		

学校环境分析：

分析内容	状况分析	学校环境总体评价
所学专业的培养目标		
学校师资力量		
个人成长状况分析（包括个人技能成长、获奖和任职情况、参加社会实践等活动情况）		
老师对你的期望		

社会（组织）、职场环境分析：

分析内容	状况分析	社会（组织）环境的总体评价
所学专业的就业形势		
行业现状、发展趋势、行业的素质要求、行业的薪酬状况		
企业的发展动向		
地域现状分析		

4. 职业分析。

综合前面所学、所测，你所学专业的对应行业、职业有哪些？其中哪些最符合你？选准一个行业（或职业），对它进行综合分析，写出分析报告。

【本章同步思考题】

1. 你觉得你所学的专业是好专业吗？如果你认为不是的话，那么是因为你对这个专业本来就不感兴趣，还是以后不容易找到工作，还是找到工作后也不可能赚到太多的钱？

2. 你向本专业的师兄师姐了解过就业的方向和就业率的情况吗？你知道在已经就业的师兄师姐中，谁最出色吗？他（她）们是怎么做到的？他们还在做跟本专业相关的职业吗？

3. 请结合实际谈谈环境认知对职业生涯规划的重要作用。

4. 小王，男，某知名医学院大二学生，生长在一个医生世家，他的祖父、父亲、母亲都是外科医生，父亲是某地级市医院的骨科主任。小王从小接受的是严格的传统家教，父母对其抱有较高期望，在学习、生活上都要求严格，使其具备了沉稳、严谨的性格特征，小王还受家庭救死扶伤的职业价值观的影响，具有乐于助人的利他价值取向。尽管小王从小也有诸多的梦想，但在大学选报志愿时，还是受父母的影响选择了医学骨外科专业。到了大二之后，小王通过社会上一些医疗事故纠纷了解了从医的职业压力，同时他看不惯医院日益功利的经营管理模式，自己想放弃医学专业转学其他工科专业，希望去做一名工程技术人员。可面对诸多现实矛盾，小王陷入了内心冲突难于抉择。

假如你是小王你会怎么抉择？

第五章 职业生涯准备

导引个案

小李是新入厂的大学生，聪明又能干，分到电工班不到一个月，很快就掌握了本岗位的基本技能。可是刘班长最近发现，小李不像刚来时那么精神了。一打听才知道，小李虽然工作能力强，但很难和别人相处。有人说他脾气古怪，有人说他看不起人、太狂，有人说他干活太奸，不爱帮助人，班里的老师傅对小李越来越排斥，小李也很苦恼。请分析小李存在的问题并提出解决的方案。

案例分析

当前社会，有很多需要工作的人找不到如意的岗位，同时又有很多岗位找不到比较合适的员工；有不少员工总是感到公司对自己重视不够，而又有不少老板总在抱怨“人才难得”，其中一个重要原因在于员工职业素养的高低。

职业素养是一名员工在职业过程中表现出来的综合品质和能力，主要包含职业态度和职业技能两个方面。很多职业技能往往通过一个阶段的刻苦学习或短期培训就能获得，如本案例中的小李。本案中小李的主要问题是职业态度存在一定缺陷，而当前绝大部分企业和领导用人的首要标准就是职业态度，诸如：爱岗敬业、团结协作、精益求精、积极主动，等等。

解决的方案是努力提升自己的职业素养，既要学会“做事”，也要学会“做人”。从“做事”的角度看，要做到爱岗敬业，不忘本分；勇于负责，善于担当；自动自发，乐于奉献；开拓创新，永不满足；选择有方，取舍有道；适应变化，消除倦怠。从“做人”的角度看，在处理上下级关系中，关键是以诚相待，赢得上下级的信任；在处理同事关系中，关键是学会协作，融入团队，赢得同事支持；在处理与客户关系中，关键是善于沟通，要真诚公道，赢得客户的认可。

本章内容导读和学习目标

本章着重讲解什么是职业素养及职业素养中的三个重要部分——情绪管理能力、人际交往能力、团队合作能力，目的是认识职业素养对于职业生涯成功的重要性，并知道大学期间如何对相关重要能力进行培养提升。通过本章的学习要达到以下几个学习目标：

1. 正确认识职业素养的内涵；
2. 掌握提高大学生职业素养的有效途径；
3. 学会提高自己的情绪管理能力；
4. 学会提高自己的人际交往能力；
5. 学会提高自己的团队合作能力。

第一节 大学生职业素养概述

一、大学生职业素养及其构成

（一）何谓职业素养

职业素养是指职业内在的规范和要求，是在职业过程中表现出来的综合品质，包括职业道德、职业技能、职业行为、职业作风和职业意识等方面。简而言之，职业素养是职业人在所从事的职业中尽自己最大的能力把工作做好的素质和能力。一般来说，一个人能否顺利就业并取得成就，在很大程度上取决于其职业素养的高低。职业素养越高的人，获得成功的机会就越多。从大学生的角度来看，职业素养是实现就业并胜任工作岗位的基本前提；从用人单位的角度来看，职业素养是选聘人才首要考虑的因素。

影响和制约大学生职业素养的因素有很多，主要包括：受教育程度、实践经验、社会环境、工作经历及自身的一些基本情况。

（二）“素质冰山”理论

美国著名心理学家麦克莱兰于20世纪70年代提出了著名的素质冰山模型，对素质的概念做了非常形象的解释。他认为，一名员工的素质就像一座冰山，呈现在人们视野中的部分往往只有1/8，也就是浮出水面的冰山一角，而在水面以下的7/8是看不到的。我们能见到的1/8是其知识、资质和技能行为；见不到的7/8则是职业意识、职业道德和职业态度。知识、资质和技能行为是较为容易观察和测量的，称为显性素质；职业意识、职业道德和职业态度是难以观察和度量的，称为隐性素质。如果企业中的每个员工都具备了适合自己岗位的这两类素质，将会大大提高企业的核心竞争力；如果员工的显性素质和隐性素质都能够得到足够的培育，那么对员工的素质提升将产生巨大的推动作用，同时对企业未来发展的影响也将更加深远。

由此可见，大学生职业素养的培养应该着眼于整座“冰山”，并以培养显性职业素养为基础，培养隐性职业素养为重点。全方位的职业素养培养就是要“破冰”，要将大学生头脑中潜藏的意识和态度挖掘出来，将“冰山”水面上和水面下的部分完全协同起来，更大程度地发挥隐性职业素养的核心作用。

（三）大学生职业素养的构成

根据我国职业教育的培养目标，职业素养可包括以下十个方面的重要内容：职业道德、职业形象、职业态度、职业技能、表达沟通、团队合作、人际交往、解决问题、学习和创新、组织管理。

1. 职业道德

职业道德是职业人在一定的社会职业活动中遵循的、具有自身职业特征的道德准则和规范，并在个人从业的思想和行为中表现出来的比较稳定的特征和倾向。职业道德的基本规范是爱岗敬业、诚实守信、办事公道、服务群众、奉献社会。职业道德的基本素养有遵纪守法、严谨自律、诚实厚道、勤业精业、团结协作、任劳任怨、开拓创新。职业道德的养成，唯有在职业道德的训练和实践中才能得以实现，所以大学生应积极参加社会实践，到实践中去领悟、体会和感受职业道德，才能养成良好的职业道德习惯。

2. 职业形象

职业形象泛指职业人外在、内在的综合表现和反映。外在的职业形象指职业人的相貌、穿着、打扮、谈吐等他人能够看到、听到的东西；内在的职业形象指职业人所表现出来的学识、风度、气质、魅力等他人看不到，却能通过活动感受到的东西。职业形象与个人的职业发展紧密相连，在人的求职、社交活动中起关键作用，良好的职业形象对职业成功具有比较重要的意义。

3. 职业态度

职业态度是个人对职业生涯的设想及其有关问题的基本看法。它包括职业生涯设计、对正在从业或即将从业的职业的看法等。对于大学生而言，学校给予的知识和技能是有限的，而以知识经济为特征的当代社会对学生综合素质的要求却是无限的。以有限的知识能力满足无限的社会要求，可能的契机和途径是对学生职业态度养成的最好教育，好高骛远是行不通的。

4. 职业技能

职业技能是人们运用理论知识和实践经验完成具体工作任务的活动方式。大学生掌握职业技能，不仅需要老师传授知识，更主要的是需要通过一定的实践操作和训练。掌握一定的职业技能，这是走向职场的基本条件。

5. 表达沟通

表达沟通能力就是通过听、说、读、写等思维载体，利用演讲、会见、对话、讨论、信件等方式将个人的思想、观点、意见或建议用语言或文字准确、恰当地表达出来，促使对方接受自己的能力。表达能力包括语言表达能力和文字表达能力，这是大学生必须具备的基本能力。能够用准确、流畅的语言讲述事实、表达观点；能够撰写计划、总结、调查报告、公函等文书，这是用人单位对大学生表达能力的基本要求。

沟通就是信息的传递和理解，沟通技能包括听、说、读、写多种技能。沟通的方式多种多样，最主要的方式是语言沟通，包括口头的和书面的。除了语言以外，非语言方式也是沟通的重要组成部分。非语言沟通也常常被称为身体语言，包括衣着、表情、神态、姿势、动作等。能够准确、高效地将信息传递给信息的接收方，并能正确理解对方的信息，这是大学生就业必须具备的能力要求。良好的沟通能力是大学生在职场通向成功的重要条件。

6. 团队合作能力

团队合作能力是一种为达到既定目标，在团队中所显现出来的自愿合同和共同努力的能力，是个人在工作中与同事和谐共事的能力，是在实际工作中充分理解团队目标、组织结构、个人职责，并在此基础上与他人相互协调配合，互相帮助的能力。它包括了个人善于与团队其他人沟通协调，能扮演适当角色，勇于承担责任，乐于助人，保持团队的融洽等。

目前，越来越多的企业意识到团队合作精神的重要性，特别是经营规模宏大的知名企业往往更加重视员工的团队意识和合作精神。团队中的每个成员，都必须学会服从，担负起自己的责任，这是构建团队精神的基石。团队合作精神是大学生必须具备的就职条件之一。

7. 人际交往

人际交往是指人们为了相互传递信息、交换意见、表达情感和需要等目的，运用语言、行为等方式而进行的人际联系和人际接触的过程，即通常所说的人际关系。人际交往能力指的是向他人传递思想、感情与信息的能力。对于正在学习、成长中的大学生来说，良好的人际交往能力不仅是大学生活的需要，更是将来适应社会的需要。对一个组织来说，良好的人际交往能力有助于营造良好的组织氛围，而良好的组织氛围可以促进组织成员之间的沟通与交流，可以促进组织内部与组织外部成员之间的人际关系，扩大组织与社会的联系面，掌握更多的社会资源，进而有助于组织目标的顺利实现。因此，在其他条件相同的情况下，用人单位往往更愿意接收和使用人际交往能力强的人。

8. 解决问题

解决问题就是通过发现问题，对问题进行分析，最后运用一定的方法和技能化解矛盾，实现工作的目标。解决问题包括辨识问题和采取措施解决问题。该技能可用于寻求方法解决工作、生活和学习中的问题，运用不同的方法寻求解决方案，确定方法的有效性。

在解决问题的能力中，分析判断能力十分重要。分析判断就是为实现一定的目标或解决一定的问题而制订行动方案并优化选择的过程。一个独立处理问题的过程其实就是一个决策的过程，因此，分析判断能力也就是独立处理问题的能力。对一个特定的问题，分析判断一般包括以下环节：

分析问题——分析问题的性质和特点；

确定目标——确定最后希望达到的效果；

拟订方案——同一目标的实现往往不只有一种方案，通过对不同途径和步骤的排列与组合，拟订数套行动方案备选；

评估方案——对备选行动方案的可行性、后果进行综合分析与比较，权衡每一个方案的利弊得失；

选择方案——从备选的行动方案中选定最后的行动方案。

了解了分析判断问题的流程后，大学生就可以有针对性地规范和完善分析判断问题的各个环节，从而提高自己分析判断问题的能力。

9. 学习和创新

学习能力是人们在学习、工作及日常生活中必须要具备的能力之一。现代社会对人的学习能力的要求越来越高，应届大学毕业生基本上都要经过系统培训才能具备直接进行业务操作的能力。因此，是否具备良好的学习能力和强烈的求知欲望是用人单位十分重视的，往往也是应聘时用人单位要考察的重点内容之一。

创新能力是人们革旧布新、创造新事物的能力，包括发现问题、分析问题和解决问题，以及在解决问题的过程中进一步发现新问题，从而不断推动事物发展变化的能力。创新能力最基本的构成要素是创新激情、创新思维和科技素质。创新激情决定着创新的产生，创新思维决定着创新的成果和水平，科技素质则是创新的基础。

10. 组织管理

组织管理是指成功地运用管理者的知识和能力影响机构的活动，并达到最佳的工作目标。组织管理能力是一种对人心的把握和引导能力，组织管理能力强的人往往在工作上有主动性，对他人有影响力，有发展潜力，有培养价值。

二、大学生职业素养的现状及原因

（一）大学生职业素养的现状

据统计，目前中国企业的效率是美国的1/25，是日本的1/26，问题出在哪里？归根结底还是人的问题，制度制定得再完美，没有职业化的队伍去贯彻执行无异于一堆废纸。随着企业竞争的加剧，员工的职业化渐渐成为在全球化竞争中制胜的关键因素，企业也越来越注重提高员工的职业道德和职业素养。

在激烈的市场竞争中，企业将人才视为持续发展不可或缺的核心资源，许多企业竞相从高校中选拔优秀的应届毕业生作为人才储备。然而，应届毕业生在工作中的表现却常令管理者头痛。大学重视理论教育，培养出来的毕业生普遍自我价值认知较高，认为自己应该从事企业的中高层管理工作。而实际上，由于毕业生缺乏实际操作技能，只能从基层做起。这种强烈的心理落差使得应届毕业生常常抱怨自己得不到重用。在十几年的学生生涯中，他们所做的一切努力都是为了让自己考上一所好的学校，或是拿到一个好的成绩等个人目标。进入到企业后，这种个人导向的行为习惯与企业追求的团队协作要求格格不入，所以他们常常因和周边的同事产生冲突而受到排挤。90后00后多为独生子女，成长的环境优越，形成了鲜明的特点：要个性、喜欢被关注、习惯被安排、受不了大的挫折等。当他们进入到企业以后常常表现为：不服管，经常和领导对着干；目光短浅，没有自己的职业规划，乱跳，反正家里条件不错；同学间攀比工资，并向企业要求加薪；遇到困难就叫苦连天、退缩。在企业中的“不得志”使得很多刚进人企业不久的大学生纷纷离职。有数据显示，50%以上的应届毕业生一两年内流失率在30%。一些企业招收的应届大学生流失率更是高达70%，甚至像联想集团这样的大型企业，也认为他们为大学生高流失率“交的学费太高”。而离职并没有带给大学生多大的利益，相反，毕业后一两年的黄金时间都浪费在了跳槽上，这也给应届毕业生留下越来越多的负面评价。如何打破这种“双输”的局面？一些知名的大企业给出了答案，他们通过系统的培训将应届大学生培养成“企业人”“职业人”“专业人”，将应届毕业生的流失率降低至10%。而职业化素质培训对于把应届生培养成“企业人”和“职业人”起到了很大的作用。

（二）影响大学生职业素养的原因

目前，高校的职业素养教育普遍整体滞后，专业培养目标不能适应市场需求，主要表现在以下几个方面。

1. 认知不足，阻滞了职业素养教育的开展

目前，许多高校对职业素养教育认知不足，阻滞了职业素养教育的开展。有些高校，平时很少提到职业素养教育，甚至于许多教师还不知道什么是职业素养教育，和自己有无直接的联系等。学生不知道自己的专业学习目标，只是在临近毕业时才开始为就业而了解职业，茫然地临时抱佛脚，缺乏起码的职业意识、责任意识，更谈不上具备较高的职业素养。这就是许多企业明确表示不招聘应届毕业生的真正原因。

2. 重理论轻实践，职业技能素质培训不足

目前，许多高等院校在具体的人才培养实施过程中，重理论轻实践的现象没有从根本上得到改变，采用的仍然是纯课本讲解，不能根据学生的认知特点来培养学生的能力，偏重于对概念和理论知识的讲解，内容陈旧，没有把目前生产、生活领域出现的各类实际问题用所学的理论知识加以介绍、解释，使该学科失去了鲜活的生命力。许多教师缺乏相关专业的工作经历，没有切实的实践体验，授课针对性不强，只是纸上谈兵，无法较好地做到理论联系实际，不能很好地运用书本知识去分析社会中的实际问题，也不能用一些模型去评估现行的方针政策，所以学生普遍缺乏分析问题和解决问题的实际能力。

3. 课程设置不合理，职业道德、职业心理素质培养虚位

目前，高等院校普遍没有打破传统的教学模式，仍存在着重智能和技能的传授，轻学习动机的激励；重学习材料的记忆，轻认知方式的培养；重书本知识、实训技能的考核和评价，轻日常行为规范、健全人格的评定；重教学内容选择，轻学习进取心、自信心、责任心的培养；重理性训练，轻和谐发展等。在课程设置上，就业指导课常常由日常事务繁杂的学生管理人员兼职并且课时不足，较少开设职业规划、职业道德和职业心理学等课程，学生普遍缺乏相关的职业道德和职业心理素质知识，不知道“为什么而学”“到底应学什么”“怎么去学”等之类的问题。没有使他们从思想深处真正认知到职业素养是未来职业的需要、民族振兴的需要、国家发展的需要、客观形势的需要。显然，这些现象都是有悖于职业素养教育的宗旨，不利于职业激情与品格的培养。

4. 考评方式不合理，缺乏对职业素养的有效考评

不少大学生在显性素养方面表现还可以，但在隐性素养方面由于没有得到过有效的培训考核，所以比较欠缺。目前，在学生成绩的考评方式上，许多高等院校仍然采用的是期末考试“一锤定音”，即一张试卷判定成绩的考核方法。由于老师出题的任意性和随机性很大，这种考核方式缺乏整体性、全面性和客观性，不能准确地反映学生掌握知识的情况，更不能正确地反映学生职业素养教育的情况。如果做好一张试卷就可以高枕无忧；如果失败，一学期的努力就会付之东流。而且，这种考核方式还容易助长学生平时懒散，考前突击，死记硬背甚至作弊等不良倾向，不利于学生职业素养的培养和提升。

三、大学生要努力提高职业素养

作为大学生，在大学期间应该学会自我培养职业素养。

（一）要培养职业意识

美国知名职业生涯规划师雷恩·吉尔森说："一个人花在影响自己未来命运的工作选择上的努力，竟比花在购买穿了一年就会扔掉的衣服上的心思要少得多，这是一件多么奇怪的事情，尤其是当他未来的幸福和富足要全部依赖于这份工作时。"很多高中毕业生在跨入大学校门之时就认为已经完成了学习任务，可以在大学里尽情地享受了。这正是他们在就业时感到压力的根源。清华大学的樊富珉教授认为，中国有69%～80%的大学生对未来的职业没有规划，就业时容易感到压力。中国社会调查所完成的一项在校大学生心理健康状况调查显示，75%的大学生认为压力主要来源于社会就业；50%的大学生对自己毕业后的发展前途感到迷茫，没有目标；41.7%的大学生表示目前没考虑太多；只有8.3%的大学生对自己的未来有明确的目标并且充满信心。培养职业意识就是要对自己的未来有规划。因此，大学期间，每个大学生应明确：我是什么样的人？我将来想做什么？我能做什么？环境能支持我做什么？着重解决这些问题，就要认识自己的个性特征，包括自己的气质、性格和能力，以及自己的个性倾向，包括兴趣、动机、需要、价值观等，据此来确定自己的个性是否与理想的职业相符，对自己的优势和不足有一个比较客观的认识，结合环境如市场需要、社会资源等确定自己的发展方向和行业选择范围，明确职业发展目标。

在大学教育中，实践教学是学生了解职业、了解自己与职业的契合度的最直接、最有效的途径。同学们可以通过暑期社会实践、校内实训实习活动，在职业环境中，了解自己的职业前景，体会自己是否适合这一职业及本职业的日常行为规范和职业技能要求，增强对职业的认同和热爱，完善自我，挖掘潜能，通过实训体验，自行调整，形成正确的职业意识。

（二）要加强知识学习和技能培养

职业行为和职业技能等显性职业素养比较容易通过教育和培训活动获得。在学校里，各专业的培养方案是针对社会需要和专业需要所制订的，旨在使学生获得系统化的基础知识及专业知识，加强学生对专业的认知和知识的运用，并使学生获得学习能力、培养学习习惯。因此，大学生应该积极配合学校的培养计划，认真完成学习任务，尽可能利用学校的教育资源，包括教师、图书馆等获得知识和技能，作为将来职业需要的储备。

职业技能是人们掌握和运用专门技术的能力，也是职业人奉献社会、服务群众的生存之本。大学生已具备较强的学习能力，学习阶段是同学们一生中增长技能、储蓄能量的重要时期。同学们必须获得专业知识，考取各类证书；必须拥有人际交往能力、竞争能力、合作能力。大学生必须放弃被动的学习方式，主动采用自主性、研究性、创造性学习方法。课堂上认真接受老师讲授的各类知识，全面掌握专业理论知识和各种社会技能。在模拟的职业环境中获得与现实的实际操作相同的体验，逐步掌握职业岗位必需的基本技能，培养分析问题、解决问题的能力。

（三）在"两课"学习活动中培养职业道德

（1）道德教育是人生的第一道防线，无任何强制性，靠自我管理，自我约束。学生在

“两课”学习中必须把良好道德品质的养成放在首位，形成“说老实话、办老实事、做老实人”的好习惯，自觉遵守道德法规。

(2) 纪律教育是人生的第二道防线，具有一定的强制性。党纪、政纪、校规、家规都是用来规范人们行为的。学生要做自我管理、自我教育，自觉遵守学生守则，遵守校规校纪，做遵纪守法的进步青年。

(3) 法制教育是人生的最后一道防线，具有强制性。在学习中知法、懂法、守法、不违法，同时通过社会实践活动自觉培养爱岗敬业、奉献社会、服务群众等良好职业道德。

(4) 在平时的学习活动中培养职业形象。譬如，无论是在校上课，还是外出活动，宜选择简洁大方的发型；服装穿着既注重色彩的和谐搭配，又要注意款式的文雅端庄；面部表情不可僵硬，手势动作要优雅大方。譬如，主动练习标准的待客、微笑与正确的目光交流方式；自主训练站、坐、走、蹲的正确姿势，以及上下楼梯、进出电梯、上下轿车、引领客人的标准动作。在日常交往和对外活动中，有意训练握手礼、介绍礼、致意礼、名片礼、鼓掌礼等规范的礼仪动作，还要树立正确的人生观、价值观，自觉阅读中外名著、名人传记、警世格言，在知识的海洋里遨游，陶冶情操、内外兼修。

(5) 在活动中培养学生良好的沟通能力。人的能力往往体现在沟通上，因此大学生必须进行科学训练，自我培养积极良好的沟通能力。要训练语言表达能力，自主创设谈话情景，多用敬语、谦词等礼貌用语，锻炼口语表达能力。要培养体态表达能力，体态是人的“第二语言”，其中表情、手势、动作、姿势等功能各不相同，能发挥替代语言表达的作用。学生在集体文艺活动中，自主训练，以恰当的手势、优雅的举止、标准的动作、协调的姿态，有效表达内在的思想和气质。

(6) 在社团活动中培养团队协作精神。强化团队精神，把团队精神作为学生品德素质培养的重要目标，在现有的课程体系中注入与团队精神有关的教学内容。通过集体活动促进成员间的沟通，自主培养团体情感，增强团队凝聚力。还要内化团队精神，团队精神的内化过程是一种体验、熏染、陶冶、养成的过程。精心组织以增强团队精神为目标的各种集体活动。在各类问题活动中，自我组织、分工合作、共同协调，在活动中尽情体验、感受竞争与合作的关系、个人与集体的关系。

第二节 情绪管理能力

一、科学认知情绪

(一) 情绪概述

1. 什么是情绪

普通心理学中对情绪的定义：情绪是指人对认知内容的特殊态度，是以个体的愿望和需要为中介的一种心理活动。情绪包含情绪体验、情绪行为、情绪唤醒和对刺激物的认知等复杂成分。

按照通俗的理解，情绪是指个体受到某种刺激后所产生的一种身心激动状态。情绪的发生每个人都能够体验，但是对其所引起的生理变化与行为却较难以控制。人们处于某种情绪状态时，个人可以感受到，而且这种情绪状态是主观的。因为不同的情绪体验只有当事人才能真正地感受到，别人固然可以通过察言观色去揣摩当事人的情绪，但并不能直接地了解和感受。情绪经验的产生，虽然与个人的认知有关，但是在情绪状态下所伴随的生理变化与行为反应却是当事人无法控制的。情绪每个人都会有，心理学上把情绪分为四大类：喜、怒、哀、乐。再把它们细分还有很多，基本包括我们身上所发生的所有体验。

2. 情绪的三种状态

依据情绪发生的强度、速度、紧张度、持续性等指标，可将情绪分为心境、激情和应激。

1）心境

心境是一种具有感染性的、比较平稳而持久的情绪状态。当人处于某种心境时，会以同样的情绪体验看待周围事物。心境体现了“忧者见之则忧，喜者见之则喜”的弥散性特点。平稳的心境可持续几个小时、几周或几个月，甚至一年以上。

2）激情

激情是一种爆发快、强烈而短暂的情绪体验。如在突如其来的外在刺激作用下，人会产生勃然大怒、暴跳如雷、欣喜若狂等情绪反应。在这样的激情状态下，人的外部行为表现比较明显，生理的唤醒程度也较高，因而容易失去理智，甚至做出不顾一切的鲁莽行为。因此，在激情状态下，要注意调控自己的情绪，以避免冲动性行为。

3）应激

应激是指在意外的紧急情况下所产生的适应性反应。当人面临危险或突发事件时，人的身心会处于高度紧张状态，引发一系列生理反应，如肌肉紧张、心跳加速、呼吸变快、血压升高、血糖增高等。例如，当遭遇歹徒抢劫时，人就可能会产生上述的生理反应，从而积聚力量以进行反抗。但应激的状态不可能维持过久，因为这样很消耗人的体力和心理能量。若长时间处于应激状态，可能导致适应性疾病的发生。

（二）当代大学生的情绪问题

风华正茂的大学生本该是最健康的一族，但许多资料显示，我国大学生心理障碍和疾病的发病率高达20%，因各种疾病而休学、退学的比例也呈上升趋势。造成大学生身心不健康的原因是多方面的，但与大学生的情绪关系最为密切，特别是一些强烈而持久的情绪问题，对大学生的危害更大。

大学生的情绪问题一般是指大学生的消极情绪，指因生活事件引起的悲伤、痛苦长时间持续不能消除的状态。

1. 焦虑

焦虑是一种类似担忧的反应或是自尊心受到潜在威胁时产生担忧的反应倾向，是个体主观上预料将会有某种不良后果产生的不安感，是紧张、害怕、担忧混合的情绪体验。焦虑是大学生常见的情绪状态，其对大学生的影响是复杂的。实验证明，中等程度的焦虑能使学生维持适度的紧张状态，注意力高度集中，促进学习。但过度焦虑则会对学生带来不良的影响，被过高的焦虑困扰的大学生，常常会感到内心极度紧张不安，惶恐害怕、心神不定、思维混乱、注意力不集中，甚至记忆力下降，同时还容易产生头痛、失眠、食欲不振、胃肠不适等不良生理反应。焦虑的大学生在内心深处有一种无法解脱、不愿正视的心理问题，焦虑只是矛盾、冲突的外显，借此作为防御机制以避免更深层次的困扰。

2. 抑郁

抑郁包含感觉、情绪、认知与行为特征，最明显的症状是压抑，其他感觉包括容易发火、感到愤怒或负罪感。抑郁常常伴随着焦虑，会对所有活动失去兴趣，也表现为注意力不集中、记忆力衰退或者面对选择犹豫不决。抑郁的人会消极地看待自己，对未来悲观，常常不适当地责备自己，与此同时，还伴随身体症状，如乏力，起床艰难，睡得太多或早晨醒得太早且难以再次入睡。抑郁是一种持续时间较长的低落、消沉的情绪体验，一般来说，多发生在性格内向、孤僻、敏感多疑、依赖性强、不爱交际，生活遭遇挫折、感到长期努力得不到回报的大学生身上。

3. 愤怒

愤怒是大学生常见的一种消极情绪。由于客观事物与人的主观愿望相违背，或者愿望无法实现时，愤怒这种激烈的情绪反应就会产生。心理学研究表明，当愤怒发生时，会导致人体心跳加快、心律失常、高血压等躯体性疾病，同时还会使人的自制力减弱甚至丧失，思维受阻、行为冲动，甚至干出一些事后后悔不已的蠢事或造成无法挽回的损失。精力充沛、年轻气盛的大学生，在情绪情感发展上往往容易产生愤怒的情绪，如因一句刺耳的话或一件不顺心的小事而大打出手；因人际协调受阻而恶语伤人；因别人与自己观点相悖而恼羞成怒等。愤怒对大学生极其有害，所以有人说："愤怒是以愚蠢开始，以后悔结束。"

4. 嫉妒

嫉妒是指他人在某些方面胜过自己引起的不快甚至是痛苦的情绪体验。嫉妒是自尊心的一种异常表现，在大学生中普遍存在。具体表现为看到他人在某些方面超过自己时内心产生的不平、痛苦、愤怒等感觉；当别人身陷不幸或处于困境时则幸灾乐祸，甚至落井下石，在人后恶语中伤、诽谤。嫉妒是一种情绪障碍，会扭曲人的心灵，妨碍人与人之间正常真诚的交往。

5. 冷漠

冷漠是指人对外界刺激缺乏相应的情感反应，对生活中的悲欢离合都无动于衷的消极情绪体验。具体表现为：凡事不关心、冷淡、退让。如有的大学生对周围的人和事漠不关心，对集体和同学态度冷淡，对自己的前途命运、国家大事等漠然置之，将自己游离于社会群体之外。冷漠，多是压抑内心情绪情感的一种消极逃避反应，具有这种情绪的人表面上看虽表现为平静、冷漠，但内心却往往有强烈的痛苦、孤寂和压抑感。

6. 孤独

孤独情绪不同于独处，它是对人际关系的无效性或不满足的一种情绪体验。孤独是令人难受的，它是孤独者无效的社会交往技能的反映，并与各种各样不成功的认识状态或情绪状态有关系。孤独的人焦虑、不安、紧张、抑郁，执著于自我，缺乏决断力。孤独的情绪来源于多种因素，主要原因一是社交技能较差，二是性格过于内向。过度的孤独感不仅给自己身心带来危害，同时也将影响人际关系的发展，影响自己的学业和日常生活。

二、大学生情绪调适的方法

（一）情绪调适的原则

（1）培养乐观向上、积极进取的人生观；
（2）培养广泛的兴趣爱好，热爱生活；
（3）注重沟通的艺术，建立良好的人脉网络；
（4）立足现实，用赞赏的目光对待自己；
（5）宽容别人，不苛求别人；
（6）学会忘记；
（7）避免过分自责；
（8）善于控制自己的情绪。

（二）情绪管理的方法

1. 合理情绪疗法

合理情绪疗法的 ABCDE 理论。

一般人总习惯把自己的不良情绪归结于环境条件，但 ABCDE 理论认为，情绪不是由某一诱发性事件 A（Activating Event）直接引起的，而是由经历这一事件的个体对这一事件的解释和评价 B（Belief）引起的，而解释和评价则源于人们的信念，就是个体对事件的情绪和反应的结果 C（Consequence）。ABCDE 理论的独特之处在于强调 B 的重要作用，认为 A 只是造成 C 的间接原因，B 才是情绪和行为反应的直接原因。

一般而言，不合理的信念导致不良的情绪反应，个体应当努力认清自己不合理的信念，并善于用新的信念取代原有的信念，这就是所谓的 D（Disputing），即用一个合理的信念驳斥、对抗不合理信念的过程，借以改变原有信念。驳斥成功，便能产生有效的治疗效果 E（Effect），使个体在认知、情绪和行动上均有所改善。

ABCDE 理论包括一套通过认识不合理理念到改变不合理理念，进而调整情绪和行为的步骤和阶段，它始终强调现在，重视人的理性力量，相信人最终可以通过自我调节而顺应环境，把人的主动性提高到一个重要位置。

2. 注意力转移法

1）做事转移法

当我们觉察到自己情绪不佳时，可以选择自己喜欢的事情来做，或者做一些能让自己专心投入的事情来分散注意力，将不愉快的心情暂时忘记。感觉是随行为而动的，当事情做完时，我们甚至可以发现，原来造成我们心情不好的原因已经消失，如看喜欢的书、和朋友玩、做义工、听音乐、看电影等。

2）运动转移法

当感到心情低落、沮丧、精神不振时，可以选择去做运动，加速身体的新陈代谢，促进身体快乐放松激素的分泌。研究发现：一组抑郁症患者服药四个月，另一组每周运动三次，每次 45 分钟。连续四个月两组患者的病情都有明显改善，但是四个月以后，运动的一组效果更好。

3）环境转移法

当我们觉察到自己的情绪不好时，我们也可以单纯地转移周围的环境来改变我们的情绪。如，去海边散步、到郊外骑车、登山，甚至去与我们生活、工作环境差异特别大的地方旅游。

3. 自我暗示法

心理暗示就是个人通过语言、形象、想象等方式，对自身施加影响的心理过程。自我暗示分消极自我暗示与积极自我暗示。积极自我暗示，在不知不觉中对自己的意志、心理以至生理状态产生影响，积极的自我暗示令我们保持好的心情、乐观的情绪、自信心，从而调动人的内在因素，发挥主观能动性。心理学上所讲的“皮格马利翁效应”也称“期望效应”，就是讲积极的自我暗示。

与此同时，我们可以利用语言的指导和暗示作用，来调适和放松心理的紧张状态，使不良情绪得到缓解。心理学的实验表明，当个人静坐时，默默地说“勃然大怒”“暴跳如雷”“气死我了”等语句时心跳会加速，呼吸也会加快，仿佛真的发起怒来；相反，如果默念“喜笑颜开”“兴高采烈”之类的语句，那么他的心里面则会产生一种乐滋滋的体验。由此可见，言语活动对情绪反应有引起或抑制的作用。因此，当我们在生活中遇到情绪问题时，我们应当充分利用语言的作用，用内部语言或书面语言对自身进行暗示，缓解不良情绪，保持心理平衡。

4. 适度宣泄法

过分压抑只会使情绪困扰加重，而适度宣泄则可以把不良情绪释放出来，从而使紧张情绪得以缓解、放松。因此，遇有不良情绪时，最简单的办法就是宣泄。宣泄一般是在背地里，在知心朋友中进行。采取的形式是用过激的言辞抨击、谩骂、抱怨恼怒的对象；或是尽情地向至亲好友倾诉自己认为的不平和委屈等，一旦发泄完毕，心情也就随之平静下来；或是通过体育运动、劳动等方式来尽情发泄；或是到空旷的山林原野，拟定一个假目标大声叫骂，发泄胸中怨气。必须指出，在采取宣泄法来调节自己的不良情绪时，必须增强自制力，不要随便发泄不满或者不愉快的情绪，要采取正确的方式，选择适当的场合和对象，以免引起意想不到的不良后果。

5. 自我安慰法

当一个人遭遇不幸或挫折时，为了避免精神上的痛苦或不安，可以找出一种合乎内心需要的理由来说明或辩解。如为失败找一个冠冕堂皇的理由，用以安慰自己，或寻找理由强调自己所有的东西都是好的，以此冲淡内心的不安与痛苦。这种方法对于帮助人们在大的挫折面前接受现实、保护自己、避免精神崩溃是很有益处的。比如，对于失恋者来说，想到“失恋总比结婚后再离婚要好得多”，便可减轻因失恋带来的痛苦。因此，当人们遇到情绪问题时，经常用“胜败乃兵家常事”“塞翁失马，焉知非福”“否极泰来”等词语来进行自我安慰。这样可以摆脱烦恼，缓解矛盾冲突，消除焦虑、抑郁和失望，达到自我激励、总结经验、吸取教训之目的，有助于保持情绪的安宁和稳定。

6. 交往调节法

某些不良情绪常常是由人际关系矛盾和人际交往障碍引起的。因此，当我们遇到不顺心、不如意的事，有了烦恼时，能主动地找亲朋好友交往、谈心，比一个人独处冥想、自怨自艾要好得多。因此，在情绪不稳定的时候，找人谈一谈，具有缓和、抚慰、稳定情绪的作用。另外，人际交往还有助于思想交流、沟通情感，增强自己战胜不良情绪的信心和勇气，能更理智地去对待不良情绪。

7. 音乐疗法

不同的音乐可以使人的生理产生不同的反应，如心率和脉搏的速度、血压、皮肤电位反应、肌肉电位和运动反应、内分泌和体内生化物质（肾上腺素、去肾上腺素、内啡肽、免疫球蛋白）及脑电波。

音乐的节奏可以明显地影响人的行为节奏和生理节奏，例如，呼吸速度、运动速度、节奏、心率。音乐是一种独特的交流方式，虽然一首歌的歌词可以传达一些具体的信息，但是对于音乐而言，最重要的交流意义是非语言的。不同的音乐可以引起各种不同的情绪反应。因此可以通过音乐来调节我们的情绪。

忧郁烦恼时可以听《蓝色多瑙河》《卡门》《渔舟唱晚》等意境广阔、充满活力、轻松愉快的音乐；失眠时可以听莫扎特的优雅宁静的《摇篮曲》、门德尔松的《仲夏夜之梦》等乐曲；情绪浮躁时可以听《小夜曲》等合适的音乐来调节自己的情绪状况。

三、提升个人职业情商

（一）什么是情商

1. 情商的概念

智商（Intelligence Quotient，IQ）是用以表示智力水平的工具，也是测量智力水平常用的方法，智商的高低反映着智力水平的高低。情商（Emotional Quotient，EQ）主要反映一个人感受、理解、运用、表达、控制和调节自己情绪的能力，以及处理自己与他人之间的情感关系的能力。情商的高低反映着情感品质的差异。以往认为，一个人能否在一生中取得成就，智力水平是第一位的，即智商越高，取得成就的可能性就越大。但现在心理学家普遍认为，情商水平的高低对一个人能否取得成功也有着重大的影响，有时其作用甚至要超过智力水平。

2. 情商的内容

美国心理学家认为，情商主要包括五个部分的内容。

1）自我认知

自我认知就是能准确地识别、评价自己的情绪情感，能及时察觉自己的情绪变化，能归结情绪产生的原因。认知情绪的本质是EQ的基石，不了解自身真实感受的人必然沦为感觉的奴隶，只有准确自我认知才能成为生活的主宰。

2）自我控制

自我控制就是适应性地调节、引导、控制、改善自己和他人的情绪，能够使自己摆脱强烈的焦虑忧郁，能积极应对危机，并能增进实现目标的情绪力量。自我控制包括自我监督、自我管理、自我疏导、自我约束和尊重现实。尊重现实包括尊重自己的现实、他人的现实和周围环境的现实。

3）自我激励

自我激励就是利用情绪信息，整顿情绪，增强注意力，调动自己的精力和活力，适应性地确立目标，创造性地实现目标。

4）通情达理

通情达理就是能设身处地考虑他人的情感感受和行为原因，具备换位思考的能力和习惯，理解和认可情感差别，能和与自己观念不一致的人和平相处，理解别人的感受，察觉别人的真正需要，具有同情心。准确理解他人就需要换位思考和高位思考。只有换位思考，才能达到“己所不欲，勿施于人”的效果；只有高位思考，才能达到“欲穷千里目，更上一层楼”的佳境。

5）和谐相处

和谐相处就是能妥善处理人际问题，与他人和谐相处。在专业分工越来越细的前提下，相互协作变得越来越重要，时代呼唤团队合作精神，时代需要人人相互信赖、相互尊重和相互协作。协作的作用在于提高组织的绩效，使团队的工作业绩超过成员个体业绩的简单之和，从而形成强大的团队凝聚力和整体战斗力，最终实现团队目标。只有真正融入了团队，才能保证工作的效率和质量。

（二）提高情商的八种方法

1. 保持恰当的心理界限

你也许自认为与他人界限不明是一件好事，这样一来大家能随心所欲地相处，而且相互之间也不用激烈地讨价还价。这听起来似乎有点道理，但它的不利之处在于，别人经常伤害了你的感情而你却不自知。

其实仔细观察周遭你不难发现，界限能力差的人易于患上病态恐惧症，他们不会与侵犯者对抗，而更愿意向第三者倾诉。如果我们是那个侵犯了别人心理界限的人，发现事实的真相后，我们会感觉自己是个冷血的大笨蛋。同时我们也会感到受伤害，因为我们既为自己的过错而自责，又对一个第三者卷进来对我们评头论足而感到愤慨。

界限清晰对大家都有好处。你必须明白什么是别人可以和不可以对你做的。当别人侵犯了你的心理界限，告诉他，以求得改正。如果总是划不清心理界限，那么你就需要提高自己的认知水平。

2. 平息情绪法

在感觉快要失去理智时使自己平静下来，找一个适合自己的方法，从而使血液留在大脑里，做出理智的行动。美国人曾开玩笑地说，当遇到事情时，理智的孩子让血液进入大脑，能聪明地思考问题；野蛮的孩子让血液进入四肢，大脑空虚，疯狂冲动。

当血液充满大脑时，你头脑清醒，举止得当，反之，当血液都流向你的四肢和舌头的时候，你就会做蠢事，冲动暴躁，口不择言。事实上，科学实验证明，当我们在压力之下变得过度紧张时，血液的确会离开大脑皮层，于是我们就会举止失常。此时，大脑中动物的本性起了主导作用，使我们像最原始的动物那样行事。要知道，在文明社会中，表现得像个原始动物会带来大麻烦。

控制情绪爆发有很多策略，其中一个方法就是注意你的心律，它是衡量情绪的精确尺子。当你的心跳快至每分钟 100 次以上时，整顿一下情绪至关重要。在这种速率下，身体分泌出比平时多得多的肾上腺素，我们会失去理智，变得冲动、好斗。

当血液开始涌向四肢时，你可以选用以下的方法来平静心情。

深呼吸：深呼吸，直至冷静下来。慢慢地、深深地吸气，让气充满整个肺部。把一只手放在腹部，确保你的呼吸方法正确。

心理暗示：比如对自己说："我正在冷静。"或者说："一切都会过去的。"

水疗法：洗个热水盆浴，可能会让你的怒气和焦虑随浴液的泡沫一起消失。

美国心理学家唐纳·艾登的方法：想着不愉快的事，同时把你的指尖放在眉毛上方的额头上，大拇指按着太阳穴，深吸气。

3. 尽量避免抱怨

想抱怨时，停一下先自问："我是想继续忍受这看起来无法改变的情形呢，还是想改变它呢?"对于没完没了的抱怨，我们称之为唠叨。抱怨会消耗体力而又不会有任何结果，对问题的解决毫无用处，又很少会使我们感到好受一点。

几乎所有的人都发现，如果对有同情心的第三方倾诉委屈，而他会跟着一起生气的话，我们会感觉好受一些，似乎压力减轻了，但事情没有任何改变，你还是必须重新面对原有的局面。

但是如果你不抱怨呢，你会感受到巨大的心理压力。压力有时并不是个坏东西，它也许会让你感觉不舒服，但同时也是促使你进行改变的力量。一旦压力减轻，人就容易维持现状。然而，如果压力没有在抱怨中流失，它就会堆积起来，到达一个极限，迫使你采取行动改变现状。

因此，当你准备向一个同情你的朋友抱怨时，先自问一下：我是想减轻压力保持现状呢，还是想让压力持续下去促使我改变这一切呢？如果是前者，那就通过报怨把压力赶走吧。每个人都有发牢骚的时候，它会让我们暂时好受一些。但如果情况确实需要改变的话，下定决心切实行动起来吧！

4. 扫除一切浪费精力的事物

什么是不利于我们提高情商的力量呢？答案就是一切浪费精力的事物。

许多人的神经系统就像父亲的手一样长了厚厚的老茧。我们已经习惯于意识不到精力的消耗。精力是微妙的，但也可以体会到明显的变化，比如听到好消息时，肾上腺素会激增，而听到坏消息时，会感到精疲力竭。我们通常不会留意精力细微地消耗，比如与一个消极的人相处，在桌上到处找一张纸等。

你的生活中有哪些缓慢消耗精力的事情呢？我家的墙角堆着一小块地毯，每次看到它，我都会想可能有人会被它绊倒。这本不是什么大不了的问题，但它分散我的精力。这就是我们如何界定分散精力的事物——每次接触之后都会感到精力被分散了。有时和朋友相处也是如此——相互吸取和给予精力——但有些是精力的吸血鬼，他们只会吸取你的精力。这时有两个选择：一是正视这个问题，建立心理界限继续与他们谨慎交往；另一个是减少与这种人交往。

的确，我们需要去除缓慢地浪费精力的东西，解脱出来以集中精力提高我们的情商。想加速——你可以选择减小阻力或增加推动力。试试我们提供的方法吧。

(1) 列出经常消耗你精力的事情。

(2) 系统地分析一下清单，并分成两部分：

A. 可以有所作为的；

B. 不可改变的。

(3) 逐一解决 A 单中的问题。比如对我来说，把汽车钥匙挂在一个固定的钩子上，这样就不用到处找了。

(4) 再看一下 B 单中的问题，你是否有把握？有没有可能把其中一些移到 A 单加以解决？

(5) 放弃 B 单中的问题。

5. 找一个生活中的鲜活榜样

我们都曾经历过学榜样的年代，那些榜样对于我们来说高尚而又疏远。于是我们学榜样的热忱在和榜样的距离中渐渐熄灭了，因为我们知道，自己也许一生都成不了大英雄。

你身边有这样的出色人物吗？把他（她）作为你的榜样吧！你可以想：他（她）所能做的我也可以，但我们的风格迥异，我不可能以她的方式完成他（她）所做的事，但我会模仿他（她）做的一些事，以我的方式来完成。从他（她）身上你总能看到从来没察觉到的自身潜能。

在周围的人中找出你学习的榜样吧！他们虽比你聪明、所受教育更好、层次更高、比你更有毅力，但你会在追赶他们的过程中自然地提高自己的情商。

6. 为人父母

为人父母会教会你很多东西。当孩子尖叫“为什么不给我买？我恨你！”时，你不能绝望，不能暴怒，你需要理解他并接受遭怨恨的现实。要知道，这是孩子所能给予你的最好的礼物，当然这种恨不要持续下去。

养育孩子是一个双赢的结局。在养育孩子的过程中，孩子学会了如何与还不算成熟的年轻父母相处。作为父母的我们，则在抑制我们的需求来满足孩子的需求的过程中磨平了棱角。养育孩子会自动提高我们的情商，使我们成为更合格的父母。

如果你不愿意生养孩子，不妨试试为朋友看孩子，与孩子相处可以真正地提高我们的情商。

7. 从难以相处的人身上学到东西

我们的周围有很多牢骚满腹、横行霸道、装腔作势的人，我们多么希望这些人从生活中消失，因为他们会让人生气和绝望，甚至发狂。为什么不能把这些人圈起来，买张飞机票，送到一个小岛上，在那里他们再也不会打扰到别人。可是，最好别这样，这些难以相处的人是我们提高情商的帮手。你可以从多嘴多舌的人身上学会沉默，从脾气暴躁的人身上学会忍耐，从恶人身上学到善良，而且你不用对这些“老师”感激涕零。

而且，你定义的“难以相处的人”，最终被证明可能只是与你不同的人，而对所谓的难以相处的人来说，你也是难以相处的人。

应付难以相处的人最有效的方式就是灵活。也就是说，发现他们的方式，在与之交往的过程中，尽量灵活到采用与之相同的方式。如果这人喜欢先闲谈再谈正事的话，你的反应应当是放松下来，聊聊家常。另一方面，如果这人直截了当，你也应当闲话少说，直奔主题。这样，在与难以相处的人打交道时会更有效率，而且会发现这些人并不是那么难以相处。

应付难以相处的人的第二点就是把他们当成礼物。朱迪嫁给了一个霸道的人。婚姻生活对她来说充满坎坷，因为她没有很明确的界限。在分手多年以后，她学会了感谢他，因为他教给她建立和维持界限的重要性。现在再遇到这样的男人时，她根本不在乎。朱迪说：“当与他一起生活过以后，这些家伙你根本就不会放在眼里。”如果她当时嫁给了一个随和的人，她可能到现在还没有明确的界限，也很难对付那些难缠的家伙。

不过，如果可以选择的话，或许我们永远不会选择难以相处的人。

8. 时不时尝试另一种完全不同的方式

你是一个性格开朗外向的人还是性格内向、只喜欢独处或和几个密友在一起的人呢？你喜欢提前计划好每一天，以知道要干些什么事，还是毫无计划呢？人人都有自己的偏爱，如果可以选择的话，每个人都会选择自己偏爱的方式。然而，突破常规，尝试截然相反的行动会更有助于我们的成长。

如果你在聚会中总是热衷于做中心人物，这次改改吧，试着让那些平日毫不起眼的人出出风头。如果你总是被动地等待别人和你搭讪，不妨主动上前向对方问个好。

第三节　人际交往能力

一、人际交往能力的内涵

发展人际交往能力有助于建立和谐的人际关系，提高生活质量与工作质量。

（一）人际交往及其能力的含义

交往是指两个以上的人为了交流有关认识性与情绪评价性的信息而相互作用的过程。人际交往作为人们共同活动的特殊形式，实质上是把人的观念、思想、情感等作为信息进行交流的过程。前苏联学者将人际交往的实质做了三个相互联系的区分。

（1）沟通方面，即交往过程中个体信息的互换。

（2）相互作用方面，即个体之间活动的交流。

（3）知觉方面，即交往双方的人际知觉及在此基础上的相互了解。

当把人际交往作为一种能力来描述的时候，是指妥善处理组织内外关系的能力，包括与周围环境建立广泛联系和对外界信息的吸收、转化能力，以及正确处理上下左右关系的能力。

（二）人际交往的功能

1. 保健功能

现代社会的开放性带来人际关系的多元化和人际交往范围的扩大化，人际交往已是每个社会成员必不可少的一种基本社会需要。在交往中，双方通过思想交流，沟通信息，互相了解彼此的思想观念和各种心理需求，逐渐达到心理相容。所谓心理相容是指交往的双方的安全、归属、尊重等需要能够互相满足和补充，使个人处于愉快的情绪状态。心理相容不仅指个人与个人之间的和谐相处，还包含个人与集体、社会的协调。不参与人际交往，个体心理的发展与完善是不可能的。不参与正常的人际交往，在很大程度上极可能造成心理的不正常，便很难与他人建立良好的关系，退缩、回避、疑虑、畏惧、敌视、厌世等消极体验将会严重地阻碍心理的正常发展。人际交往的保健功能正是指人们通过社会交往在心理和情感上得到满足和平衡。通过彼此间相互交往，诉说各人的喜怒哀乐，增进彼此之间思想情感的交流，产生亲密感和相互之间的依恋，并从中汲取力量。因此，人际交往对个人来说，是生活中不可缺少的行为，是保持人与人之间思想情感交流，实现人与人之间相互提供需要满足的条件，是保证个人心理健康成长之必需。

2. 整合功能

人际交往能使人们结合在一起，形成一个整合的社会主体。研究证明，一切由人所构成的群体或组织，都有赖于人际交往才能产生、维持和发展。人际交往这种促进群体形成的力量即是整合功能。其原因是，人们在交往中，互通情报，沟通信息，产生共同态度、共同语言、共同目标，使人们的观念趋于标准化、规范化，打破个人自然存在的相对闭合性而产生聚合力，使之参加更大范围的社会结构和社会活动。

3. 人际协调功能

人们通过交往相互之间形成联系，形成一定的社会关系，为了协调共同活动的需要，使社会成员有秩序地生活，避免矛盾和冲突，人们在交往团体中制定了一系列的规范或社会行为准则。这些规范或准则的作用的发挥，必须通过人际交往才能得以实现。人际交往调整并丰富个人的生活内容，缓解紧张、孤独情绪，从而提高行为的社会效果。

4. 促进自我完善的功能

“以人为镜”是自我完善的重要环节。在与他人的交往中，可以通过自己与他人的比较，他人对自己的态度和评价，自己在他人心目中的形象和在社会中的地位加以思考，进一步全面客观地认知自己，从而会产生改变自我的兴趣、动机、能力、意志和行为。人在从他人对自己的态度和评价中认识自我形象，自我意识的发展也在不断交往中趋于客观、成熟、完善。

（三）人际交往能力的构成

人际交往能力由六方面构成。

1. 人际感受能力

人际感受能力指对他人的感情、动机、需要、思想等内心活动和心理状态的感知能力，以及对自己言行影响他人程度的感受能力。

2. 人事记忆力

人事记忆力是记忆交往对象个体特征，以及交往情景、交往内容的能力。总之，人事记忆力是记忆与交往对象及其交往活动相关的一切信息的能力。

3. 人际理解力

人际理解力即理解他人的思想、感情与行为的能力。人际理解力是现代企业管理中重要的工作技巧，也是人力资源管理人员必须具备的关键素质之一。人际理解力暗示着一种去理解他人的愿望，能够帮助一个人体会他人的感受，通过他人的语言、语态、动作等理解并分享他人的观点，抓住他人未表达的疑惑与情感，把握他人的需求，并采取恰如其分的语言帮助自己与他人表达情感。

4. 人际想象力

人际想象力从对方的地位、处境、立场思考问题，评价对方行为的能力，也就是设身处地为他人着想的能力。

5. 风度和表达力

这是人际交往的外在表现。风度和表达力指与人交际的举止、做派、谈吐、风度，以及真挚、友善、富于感染力的情感表达，是较高人际交往能力的表现。

6. 合作能力与协调能力

合作能力与协调能力是人际交往能力的综合表现，是企业团队合作的必要能力。

二、大学生的人际关系

（一）大学生人际关系的基本类型

1. 师生关系

教师是大学生人际交往的重要对象，师生关系是学生人际关系的重要内容。师生关系直接影响学生在学校的健康的学习成长。教师是知识的传授者，是大学生人格模仿的对象。与教师交往也是大学生知识需求的一个重要途径，教师与学生的平等交往是师生共同成长的前提；同时师生关系也是一种业缘关系，师生之间心理距离小，心理相容度高，教师对学生充满爱护与关爱，学生对老师充满尊敬与敬仰，师生关系是一种纯洁而无私的人际关系。然而，由于大学授课的高流动性与课堂的低扩展性，师生之间缺乏直接的沟通与必要的情感交流，师生信息的沟通明显不足，因而师生关系虽然是大学生的主要人际关系却依旧需要进一步加强。

2. 同学关系

同学是大学生交往的基本关系，也是大学生人际交往的主要对象。大学生之间的交往是最普遍，也是最微妙和最复杂的。一方面，大学生年龄相仿、经历相同，兴趣爱好相近，共同生活在一个集体，学习相同的专业，沟通与交往比较容易；另一方面，大学生来自不同的地域、不同的家庭背景，生活习惯和个性气质有差异，再加上大学生空间距离小，交往密度高而且自我空间狭小，对人际交往的期望较高，一旦得不到满足，容易采取消极退避的态度。

3. 亲子关系

家庭是大学生的感情寄托。大学生在家庭中的地位较中学时期有了明显的变化，父母也从此认为孩子长大了。再加上大学生离家很远、长期住校，大学生与家庭成员的关系一般比以前更为融洽。

（二）大学生人际交往不良的表现

1. 缺少知心朋友，与同学交往平淡

这类大学生通常能正常交往，但多属点头之交。由于与人相处的质量不高，总感到自己缺乏影响力，没有知心朋友，没有人值得他牵挂，也没有人会想念他，难以保持和发展良好的人际关系，因而倍感空虚、迷茫和失落。

2. 与个别人难以交往

这类大学生与多数人交往良好，但与个别人难以和睦相处，常因此而影响情绪，有如鲠在喉的感觉。个别人可能是室友、同学，也可能是老师或父母等与自己关系比较近的人，由于与这些人相处不好，常会影响情绪，成为一块“心病”。

3. 感到交往有困难

这类大学生渴望交往，渴望有知心朋友，可由于个性缺陷、交往心理障碍或交往能力有限、方法欠妥等多种原因，致使与他人交往不尽如人意，很少有成功的体验。因而，他们往往感到苦恼、沮丧，很希望改变社交状况。

4. 社交恐惧症

这类大学生对人际交往特别敏感、害怕，极力回避与人接触；不得不交往时则紧张、恐怖、心跳加快、面红耳赤，难以自制，总是处于焦虑状态。他们害怕自己会出现错误而被别人嘲笑，总处于一种莫名的心理压力之下。与人交往，甚至在公共场所出现，对他们来说都非常痛苦。

社交恐惧症中心症状表现为害怕被人审视，一旦发现别人注意自己就不自然，不敢抬头，不敢与人对视，甚至觉得无地自容，不敢在公共场合演讲，集会不敢坐在前面，故回避社交，在极端情形下可导致社会隔离。常见的恐惧对象是异性、严厉的上司和未婚夫（妻）的父母亲等，或是熟人，伴有自我评价低和害怕批评，有脸红、手抖、恶心或尿急等症状，症状可发展到惊恐发作的程度。

5. 不想交往

这是比较特殊的一类，前四类同学都有交往的愿望，而此类同学则缺乏交往的愿望和兴趣，他们喜欢自我封闭、孤芳自赏。这种情况比较特殊，人数也很少。

三、大学生人际交往的策略

（一）人际交往的原则

1. 尊重原则

尊重包括两个方面：自尊和尊重他人。自尊就是在各种场合都要尊重自己，维护自己的尊严，不自暴自弃。尊重他人就是要尊重别人的生活习惯、兴趣爱好、人格和价值。只有尊重别人才能得到别人的尊重。

2. 真诚原则

只有以诚待人，胸无城府，才能产生感情的共鸣，才能收获真正的友谊。没有人会喜欢虚情假意，夸夸其谈都会败下阵来。

3. 宽容原则

人际交往中，难免会产生一些不愉快的事情，甚至产生一些矛盾冲突。这时候我们就要学会宽容别人，不斤斤计较，正所谓退一步海阔天空。人不犯我，我不犯人。人先犯我，礼让三分。不要因为一些小事而陷入人际纠纷，这样我们会浪费很多时间，同时也变得很自私自利、变得很渺小。

4. 互利合作原则

互利是指双方在满足对方需要的同时，又能得到对方的报答。人际交往永远是双向选择，双向互动。你来我往交往才能长久。在交往的过程中，双方应互相关心、互相爱护，既要考虑双方的共同利益，又要深化感情。

5. 理解原则

理解是成功的人际交往的必要前提。理解就是我们能真正地了解对方的处境、心情、好恶、需要等，并能设身处地地关心对方。有道是“千金易得，知己难求”，人海茫茫，知音可贵，善解人意的人永远受人欢迎。

6. 平等原则

与人交往应做到一视同仁，不嫌贫爱富，不能因为家庭背景、地位职权等方面原因而对人另眼相看。平等待人就是不能盛气凌人，不能太嚣张。平等待人就是要学会将心比心，学会换位思考，只有平等待人，才能得到别人的平等对待。

7. 信用原则

言必信，行必果。人无信不立。言而无信非君子。取信于人需要做到以下五点。第一，要守信，言行一致，说到做到。第二，要信任，不仅要信任别人，而且要争取赢得别人的信任。第三，不轻易许诺。第四，要诚实，答应别人的事要尽量做到，做不到的要讲清楚，以赢得对方的理解。第五，要自信，给别人以信赖感和安全感。

(二) 建立良好人际关系的途径

1. 塑造良好的个人形象，增进个人魅力

社会交往中，个体的知识水平与涵养直接影响着交往的效果，良好的个人形象应从点滴开始，从善如流，“勿以善小而不为，勿以恶小而为之”，优化个人的社交形象。

1）提高心理素质

人与人之间的交往是思想、能力、知识及心理的整体作用，哪一方面的欠缺都会影响人际关系的质量。有的学生在人际交往中存在着社交恐惧、胆怯、羞怯、自卑、冷漠、孤独、封闭、猜疑、自傲、嫉妒等不良心理，这些都不易建立良好的人际关系。因此，大学生应加强自我训练，提高自身的心理素质，以积极的态度进行交往。

2）提高自身的人际魅力

应该说，每个个体都有其内在的人际魅力，人际魅力是一个人的综合素质在社交生活中的体现。这就要求在校的大学生丰富自己的内心世界，从仪表到谈吐，从形象到学识，多方位提高自己。心理学研究表明，初次交往中，良好的社交形象会给对方留下深刻的印象，而随着交往的深入，学识更占主导地位。大学生要特别注重个性培养，拓展自己的内涵。

2. 培养主动交往的态度

大学生对外在世界的观察和思考已接近成熟，但对内在自我的反省能力却有待发展。在人际交往中，他们往往觉得别人不关心自己，或不尊重自己，却很少反省自身，问问自己对别人怎么样。大学生要想获得真正的友谊，就必须培养积极主动的交往态度，重点应做到以下几点。

1）主动而热情地待人

心理学家发现，热情是最能打动人、对人最具吸引力的特质之一。一个充满热情的人很容易把自己的良性情绪传染给别人。一个面带微笑的人很容易被他人接纳。要热情待人还须从心里对他感兴趣，真心喜欢他人。只要你对别人真心感兴趣，在两个月之内，你所得到的朋友就会比一个要别人对他（她）感兴趣的人在两年内所交的朋友还要多。”人们更容易喜欢那些对自己感兴趣的人。

2）帮助别人

心理学家发现，主动帮助别人可以建立良好的第一印象，迅速缩短人与人之间的心理距离，从而建立起良好的人际关系。日常生活中的患难之交正是印证，就是“雪中送炭”的心理效应远胜于“锦上添花”的效果。

3）积极的心理暗示

心理学研究表明，具有良性自我表象和自我认识的人能以开放的方式走向人群，能做到短时间内结识许多人。这类人心地坦然，很少先入为主的心理防御，因而言谈举止轻松自在，挥洒自如，对周围的人自然有一种吸引力。

4）尊重别人

自尊得以维护，自我价值得以承认，这是每个人都会有的强烈心理欲求。所以，当我们把自己看得非常重要时，也应将心比心把别人也看成重要的。

5）不要试图通过争论使人发生改变

同学之间常常争论，若是为了探讨问题，这是有益的，但试图以此改变对方，则往往会适得其反。每个人都或多或少把某种观点看成是自我的一部分。当你反驳他的观点时，便会对他的自尊造成威胁，所以许多的争论到最后会演变成人身攻击，以至于对人际交往产生干扰。

6）发现和赞美别人的优点

每个人都有其不足，每个人也都有其所长。人类天性中都有做个重要任务的欲望，有被人赏识的渴望。所以，适时适度地向他人表示你真心真意的赞扬，能够增进彼此的吸引力。

3. 善用交际技巧

1）学会换位思考

换位思考对建立良好的人际关系很重要。如我们经常用“如果我在他的位置上，我会怎样处理?”这样的问句，经常站在对方的角度去理解和处理问题，许多人际冲突就会变得容易解决多了。善于交往的人往往善于发现他人的价值，懂得尊重他人，愿意信任他人，对人宽容，能容忍他人有不同的观点和行为，不斤斤计较他人的过失，在可能的范围内帮助他人而不是指责他人。

2）善用赞扬和批评

赞扬能释放一个人身上的能量，调动人的积极性。真心真意、适时适度地表示你对别人的赞扬，能够增进彼此的吸引力。感谢作为一类特殊的赞扬方式常常被我们忽视。我们倾向于认为特别亲近的人不需要说谢谢，太小的事不需要说谢谢。事实上，真诚的发自内心的感谢能够给他人带来极大的成就感和愉悦的心情，进而提高人际交往的质量。

与赞扬相对的是批评。一般情况下，人际交往中应多做赞扬少用批评。但掌握批评的艺术也能收到意想不到的效果。第一，批评时应注意场合与环境。如果我们在大庭广众下批评别人，对方很可能首先意识到自己的形象和自尊受损而不是自己所犯的错误。因此，这只会带来反感、抵触。第二，批评对事不对人。比起一些具体的言行来说，人们对自己的人格、能力等看得更重。如果批评含有贬低其能力、人品的意味，便很容易挫伤对方的积极性与自尊心，甚至激怒对方。第三，批评应针对现在。如果习惯于用“你怎么总是”之类的形式批评别人，不会取得好效果，容易引起反感。一两件事可以归因于偶然，许多件事则更可能归因于人品，所以翻老账等于在贬低对方的人品。

3）主动交往

大学生来到需要有丰富人际关系的世界，并在这个世界上帮助与被帮助、同情与被同情、爱与被爱、共享欢乐与承受痛苦。在社会交往中，那些主动始发交往活动，主动去接纳别人的人，总是显得如鱼得水。反之，那些不能主动出击的同学，往往在交往中处于被动状态，甚至成为被遗忘的“边缘人”。大学生学会主动交往是非常必要的，特别是当面临危机时，主动解释消除误解，对于重新建立良好的人际关系非常重要。

4）正确对待批评

在社会生活和工作实际中，遇到别人的批评，不管其方法、方式和态度如何，多少都会在心中造成“地震”，都会产生一定的思想压力，因此，每个人都应该正确对待批评。

要有容纳百川的胸怀。对待别人正常、正确的批评，就应该以宽容之心，行包容之事。要认真根据别人的批评对照检查自己，找出自己不足的一面，迅速改正，并且要在行动中认真履行，以表达自己真心接受批评的愿望。

要坚持“有则改之，无则加勉”的原则。事实上，人们在生活和工作中，无时无刻不同矛盾打交道，任何人都无法也不可能一点问题也没有，但有时是“当事者迷，局外者清”，有些问题只有别人点拨以后才会发现，这对改正错误、促进工作有百利而无一害。同时，我们还应看到，真正为你指出问题的人都是你的朋友，否则别人才不管那些呢。

要开展自我批评。古希腊有句名言：“谴责自己的过错比谴责别人的过错好。”能够开展自我批评不仅是正确对待批评的一个重要方面，也是改过自新、奋发向上、创新工作的重要基础。同时，自己勇于承认并改正错误可以使批评产生更好的效果。但每个人都要注意：“罪已责躬不可无，然亦不当长留在心胸为悔”，就是要学会及时放下，及时改正。

5）善于倾听

社会学家指出在人们日常的语言交往活动中，听的时间占最大比例，这说明听在人们的交往中居于非常重要的地位，因此专心地注意那个对你说话的人，是非常重要的。在人际交往中，善于倾听对方的谈话，尤其是善于倾听带着某种情绪、心情不佳者的谈话，并做出适度的应答，反映了一个人的素养和交往技巧。善于倾听的人有耐心、有虚心、有爱心，他们在人际交往方面一定会是成功的。

第四节　团队合作能力

时代发展到今天，团队合作能力已经成为个人甚至企业的核心竞争力。大学生要培养团队协作意识和能力，这不仅是求职择业的重要砝码，更是个人生涯发展的需要。

一、团队精神与团队合作的内涵

（一）团队的涵义及特点

1. 团队的概念

团队是一种为了实现某种目标而相互协作的、由个体组成的工作群体。团队的组成是基于实现一个共同的目标，从而被赋予必要的技术组合、信息、决策范围和适当的酬劳，他们为实现共同目标而相互协力工作并着眼于取得工作成果。团队体现出一种团结协作的特征，它是提高工作效率的可靠、可行、必要的方式。在当今的人力资源管理中、任何一个组织、任何一家企业，都非常重视团队精神的教育培养。

2. 团队与群体

团队和群体有一些根本性的区别。

任何聚集在一起的群体，都可以称为团体，旅游团、观看球赛的人群，在同一单位工作的一群人，在一个教室里上课的学员，在同一个医院上班的医疗人员，但是要成为“团队”必须要有以下几个条件：

(1) 具有共同的愿望与目标；

(2) 和谐、相互依赖的关系；

(3) 具有共同的规范与方法。

3. 团队的构成要素

团队的构成要素总结为“5P”，即目标（Purpose）、人（People）、定位（Place）、权限（Power）、计划（Plan）。

1）目标

团队应该有一个既定的目标，为团队成员导航，知道要向何处去，没有目标这个团队就没有存在的价值。

2）人

人是构成团队最核心的力量，两个（包含两个）以上的人就可以构成团队。目标是通过人员具体实现的，所以人员的选择是团队中非常重要的一个部分。

3）定位

定位包含两层意思，一是团队的定位，团队在企业中处于什么位置；二是个体的定位，作为成员在团队中扮演什么角色。

4）权限

团队当中领导人的权力大小跟团队的发展阶段相关，一般来说，团队越成熟，领导者所拥有的权力越小，在团队发展的初期阶段领导权是相对比较集中的。

5）计划

计划包含两层含义。①目标的最终实现需要一系列具体的行动方案，可以把计划理解成目标的具体工作程序。②按计划进行可以保证团队的顺利进度。只有在计划的操作下团队才会一步一步地贴近目标，从而最终实现目标。

4. 优秀团队的特点

(1) 明确的目标。团队的每个成员可以有不同的目的、不同的个性，但作为一个整体，必须有共同的奋斗目标。

(2) 清晰的角色。有效团队的成员必须在清楚的组织架构中有清晰的角色定位和分工，团队成员应清楚了解自己的定位与责任。

(3) 相互的技能。团队成员要具备为实现共同目标的基本技能，并能够有良好的合作。

(4) 相互间信任。相互信任是一个成功团队最显著的特征。

(5) 良好的沟通。团队成员间拥有畅通的信息交流，才会使成员的情感得到交流，才能协调成员的行为，使团队形成凝聚力和战斗力。

(6) 合适的领导。团队的领导往往起到教练或后盾作用，他们对团队提供指导和支持，而不是企图控制下属。

(二) 团队精神的涵义

团队精神就是团队成员为了团队的利益和目标相互协作、尽心尽力的意愿和作风，是将个体利益与整体利益相统一，从而实现组织高效运作的集体的思想意识。团队精神的集中体现的是大局意识、协作精神和服务精神。团队精神强调的是组织内部成员间的合作态度，为了一个统一的目标，成员能自觉地认识到自己肩负的责任，并愿意为此目标共同奉献。

团队精神的内涵包括以下三个方面。

1. 团队的凝聚力

团队的凝聚力是针对团队和成员之间的关系而言的。团队精神表现为团队强烈的归属感和一体性，每个团队成员都能强烈感受到自己是团队当中的一分子，把个人工作和团队目标联系在一起，对团队表现出一种忠诚，对团队的业绩表现出一种荣誉感，对团队的成功表现出一种骄傲，对团队的困境表现出一种忧虑。当个人目标和团队目标一致的时候，凝聚力才能更深刻地体现出来。

2. 团队合作意识

团队合作意识指的是团队和团队成员表现为协作和共为一体的特点。团队成员间相互依存、同舟共济，互敬互重、礼貌谦逊；他们彼此宽容，尊重个性的差异；彼此间是一种信任的关系，待人真诚、遵守承诺；互相帮助、互相关怀，大家彼此共同提高；利益和成就共享、责任共担。良好的合作氛围是高绩效团队的基础，没有合作就谈不上最终很好的业绩。

3. 团队士气

拿破仑说过，一支军队的实力四分之三靠的是士气。现在的团队也一样，团队士气是从团队成员对团队事务的态度体现出来的，表现为团队成员对团队事务的尽心尽力及全方位的投入。

（三）团队精神的作用与重要性

无论是对团队成员个人，还是对团队所处的组织，一个具有团结精神的团队总会带来许多益处。团队精神能推动团队运作和发展，能培养团队成员之间的亲和力，有利于提高组织的整体效能。

1. 团队精神的作用

1）目标导向功能

团队精神能够使团队成员齐心协力，拧成一股绳，朝着一个目标努力，对团队的个人来说，团队要达到的目标即是自己必须努力的方向，从而使团队的整体目标分解成各个小目标，在每个队员身上都得到落实。

2）团结凝聚功能

任何组织群体都需要一种凝聚力，传统的管理方法是通过组织系统自上而下的行政指令，淡化了个人感情和社会心理等方面的需求，团队精神则通过对群体意识的培养，通过队员在长期的实践中形成的习惯、信仰、动机、兴趣等文化心理，来沟通人们的思想，引导人们产生共同的使命感、归属感和认同感，逐渐强化团队精神，产生一种强大的凝聚力。

3）促进激励功能

团队精神要靠每一个队员自觉地向团队中最优秀的员工看齐，通过队员之间正常的竞争达到实现激励功能的目的。这种激励不是单纯停留在物质的基础上，而是要能得到团队的认可，获得团队中其他队员的认可。

4）实现控制功能

在团队里，不仅队员的个体行为需要控制，群体行为也需要协调。团队精神所产生的控制功能是通过团队内部所形成的一种观念的力量、氛围的影响，去约束、规范、控制团队的个体行为。这种控制不是自上而下的硬性强制力量，而是由硬性控制向软性内化控制；由控制个人行为转向控制个人的意识；由控制个人的短期行为转向对其价值观和长期目标的控制。因此，这种控制更为持久且更有意义，而且容易深入人心。

2. 团队精神的重要性

1）团队精神能推动团队运作和发展

在团队精神的作用下，团队成员产生了互相关心、互相帮助的交互行为，显示出关心团队的主人翁责任感，并努力自觉地维护团队的集体荣誉，自觉地以团队的整体声誉为重来约束自己的行为，从而使团队精神成为整个组织自由而全面发展的动力。

2）团队精神培养团队成员之间的亲和力

一个具有团队精神的团队能使每个成员显示高涨的士气，有利于激发成员工作的主动性，从而形成集体意识、共同的价值观，只有这样团队成员才会自愿将自己的聪明才智贡献给团队，同时也使自己得到更全面的发展。

3）团队精神有利于提高组织整体效能

通过发扬团队精神、加强团队建设能进一步消除内耗。如果总是把时间花在怎样界定责任，应该找谁处理，让客户、团队成员团团转，就会降低团队成员的亲和力，损伤团队的凝聚力。

二、如何培育团队精神

（一）培育团队精神的影响因素

1. 学会相互信任

信任是团队精神建设的基石，信任是连接团队成员间友谊的纽带。想把任何一个团队建设成一个有凝聚力并且高效的团队，首要的任务是建立起团队成员之间的信任。团队成员之间相处具有相近性、长期性、固定性，彼此都有比较全面、深刻的了解。要特别注意的是真诚相待，这样才可以赢得团队成员的信任。

2. 要尊重个性

团队业绩从根本上说，首先来自于团队成员个人的成果，其次来自于集体成果。团队所依赖的是个体成员的共同贡献而得到实实在在的集体成果。这里恰恰不要求团队成员都牺牲自我去完成同一件事情，而要求团队成员都发挥自我去做好这一件事情。就是说，团队效率的培养、团队精神的形成，其基础是尊重个人的兴趣和成就。设置不同的岗位，选拔不同的人才，给予不同的待遇、培养和肯定，让每一个成员都拥有特长，都表现特长，这样的氛围越浓厚越好。

3. 强调团队成员协同合作

社会学实验表明，两个人以团队的方式相互协作、优势互补，其工作绩效明显优于两个人单干时绩效的总和。团队精神强调的不仅仅是一般意义上的合作与齐心协力，它要求发挥团队的优势，其核心在于大家在工作中加强沟通，利用个性和能力差异，在团结协作中实现优势互补，发挥积极协同效应，带来“1＋1＞2”的绩效。因此，共同完成目标任务的保证就在于团队成员才能上的互补，在于发挥每个人的特长，并注重流程，使之产生协同效应。

4. 增强凝聚力

全体成员的向心力、凝聚力是从松散的个人集合走向团队最重要的标志。在这里，有一个共同的目标并鼓励所有成员为之奋斗固然是重要的，但是，向心力、凝聚力来自于团队成员自觉的内心动力，来自于共同的价值观，很难想象在没有展示自我机会的团队里能形成真正的向心力；同样也很难想象，在没有明确的协作意愿和协作方式下能形成真正的凝聚力。

(二) 具体实施方法

1. 明确提出团队目标

目标是把人们凝聚在一起的力量，是鼓舞人们团结奋斗的动力，也是督促团队成员的尺度。要注意用切合实际的目标凝聚人、团结人，调动人的积极性。目标越明确越具体，所激发的团队效力越明显。可以将团队的发展方针、发展目标、发展计划告诉所有成员，让团队成员有工作的热情和动力；可以将团队的发展空间告诉团队成员，让其团队成员认识到自己可以有所作为。

2. 健全团队管理制度

管理工作使人们的行为制度化、规范化。好的团队都应该有健全完善的制度规范，如果缺乏有效的制度，就无法形成纪律严明、作风过硬的团队。健全完善的制度规范可以使团队成员的权、责、利相统一，进一步可以影响到团队成员的价值观。

3. 创造良好的沟通环境

有效的沟通能及时消除和化解领导与成员之间、各部门之间、成员之间的分歧与矛盾。因此，必须建立良好的沟通环境，以增强团队凝聚力，减少内耗。要不时安排一些聚会或者组织素质拓展训练，组织体育活动或者文艺演出，让团队成员进行感情上的沟通与交流，在工作中容易合作，从而提升工作效率。

4. 尊重每一个人

尊重人是调动人的积极性的重要前提。尊重团队中的每一个人，使人人都能感受到团队的温馨。关心成员的工作与生活将会极大地激发成员献身事业的决心。

5. 引导成员参与管理

每个成员都有参与管理的欲望和要求。正确引导和鼓励这种愿望，就会使团队成员积极为团队发展出谋划策，贡献自己的力量与智慧。只有团队成员全方位地参与团队的经营管理，把个体的命运与团队未来的发展捆绑在一起，团队成员才会真心真意地关心团队，才会与团队结成利益共同体和命运共同体。

6. 增强成员全局观念

团结出战斗力。团队成员不能计较个人利益和局部利益，要将个人、部门的追求融入到团队的总体目标中去，以达到团队的最佳整体效益。团队中成员之间的关系，一定要做到风雨同行、同舟共济，没有团队合作的精神，仅凭一个人的力量无论如何也达不到理想的工作效果，只有通过集体的力量充分发挥团队精神才能使工作做得更出色。

三、做团队里最受欢迎的人

(一) 真心、主动关心帮助别人

一个人可以去拒绝别人的销售、拒绝别人的领导，却无法拒绝别人对他出自真心的关心。大多数人都在期望着别人对他的关心，所以你要做到别人做不到的事情，如果别人不肯去关心别人，那你要付出更多去关心别人。当你付出爱的时候，你得到的也是爱。当你付出怨恨的时候，你得到的也是怨恨。这是人际关系最重要的黄金法则。

(二) 谈论别人感兴趣的话题

每个人一生中都在寻找一种感觉，这种感觉叫什么呢？叫重要感。在和别人沟通时，你是一直不断地在讲还是认真地在听他讲话呢？如果你认真地在听他讲话，同时你又再问一些他感兴趣的话题，别人会对你非常感兴趣，因为人们都喜欢谈论自己。如果你愿意拿出时间来关心他感兴趣的话题，愿意了解他讲出来的他非常感兴趣的话题，那你一定会成为一个非常受欢迎的人。

如何让自己成为一个受团队欢迎的人呢？那就要去了解别人的兴趣所在，并且同别人去沟通他最感兴趣的话题，两个人之间总会有共同之处，比如说到什么样的城市去旅游，他说他喜欢到什么样的城市，你可以跟他讨论那个城市，因为那是他最感兴趣的话题。当你跟他沟通这样的话题的时候，他感受到了你对他的关切，他会变得非常喜欢你。

(三) 真心赞美周围的同事

赞美被称为语言的钻石，每个人一生都在寻找重要感，所以都希望得到别人的赞美。人们希望获得很大的成长和成就感，如果团队能为成员提供很好的成长空间，大多数成员都会留在团队，而且全力以赴，认真地为之付出。

不断地赞美、支持、鼓励周围的朋友和同事是有效的办法。每一个人都有优点和深刻的独特性，所以要找到每个人的独特的优点去赞美他。比如一个成员取得了一些成绩，当你希望这种成绩再一次被延伸的时候，就要去赞美他，这种结果又再一次地发生，受赞美的行为会持续不断地出现。如果有一个销售人员刚刚签了一个很大的合同，团队当中的每一个成员都应去赞美他，都应该认为他是团队当中的英雄，因为只有当他受到了这种赞美和鼓励，才会愿意下一次再去采取同样的行为，为这个团队而付出。

(四) 掌握团队成员相处的技巧

1. 不要批评要提醒

可以去提醒别人而不是批评别人。比如说你觉得他哪里不够好，可以说我想提醒你一下，你哪里还可以更好，因为你是非常有潜质的，所以我才拿出时间来跟你沟通，你介意吗？他当然会说他不介意。所以这个时候你可以开始去关心他。

2. 要多提建议少提意见

意见是一种对现实的不满，可能会有一点点的抱怨。建议也是一种不满，它是将不满转化为可以达到满意结果的过程。当你养成一个提建议而不是提意见的习惯的时候，你会发现，团队当中的人都愿意贡献出更多的建议出来，这种建议是非常有积极性的，也是对团队帮助非常大的。

3. 不要抱怨，要采取行动

抱怨不会产生任何结果，只有去采取行动，才会产生结果。任何一个事情都不值得抱怨，因为抱怨会让这个事情在团队变得夸大，使每一个人都注意到这个事情，然后影响到每一个人的心情，同时抱怨影响最大的人是他自己，越抱怨情绪越不好，情绪越不好，产生的绩效就越不好。所以把抱怨的行为变成另一个行为，才会产生好的结果。

(五) 为别人的成就感到高兴

为别人的成就感到高兴，并真心地予以祝贺。当你真心地祝福获得财富的人，也会慢慢地获得财富，因为你为财富而祝福。当你去注意别人的优点的时候，你会注意到他的优点；当你去赞美他的优点的时候，你会注意到他的优点。同时你也需要注意他的优点。这样才会对他有一个非常大的帮助。

当你忌妒别人或者说当你开始为别人取得成就而感到不舒服的时候，那是因为你的梦想和格局没有放大。如果你的梦想和格局放得很大的时候，你会为别人取得的成就而感到高兴，并且祝贺他，因为你是一个对自己非常有自信的人。做一个能够为别人取得成就而祝福的人，你就会取得跟他一样的成就。

(六) 激发别人的潜力

最重要的一个能力就是使别人拥有能力，所以人际关系当中最重要的就是要敢于去激发别人的梦想。

当你激发了别人的梦想，别人通过你的激发和鼓励取得了成就的时候，他就会衷心地感谢你，所以你要有一种能力，就是去激发别人的能力，激励别人。每一个人都期望别人给他十足的动力，每个人都希望别人帮他做出人生的决定，所以你要去激发别人，使他产生梦想，让他拥有应该拥有的“企图心”，让他拥有应该拥有的上进心，激发出他最想要的结果，这就是一种获得成长的感觉。

【阅读】 马云给阿里巴巴商学院毕业生的建议

五年内不换工作

2013年6月13日上午，杭州师范大学阿里巴巴商学院举行了2013届毕业典礼。这是2008年年底学院成立以后独立招收、培养的第一届毕业生。今年的毕业生包括电子商务和市场营销两个专业，总计183名。

毕业典礼之所以这么受瞩目，还有一个重要原因，那就是商学院院长由马云担任，昨天他现身毕业典礼，对毕业生说了一些心里话，比如说第一份工作五年之内最好不要放弃，第一份工作重要，第一份工作的师傅重要，第一份工作的坚持更为重要。

我们不仅仅懂得买卖

马云从没想过自己会做商人，他说这个社会有很多人看不起商人，大家都觉得商人一定是唯利是图的。“不过，在我从商的这十四年里，我为自己是一个商人感到骄傲，我为中国有这么一群商人而感到骄傲，为世界有这么一群商人感到骄傲。他们充满理想，通过自己的努力去改变世界。”

“现在我们已经进入了商业时代，但是我们的思想还是封建思想，所以在座所有商学院的同事、所有商学院的同学，我们的行动证明，这世界百分之八九十的工作是我们创造的。我们也可以像建筑师、艺术家、政治家一样去完善这个社会，我们不仅仅懂得买卖，我们更加懂得如何让这个社会的资源被充分利用起来，效率更高，所以我为自己而骄傲。”马云说。

到社会的大学去学习智慧

马云说：“很多同学说毕业之后找不到工作。其实，读大学和找工作没有什么关系，读了大学不等于有了工作。”

大学毕业后的第一份工作，基本上不会是你最后一份工作。如果你真的想找工作，应该去读技校或者中专，学一门技能，大学里给你的是素质培养，让你懂得感恩，懂得友谊，懂得很多知识。

所以马云讲：“在座的各位，今天你们可以说自己毕业了，只是在学习知识这阶段毕业了，真正的考试明天才开始。不管你是本科毕业、研究生毕业还是博士毕业，那只是证明你的父母为你交过学费而已，其他什么都没有，所以明天才是真正的开始读书。不管你学了多少东西，到了社会上，管用的还真少。每天的学习、每天的生活都是刚刚开始。人生的大学教你的是大智慧，知识是可以用勤奋学习获得的，但是智慧需要你用心去体验。”

五年内不要放弃第一份工作

“我刚才讲，人生的第一份工作绝大部分不会是你的最后一份工作。第一份工作重要，第一份工作的师傅重要，第一份工作的坚持比后面的坚持更为重要。我特别感谢那时的副校长黄书孟，毕业时，在校门口，他对我说：‘马云，五年内不能离开你的第一份工作，不能离开你的学校（马云毕业分配到了杭州电子工业学院）’。”

正是这五年，马云说他懂得了坚持，懂得了什么叫放下，这五年让他喜欢上了当老师，也知道了什么是优秀老师应该具备的素质，那就是让学生超越老师。

"今天我做企业，我依然抱着当老师的心态，我希望我的同事、我的员工超过我，我希望我的员工和同事不管是在阿里，还是在别的地方，他们都是最出色的。"

（资料来源：新华网浙江频道）

情商测试

这是一组欧洲流行的测试题，可口可乐公司、麦当劳公司、诺基亚分司等众多世界500强的企业曾以此为员工EQ测试的模板，帮助员工了解自己的EQ状况。本测试共33题，测试时间25分钟，最大EQ为174分。假如你已经预备就绪，请开始计时。

第1～9题：请从下面的问题中，选择一个和自己最切合的答案。

1. 我有能力克服各种困难：________

A. 是的　　B. 不一定　　C. 不是的

2. 如果我能到一个新的环境，我要把生活安排得：________

A. 和从前相仿　　B. 不一定　　C. 和从前不一样

3. 一生中，我觉得自己能达到我所预想的目标：________

A. 是的　　B. 不一定　　C. 不是的

4. 不知为什么，有些人总是回避或冷淡我：________

A. 不是的　　B. 不一定　　C. 是的

5. 在大街上，我常常避开我不愿打招呼的人：

A. 从未如此　　B. 偶然如此　　C. 有时如此

6. 当我集中精力工作时，假使有人在旁边高谈阔论：________

A. 我仍能用心工作　　B. 介于A、C之间　　C. 我不能专心且感到愤怒

7. 我不论到什么地方，都能清晰地辨别方向：________

A. 是的　　B. 不一定　　C. 不是的

8. 我热爱所学的专业和所从事的工作：________

A. 是的　　B. 不一定　　C. 不是的

9. 气候的变化不会影响我的情绪：________

A. 是的　　B. 介于A、C之间　　C. 不是的

第10～16题：请如实选答下列问题，将答案填入右边横线处。

10. 我从不因流言蜚语而气愤：________

A. 是的　　B. 介于A、C之间　　C. 不是的

11. 我善于控制自己的面部表情：________

A. 是的　　B. 不太确定　　C. 不是的

12. 在就寝时，我常常：________

A. 极易入睡　　B. 介于A、C之间　　C. 不易入睡

13. 有人侵扰我时，我：________

A. 不露声色　　B. 介于A、C之间　　C. 大声抗议，以泄己愤

14. 在和人争辩或工作出现失误后，我常常感到震颤、精疲力竭，不能继承安心工作：________

A. 不是的　　　　　　B. 介于 A、C 之间　　　C. 是的

15. 我常常被一些无谓的小事困扰：________

A. 不是的　　　　　　B. 介于 A、C 之间　　　C. 是的

16. 我宁愿住在僻静的郊区，也不愿住在嘈杂的市区：________

A. 不是的　　　　　　B. 不太确定　　　　　　C. 是的

第 17～25 题：在下面问题中，每一题请选择一个和自己最切合的答案。

17. 我被朋友、同事起过绰号、讥讽过：________

A. 从来没有　　　　　B. 偶尔有过　　　　　　C. 这是常有的事

18. 有一种食物使我吃后呕吐：________

A. 没有　　　　　　　B. 记不清　　　　　　　C. 有

19. 除去看见的世界外，我的心中没有另外的世界：________

A. 没有　　　　　　　B. 记不清　　　　　　　C. 有

20. 我会想到若干年后有什么使自己极为不安的事：________

A. 从来没有想过　　　B. 偶尔想到过　　　　　C. 经常想到

21. 我常常觉得自己的家庭对自己不好，但是我又确切地认识到他们的确对我好：________

A. 否　　　　　　　　B. 说不清楚　　　　　　C. 是

22. 每天我一回家就马上把门关上：________

A. 否　　　　　　　　B. 不清楚　　　　　　　C. 是

23. 我坐在小房间里把门关上，但我仍觉得心里不安：________

A. 否　　　　　　　　B. 偶尔是　　　　　　　C. 是

24. 当一件事需要我做决定时，我常觉得很难：________

A. 否　　　　　　　　B. 偶尔是　　　　　　　C. 是

25. 我常常用抛硬币、翻纸、抽签之类的游戏来猜测凶吉：________

A. 否　　　　　　　　B. 偶尔是　　　　　　　C. 是

第 26～29 题：下面各题，请按实际情况如实回答，仅须回答"是"或"否"即可，在你选择的答案下打"√"。

26. 为了工作我早出晚归，早晨起床我常常感到疲劳不堪：

是________　　　否________

27. 在某种心境下我会因为困惑陷入空想将工作搁置下来：

是________　　　否________

28. 我的神经脆弱稍有刺激就会使我战栗：

是________　　　否________

29. 睡梦中我常常被噩梦惊醒：

是________　　　否________

第 30～33 题：本组测试共四题，每题有五种答案，请选择与自己最切合的答案，在你选择的答案下打"√"。

答案标准如下：

1	2	3	4	5
从不	几乎不	一半时间	大多数时间	总是

30. 工作中我愿意挑战艰巨的任务。1　2　3　4　5

31. 我常发现别人好的意愿。1　2　3　4　5

32. 能听取不同的意见，包括对自己的批评。1 2 3 4 5

33. 我时常勉励自己对未来布满希望。1 2 3 4 5

参考答案及计分评估：

计分时请按照记分标准，先算出各部分得分，最后将几部分得分相加，得到的那一分值即为你的最终得分。

第 1～9 题，每回答一个 A 得 6 分，回答一个 B 得 3 分，回答一个 C 得 0 分。计________分。

第 10～16 题，每回答一个 A 得 5 分，回答一个 B 得 2 分，回答一个 C 得 0 分。计________分。

第 17～25 题，每回答一个 A 得 5 分，回答一个 B 得 2 分，回答一个 C 得 0 分。计________分。

第 26～29 题，每回答一个“是”得 0 分，回答一个“否”得 5 分。计________分。

第 30～33 题，从左至右分数分别为 1 分、2 分、3 分、4 分、5 分。计________分。

总计为________分。

测试后如果你的得分在 90 分以下，说明你的 EQ 较低，你常常不能控制自己，你极易被自己的情绪所影响。很多时候，你轻易被激怒、动火、发脾气，这是非常危险的信号——你的事业可能会毁于你的暴躁。对此最好的解决办法是能够给不好的东西一个好的解释，保持头脑冷静，使自己心情开朗，正如富兰克林所说：“任何人生气都是有理的，但很少有令人信服的理由。”

如果你的得分在 90～129 分，说明你的 EQ 一般，对于一件事，你不同时候的表现可能不一，这与你的意识有关，你比前者更具有 EQ 意识，但这种意识不是常常都有，因此需要你多加注重、时时提醒。

如果你的得分在 130～149 分，说明你的 EQ 较高，你是一个快乐的人，不易恐惧担忧，对工作你热情投入、敢于负责，你为人更是正义正直，富有同情心，这是你的长处，应该努力保持。

如果你的 EQ 在 150 分以上，那你就是个 EQ 高手，你的情绪智慧不但不是你事业的阻碍，更是你事业有成的一个重要前提条件。

【本章同步思考题】

1. 影响当前大学生职业素养的原因有哪些？
2. 你能合理控制自己的情绪吗？如能，你是怎么做到的？如不能，原因是什么？
3. 情商在职业生涯发展中的重要性？
4. 如果你是一个团队的负责人，你会如何进行团队精神培养？

第六章 职业生涯目标

导引个案

SWOT 分析定目标：

姓名：何生

性别：男

血型：B

性格：外向

学历：本科

目前年龄：30 岁（2010）

死亡预测：70 岁（2050）

尚余年龄：40 年

SWOT 分析：

优势：(1) 有较坚实的制造业企业管理理论基础（但仍需不断吸收新观念、新知识）；

(2) 有三年工厂基层技术及管理经验和五年的工厂中层管理经验（但仍需充实这方面的经历和经验）；

(3) 善于沟通，善于与人相处，适应能力强（才干一）；

(4) 分析问题时头脑冷静，善于发现和解决问题（才干二）。

弱势：有时缺乏冲动，做具体工作动作较慢

机会与威胁：目前所处工厂属于稳定期，调薪较慢，升迁机会极小

应抓紧时间多学习，打下基础，为下一步突破养精蓄锐

整体职业生涯目标：成为一家中型制造业企业的总经理

阶段目标：

30～32 岁，仍在现企业任职，争取调换职位，熟悉制造、工程、物料等部门的运作，同时自学 MBA 的主干课程。

33～35 岁，跳槽应聘制造业企业管生产的副总经理等相关职务，从事工厂的全面管理工作，同时自学营销方面的课程。

35～39 岁，从事制造业企业的高层管理。

40 岁，应聘一家中型制造业企业的总经理，之后，一边从事管理工作，一边不断学习和实践，逐步成为一名优秀的职业经理人。

家庭目标：目前已婚，31 岁开始以 10 年期供楼，32 岁育一子

健康目标：至少购买 50 万元人民币保额的人身保险，注意身体健康，不要让身体成为家庭和事业的负担。

收入目标：2010～2012年，年薪8万～10万元人民币；2013～2015年，年薪10万～15万元人民币；2020年，年薪30万元人民币，之后每年以5%～10%的增幅增加，如果可能，自行创业（非绝对必须之目标）。

学习目标：2010～2012年，自学完MBA主干课程；2013～2015年，自学完营销管理主干课程；2015年以后每月至少看十本以上相关管理书籍，并将学到的知识用于管理工作之中。

☞ 本章内容导读和学习目标

职业生涯目标是指个人在选定的职业领域内未来时点上所要达到的具体目标，包括短期目标、中期目标和长期目标。职业生涯规划的评估与反馈过程是个人对自己的不断认识过程，也是对社会的不断认识过程，是使职业生涯规划更加有效的有力手段。本章将从职业生涯目标设定的意义、职业目标设定的方法及影响职业目标设定的因素三方面进行分析，通过本章的学习可以了解到职业目标设定对职业生涯发展的重要性，以引导大家正确地设定职业生涯目标，提高职业生涯规划的意识。通过本章的学习，要达到以下两个学习目标：

1. 了解职业生涯目标设定的意义；
2. 了解职业生涯目标设定的方法及影响其设定的因素有哪些。

第一节　职业生涯目标设定的意义

职业生涯目标是指个人在选定的职业领域内未来时点上所要达到的具体目标，包括短期目标、中期目标和长期目标。职业生涯规划的评估与反馈过程是个人对自己的不断认识过程，也是个人对社会的不断认识过程，是使职业生涯规划更加有效的强有力手段。

一、职业生涯目标是引导大学生人生事业成功的“指航灯”

明确而合适的目标是一个人职业生涯中的灯塔，可以指引人们走向成功。成功与不成功的人唯一差别就在于：成功的人可以无数次修改方法，但绝不轻易放弃目标；与之相反，不成功的人总是修改目标，就是不改方法。法国著名作家蒙田曾说：“灵魂若找不到确定的目标，就会迷失。”无数事实证明，一个人能否成就一番事业，很大程度上取决于有无一个正确而适当的人生目标。没有人生目标或人生目标选择不正确，将使人浑浑噩噩，一事无成。美国著名成功学专家拿破仑·希尔认为，人生的追求目标包括金钱、健康、家庭、身份地位、专业水平才能、个人成就六项。一个人的最终目标实际上取决于他的人生原动力。人生原动力来自于内心，有了它就会激发职业生涯行动，它是人们肯定自身生命价值的自我表现形态。

尽管职业生涯发展目标的设定是关系着个人生涯的重大问题，可是现实中，不论是尚未就业的年轻人，还是已经有了一定职业经历的人，对个人发展的道路是什么、目标该如何设定，往往却是茫然的。“思想决定思路，思路决定出路。”无论是在工作中还是在生活中，想有一个清晰的思路，从根本上说必须具备善于将复杂问题简单化的能力，也就是一针见血地捕捉问题实质的能力。对职业生涯规划而言，最重要的就是方向，也就是目标，如同驾驶汽车，如果把方向搞错了，即使跑得再快，也难以到达目的地。许多人是完美主义者，但把握方向的能力却很差。本该围绕着自己的最强优势来设计战略目标，但往往却是看到别人在某种发展模式中发展了，就觉得自己是否也应该这么去做。今天这个发展了就学这个，明天那个发展了又想学那个，结果迷失了方向。等找到了方向，又迟迟不做决定，总想着先规划好每个细节再开始行动，这样不仅会错过大好时机，而且还会丧失自己最核心的优势，最终自己消耗了自己。

二、职业生涯目标是激发大学生潜能的“推进器”

设定明确的职业生涯目标是事业成功的出发点。为什么那么多人失败？原因就在于他们从来都没有设定明确的生涯目标，并且也从来没有迈出他们的第一步。当你研究那些已连续获得成功的人物时，你会发现，他们每一个人都有一套明确的目标，都制定出了达到这些目标的具体计划，并且花费最大的心思和付出最大的努力来实现他们的目标。认识愿望和强烈欲望之间的差异是极为重要的。我们每个人都希望得到更好的东西——如金钱、名誉、尊重——但是大多数人都仅把这些希望当作一种愿望而已。如果你知道你希望得到的是什么，如果你对达到自己目标的坚定性已到了执著的程度，而且能以不断的努力和稳健的计划来支持这份执著的话，那你就已经是在发展你的明确目标了。明确的职业生涯目标会使大学生激发出自力更生、不断进取、不断创新、热忱、自律和全力以赴的精神和态度，这些都是成功的必备条件。明确目标还具有一些其他的优点：

（1）专业化：明确目标会鼓励你行动专业化，而专业化可使你的行动达到完美的程度。你对于特定领域的领悟能力及在此领域中的执行能力，会深深影响你一生的成就。明确的目标就好像一块磁铁，它能把达到成功必备的专业知识吸引到你这里来。

（2）预算时间和金钱：一旦你确定了明确目标，就应该预算你的时间和金钱，并安排每天付出的努力，以期达到这个目标。

（3）对机会的警觉性：明确目标会使你对机会抱着高度的警觉性，并促使你抓住这些机会。如果你能像发现别人的缺点一样快速地发现机会的话，那你就能很快成功。

（4）决断力：成功的人能迅速做出决定，并且不会经常变更；而失败的人做决定时往往很慢，且经常变更决定的内容。

（5）合作：明确目标可使你的言行和性格散发出一种信赖感，这种信赖感会吸引他人的注意，并促进他人与你合作。

（6）信心：明确目标能使你敞开心胸接纳信心这项特质，它能使你心态变得积极并使你脱离怀疑、沮丧、犹豫不决和拖延的束缚。

（7）成功的意识：和信心关系密切的一项优点是成功的意识，这个意识使你的脑海里充满了成功的信念并且拒绝接受任何失败。

三、职业生涯目标是成就大学生人生的“升降梯”

美国一本名为《无限的能力》的书中曾有一个例子：有人在1983年对美国耶鲁大学的应届毕业生进行了一次关于“你毕业后的目标是什么”的问卷调查，统计结果显示有

3%的学生有明确的目标，97%的学生基本上没有明确的目标。20 年后，有人去追踪所有参加了问卷的学生现状，结果令人吃惊，3%的人拥有的财富总和比 97%的人的财富总和还多得多。20 年前仅仅是目标的有和无，20 年后却形成了如此大的差异。无独有偶，美国哈佛大学也有一项关于目标对人生影响的跟踪调查。其调查对象为一群智力、学历、环境等条件大体相同的年轻人，结果显示：3%的人有清晰且长期的目标，25 年中从未改变过目标，并总是朝一个方向不懈地努力，他们在 25 年后几乎都成为社会各界的顶尖成功人士，其中不乏创业者、行业领袖和社会精英。10%的人有清晰的短期目标，这些人大都生活在社会的中上层。他们的共同特点是：不断完成预定的短期目标，生活状态步步上升，25 年后他们成为各行各业不可或缺的专门人才。60%的人目标模糊，他们能安稳地生活与工作，但却没有什么特别的成就。剩下的 27%是那些 25 年来没有目标的人群，他们几乎都生活在社会的底层，常常失业，靠社会救济，生活很不如意，并且常常抱怨他人、抱怨社会、抱怨世界。调查者因此得出结论：目标对人生有巨大的导向作用。我们认为可以用下面的四句话来概括这个例子："目标清（晰）长（远）达成功，目标清（晰）短（期）步步升，目标模糊无成就，目标缺失在底层。"有了目标，人就会坚定、勤勉、不畏艰险，促使自己努力实践；有了目标，人的生命才能在有限的时空里最大限度地释放能量。由此可见，成功者必定是目标意识的坚定者。俗话说："志不立，天下无可成之事。"综观古今中外，各行各业的佼佼者都有一个共同的特点——具有远大的志向。人的理想、胸怀、情趣和价值观影响着一个人的奋斗目标及成就。所以，确定志向和目标是大学生职业生涯规划最重要的一环。

第二节　职业生涯目标的设定

一、职业生涯目标设定的要求

职业生涯目标的设定实际上是目标管理法的一种具体运用。在确定有效目标的过程中，还要注意如下几个方面的问题。

（1）目标要符合社会与组织的需要，有需要才有市场，才有位置。

（2）目标要适合自身的特点，并使其建立在自身优势之上。

（3）目标既要高远，但又不能好高骛远，一个人追求的目标越高，其才能就发展得越快，对社会越有益。

（4）目标幅度不宜过宽，最好选择窄一点的领域，并把全部身心力量投入进去，这样更容易获得成功。

（5）要注意长期目标与短期目标间的结合，长期目标指明了发展的方向，短期目标是实现长期目标的保证，长短结合更有利于职业生涯目标的实现。

（6）目标要明确具体，同一时期的目标不要太多，目标越简明、越具体，就越容易实现，越能促进个人的发展。

（7）要注意职业目标与家庭目标、个人生活与健康目标的协调与结合，家庭和谐与身体健康是事业成功的基础和保障。

二、职业生涯目标设定的方法

职业生涯目标作为个人的一种发现，有时往往需要经过一番危机才能找到自己的目标。不过，以下是一种具体的可操作的职业生涯目标设定方法，你不妨演练一下。

(1) 你有何才能？把它们全部列出来，选择三种最重要的才能，然后把每种才能用一两个词来表达。例如：我最重要的三个才能是我的听力、创造力和表达能力。

(2) 你的追求是什么？什么是你梦寐以求的，使你希望为之付出更多的精力？究竟哪些事情是你愿意一展才华的？在哪些主要领域你愿意投资自己的才能？例如：我的追求是从事成人教育和帮助人们发现他们的生活目标。

(3) 什么环境让你感到如鱼得水？什么样的工作和生活环境最适合你发挥自己的才能？例如：我最经常在随意的学习环境或与别人一起游览自然风景时，展现我的才华。

将上述问题的答案罗列出来，并将每个答案中你认为最重要的因素结合起来组成一个完整的句子。比如：我的生活目标是利用我的听力、创造力和表达能力，帮助人们在自然环境中发现他们的生活目标。也许你会发现自己的职业生涯目标有多个。通过不断探寻，你最终会发现它们当中贯穿着一条内在的主线。因此，你要经常重复上述的问题。

三、实现职业生涯目标的策略的制定

在设定了职业生涯目标和职业生涯线路图后，要实现职业生涯目标还必须有相应的职业生涯策略作保证，职业生涯策略是指为争取职业生涯目标的实现所采取的各种行动和措施。如你应采取什么样的途径来获取激烈竞争的、理想的职业；为达到工作目标，你计划采取哪些措施提高效率；在业务素质方面，你计划采取哪些措施提高业务能力；在潜能开发方面，你计划采取哪些措施等，这些都要有具体的计划与措施。参加公司的教育、培训与轮岗，构建人际关系网，参加业余时间的课程学习，掌握额外的技能与知识等，这些也都是职业目标实现的具体策略，也包括为平衡职业目标与其他目标（如生活目标、家庭目标等）而做出的种种努力，通过这些努力，实现个人在工作中的良好表现与业绩。职业生涯策略要具体、明确，以便定期检查落实的情况。

下面我们通过一个海归企业家的职业生涯之路，来分析他采取了什么样的策略，一步步实现其职业生涯目标。

洪先生：1962 年出生，毕业于南方某重点大学，现为某知名咨询公司的董事长。

职业生涯目标：创建有自己品牌的中国咨询（培训）公司

经济目标：45 岁时，企业年营业额超过亿元（人民币）

其职业生涯发展之路如下：

理科学士（23 岁）：逻辑思维素质训练，在学生社团中表现出管理潜质；

美国留学（26 岁）：物理学硕士，适应新环境，过语言关建立人际关系；

大公司工作（28～30 岁）：掌握商情和商务技巧，熟悉商务环境，积累商务经验；

美国著名商学院就读 MBA（31～33 岁）：学经商知识，建商界网络，发挥管理潜能；

就职大型跨国公司（33～39 岁）：任中国公司的副总裁，发挥潜能，提高团队管理能力，做出显著业绩，与政府相关部门和商界建立关系网，通过各种途径提高知名度。

自己开（咨询）公司（40岁）：致富，发挥潜能、实现自我。

从这个案例中可以看出，洪先生在职业生涯目标确定后，为了实现各个阶段的具体目标和总目标，还需要对目前个人的知识、能力、观念、潜能等进行分析，并与实现职业生涯目标的要求进行比较，找出两者的差距，并采取有效的措施来实现目标。实际上，职业生涯目标的实现过程就是一个不断缩小两者之间差距的过程。洪先生在提高个人职业潜能、实现职业生涯目标上，采取的主要途径和措施与前面所介绍的美国青年企业家比尔·拉福的创业准备和潜能的提升有许多相似之处。这些策略、途径、措施主要有以下几种。

1. 报考和攻读研究生，提升学历层次

随着人才市场对人才的学历要求越来越高，我国研究生招生规模不断扩大，这使许多人通过报考研究生来提高自己的学历层次，也有一些人通过报考研究生来转变或尝试不同的职业（专业）。但也有不少人报考研究生是盲目的，为报考而报考，未能将攻读研究生作为提升自己潜能、实现职业生涯目标的一个重要组成部分，其结果是既耗费了时间，也浪费了金钱。

2. 报考公务员

我国“官本位”传统根深蒂固，公务员作为政府机构的管理人员和未来的官员，仍是目前许多人较为倾心的工作。考公务员者可能有两种目标：一是个性适合并有志于从政，从而选定了从政这条道路；二是将考公务员和未来的职业生涯目标联系起来，就像比尔·拉福报考公务员。我国现在也有不少公务员，旨在通过在政府部门从政，提高个人的为人处世能力和公关能力，为未来经商建立人际网络，一旦时机成熟，他们可能就会下海经商，我国时下越来越宽松的环境为官员下海提供了可能性。

3. 出国留学

改革开放20多年来，出国留学热始终高烧不退。许多人出国留学只是想开阔眼界、提升学历文凭，但未能将留学与未来的职业生涯联系起来，并作为实现职业生涯目标的重要组成部分，为留学而留学的人不在少数。近年来留学回国找工作的“海归”不断增多且身价不断下降，从抢手货变成了“海带”（待业）一族，这就是留学未与职业生涯目标相联系，盲目出国留学酿成的不良后果。

4. 考证书或执业资格

许多人每天忙忙碌碌，花了大量时间在考取各种资格证书上，诸如经济师、统计师、会计证、注册会计师、律师、职业经理人证书、人力资源管理师、物流师、报关员等。有人认为多考个证书求职就多条道，曾报道有个考证专家一共考得了七个“师”的证书。一些人通过考证书或执业资格确实可以提高个人的职业素质和执业能力。但这些证书或资格必须和自己的职业生涯目标联系起来，否则为考证而考证，其结果是既浪费了时间，也分散了精力。

5. 跳槽

跳槽，即转换单位和工作岗位，指放弃原有组织和工作岗位，寻找新的组织和新的工作岗位。据统计，一个人一生中跳槽3～5次当属正常。跳槽的原因可能在于对原工作岗位待遇、发展机会或人际关系不满，转而寻找新的工作岗位和尝试新的发展机会。现在对跳槽行为的批评也不少，批评者认为跳槽者敬业精神差，没有职业目标方向乱跳，跳来跳去实际上是在浪费自己宝贵的青春和时间。事实上，我们应该看看跳槽者的动机和目标是什么，是为增加工资待遇而跳槽，还是为实现职业生涯目标而到新企业去尝试新的工作岗位，增加阅历，并提升实现更高职业生涯目标的素质和能力。

6. 创业

创业是指开设自己的公司，创立自己的企业，自己做老板。创业需要有一定的资金、技术，对创业者有一定的素质要求。当然，对不同类型企业的创业，在创业的不同阶段，对创业者的素质要求是不一样的。但大多数人还是愿意在自己有了一定资金、技术、客户、管理经验、社会关系等资本后，开设自己的公司或合伙开公司，创造一个属于自己的事业。因此，在拟创业之前，最好能在这些创业必备要素上做较充分的准备。

7. SOHO

SOHO 是 Small Office 和 Home Office 的缩写，特指那些在家办公的自由职业者，包括作家、撰稿人、自由音乐人、画家、美术编辑、职业玩家、网站设计人员、网络主持等。SOHO 可以说是创业的另一种形式，从事这一行的人大多是 20～30 岁的年轻人，他们能熟练运用电脑。调查显示，在 SOHO 大军中，有 70％的人全部或者大部分时间在家里办公，他们主要是从事 IT 行业的经理人和专业人员，依靠互联网、传真和电话等现代信息传输工具与外界联系。另外，40％在家办公的人士属于人们平常所说的“自己开公司”的人和自由职业者。SOHO 族最吸引人的地方在于拥有个人自由自在的空间和时间，而且大部分人的收入也不错。SOHO 一度被标榜为“自由工作＋时尚生活＋不菲收入”的代名词，随着时光流逝，这个风靡了好些年的居家办公的生活方式，如今却呈现出一派“城里的人想出来”的回流景象。许多 SOHO 族发觉，这种办公方式并不适合自己，于是他们又纷纷做出了冲出家门、重归单位、重归社会的选择。因此，不是任何人都可以成为 SOHO 族的。问题是想短期还是长期或一辈子成为一名 SOHO，这也需要进行个人的职业生涯规划。

四、职业生涯目标设定的反馈与修正

事物都是处在运动变化中的，由于自身及外部环境条件的变化，职业生涯目标也会随着时间的推移而变化。在制订职业生涯目标时，由于对自身及外界环境都不十分了解，最初确定的职业生涯目标往往都是比较模糊或抽象的，有时甚至是错误的。经过一段时间的工作以后，有意识地回顾自己的言行得失，可以检验自己的职业定位与职业方向是否合适。因此，在实施职业生涯规划的过程中自觉地总结经验和教训，可以修正对自我的认知，通过反馈与修正，纠正最终职业目标与分阶段职业目标的偏差，保证职业生涯规划的行之有效。同时，通过评估与修正还可以极大地增强个人实现职业目标的信心。其修订的内容主要包括职业的重新选择、生涯路线的选择、生涯目标的修正、实施策略计划的变更等。

五、职业生涯目标设定的核心要点

职业生涯规划和管理是一门技术性较强的工作。要想设定出最为有效的职业生涯目标，就应该特别注意和处理好以下一些核心要点。

1. 特长和爱好

人们在初次选择自己的职业及之后的整个职业生涯中，都必须考虑自己的技能特长和个人的职业爱好和要求，否则，做出的职业目标很容易导致对现职工作的不满，从长期来说，还会造成对职业道路的失望。况且，人的技能和要求会随着时间的推移发生变化，人们有必要据此不断重新思考当初的职业选择，并在合适的条件下做出必要的职业变动。

2. 机会成本

在工作中，人们必须学习与本职工作相关的知识和技能，而这需要花费大量的时间和精力，因此，势必会影响到个人的私生活，形成职业升迁或职业成功的机会成本。在每一个职业阶段，人们必须认真考虑这种成本，权衡为了私人或家庭生活，他们能够放弃哪些晋升的机会；或者为了职业上的发展，应当放弃哪些个人生活。如果这个问题不能很好地解决，那么做出的职业选择将很不稳定，容易走向极端，顾此失彼，不能很好地协调家庭、朋友和同事之间的关系，让人总有一种矛盾的心理，造成工作和生活都感到不愉快。

3. 工作和家庭的协调

虽然许多人希望工作和家庭互不相干，但现实是工作和家庭总是难以分割的，就像许多人听说的那样：人们有时拒绝承认上班和下班后做出的决策相互影响。他们希望上班和下班完全分离开来，他们需要获得某种自由。可是，他们马上发现，这是不可能的，人们的生存空间已经是一个联系得越来越紧密的整体，而且这种联系在不断增多而不是减少。那些不能理解或者不能接受这一事实的人，将会无所适从。一般来说，一对夫妇至少可以通过以下几种方法来减少家庭对工作的影响：一是采取延期生孩子，或者雇请保姆等方法来减少家庭对工作的影响；二是夫妇之间恰当地分工，轮流将精力投入到工作和家庭；三是夫妇从事同样的职业或选择同一个单位，相互促进；四是夫妇双方从事不相干的工作，各自追求自己的事业。不管怎么样，无论采取哪种方式，人们都有必要根据实际情况认真思考工作和家庭之间的关系。而且，随着工作挑战性的加强及家庭结构的变化，有待于探索工作和家庭之间新的协调方式。

4. 工作业绩与职业成功

工作业绩在职业成功中所起的作用是职业生涯规划所要考虑的又一要素。在每一职业阶段，那些被认为工作业绩突出的员工通常会得到公司领导更多的重视，从而承担更具挑战性的工作，接受更多的培训。那些教导人们如何轻轻松松升职的方法，对人们的职业生涯规划产生了非常不利的影响，它使人们将主要的精力放在了那些外在形象和社会关系的处理上，而忽略了事情的关键。从长远来说，那些真正业绩突出的优秀员工升职比那些平庸的员工更快。因此，在职业生涯规划中，任何员工都必须思考这个重要的问题："我怎样做才能提高个人的工作绩效和工作技能"而不仅是"我怎样才能升职"，后者往往使人们偏离了职业成功的轨道。

5. 发展和稳定

在每一职业阶段，人们还必须做出的一个基本的决策就是选择职业发展还是保持现状。"明哲保身"的策略在短期内可能给人带来一定的满足，但从长期来说，它会阻碍职业生涯规划的成功实现。因为，发展就意味着压力，引起不安，而且可能给个人和家庭生活带来波动；而保持现状则刚好相反，可做到这点不容易。通常，组织希望员工要么力争上游，要么离开，试图终生维持一种工作几乎不可能了，特别是对于那些刚入中年的人来说，做到这一点更加困难。

6. 机遇与职业

毫无疑问，机遇在职业的发展中起着很重要的作用。然而，机遇要靠个人自己把握，人们可以创造机遇，也可能使机遇从身边溜走。更多的社会交往、积极地参与民间和行业组织能扩展一个人的社会关系网，给他带来潜在的机遇，过于封闭则会使一个人的社交圈越来越窄。应积极地表达自己的愿望，并努力地争取一些特别的工作任务，这样才能使一个人得到更多的机会，而消极等待和隐藏愿望、抱负则刚好相反。因此，如果说一些瞬间的机遇给人来了机会，那么，有计划地创造机遇则是自身的责任，也是自身所能做到的。

7. 独立和连续的职业抉择

在做出职业选择之前，人们有必要知道：每一个职业抉择都在很大程度上会制约以后的职业选择机会。例如，假定某人决定在学校就某个领域继续深造，那么，这个决定就在一定程度上使得他以后在别的领域深造成为不可能。因为一方面，财力耗竭；另一方面，当初待在学校做学生的热情已经消失。因此，在做职业选择时，人们不能仅仅考虑眼前，还应该考虑当前的决定对将来的选择机会可能造成的影响。

8. 职业陷阱及避免

现实中，许多人陷入职业陷阱而丧失了许多升迁及职业成功的机会。比如，有些员工被组织误导，相信自己不适合变换工作、技术不能转换或能力不足以在别处找到好的工作。组织采取这种策略并不一定就是出于恶意，也许是因为他们不想失去优秀的员工或者他们确实认为这些员工不能适应别的工作。但组织的这种误导作用确实使员工陷入了一个不能变动职业的陷阱。还有，有时员工在面临两难抉择，如是否为更大的职业挑战而牺牲目前稳定的保障，是否为更多的升迁机会而牺牲目前更高的薪酬待遇等时，不知所措。在这种情况下，他们往往会主观地自我暗示：目前的工作处于"没有退路"的状况，并以此安慰自己的决定。为了避开职业生涯规划的陷阱，人们有必要认识到，在组织中，个人需求与组织需求在很大程度上是冲突的，最终，人们还得靠自己为所做出的职业选择负责。不管组织在职业开发上花费多少时间和金钱，组织为个人设计的职业计划和个人自己追求的总会不一致。

9. 准确的信息

在个人职业生涯规划中，获取对当前形势、潜在机会、可能的成功和失败及雇主情况等的准确信息非常重要。但是由于职业选择通常在时间上有限，因此，人们有时会根据头脑中固有的观念做出判断，而不是在认真收集并分析客观资料后做出决定。实际上，在每一职业阶段，做出良好的职业抉择不但需要关于客观环境的准确信息资料，还需要对自我进行深刻的分析。扩展信息的收集面，对其进行认真分析，并系统地对自身主观和旧有的一些观念提出疑问，将使职业生涯规划更为有效。

10. 单一职业和多种职业

在人们的职业生涯中，从事单一的职业还是多种职业也是进行职业生涯规划要考虑的一个问题，这直接决定着人们将从事什么样的工作、为此必须进行什么样的培训及怎样设计自己的家庭和社会生活等。然而，在一个相当长的时期从事单一的职业，这种可能性已经越来越小了。科技及商业环境急剧的变化使得工作内容和组织本身的性质在很短的几年内就会发生很大的变化。因此，选择单一的一种传统工作的职业生涯规划已经很困难，几乎不可能。

最后将职业生涯设计的一些要点总结为“十记”与“三定”，以供大家分享。

1. 职业生涯设计“十记”

(1) 无论你现在或将来从事何种职业，都要对职业负责；

(2) 与同事间人事关系的融洽将使工作效率倍增；

(3) 优化你的交际技能，它可提高你谋职就业的成功几率；

(4) 要善于发现变化并适应变化，善于发现其中的各种机遇并驾驭这些机遇；

(5) 要善于灵活地从一个角色迅速转换到另一个角色；

(6) 要善于学用新技术，并成为多项应用技术的拥有者；

(7) 要舍得花钱、花时间学习各种指南性知识简介；

(8) 摒弃各种错误观念，及时更新观念，以防被错误思维误导；

(9) 选择就业单位之前应多做摸底研究；

(10) 要不断开拓进取、不断开发新技能。

2. 职业生涯设计“三定”

(1) 定向。方向定错了，则南辕北辙，距离目标会越来越远。因此，职业生涯设计绝不能犯“方向性错误”。通常情况下，职业方向由本人所学的专业确定。但现实是，很多人并不能完全按照自己所学的专业来选择工作，学非所用、用非所学、专业不对口的情况比比皆是。在这种情况下，就需要认真考虑，选择适合自己的职业岗位。

(2) 定点。即定职业发展的地点。自己适合南方还是北方，是上海还是北京，应综合多方面因素考虑选择，不可一时冲动，感情用事。发展地点选得准，则有助于自己在一个地方、围绕一个职业长期稳定发展，对自己的资历和经验都有益，而频繁更换地点、飘忽不定，则对职业生涯成长弊多利少。

(3) 定位。择业前要对自己的水平、能力、薪资期望、心理承受度等进行全面分析，做出较准确的定位。不可悲观，给自己定位过低；也不可高估自己，对自己期望值过高。不要过分在意公司的名气、薪资的高低，只要这家公司、这项专业岗位适合自己，就应该去试一试，争取被录用。确立从基层做起、逐步积累经验、循序渐进、谋求发展的从业理念。

从哲学角度来看，“三定”实际上就是解决职业生涯设计中干什么、何处干、怎么干的问题，这三个问题解决好了，职业生涯发展就会比较顺利。

第三节　影响职业生涯目标设定的因素

影响大学生们职业生涯规划目标选择和设定的因素有很多。职业规划专家认为从总体上看，可以分为社会因素和个人因素，这两类因素共同构成一个人的职业生涯目标确立的基础。

一、社会因素

社会是人才得以活动、发挥才干的舞台。社会大环境是影响人才成长的根本因素。一个国家政治上安定、经济上发展、科学不断进步，就会对人才产生极大的需求，并能为人才的成长提供多方面的条件。而社会动乱、经济衰退、科技停滞，人才就难以产生。改革开放以来，我国市场经济体制的逐步建立为大学生的成才提供了良好的机会，也为大学生的发展提供了良好的社会环境。用人单位是人们工作和生活的微观社会组织。经济发展和科技进步使用人单位对人力资源的素质要求越来越高。许多有前瞻意识的单位都重视对员工的培养，积极为人才成长创造条件，鼓励员工从事专业学习更新知识，以提高技能、积累经验，不断有所发展。社会因素有着丰富的内容，除去上述政治、经济、科技发展形势和用人单位的培养外，还包括个人的亲戚朋友等人际关系网络，在职业发展过程中可能获得的帮助，提高素质所需的学习机会和图书资料，成才的社会舆论，与职业生涯发展方面有关的制度与政策（如岗位培训制度，培训、考核与待遇相结合制度）等。社会因素不是个人所能决定的，社会大环境对于同一时期的人来说都是相同的。对同一单位的不同人来说，条件也是相同的，而其他社会条件的差异则可能较大。发掘这方面的潜力，吸收、借鉴成功者的经验，寻求他们的帮助则是一种聪明的做法，这也是积极地确立职业生涯规划目标的体现。

二、个人因素

能力是一个人能否从事某种职业、能否在生涯旅程中顺利成长和获得成功的条件。能力具有客观性，因此在确立职业生涯目标和选择生涯道路时，要从客观实际出发，要以人职匹配为基本原则，同时要注意搜寻自身能力的强项。如果一个人在某一方面的特殊才能得到发挥又符合社会需要，就会取得巨大成就，达到生涯的辉煌目标。能力因素对于职业生涯目标固然重要，但是非能力因素也有着巨大的影响，它对于能力因素有着激励、补偿或者约束、限制的作用。在个人生涯道路上，能力因素与非能力因素相辅相成，缺一不可。一个人除具备和培养一定的能力条件外，还应具备和培养良好非能力因素即良好的个性心理品质，才能顺利发展取得成功。因此，大学生在确立职业生涯目标时，要坚持“有能力说，又不唯能力说”，以取得自身能力因素与非能力因素的最佳综合效应。所谓个性心理品质，包括人的兴趣，如兴趣的广度、兴趣的中心、兴趣的稳定性、兴趣的效能等特征；人的情感，包括人的心境、人的热情和人的激情三种状态；人的意志，包括人的自觉性、果断性、坚韧性、自制力和勤奋性等五个方面。良好的个性心理品质，不仅对人的成长和成功具有不可忽视的重要作用，而且比能力因素，特别是单纯智力因素的影响要大得多。成就大的人往往具有良好的个性心理素质，比如自信、乐观、谨慎、不屈不挠、执著、顽强等；成就小的人的个性心理素质则明显劣于前者。正如有位哲人所说的那样："伟大是熬出来的，对信念的执著不能靠一时的小聪明。在遇到困难时，多数人是再选择而不是将原来的选择坚持到底。成功者与常人的差别并不是智商而是一种毅力。这种固执会产生一种力量，使人勇往直前。"因此，大学生在职业生涯规划目标的确立上，也要深入认识和运用自身的非能力因素。

三、综合社会因素和个人因素，正确选择职业生涯发展路线

1. 职业生涯发展路线

人的每一次职业抉择都存在着机会成本问题，因为这会在很大程度上制约以后的职业选择和生涯发展机会。因此，在确定职业生涯规划目标之前，明智的做法是先确定自己的职业发展路线。所谓职业生涯发展路线是指当一个人选定职业后，为了实现职业目标和职业理想所选择的路径，比如你是向专业技术方向发展，还是向行政管理方向发展？不同的发展路线对从业者的素质要求不同，影响到今后的发展阶梯也不同。由于发展方向不同，对其要求也不相同。因此，在职业生涯设计中须做出抉择，以便使学习、工作及各种行为沿着你的生涯路线和预定的方向前进。

典型的职业生涯路线图是一个 V 型图，见图 6-1 所示。

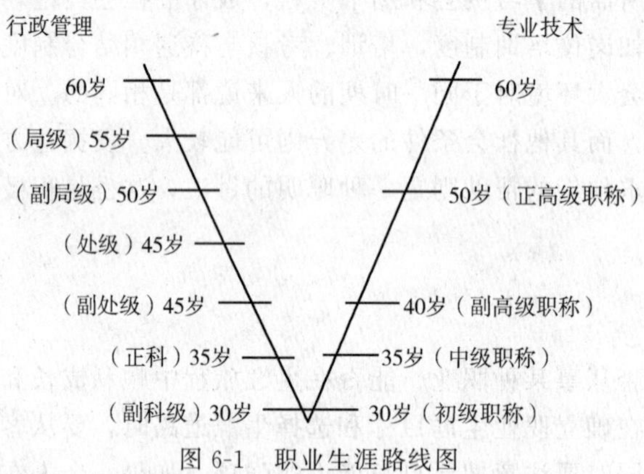

图 6-1 职业生涯路线图

假如一个人 24 岁大学毕业参加工作，即 V 型图的起点是 24 岁。从起点向上发展，V 型图的左侧是行政管理路线，右侧是专业技术路线。我们可以将路线划分成若干等分，每等分表示一个年龄段，并将专业技术的等级、行政职务的等级分别标在路线图上，作为自己的职业生涯规划目标。当职业确定后，方可设计生涯路线。但我们认为，为使大学生的职业生涯设计更有针对性，同时也为了促进大学生更好地认识自我，在大学期间，学生即可对自己的职业生涯路线做出规划，设想自己将来是走行政管理路线还是走专业技术路线，或是先走专业技术路线再转行政管理路线，这些在设计中须做出抉择。

2. 综合分析确定自己的职业生涯路线

在路线抉择过程中，每一个大学生都必须针对下面三个问题反复询问自己：①我想干什么？即我想往哪一路线发展？②我会干什么？即我可以往哪一路线发展？③我能干成什么？即我适合往哪一路线发展？回答上述三个问题，是对“知己”“知彼”有关情况的综合分析并加以利用的一个过程。第一个问题是通过对自己的价值、理想、成就动机和兴趣的分析，确定自己的目标取向。第二个问题是通过对自己的性格、特长、经历、学历及专业的分析，确定自己的能力取向。第三个问题是通过对自己身处的社会环境、经济环境、政治环境、组织环境的分析，确定自己的机会取向。三个取向确定后，进行综合分析，确定自己的职业生涯路线（图 6-2），这对一个大学生的职业生涯发展是非常重要的。

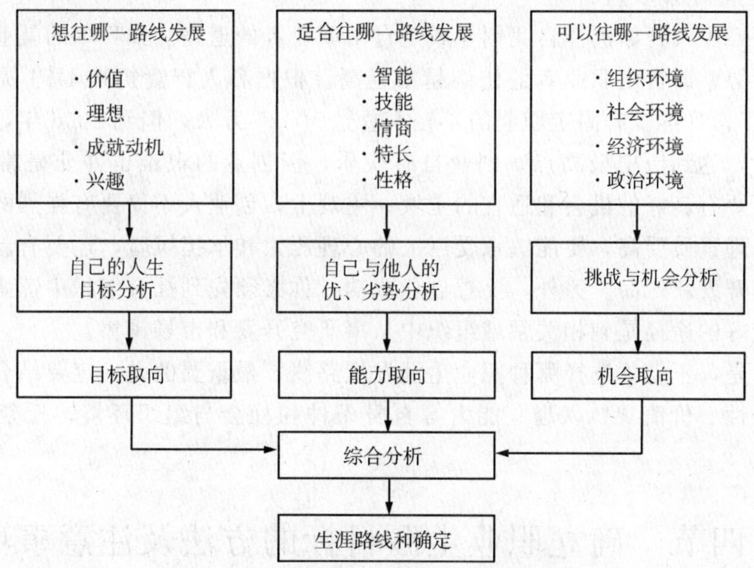

图 6-2　职业生涯路线分析过程图

3. 职业生涯发展路线类型分析

大学生的自身条件、基础素质不同，适合的职业生涯发展路线也就不同。有的人适合搞研究，能够在专攻领域求得突破；有的人适合做管理，能够成为优秀的管理人才。一般来讲，有三种职业生涯发展路线可供大学生选择，即专业技术型路线、行政管理型路线和自我创业型路线。

1）专业技术型发展道路

专业技术型发展道路是指工程、财会、生产、销售、法律等职业性专业方向。其共同特点是：都要求有专门技术性知识和能力，并需要有较强的分析能力。当然，这些技能必须经过长期的培训、锻炼和积累才能具备。如果你对专业技术内容及其活动本身感兴趣，并追求这方面的提高和成就，喜欢独立思考，而不喜欢从事管理活动，专业技术型的发展道路则是最好的选择。相应的发展阶梯是技术职称的晋升及技术性成就的认可，奖励等级的提高及物质待遇的改善。如果你虽然开始时选择了专业技术方向，但仍然对管理有兴趣，并且希望在管理领域做出一番事业，也完全可以跨越发展。即在开始阶段从事某种技术性专业，不断积累充实自己的专业知识，打下坚实的技术基础，然后在适当的时候，转向专业技术部门的管理职位。将技术骨干提拔到领导管理岗位的事例在各个领域屡见不鲜，事实上这也是时代发展的客观需求和必然趋势。

2）行政管理型发展道路

如果你善于并喜欢与人打交道，对处理人际关系问题感到得心应手，善于从宏观角度考虑问题且比较理智，并喜欢追求权力，影响、控制他人，行政管理型的发展道路则是恰当的选择。把管理这个职业本身视为自己的目标，相应的发展阶梯一般是从基层职能部门开始，晋升业绩不断地积累提高，达到了相应层次职位的要求，然后向中级、高级部门行政管理型发展，这对个人素质，人际关系技巧要求相对较高。

3）自我创业型发展道路

现在，有不少人开始选择自我创业或走自由职业者的道路。如日本的就业市场最近出现一个新的趋势，即自由职业者的比例越来越高。根据私人智囊机构 UFJ 提供的数字显示：在 2001 年，日本没有固定职业的年轻人总数为 420 万人，但到 2006 年，这类人群已突破 470 万人，达到历史最高点。创业自有快乐，但创业的艰难也并非是常人能够想象的。客观上，要有良好的机会和适宜的土壤；主观上，创业人不仅要有强烈的创造与成就愿望，而且心理素质要高，要能够承受巨大的心理压力和承担风险，还要有新思维，善于开拓新领域，开发新产品。另外，要想创业成功，你必须先到社会组织中锤炼，学习如何管理企业。较好的途径是到相关领域组织中从事研究开发和市场销售。

要强调的是，不管你选择哪种职业生涯发展路线，最重要的是一定要结合实际，综合考虑自己的个性、价值观、兴趣、能力等自身条件和社会与组织环境，反复权衡再予以确定。

第四节 确立职业生涯目标的方法及注意事项

俗话说："三百六十行，行行出状元。"成功的关键不是看你选择了什么职业，而是有没有确立清晰、明确的目标。大学生确立职业生涯目标的方法有分解法、组合法。

一、目标分解法

职业生涯的实现过程可以用一系列的阶段来表示。目标分解是将目标清晰化、具体化的过程，是将目标量化成可操作的实施方案的有效手段。目标分解就是根据观念、知识、能力差距，将职业生涯的远大目标分解为有时间规定的长、中、短期目标，直至将目标分解为某确定日期可以采取的具体步骤。我们可以采用按时间分解和按性质分解这两种途径来分解目标。按时间分解，可分解为人生目标、长期目标、中期目标、短期目标。按性质分解，可分解为外职业生涯目标、内职业生涯目标。其中，外职业生涯目标包括工作内容目标、职务目标、工作环境目标、经济目标、工作地点目标等；内职业生涯目标则侧重于在职业生涯过程中的知识和经验的积累、观念和能力的提高及内心的感受，主要包括：观念目标、工作能力目标、工作成果目标、提高心理素质目标、掌握新知识目标、处理与其他人生目标活动关系的目标等。目标分解示意图见图 6-3。

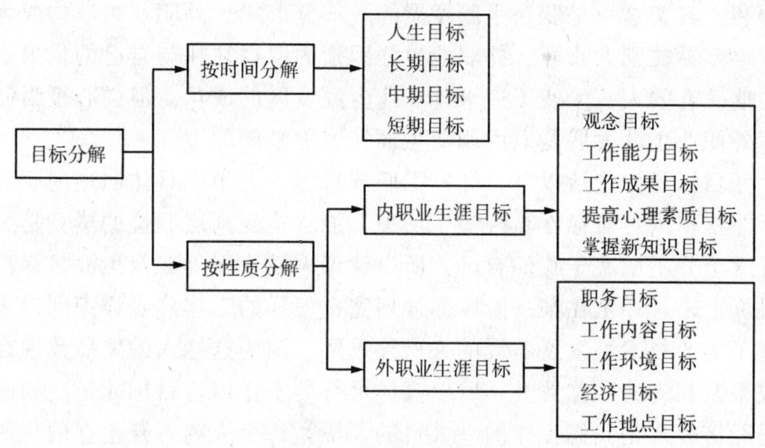

图 6-3　目标分解示意图

1. 按时间分解

按时间分解是最常用并且也很容易掌握的目标分解方法。首先，应该区分最终目标与阶段目标。在经过自我识别定位和职业环境分析，选定了职业路线之后，求职者就会确定一个总体目标。这个总体目标是我们的最终目标，即人生目标。最终目标取决于一个人的价值观、知识储备、能力水平，是对自身条件、社会环境、组织环境等主客观因素进行大量分析之后得到的结果。心理越成熟的人，就会越早地确定自己的最终目标，并朝这个目标努力前进。反之也有人到退休甚至老死，也不清楚自己到底要干什么。最终目标只有与自己的价值观相符才是有效的，并且一经确定就不要再频繁更改。其次，把最终目标分解为若干个长期（5～10 年）目标，每个阶段都有一个具体的目标。它应该具备以下特征：有长远目标，非常符合自己的价值观，与社会发展需求相结合，富有挑战性和创造性，考虑风险，能够用明确的语言定性地描述，一定时间范围内可行，一经实现会带来巨大的成就感和易于分解操作等。第三，每一个长期目标可以继续分解成若干个中期（3～5 年）目标。它应该具备以下特征：与长期目标一致，具有全局眼光，基本符合自己的价值观，自我与组织环境相结合，创新性，灵活性，能够用明确的语言量化描述和环境支持等。最后，还可以继续将中期目标分解为若干个短期（1～2 年）目标。比之长期目标和中期目标，短期目标更要求有操作性和灵活性。它一般应具备以下特征：与最终目标、长期目标一致、适应组织环境需求，灵活简单，未必与价值观相符但可以接受，具有可操作性，切合实际，确能实现，朝着长期目标以迂为直等。

2. 按性质分解

美国职业心理学家施恩教授最早把职业生涯分为外职业生涯和内职业生涯。

1）外职业生涯目标

外职业生涯是指经历一种职业（由教育开始，经工作期，直到退休）的道路，包括职业的各个阶段：招聘、培训、提拔、奖惩、解雇、退休等。具体来说，外职业生涯是指从事职业时的工作单位、工作地点、工作内容、工作职务、工作环境、工资待遇等因素的结合及其变化过程。许多人以为职业生涯发展就是换更好的工作，或是得到职位的提升，或是增加工资福利。其实这只是职业生涯发展的一部分形式。外职业生涯构成因素通常是由别人给予的，也容易被别人收回。外职业生涯因素的取得往往与自己的付出不符，尤其是在职业生涯初期。有的人一生疲于追求外职业生涯发展的成功，但内心极为痛苦，因为他们往往不了解外职业生涯发展是以内职业生涯发展为基础的。

外职业生涯目标具体包括以下目标。①职务目标：大学生具体明晰的职务目标是“专业”加职务。②工作内容目标：在现实生活中，能够达到高层职位的毕竟是少数，而且能否晋升很大程度上并不取决于我们自己。所以建议大学生把外职业生涯目标规划的重点移到工作内容目标上来，即把在某一阶段你计划完成怎样的工作内容详细列出来。工作内容目标对于选择了专业技术型发展路线的人格外重要。因为这些人的发展体现在本专业技术领域取得的成果及相应的职称晋升，所以具体可行的工作内容目标才是规划的重点。③经济目标：获得经济收入是我们工作的一大目的，毕竟每个人离不开生存的物质基础。大学生在职业生涯规划中列出收入期望无可非议，但要注意的是切合自己的能力素质和实际，大胆规划出一个具体的数目，这个数字将在日后成为你的重要激励源，不要含糊不清或压根就不敢写。④工作地点目标和工作环境目标：如果你对工作地点或工作环境有特殊要求，就要在规划中列出这两项内容。总之，尽可能根据个人喜好来规划，但切勿太过细琐，以免影响选择面。

2）内职业生涯目标

内职业生涯是指从事一项职业时所具备的知识、观念、心理素质、能力、内心感受等因素的组合及其变化过程。内职业生涯更多地注重所取得的成功或满足的主观感情，以及工作事务与家庭事务、个人消闲等其他需要的平衡。内职业生涯各项因素要靠自己的主观努力才能实现，别人只能是一个助力，而且内职业生涯的各构成因素一旦取得，就成为别人拿不走、收不去的个人财富。内职业生涯的发展是外职业生涯发展的前提，内职业生涯发展了，外职业生涯自然提升。因此，大学生应当充分重视内职业生涯的发展，认清它在个人职业生涯乃至整个人生发展中的关键性作用。尤其是在职业生涯的早期和中前期，一定要把对内职业生涯各因素的追求看得比外职业生涯更重要。只追求外职业生涯目标会让人遭受挫折感。如上级对自己不公，工作辛苦但赚钱不多，晋职晋级与自己无缘……经常这样想会生活在抑郁之中。其实，我们还有一笔重要的财富不容忽视——丰富的知识经验积累，观念、能力的提高及由此带来的快乐感、成就感。内职业生涯修炼到位了，机会就会来找你。所以我们在分解和组合自己的职业生涯目标时，内职业生涯目标是尤其应该重点把握的内容。

内职业生涯目标具体包括以下目标：①工作能力目标：工作能力是对处理职业生涯中各种工作问题的能力的统称，如组织领导能力、策划能力、管理能力、研究创新能力、人际关系沟通能力、与同事协调合作的能力等。衡量一个人的职业生涯成功与否，不在于他是否当上高官、赚到多少钱这些外在表征，而在于他工作的过程中，是否创造了富有实际意义的成果。很多时候，我们职业生涯发展是个横向伸展的过程，可能是工作内容范围的扩大，也可能是专业领域的深入，这都需要我们不断提高个人的工作能力，否则你的职业生涯将会停滞不前。同时，必要的工作能力积累是达到职务目标和收入目标的前提。所以，大学生在制订个人职业生涯规划时，工作能力目标应当优于职务目标。当然，工作能力目标应当切合实际，具有挑战性，并与该阶段的职务职称目标所要求的条件相匹配。②工作成果目标：工作成果是进行绩效考核的重要指标，优异的工作成果不仅带给我们荣誉感和成就感，也铺砌了通往晋升之途的阶梯。③提高心理素质目标：心理素质在当今社会越来越受到人们的关注和重视。在职业生涯途中，只有心理素质合格的人才能正视现实、克服困难、追求卓越；而心理素质差的人只会怨天尤人、自暴自弃。为了使职业生涯规划蓝图能够变成现实，大学生就要不断提高自己的心理素质。提高心理素质目标包括抗挫折、包容他议，也包括在暂时的成功面前保持冷静清醒，做到能屈能伸、宠辱不惊。④观念目标：观念是对人对事的态度、价值观。当今社会是个强调观念的社会，各种各样新的观念层出不穷。这些观念影响我们的行动，也影响组织、领导、同事、客户对我们的态度。随时更新自己的观念，让自己总是站在前沿地带，也是我们规划个人职业生涯的重要的一环。

二、目标组合法

目标组合是处理不同目标相互关系的有效措施。如果只看到目标之间的排斥性，就只能在不同目标之间做出排他性选择，而如果能看到目标之间的因果关系与互补性，就能够积极地进行不同目标的组合。目标组合有三种方法：时间组合、功能组合和全方位组合。目标组合示意图见图 6-4。

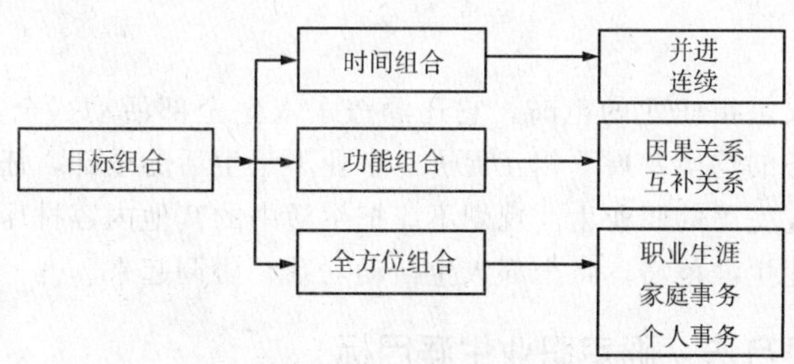

图 6-4　目标组合示意图

1. 时间组合

职业生涯目标在时间上的组合可以分为并进和连续两种情况。

1）并进

职业生涯目标的并进是指同时着手实现两个平行的工作目标，或者建立和实现与目前工作内容不相关的职业生涯目标。有时候，外部环境给予我们的机会很多，这让我们面临着多个选择，只要处理得好，又有足够的精力和能力来应对，在一定的范围内，是可以做到鱼与熊掌兼得的。这里所说的“同时着手实现两个平行的工作目标”，指的是在同一期间内进行的不同性质的工作。如上级管理层兼任技术业务项目责任人，或中高级管理层的“双肩挑”的情况，就可以称作目标的并进，类似的情况在很多组织（企业）中也屡见不鲜。而“建立和实现与目前工作内容不相关的职业生涯目标”多发生在中青年人身上，意在居安思危、未雨绸缪。例如，人们为了获得更大的发展空间，在做好本职工作的同时，进修自己感兴趣的其他课程等。并进有利于开发我们的潜能，在相同的时间内迎接更大的挑战，发挥更大的价值。

2）连续

连续是用时间坐标为节点，将多个目标前后连接起来，实现一个目标再进行下一个。一般来说，较短期目标是实现较长期目标的支持条件。目标的期限性也是相对的：随着时间的推移，长期目标成为中期目标，中期目标成为短期目标，短期目标成为近期目标。只有完成好每一个近期目标和短期目标，最终目标才有可能实现。

2. 功能组合

很多职业生涯目标在功能上存在着因果关系或互补关系。

1）因果关系

有些目标之间存在着因果关系，如前面提到的工作能力目标与职务目标和收入目标，前者是因，后者是果，表现为：工作能力提高→职务提升→收入增加。

通常情况下，内职业生涯目标是原因，外职业生涯目标是结果。一般因果排序为：观念更新目标→掌握新知识目标→提高工作能力目标→职务晋升目标→经济收入提高目标。

2）互补关系

职业生涯目标的互补关系是显而易见的，一般高校教师往往同时肩负教学和科研两项任务。教学为进行科研提供了理论基础和方法指导，科研实践又促进了教学内容的丰富更新和教学质量的提高。

3. 全方位组合

全方位组合不仅是指职业的范畴，它还涵盖了人生全部活动。全方位组合指职业生涯、家庭和个人事务的均衡发展、相互促进。事业不是生活的全部，任何一个人都不能离开家庭和休闲娱乐，完美的职业生涯规划不应把生活中的其他内容排斥在外，全方位组合可以超越狭隘的职业生涯范畴，将全部人生活动联系、协调起来。

三、正确运用方法，确定职业生涯目标

一个人要获得事业的成功，应当按照人生成功的规律来制订行动的目标。也就是说，一个未来的成功者必定是一个目标意识很强的人。所谓“目标意识”就是头脑中始终有清晰的目标，就像是准确控制的导弹一样，一直“咬”着目标不放，直到击中目标为止。当这个目标实现以后，他又会盯住下一个目标，直到事业的成功。制订自己的职业目标并没有想象的那么难，只要考虑一下你希望在多少年之后达到什么目标，然后一步一步往回算就可以了。人生要确立一个什么样的事业目标，这要根据主客观条件和可能来加以设计。每个人的条件不同，所以目标也不可能完全相同，但确定目标的方法是相同的。

1. 符合社会与组织需求

职业生涯目标如同一种“产品”，这种“产品”有市场，才有“生产”的必要。故在确定职业生涯目标时，要考虑到内外环境的需求，特别是要考虑到社会与组织的需求，有需求才有位置。

2. 适合自身特点

不同的人有不同的特点。将目标建立在个人优势的基础上，就能左右逢源，处于主动

有利的地位。大学生要选择与自身长处相符或相近的目标。人之才能，各不相同。目标选择不能偏离自身长处，否则便是自己跟自己过不去，自己为自己设置前进道路上的障碍。有的人选择职业生涯目标时违背了以上原则，单凭自己的爱好（爱好往往并不能与特长画等号），或者盲目追逐世俗的热点来进行选择，这样就容易误入歧途。

3. 高低恰到好处

职业生涯目标是高一些好呢，还是低一些好？总的来看还是高一点好。前苏联大文豪高尔基说过："我常常重复这样一句话，一个人追求的目标越高，他的才能就发展得越快，对社会就越有益；我确信这也是一个真理。这个真理是由我的全部生活经验，即我观察、阅读、比较和深思熟虑过的一切确定下来的。"大学生的职业生涯目标应追求符合实际的远大目标。在与实际相符合的范围内，自我确定的目标越高，其发展前途就越大。做到志存高远，当前的行动要立足于现实的大地上，心中要有符合实际的崇高而远大的抱负，如此则前途无量。有了远大的目标，能起到激励作用，能促进学习，改进工作方法，为达到目标而发奋工作。所定目标如果仅限于自己能力范围之内，只求工作轻松省力，回避新的激励，结果就会使人陷入畏缩不前、消极保守的状态。值得注意的一点是，目标不是理想，不是希望，而是理想与希望的具体化。理想是对未来事物的想象或希望，是一种崇高的精神境界，而目标是实的，是具体的。目标与理想的关系是，目标指向理想，二者虽有联系，但不能相互替代。

4. 幅度不宜过宽

奋斗目标有高有低，专业面有宽有窄。在职业生涯规划目标选择中是宽一点好，还是窄一点好呢？一般来说，专业面越窄，所需的力量相对越少。也就是说，用相同的力量对不同的工作对象，专业面越窄，其作用越大，成功的机会越多。所以，职业生涯目标的专业面不要过宽，最好是选一个窄一点的题目，把全部身心力量投放进去，较易取得成功。

例如，某人想成为一名管理专家，此目标确定得太宽，因为管理包括许多领域，一个人的精力有限，要想成为各方面的管理专家，有点不太现实。如果你想成为一名企业战略管理或品牌管理的专家，经过若干年的努力，就有可能实现。

5. 长短配合恰当

职业生涯目标是长期的好呢，还是短期的好？回答是应该长短结合。长期目标为人生指明了方向，可鼓舞斗志，防止短期行为。短期目标是实现长期目标的保证，没有短期目标，也就不会有长期目标。特别是在职业生涯发展过程中，通过短期目标的达成，能体验到达到目标的成就感和乐趣，鼓舞自己为了取得更大的成就，而向更高的目标前进。但是，只有短期目标，看不到远大的理想，也会影响奋斗的激励作用，还会使事业发展摇摆不定，甚至偏离发展方向。

6. 同一时期目标不宜多

就事业目标而论，同一时期目标不宜多，而应集中为一个。目标是追求的对象，你见过同时追逐五只兔子的猎手吗？所谓"一只手抓不起两条鱼"也是这个道理。有的大学生年轻气盛，自认为高人一等，同时设下几个目标。我们的忠告是：那样的话可能一个目标也实现不了。这不是说你不能设立多个目标，而是你可以把它们分开设置。具体来说，就是一个时期一个目标，拉开时间距离，实现一个目标后，再实现另一个目标。

7. 目标要明确具体

目标就像射击的靶子一样，清清楚楚地摆在那里。干什么，干到什么程度，要有明确具体的要求。比如，从事某一专业，到哪年学习哪些知识，达到什么程度，都要明确、具体地确定下来。目标明确不仅指业务发展目标明确，而且与之相应的其他目标也要明确、具体。比如，学习进修目标、思想目标、经济收益目标、身体锻炼目标等，这些目标也要有明确的要求。同时要做到互相配合、共同作用，促进个人的身心、生活和事业的全面发展。无论是什么目标都应有“度”的要求。所谓“度”，一是时间，二是高度和深度，只有这两个方面完全结合，才能成为明确的目标。

8. 职业生涯目标要与生活目标结合考虑

人生除了事业目标外，还有财富、婚姻、健康等问题。这些问题都直接影响着人生事业的发展和生活质量。所以，财富、婚姻、健康也是人生的重要组成部分，在制订职业生涯目标时应加以考虑。人生立志创一番事业，物质基础是必要的，没有一定的物质基础，事业也难以得到发展。所以，在制订人生事业目标时，对个人收入问题加以适当的设计是非常必要的。其设计的方法是：根据需求和实际能力，把渴望得到的金钱数量用数字表达出来。婚姻也是人生中一件大事，处理得好，有助于事业的发展，一生幸福；处理不好，不但影响事业的发展，而且终生痛苦。人人都希望健康、长寿，事业发展也离不开健康，所以要注意锻炼身体。

你的职业生涯目标一旦确定，就用不着去注意别人的闲言碎语，用不着看别人的脸色行事。你要明白：规划好你的人生，设计好你的发展，是你的义务、责任、权力。世上一切伟人与凡夫俗子的最大区别就是，前者懂得事先计划自己的一生，后者则不懂得或不愿意计划自己的人生。你拥有了接受高等教育的机会，在此期间做好职业生涯规划，正是夯实你事业基础的最佳时机。

四、确立职业生涯目标应该注意的事项

现实社会中总有这么一部分人，目标虽确立了，但就是达不到，究其原因，还是在目标选择中存在许多问题。因此，大学生在确立个人职业生涯具体发展目标时，必须注意在目标热、冷、难、易、长、短之间进行慎重抉择，同时还要平衡兼顾、具体明确。个人在确立职业生涯发展目标时，要考虑社会上的人们对这一目标的热衷和趋附程度，也就是说，要看这个目标是否“热门”。一般说来，当一个目标成为“热门”，吸引众多的追求者时，往往说明社会对它的需求量较大，社会环境也对它有利；但同时也伴随竞争者数量庞大，真正取得成功寥寥无几的问题。因此，大学生必须实事求是地估计自己的才能，才不至于被淘汰出局。而着眼于有较大社会需求潜力的“冷门”，即目前暂时不为人们所重视，但却是未来非常需要的职业，不失为一种明智的策略。目标也有高低难易之分。确立职业生涯目标，最忌好高骛远，试图一步登天。人才是多层次的，人的能力是有差异的，人的职业生涯成长是由低到高步步递进的。因此，大学生选择目标应该区分阶段、合乎层次、

从易到难、循序渐进。很难想象，一个刚毕业的大学生在两三年内就一鸣惊人，成为国际著名专家。起点较低、基础较弱、市场竞争条件较差的人，更不宜把目标定得太高。属于较高层次且实现起来比较困难的目标，则应在具有相当基础的条件下再予以考虑。也有的人心高气盛，定下若干目标自以为要冲破生命极限，结果目标太多太杂，难免顾此失彼，到头来什么也抓不住。集中一个目标，并不是说不能设立多个目标，而是要拉开时间距离，分开设置，一个时期集中瞄准一个目标，逐步实现。尽快成才，尽快成功，尽早达到职业生涯的目标，是人们共同的意愿。在选择目标时，必须考虑时间因素。具体地说，在设定目标时，要把近期目标和长远目标结合起来。首先要基于自身的能力、发展潜力和社会经济发展的趋势，勾画出自己的职业生涯高峰。这就是职业生涯的长期目标。它具有“未来预期”“宏观综合”“人生理想”“发展方向”“引导短期”和“自身可变”的性质。长期目标一般为 10 年、20 年、30 年，它是短期和近期目标所追求的最终目标。职业生涯的长期目标是一种现实性的目标，是具有实际价值的目标，是以长期的人生大目标为发展方向的行动性、操作性目标。短期目标是为达到长期目标的初始步骤，通过一个个攻克短期目标，逐步逼近和最终达到长期目标。同时还要注意详细列出实现目标的具体时间，达到什么程度。目标空泛，行动就容易陷入盲目，不能有意识地收集相关领域的知识信息，也无法有效培训提高。再者，目标明确不仅指业务发展目标，而且与之相应的学习目标、经济收益目标、职业目标、业绩目标也要有明确的要求，要做到互相配合、共同作用，促进个人的身心、生活和事业的全面发展。

人生除了事业目标外，还有财富、婚姻、健康等诸多问题。这些问题都直接影响着人生事业发展和生活质量。所以在制订职业生涯目标时也应注意兼顾这些因素。如希望到什么时间，财富收入达到多少？对个人生活有什么预期目标？达到什么标准？这些都应结合考虑，统筹兼顾。还要注意使个人目标与组织目标达到一致。虽然个人目标是自己的目标，但并非只靠自己的力量就能实现。把自己的目标与组织目标协调起来，发展就会比较顺利。只有综合考虑上述诸多因素，才能选中最符合实际的、对社会有用的、成功可能性较大的正确目标。这样不仅能使自己的目标与社会需要紧密结合，使自己的长处得到发挥，而且也能保证职业生涯的顺利和成功。

附录　SWOT 分析法帮大学生确立职业生涯规划目标

SWOT 分析法是市场营销管理中经常使用的功能强大的分析工具：S 代表 Strength（优势），W 代表 Weakness（弱势），O 代表 Opportunity（机会），T 代表 Threat（威胁）。市场分析人员经常使用这一工具来扫描、分析整个行业和市场，获取相关的市场资讯，为高层提供决策依据，其中，S、W 是内部因素，O、T 是外部因素。大学生在确立自己的职业生涯目标时，不妨采用这一工具对自己进行一番从里到外的体检。

SWOT 分析法是检查大学生技能、能力、职业、喜好和职业机会的有用工具。如果对自己做个细致的 SWOT 分析，那么，你会很明了地知道自己的个人优点和弱点在哪里，并且你会仔细地评估出自己所感兴趣的不同职业道路的机会和威胁所在，从而确立自己的职业生涯规划目标。

一、大学生在进行 SWOT 分析时，应遵循以下四个步骤

1. 评估自己的长处和短处

我们每个人都有自己独特的技能、天赋和能力。在当今分工非常细的市场经济里，每个人擅长于某一领域，而不是样样精通。举个例子，有些人不喜欢整天坐在办公桌旁，而有些人则一想到不得不与陌生人打交道时，心里就发憷，惴惴不安。请做个表格，列出你自己喜欢做的事情和你的长处所在。同样，通过列表，你可以找出自己不是很喜欢做的事情和你的弱势。找出你的短处与发现你的长处同等重要，因为你可以基于自己的长处和短处做两种选择：一是努力去改正你常犯的错误，提高你的技能；二是放弃那些你不擅长的、技能要求很高的职业。列出你认为自己具备的很重要的强项和对你的职业选择产生影响的弱势，然后再标出那些你认为对自己很重要的强、弱势。

2. 找出自己的职业机会和威胁

我们知道，不同的行业（包括这些行业里不同的公司）都面临不同的外部机会和威胁，所以，找出这些外界因素非常重要，因为这些机会和威胁会影响你的第一份工作和今后的职业发展。如果公司处于一个常受到外界不利因素影响的行业，很自然这个公司能提供的职业机会将是很少的，而且没有职位升迁的机会。相反，充满了许多积极的外界因素的行业将为求职者提供广阔的职业前景。请列出你感兴趣的一两个行业，然后认真地评估这些行业所面临的机会和威胁。

3. 提纲式地列出今后五年内你的职业生涯目标

仔细地对自己做一个 SWOT 分析评估，列出你从学校毕业后五年内最想实现的 4～5 个职业目标。这些目标可以包括：你想从事哪一种职业，你将管理多少人，或者你希望自己拿到的薪水于属哪一级别。请时刻记住：你必须竭尽所能地发挥自己的优势，使之与行业提供的工作机会完满匹配。

4. 提纲式地列出一份今后五年的职业行动计划

这一步主要涉及一些具体的东西。请你拟出一份实现上述第三步列出的每一目标的行动计划，并且详细说明为了实现每一目标，你要做的每一件事，何时完成这些事。如果你觉得自己需要一些外界帮助，请说明你需要何种帮助和如何获取这种帮助。举个例子，你的个人 SWOT 分析可能表明，为了实现你理想中的职业目标，你需要进修更多的管理课程，那么，你的职业行动计划应说明你何时进修这些课程。你拟订的详尽的行动计划将帮助你做决策，就像公司事先制订计划是职业经理的行动指南一样。诚然，做此类个人 SWOT 分析会占用你的时间，而且还需认真地对待，但是详尽的个人 SWOT 分析却是值得的，因为当你做完详尽的个人 SWOT 分析后，你将有一个连贯的、实际可行的个人职业策略供自己参考。在当今竞争日趋白热化的市场经济社会里，拥有一份挑战和乐趣并存、薪酬丰厚的职业是每一个人的梦想，但并不是每一个人都能实现这一梦想。因此，为了使你的求职和个人职业发展更具有竞争性，请花一些时间界定你的个人优势和弱势，然后制订一份策略性的行动计划，务必保证有效地完成它，那么，你的前景将灿烂而辉煌！

二、兴趣与工作相结合

踏实的个性使你觉得工作是生活的工具之一，合乎兴趣的工作才是事业，唯有将自己所长及所爱的兴趣与工作相结合，做最好的搭配，才能称作事业———一个你永远都会努力的工作。也许有人会问，该如何对自己的工作感兴趣呢？最好的方法就是挑选与自己适性、适情的工作，因为如果该工作能符合自己的喜好，便可从中产生很大的兴趣。

如何找出自己的喜好？方法很简单，只要拿出一张纸，依照以下的指示，记下自己最擅长的项目或专长。写出自己拿手的项目，例如，绘画、唱歌、跳舞、写作、演讲、弹奏乐器等；写出让自己引以为傲的特质，例如：细心、体贴、温柔、宽容、知错能改等；写出自己和周遭亲友相处的关系，例如：能为别人着想、急公好义、打抱不平、见义勇为等。只要站在客观的立场，列举出自己的各种专长、成就和特质后，便能得知自己感兴趣的项目有哪些，然后从其中找出最适合发挥的才能，好好发挥所长，就能认真努力工作而不感到辛苦。乐在工作，从工作中找到满足感，并对自己选择的工作不以为苦，人生绝对是快乐百分百。

【阅读1】　驴子和狗的故事

故事发生在一个传统的农庄，描述的是一位农夫和他所饲养的驴子和狗的悲剧；讲的却是现代都市上班族的辛酸与哀愁。

一位诚恳踏实的农夫是驴子和狗的主人。驴子每天日出而作、日落而息，工作非常卖力而且辛苦，但却常常觉得不讨主人欢心，因为主人“做得好是应该，做不好叫你卷铺盖”的脸色，让驴子害怕又无奈，所以驴子自怨自艾。

狗的运气比驴子好得太多，白天吃饭、睡觉，把精神养得极好，当夕阳西下主人拖着疲累的身心回到家，摇头摆尾的狗儿就跟前跟后，陪在主人身旁逗乐。这时候，农舍外面的驴子早已因为白天工作得太累而无精打采，呼噜呼噜地睡着了。长此以往，狗儿深得主人宠爱，驴子却日渐被冷落，主人甚至不经意地自言自语说：“养了一只懒驴，七早八早就困倦打盹！”

伤心的驴子满腹委屈，迫不得已向狗儿请教取悦主人的办法。当红得势的狗儿有狗仗人势的骄傲，却也不吝赐教，它指导驴子说：“这很简单啊，你只要学我在白天时好好养精蓄锐，待主人回家休息后，谄媚一点，投怀送抱，主人就会对你另眼相看了！”

驴子感激涕零地对狗的指示言听计从。翌日白天呼呼大睡，等到月出东山时，羞涩地走向农舍厅前，终于鼓足勇气学狗一般朝向主人的胸怀扑去。主人见状，大吃一惊，心里紧张地想：“这头懒驴，今晚八成是疯了，白天不干活也就罢了，竟敢趁夜来袭击我！”于是冲进房里取出猎枪，扣下扳机，子弹冲膛而出，可怜的傻驴子就这么被一枪毙命，呜呼哀哉！

由此可见，选择自己的职业，尤其是确立自己的职业目标是多么的重要。

首先，在进行职业选择之前，我们应当明白，职业无贵贱，行行出状元。摒弃偏见才能使职业之路更加宽广。在职业竞争日益激烈的情况下，要懂得妥协，先就业再择业，积累更多的经验才能更好地做好自己想做的工作。要放低姿态，努力工作，获得别人的认同，才会有更多的机会。

在认识自我、明确目标的基础上，我们还可以通过利弊的比较来确定最后的选择，可以通过列表的方法来仔细分析两种不同选择的利弊关系。在结合现实、权衡轻重之后，做出对我们更有利的选择。

（资料来源：杨贞妮．找准自己的职业定位［J］．成才与就业，2012）

【阅读 2】　十年后我会怎样

女孩 18 岁之前，不知道自己想要什么，每天就在艺校里跟同学唱唱歌、跳跳舞，偶尔有导演来找她拍戏，她就会很兴奋地去拍，无论角色多么小。直到 1993 年的一天，教她专业课的赵老师突然找她谈话，她问："你能告诉我，你未来的打算吗?"女孩一下子愣住了。她不明白老师怎么突然问她如此严重的问题，更不知该怎样回答。

老师又接着问她："现在的生活你满意吗?"她摇摇头。老师笑了："不满意的话证明你还有救。你现在想想，十年以后你会怎样?"

老师的话很轻，但是落在她心里却变得很沉重。她脑海里顿时开始风起云涌。沉默许久后她说："我希望十年以后自己能成为最好的女演员，同时可以发行一张属于自己的音乐专辑。"

老师问她："你确定了吗?"她慢慢咬紧嘴唇："是。"而且拉了很久的音。"好，既然你确定了，我们就把这个目标倒着算回来。十年以后你 28 岁，那时你是一个红透半边天的大明星，同时出了一张专辑。""那么你 27 岁的时候，除了接拍各种名导演的戏以外，一定还要有一个完整的音乐作品，可以拿给很多很多的唱片公司听，对不对?""25 岁的时候，在演艺事业上你要不断进行学习和思考。另外，你还要有很棒的音乐作品开始录制了。""23 岁必须接受各种各样的培训和训练，包括音乐上的和肢体上的。""20 岁的时候开始作曲作词，并在演戏方面要接拍大一点的角色……"

老师的话说得很轻松，但是她却感到一种恐惧。这样推下来，她应该马上着手为自己的理想做准备了。可是她现在什么都不会，什么都没想过，仍然为小丫环、小舞女之类的角色沾沾自喜。她觉得一种强大的压力忽然向自己袭来。老师平静地笑着说："要知道，你是一棵好苗子，但是你对人生缺少规划。如果你确定了目标，希望你从现在就开始做。"

想想十年后的自己——当她意识到这是一个问题的时候，她发现自己整个人都觉醒了。从那时起，她就始终记得十年后自己要做最成功的明星。所以，毕业后，对角色她开始很认真地筛选。渐渐地，她被大家接受了，她慢慢地尝到了成功的欢乐。

2003 年 4 月，恰好是老师和女孩谈话的十周年，她不知道是偶然还是必然，她居然真的拥有了属于自己的第一张专辑——《夏天》。

这个女孩就是如今红遍全国、驰名海内外的影视歌三栖明星周迅。从1991年到2008年初的17年，周迅已拍摄各类题材的影视剧37部，成为32个知名品牌的形象代言人。她已获得过45个影视歌奖项，百花奖、金紫荆奖、金像奖、金马奖她都先后一一问鼎，她的歌曲也深受广大歌迷喜爱。毫无疑问，所有这些成就的取得并正是周迅牢记老师的话，孜孜以求、奋争不止的结果。

人生能有几个十年？只有及时地拷问自己“十年后我会怎样?”并及早规划、及早行动，并且矢志不移、百折不挠，你才会拥有多彩的人生。是的，时刻想着十年以后的自己，想想十年以后会怎样，你就会离自己的理想和目标越来越近。

（资料来源：《读者》）

【阅读3】　向诸葛亮学习职业生涯目标规划

东汉三国时期，群雄逐鹿，人杰辈出！与绝大多数怀才不遇者的思维定势相反：长期隐居南阳草庐的诸葛亮一出山就投靠了当时最为势单力薄的刘备集团并终生为其奔走效力。

在为刘备集团做出杰出贡献的基础上，诸葛亮实现了个人事业的成功——这归根结底取决于诸葛亮近乎圆满的职业选择策划！

首先，诸葛亮的个人职业发展定位非常清晰。诸葛亮自幼胸怀大志，始终以春秋战国时期两位著名的最高参谋管仲、乐毅为个人楷模，立誓要成为他所处时代杰出的“谋略大师”，为光复汉室贡献力量；同时，诸葛亮也非常清楚：他自己长期积累的才干已具备了实现职业目标的可能！

其次，从应聘对象选择上看，诸葛亮也独具慧眼：曹操已经统一了半个中国，实力雄厚，最有资格挑战全国统治权；孙权只求偏安自保；而势力最为弱小的刘备集团却具备快速成长，与曹操、孙权三足鼎立乃至在此基础上一统天下的可能性。

原因在于：第一，刘备始终坚持光复汉室的理想并在全国赢得了相当一批支持者——这与诸葛亮的个人价值观吻合；第二，刘备品性坚忍顽强，敢于与任何强大的敌人对抗；第三，刘备待人宽厚谦和，团队凝聚力超强；第四，刘备是汉朝皇族后裔，具备名正言顺继承“大统”的资格——以上条件恰恰是刘备增值潜力最大的资源且其他诸侯很难模仿、替代。此外，还有一个非常重要的原因：到赤壁之战前夕时，曹操和孙权两大集团都已人才济济、颇具规模，诸葛亮若去投奔，最多也只能成为一名“中层管理人员”；而刘备集团当时主要由一些武将构成，高级参谋人才奇缺，诸葛亮完全有可能被破格提拔进入最高领导层！

再次，在应聘准备和应聘实施方面，诸葛亮更是做得登峰造极！

在个人推销方面，诸葛亮通过躬耕陇亩给外界留下踏实肯干的印象；同时，他还写了一篇《梁父吟》，含蓄地表明心志；此外，诸葛亮在与外人言谈中每每自比管仲、乐毅，一方面宣传了个人的卓越才华，另一方面也表明了他对“和谐双赢”的君臣关系的向往——诸葛亮个人才能和求职意向等重要信息最终通过各种渠道传递到了刘备那里。

在应聘临场发挥方面，诸葛亮在《隆中对》中，通过逻辑严谨的精彩表述充分展现了个人对国内军事、政治形势及刘备集团未来发展战略的全面深入思考，令刘备对这个27岁的年轻人大为叹服！此后，刘备始终待诸葛亮为上宾，全部重大决策都要与其共同协商探讨，甚至在临终之时还有托孤让位之举；诸葛亮也始终对刘备忠诚一心，鞠躬尽瘁！深厚的君臣情谊是刘备集团后来事业蓬勃发展，最终与曹操、孙权三足鼎立的重要因素并传为千古佳话！

诸葛亮是昔日乱世中的一个孤儿，若非正确的职业选择，很可能就淹没在历史的尘埃之中，永不为人所知！但积极进取且颇有心计的诸葛亮通过在职业选择上的完美谋划，彻底改变了自己的命运。

（资料来源：百度百科）

【探索1】　职业生涯目标等于一切吗？

小勇大学毕业后在一家企业做销售员，因各种问题辞了职，半年后还是没有找到合适的工作。于是，他来到职业咨询公司做职业生涯规划。通过测评，小勇非常适合做销售，职业顾问为其规划的下一个平台是做含金量更高级的销售员，最终目标是做销售经理。小勇对职业顾问帮他做的职业生涯规划相当满意。一个月过去了，当职业顾问进行跟踪问效时，同期做规划的几个人都按要求找到了合适的工作，只有小勇还原地立正，还说："这也没什么用呀！"

咨询师仔细询问后找出了原因，原来小勇把做规划与实际执行脱了节，小勇感到需要补充的知识有难度，就没有补充学习。咨询师启发他："对职业生涯规划的正确理解是，行之有效的生涯设计需要切实可行的奋斗目标，这是制订职业生涯规划的关键，目标决定着你的方向，没有目标的人，永远也别想成功。目标是职业规划的出发点，同时也是促使一个人去实施规划的巨大动力。鼓舞和鞭策一个人排除一切阻力和干扰，不徘徊、不犹豫、不妥协、勇往直前，全心致力于目标的实现。制订实现职业生涯目标的行动方案，要有具体的行为措施来保证。没有行动，职业目标只能是一种梦想。要制订周详的行动方案，更要注意去落实这一行动方案。比如：如何提高自己的综合素质？如何提高自己的技能？如何弥补自己的弱项？如何创造晋升的机会？这些具体、详尽、可行的行动方案是实现目标的手段和工具，会帮助你一步一步地实现目标，走向成功。"在咨询师的帮助下，小勇补上了自己缺欠的知识，并很快就按目标登上了职业生涯规划的第一个台阶。

你是否也遇到过类似的问题？说说你的亲身体会。

【探索2】　分割抵达目标的距离

1984年，在东京国际马拉松邀请赛中，一名叫山田本一的日本选手夺得了世界冠军，爆出了个大冷门。在这之前，他成绩平平。

当记者问他依靠什么取得如此惊人的成绩时，他说："凭智能战胜对手。"

但很多人心里都认为这个选手取得冠军纯属偶然。

十年以后，这个选手在他的《自传》中是这么写的："每次比赛之前，我都要乘车把比赛的路线仔细看一遍，并把沿途比较醒目的标志画下来。比如第一个标志是银行，第二个标志是一棵大树，第三个标志是一座红房子……这样一直画到赛程的终点。比赛开始后，我就以跑百米的速度奋力地向第一个目标冲去，过第一个目标后，我又以同样的速度向第二个目标冲去。起初，我并不懂这样的道理，常常把我的目标定在40公里外的终点那面旗帜上，结果我跑到十几公里时就疲惫不堪了。我被前面那段遥远的路程给吓倒了。”

越是远大的目标，看起来就越是遥不可及。但如果你将目标分解成一个个分目标，你便会觉得它们离你并不遥远。如果你能完成每天、每周、每月、每年的目标，你就会距离原定的远大目标越来越近，直至最后完全实现。

每个人与自己的职业生涯目标都有一段漫长的距离，这个距离常常会令我们灰心丧气、烦躁不安，甚至跌倒在奔向目标的路上。这时，不妨将这段距离分成几段，以此淡化困难，坚定信心，最终，让自己成功地抵达目标。

仔细想一想你职业生涯目标实现过程中，遇到了什么样的困难？你采取了什么样的态度和方法？

【探索 3】　做自己的职业生涯目标规划师

日本著名企业家井上富雄年轻时曾在 IBM 公司工作。进入公司不久，由于他体质衰弱，积劳成疾，终于病倒了。他凭着坚强的意志与病魔搏斗了三年之久，终于康复，并重回公司工作。

当时，他已经 25 岁，于是立下了往后 25 年的职业生涯目标，这是他第一次为自己制订职业生涯目标。此后，他每年都为自己未来的 25 年生涯订立新的目标。比如 28 岁时，就制订了到 53 岁时的职业生涯目标；到了 30 岁时，就制订出至 55 岁时的职业生涯目标。

最初他制订职业生涯目标的动机相当单纯。他觉得，病愈后再回到公司，一些比自己晚入公司的后辈职位都超过了他，要想在短时间内拉近近三年的差距着实不易。但是，井上富雄并不是一个轻易服输的人。由于担心再过分逞强会引起旧病复发，于是他就想找出既能悠闲工作又可快速休息的方法。因此，他就抱定主意：“好吧！别人花三年时间，我花六年的时间；别人花五年时间，我就花十年的时间，只要不慌乱，一步步地前进，还是会有成就的。”

所以，井上富雄订立了自己的“25 年计划”表，并确实督促自己按计划实践。他不断地对“如何才能以最少的劳力，消耗最少的精神，以最短的时间方能达到目的”进行思索，也就是说他不断地力图找到既轻松又一定能成功的战略、战术。他经常不断地调整自己的职业设计计划，追加新的努力目标，使自己的启蒙目标和工作目标也就逐渐扩展充实起来。当他还是一个小办事员时，就开始学习科长应具有的一切能力；当科长时，就学习当经理应具备的能力；当经理时，就再进一步学习胜任总经理的能力。

总之，他总是从自己的现实出发学习应具有的各种能力，然后再进一步的为未来打基础，以便能随时胜任更高的职位。这一切都得益于他所订的职业生涯规划的有效帮助。到 30 岁时，井上富雄成为经理；到 40 岁时，他当上了总经理，他的升迁比别人要快得多。而 47 岁时，他干脆离开 IBM，自己开始经营公司。能取得这些成就并不是因为他的脑筋特别好或者善于走后门，只不过是因为他能拟定适合自己生涯的计划并且能去实践。

像井上富雄一样，我们在制订和实施自己的职业生涯目标时，要回顾检验，更要不断更新自己的目标。结合案例写写自己的心得体会。

【本章同步思考题】

1. 什么是职业生涯目标？
2. 为何要设定职业生涯目标？
3. 设定合理的职业生涯目标有哪些好处？
4. 设定职业生涯目标的方法有哪些？
5. 在设定职业生涯目标时，应该注意些什么？
6. 结合自己的实际情况，谈谈自己的职业生涯目标。

第七章　职业生涯决策

导引个案

小昭毕业于上海某财经类大学国际会计系，性格坚强、有上进心，刻苦、学习能力强，她的职业目标是高级财务经理。

但她在毕业之前同时收到英国某大学的offer和普华永道的offer。英国留学的专业是行政管理，普华永道的offer职位是审计师，在留学与就业之间，小昭犹豫了。

职业设计师认为应该先就业，去普华作审计师，然后再选择合适的机会出国深造。理由是小昭本希望出国进修工商管理类课程，但国外大学对申请工商管理类专业的学生都有工作经验要求，所以最后只收到了行政管理专业的offer，小昭学会计，喜欢商务，对行政组织兴趣不大，若为能一时出国而放弃原有兴趣不明智。职业设计师认为，先工作或先出国其目的都应该是为了将来有更好的职业发展前景，违背个人兴趣和职业理想而求得一时出国，为出国而出国，从个人职业发展看来并不可取。

从职业发展考虑，普华位列国际四大会计师事务所之一，有完善的培训计划、良好的工作氛围、规范的工作机制，对职业技能发展大有好处，出国学习行政管理硕士课程一年所获专业资质资历和在普华工作一年之经历技能相比，前者在职业市场上的价值未必比后者高。

普华是专业的国际性会计师事务所，审计工作与小昭大学所学基本对口，且小昭勤奋刻苦、事业心强、意志坚定，加上名牌大学毕业生的综合素质，保证了小昭在工作中必会有所表现。

从小昭职业目标的定位高级财务经理这一点看，小昭具备会计专业学历资质和专业技能，但缺乏作为高级财务经理所必须具备的专业管理知识，小昭希望学工商管理类课程的想法是正确的，为一时出国而放弃原本计划并不合乎长远的职业发展。

国外工商管理类硕士课程要求申请者具备一定工作经历，小昭先工作后出国，正合乎要求。且高级财务经理必须具备的另一大要素就是丰富的专业工作经历。所以先工作，积累工作经历，也是在为实现职业理想作铺垫。

本章内容导读和学习目标

职业决策是个人根据各种条件并经过一系列活动以后，进行的目标决定，以及为实现目标而制订优选的个人行动方案。职业决策是一个复杂的认知过程，通过此过程，决策者组织有关自我和职业环境的信息，仔细考虑各种可供选择的职业前景，做出职业行为的公开承诺。本章将从职业生涯决策与职业生涯发展的关系及其对人生发展的的作用来进行分析，通过本章的学习可以了解职业生涯决策基本概念、职业生涯选择的决策方法、职业生涯决策的影响因素及职业生涯决策理论与模型，为职业生涯的良好发展奠定基础，通过本章的学习，要达到以下两个学习目标：

1. 职业生涯决策选择的方法有哪些？

2. 职业生涯决策的影响因素包括什么？

第一节　职业生涯决策基本概念

一、什么是职业生涯决策

解决各种各样的问题及做出决策是生活中的重要内容，我们在每天的生活中都会考虑诸如：我今天应该穿什么样的衣服？今天午餐吃什么？什么时候给朋友打电话？等等，在做出决策前，我们都要先对自己及环境信息进行检索。换句话说，决策是建立在对自身及选择对象充分了解的基础上的。同样，个人职业问题的解决及做出职业决策过程，需要考虑自己的价值观、兴趣取向、技能及职业信息、教育、工作环境等方面的信息并进行分析，进行职业选择或检索。上述过程就称为“职业决策”。

随着市场经济在我国主导地位的确立，人们的择业自主性越来越大，如何根据人力资源市场的要求和个人特有属性合理地确定所进入或变换的职业，是每个人必须面对的现实问题。职业决策的相关问题越来越突出，同时也引起各方面越来越多的关注，如何实现成功的职业决策成为人们共同关心的焦点。

二、职业生涯决策的特点

与其他类型的决策相比，职业生涯决策有其独特的特点，可归纳为如下四点。

(1) 职业生涯决策的项目数量多，如所选择的专业、学校、职业种类、岗位、单位等。

(2) 职业生涯决策所考虑的信息来源范围广，如职场信息、计算机辅助职业指导系统、目标职业从业者。

(3) 个人职业取向及职业资格要求复杂，如从业前的培训、工作环境、技能、收入水平、工作人际环境等。

(4)“重要他人”（如父母、配偶、师长、朋友等）及专业职业指导人员会对个人的职业决策行为产生直接或间接的影响。

三、相关基本概念

为了便于理解，下面对职业生涯决策的一些相关基本概念加以介绍。

1. 职业要素

与职业相关的要素的构成是比较复杂的，包括用以描述个人及职业的各类与职业相关的变量，例如职业想法、个人需求、工作价值、工作特性、能力、个性特征、职业生涯构想、工作角色与类型等。相对于只考虑单一类型的要素而言，充分考虑各类相关要素能更好地实现个人与环境的契合。

2. 职业特征核心要素

对于某个特定职业，并非所有特征要素都是同等重要的；同时，对于不同职业，特征要素的重要性是呈动态变化的。所谓“职业特征核心要素”就是指对于描述某个特定职业的实质特征起重要作用的因素。例如，“连续长时间工作能力”和“较强的写作能力”是报社记者的职业特征核心要素，但这两个要素对于其他职业并不一定适用（如汽车司机）。

在职业决策中，职业特征核心要素起着至关重要的作用。有研究表明，在职业决策过程中，考虑职业特征的核心要素要比考虑职业各方面特征更有利于实现个人兴趣与职业间的匹配，进而直接促进职业满意感的产生。

3. 个人特征的针对性

在职业决策中，人的认知能力和资源（时间、财力）是有限的，不允许人们对所有相关职业信息进行筛选或分析。因此，缩小职业要素的数量及范围是很有必要的，即针对个人自身的情况，在决策过程中只考虑其中最重要的若干方面的要素。

4. 职业要素的水平

每个职业要素在各自水平上的变化都可以划分为不同的等级。例如，对于“职业声望”要素而言，在其自身水平上的变化可分为：高声望、较高声望、一般声望、较低声望及低声望。

5. 个人职业偏好的水平

个人职业偏好在总体上可以划分为“最理想”“可接受”和“不可接受”三个水平。例如，对于工作场所，某人“最理想”水平的职业偏好是“室内工作”，“主要在室内工作”属于“可接受”水平，而“户外工作”对他而言就是“不可接受”的。

对于个人在某方面的职业偏好而言，其可接受的偏好水平的范围与其重要程度成反比，即某方面的偏好对他越重要，其妥协的程度就越小。例如，某人坚决要选择室内工作的职业，那么“主要在室内工作”的职业对于他来说都是不可接受的。

6. 结构化职业信息与非结构化职业信息

职业信息可以分为两类，即结构化职业信息和非结构化职业信息。结构化职业信息指限定了范围并经过分类和编码的职业信息，对目标职业的各个特征进行明确的描述与说明。例如，“银行出纳员”的结构化职业信息包括“室内工作”“为期一年的岗前培训”“稳定”“较低的职业声望”等。结构化职业信息常被用于目标职业数量较多时的快速筛选。

非结构化职业信息，也称作软信息，指无法进行明确限定的职业信息，如对职业的口头描述、具体的职业活动及与从业人员面对面的交流等。此类信息容易导致偏差，并在很大程度上取决于个人对信息的主观理解及对信息的收集与判断方式。非结构化职业信息有助于了解目标职业的本质及进行彼此间的比较。

此两类信息在职业决策过程中都发挥着重要作用，需要给予足够的重视。

7. 敏感性分析

这项研究的内容主要是对职业决策过程的改变是否会对决策结果产生影响。例如，个人偏好或目标职业的相关信息的适度改变是否会对职业选择产生影响。如果产生了影响，则说明有必要对关键信息的有效性进行检验。职业决策过程的每一阶段后都需要进行敏感性分析。

第二节 职业生涯选择的决策方法

在充分认识了企业所处的社会环境、行业环境、组织内部环境、职业声望及未来职业的发展走向之后，接下来应评估上述因素对自己职业选择和职业发展的影响，根据自己的兴趣、爱好和特长，考虑自己的能力、性格和气质等特征是否符合这样的环境发展。对职业发展中的各种机会进行评估，选出自己理想的职业，并通过自己的努力获得理想的职业，为进一步设计生涯目标和实施职业生涯规划打下基础。

（一）职业选择的主要方法

（1）直接法。主要是借助个人内在的感情和感觉，运用想象力，辅之以过去的知识、经验和背景来做选择，该方法的优点是简单迅速，缺点是主观武断、凭感性，缺乏科学依据。

（2）比较法。运用推理、比较和数据资料，综合考虑多方面的利弊得失，找出正面预期多、负面影响小的方案。这种方法比较科学，但较为复杂，需要的技术和资源较多，选择过程较长。

（3）测试法。主要是利用一些量表来测试自己的职业倾向或职业兴趣等，然后参考测量结果来进行职业选择。

（4）咨询法。通常是找一些有经验的咨询专家进行咨询或指导，利用他们的专门知识和经验辅助决策。若在测试结果的基础上进行咨询分析，则效果更好。

（二）职业优选决策法

上面只是几种职业选择的一般方法。但在实际中，当一个人真的面临职业选择时，应综合运用各种方法，较全面地考虑各方面的因素，以便做出更合理的判断和选择。

1. 运用 SWOT 分析法对职业机会进行评估

SWOT 分析法是企业战略决策、市场营销分析中最常用的方法之一，即在职业选择中通过对自己的优势、劣势、机会和威胁进行分析，对各种机会进行评估，以便选择出最佳方案的一种职业评估和选择方法。SWOT 分析法中所指的优势和劣势主要是基于个人本身特点的分析，而机会和威胁则主要分析来自外部的环境因素，包括前面所提到的社会、行业和组织内部环境因素。

优势：即指自己出色的方面，尤其是与竞争对手相比具有优势的方面，如较强的组织管理能力、坚强的毅力、丰富的从业经验、良好的身体素质等。

劣势：与竞争对手相比处于落后地位的方面，如专业知识欠缺、无特长、人际交往能力较差等。

机会：有利于职业选择和职业发展的一些机会，如由于企业产品市场的扩大需要一名市场部经理，公司内部招聘一名财务总监，公司规范化管理需要招聘和提升一名人力资源经理等。

威胁：存在潜在危险的因素，如同类型企业的增加、市场上出现企业产品的新替代品、企业效益下滑等。

运用SWOT分析法，特别是利用以下SWOT分析表格（表7-1），可以清楚地了解个人的优势和劣势，以及自己有哪些生涯发展机会等。

运用此方法进行评估时，要尽可能地对面临的各种职业发展机会进行评估，然后确定职业生涯目标，选出最佳发展机会。

表7-1 SWOT分析表格

优势：	劣势：
1.	1.
2.	2.
3.	3.
机会：	威胁：
1.	1.
2.	2.
3.	3.

2. 职业选择的多因素量化分析

同一类型的职业往往有多种职业可供选择。例如，常规型职业中，有会计员、出纳员、统计员等，此外，还有文书、秘书、办公室人员等具体职业。即使选择教师职业，存在着大学、中学、小学或幼儿园教师职业层次上的差别，也存在着教什么科目的差别。个体该如何选择，美国心理学家佛隆（Vroom）的择业动机理论给出了一定的答案。

佛隆于1964年在《工作和激励》一书中提出了解释员工行为激发程度的期望理论。他认为人的行动动机强度主要受两个因素的影响：一是效价，即个体对一定目标重要性的主观评价；二是期望值，指个体对实现目标可能性大小的估计，亦即目标实现的概率。员工个体行为动机的强度取决于效价大小和期望值。上述理论可用公式表示如下：

F（行为动机强度）＝V（效价）×E（期望值）

如果效价越大，期望值越高，行为动机就越强烈，即为了达到一定的目标，个人会付出极大的努力。佛隆将这一期望理论用来解释个人的职业选择行为，具体化为择业动机理论。该理论将个人职业选择分为两步走。

第一步，确定择业动机。用公式表示：

择业动机＝职业效价×职业概率

式中：择业动机表明择业者对目标职业的追求程度，或对某项职业选择意向的大小。职业效价指择业者对某项职业价值的评价，职业效价取决于择业者的职业价值观，择业者对某项具体职业要素，如兴趣、劳动条件、工资、职业声望等的评估。即

职业效价＝职业价值观×职业要素评估

职业概率是指择业者获得某项职业可能性的大小。职业概率的大小通常主要取决于四个条件：

一是某项职业的需求量，在其他条件一定的情况下，职业概率同职业需求量呈正相关；

二是择业者的竞争能力，即择业者自身工作能力和求职就业能力；

三是竞争系数，指谋求同一种职业的劳动者人数的多寡，在其他条件一定的情况下，竞争系数越大，职业概率越小；

四是其他随机因素。

用公式表述如下：职业概率＝职业需求量×竞争能力×竞争系数×随机性

择业动机公式表明，对择业者来讲，某项职业的效价越高，获取该项职业的可能性越大；反之，某项职业对择业者而言其效价越低，获取此项职业的可能性越小，择业者选择这项职业的倾向也就越小。

第二步，比较择业动机，进行职业选择决策。择业者对其视野内的几种目标职业进行了价值评估，并获取了该项职业可能性的评价，在对几种职业择业动机量化测定的基础上，横向进行择业动机比较。择业动机是对职业的全面评估，已经对多种择业影响因素进行了全面的权衡，一般来说，多以择业动机分值高的职业作为自己选定的结果。

为了加深对择业动机的理解，我们不妨假设一个择业案例。小李最近在找工作，现有A和B两项工作可供他选择，他对两项职业的效价和职业概率做了如表7-2的评估。

表7-2　职业分析表

职业选择要素	职业价值观（1）	A职业要素评估（2）	B职业要素评估（3）	A职业效价（4）＝（1）＊（2）	B职业效价（5）＝（1）＊（3）
兴趣	4	6	7	24	28
工资	3	5	6	15	18
职业声望	2	4	5	8	10
劳动条件	1	3	4	3	4
效价合计				50	60
职业概率				0.8	0.5
择业动机				40	30

小李首先对A、B两项职业做出价值判断，并对获取这两项职业的可能性进行了评估。对于小李来说，B项职业效价（60）高于A项职业（50）。但是，获取A项职业的可能性比B项职业更大些（0.8＞0.5），即要谋取B项职业需要付出更艰辛的努力。经过计算和权衡，结果A职业的择业动机得分（40）高于B职业的择业动机（30），于是小李更倾向于选择职业A。

第三节　职业生涯决策的影响因素

职业生涯决策是个复杂的过程。对个人来讲，职业生涯的选择是一个对人生有着重大影响的决策过程。我们从决策的角度来看待职业生涯的选择，它就是一个收集信息、处理信息、做出正确决定并付诸行动的过程。影响它的因素很多，既有外在的，也有内在的。认真分析这些影响职业生涯进程的因素，有利于我们在进行职业生涯管理时，更好地把握职业生涯的规律，以做出科学的职业生涯管理。

一、个人因素

就像世界上没有两片完全相同的树叶一样，在这个世界上也没有两个完全相同的人。人的差异可以体现在许多方面，包括性格、能力、爱好、气质等，这些个人因素是影响职业生涯的核心因素。社会上任何一种职业对从业人员都有其特定的要求，正如个体存在差异一样，组织中的各项职业也存在差异，要想将组织中的工作做好，就必须有相应的人与之匹配；做到人与岗位的最佳匹配，能最大限度地调动员工的积极性，充分挖掘和发挥他们的潜能，提高工作绩效。这不仅对员工个人的职业生涯发展有利，而且能使组织内部工作的运转处于最佳状态，从而获得最大的经济利益，对组织的发展十分有利。在现代人力资源管理中，由于人的因素对职业工作的影响作用越来越被人们普遍认识，企业为了获得合格的员工，在人员招聘中十分重视职业对人的要求，他们往往依据职业活动的特点，借助各种测评工具，对从业者进行个人因素方面的测评。下面是个人因素所包含的几个主要方面。

（一）健康

这是最具影响力的一项，在有些情况下甚至会成为决定性因素。几乎所有的职业都需要健康的员工，尤其是从事某些特殊职业，更是对人的健康水平有相当高的要求，如采矿、勘探等职业要求从业者具有良好的身体状况和强健的体魄；先天耳聋不能学习音乐；色盲、先天失明不能学习绘画；扁平足无法从事田径运动；眼睛高度近视不能从事精密仪器制造业；声音嘶哑或口吃不适宜做播音员或教师等。还有些职业对生理条件有着特殊的要求，如学习舞蹈要求四肢比例协调，身材好，柔韧性好，而从事公关关系职业，则要求五官端正等，当然，也有人因为克服残疾的噩运而变得更加坚强，从事一般残疾人无法从事的工作，如霍金、张海迪等。

（二）个性特征

气质、性格是指个性当中个人对现实的稳定态度和习惯了的行为方式，与人们常说的“脾气 ”“秉性”相近。心理学家认为气质是人心理运动方面的特征。气质表现在情绪体验的快慢、强弱、隐现及动作灵敏迟钝等方面。性格如何、气质怎样，这关系到个人的职业选择，乃至对事业成功发挥着持续性的作用。不同气质、性格的人适合不同类别的工作，只有具有从事某一职业要求的性格特征的人，才能较好地适应这一职业。如多血质的人较适合做管理、记者、外交等工作，不适合做过细的、单调的机械性工作；医生需要具备认真、细致的性格特征；科研工作者需要有坚定、持之以恒的性格特征等。正因为人具有性格特征上的个体差异，才会有社会上各类职业对从业人员的性格选择。研究表明，假如一个人所从事的职业与他的性格相匹配，这个人工作起来就会得心应手，工作容易出成绩，事业容易获得成功；如果从事与自己个性特征不吻合的工作，那么，就会产生自己的活力被束缚、思想被禁锢的感觉，其性格甚至会成为阻碍职业工作顺利发展的不良因素。

气质表现的是人的心理活动特征和行为方式特征，它能够使人的全部心理表现带有一种浓厚的个性色彩。从本质上说，气质是没有好坏、优劣之别的，任何一种气质都有它积极的一面，也有消极的一面。在职业生涯发展成功与否方面，从科学的角度理解气质，应该说它虽然起不了决定性的作用，但在每一种职业的工作性质和工作效率方面，无不体现出气质类型的影响因素。教育心理学家认为，人的气质的形成主要依赖先天因素的影响，虽然在特定的社会生活和教育条件下它可以发生变化，但其可塑性却十分有限。在择业时，我们应该重视各种气质类型的巨大差异和特征及其影响、作用，通过科学的分析、判断，将它作为人们从事职业活动的有利条件。

研究人员把人的气质分为四种类型：多血质、胆汁质、黏液质和抑郁质。

多血质气质人的心理特征属于敏捷好动类型，是强而平衡的灵活的神经系统类型。其反应性、主动性和平衡性很高，因而这种类型的人容易产生情感，容易适应环境变化。他们开朗、热情、善交际、机智、活跃、容易兴奋，对外界事物有广泛的兴趣，喜欢变化多样的工作和活动。在行动上表现为举止敏捷，姿态活泼，有生动的面部表情，语言的表达能力和感染力也很强。缺点是情绪不稳定，缺乏耐力和毅力，较浮躁，容易见异思迁。多血质气质人适合从事研究性工作、反应迅速而敏捷的工作，内容多样化和多变的工作，不适合做那些需要细致、耐心和持久的工作。

胆汁质气质人的心理特征属于兴奋而热烈的类型，它是兴奋过程占优势的强而不平衡的神经类型。其反应性和主动性很高，但反应性占优势。刻板、外向，情绪兴奋性高，反应速率很快。这种类型的人热情积极，易于感动，他们的情感一般是深刻而稳定的，富有表情。具有胆汁质特征的人通常有独立的见解、有魄力，喜欢具有挑战性的工作，感受性低、耐受性高、控制欲强，一旦认准目标就希望尽快实现。缺点是容易感情用事，做事刚愎自用，傲慢不恭，易鲁莽冲动，能以极大的热情投身于一项工作，但不能持久。由于神经过程的不平衡，这种类型的人工作常带有明显的周期性，适合做具有较大危险和难度、需要随机应变的工作，不适合稳定、细致的工作。

黏液质气质人的心理特征属于缄默而安静的类型，是强而平衡的惰性神经类型。黏液质人最明显的特征是不易产生和暴露情感，在最可能引起刺激的情况下，也很难激动。然而一旦情绪被引起，就能成为强烈稳固而深刻的体验。由于神经活动过程平衡且灵活性低，反应迟缓，这种类型的人在任何环境中都能保持心理平衡。常表现为内向，不爱抛头露面，做事谨慎，三思而行，反应速度迟缓而稳定，遇事力求稳妥，深思熟虑，对工作埋头苦干、坚韧不拔，可以长时间集中注意力、有条不紊地工作。缺点是过于拘谨、刻板，不善于随机应变，常有墨守成规、故步自封的表现。黏液质气质人适合从事有条有理、要求分明、需要极大韧性和耐力、持久性的工作，不适合做变化多端、随机应变的工作。

抑郁质气质人的心理特征属于呆板而羞涩的类型，是神经类型的弱而不平衡型。其敏感性很高，反应性和主动性不高，刻板、内向，兴奋性高，情绪抑郁。由于神经活动过程易紧张，这种类型的人容易因微不足道的小事引起情绪波动。他们常表现为：内向，多愁善感，极少表露自己的感情，但内心的体验却相当深刻，他们遇事求稳妥，缺乏果断，人际交往拘束，喜欢独处，兴趣爱好较少，不爱从事挑战性的工作，不爱参与社会活动，但对力所能及的工作能非常认真地完成。缺点是不愿承担过多的责任和压力，在困难面前容易怯懦、自卑、优柔寡断。这种类型的人适合从事那些上下连续性不强、能够独自进行的工作，或者是对速度要求不高，但需要踏实、耐心和细致的工作，不适合做需要当机立断或调整变化的工作。

正如前面所说，气质的类型各有其优势和缺陷，每一种气质都有它积极和消极的方面，是没有优劣、好坏之分的。另外，在现实社会中，完全属于某一类气质的人是很少的，而且典型的多血质、胆汁质、黏液质、抑郁质的人也不多见，绝大多数人属于同时拥有几种较为接近的中间型或者混合型。对于职业的选择来说，气质的作用十分重要，倘若一个人选择了与其气质特征相悖的职业，那么这个工作的适应过程对他来说一定是极其困难和痛苦的；相反，如果一个人选择了与他的气质特征相匹配的职业工作，其积极性和职业潜能就能够得到最大程度的调动和发掘，工作也容易出成绩。

（三）能力

社会上任何一种职业都要求从业人员具备相应的能力，因此，能力是人顺利完成某种职业活动的必要条件，也是个人职业选择和获得职业生涯成功的基础。能力通常分为一般能力和特殊能力。一般能力是指直接影响和完成职业活动所必须具备的心理特征，如观察能力、注意能力、想象能力、记忆能力和思维能力等；特殊能力是指完成某些职业和专业活动必须具备的能力，如绘画能力、表演能力、音乐能力等。在人的能力构成中，这两种能力是互相关联、相辅相成的，一般能力是特殊能力发展的基础，而特殊能力又能促进一般能力的发展。在职业生涯发展中，一个人仅仅具有了一般能力并不能完全保证获得职业生涯的成功，只有在具备了一定的一般能力的基础上，同时具备一种或多种特殊能力，才会获得职业生涯的成功。

不同类型的职业对人的能力有着不同的要求，而任何一种职业，由于工作性质、内容和所承担责任的不同，又可分成若干不同的工作层次，各个不同工作层次的职务对从业者能力水平也有着不同的要求标准。因而，在择业中，除了要注意能力类型与职业类型的匹配，还要根据自己已达到或可能达到的能力水平去选择与之匹配的职业层次。例如，小李毕业于某大学中文系，有一定的文学功底，他非常向往从事专职的文学创作工作，并一直为达到这一目标而努力。但在择业时他反复斟酌，他感到他的书面表达能力尚难以完成文学创作这一层面的工作任务，因此，他最终选择了去新闻单位当一名普通记者。小李从业后的经历证明了他当初的选择是正确的，这样的职业匹配更有利于他职业生涯的发展。

专家在对职业的研究中发现，某些职业对于从业者的某一方面能力有着相当高的要求。从业者在选择这类职业时，就要根据职业匹配的参考数据正确地认识和判断自我，做出明智的选择。例如律师、科学家、刑侦专家等职业，除了要求具有一般的能力外，还要求有相当高的智商。因此，从业者在选择将这些职业作为自己终身从事和追求的职业生涯目标时，一定要首先考虑个人的智商状况，如果你的智商水平低于平均值（IQ＝100），就要考虑选择那些对智商要求不十分高的职业。还有一些职业需要有从事该项专业的特殊能力和某种天赋，如舞蹈演员需要有好的形体和良好的肢体语言表达能力；美术家需要具备敏锐的观察能力、对色彩的敏感和超出一般人的形象思维能力；歌唱家既要有优美的歌喉和对音乐的理解能力，又要具备良好的声乐表现才能等，在对这类职业进行选择前，一定要首先清楚自己是否具有从事这类专业所需要的特殊才能和先天条件。

（四）兴趣爱好

我们把与职业有关的兴趣称为职业兴趣。人一旦有了浓厚的职业兴趣，就会热爱自己所从事的工作，他对所从事的工作一定非常执著，全身心地投入，并能充分发挥个人的聪明才智，坚定地追求自己的职业生涯发展目标。

兴趣是人积极探索某种事物的认识倾向，当一个人对某一事物产生浓厚兴趣时，他一定会对其保持充分的注意，并进行积极的探索活动。不同的职业兴趣要求对应的职业也不同，如喜欢做具体工作的人，相应的职业有室内装饰、园林、美容、器械维修等；而喜欢抽象和创造性工作的人，相应的职业有经济分析师、新产品开发、社会调查、各类科研工作等；喜欢与物打交道的，适合从事生产、制造、动物养殖等职业；喜欢与人打交道的人，适合从事社会、人文、科研、工程研究等工作；而喜欢与数据打交道的人，适合做软件编程、图书管理、财会等工作。如果在选择和安排工作时，完全不考虑个人的兴趣爱好，甚至与此背道而驰，只能导致事半功倍的效果。试想，如果让一个非常喜好人际交往的员工去做保密部门的工作，很可能会出现泄密问题；让一个不喜欢和人打交道的员工从事公关关系或记者工作，如果在公关场合或进行采访时遇到对方冷遇，他会感到十分痛苦，马上退缩，根本谈不上完成公关任务或获得新闻了。相反，安排一个喜欢和人打交道的员工去做编程工作，他对整日与数据打交道的枯燥工作会感到十分痛苦，在这种负面情绪的影响下又怎能很好完成工作呢？

兴趣是爱好的老师，是人的动机产生的重要主观原因，也是人对所从事的职业活动具有创造性态度和产生创造性行为的重要条件。良好的职业兴趣可以充分调动和发挥人的职业潜能，促使人们通过创造性的劳动与不懈的努力取得事业的成功。研究表明，浓厚的兴趣是使人保持工作活力和提高工作效率等诸多因素中最为活跃的因素，人一旦对某种特定的工作感兴趣，即使是再枯燥的工作也会感到趣味无穷，有时不但会忘掉身体上的疲劳，在很多情况下还会自得其乐，产生享受般的情感体验。

兴趣在大学生职业选择过程中也发挥着重要作用。由于社会生活的丰富性、复杂性和当前社会职业的多样化与多变性，人的兴趣类型也就出现了很大的个体差异。有的大学生对经济、法律、哲学等社会科学感兴趣，有的对研究数学、物理、化学等自然科学感兴趣，还有的对体育运动、艺术、写作感兴趣等，正是人们这种兴趣的个体差异，才导致他们去选择不同类型的职业。社会学研究表明，自主选择与自己兴趣、爱好、能力相符的职业的劳动者，其劳动生产率比不符合要求的劳动者要高40%。另据资料表明，如果一个人对某一工作有兴趣，就能较长时间保持高效率而不感到疲劳；而对工作缺乏兴趣的人，只能发挥其全部才能的20%～30%，同时也容易感到筋疲力尽。由此可见，兴趣与职业的匹配在职业生涯中是何等重要！

（五）性别

男女平等是我国的基本国策，但性别因素在职业发展中扮演着重要的角色。职场中性别歧视现象仍然相当严重，成为不可忽视的问题。有调查表明，在2005年的各次人才招聘会上，其中包括针对应届大学毕业生、研究生举办的专场招聘会，女性应聘者常常遭到被歧视的尴尬。女硕士研究生梁静在一次招聘会上看中了一家企业，她发现自己的各项条件都符合甚至超出了这家公司的招聘条件，当她满怀希望和热情地递上自己的简历，想和招聘人员好好谈谈的时候，却被对方婉言拒绝了，原因只有一个：女性免谈。当然，随着时代的发展，男女性别差异对职业选择范围的影响越来越小。但在某些特殊职业领域，男女性别差异所产生的不同优势还是客观存在的，这就要求人们发挥自己的优势，选择适合的职业。同时，也要排除由性别所产生的心理差异对职业发展产生的不利影响。一位33岁的职业女性曾向笔者诉说，自她应聘到一家三资企业以来，一直感到心理压力很大，对公司的环境很不适应，稍有失误便有被“炒鱿鱼”的危险，“我总有一种不安全感，整天提心吊胆的，有时遇到男上司的挑逗也敢怒不敢言，生怕被裁掉。在单位时经常是默默无言，回到家里却火气很大，连夫妻关系也变得紧张了。我现在每天都处于焦虑状态，我该怎么办？”

这种情况具有一定的普遍性。在市场经济的大环境下职场竞争激烈，人们的压力加大，尤其是职业女性更是首当其冲。究其缘由，主要有三点：

（1）不公平竞争会导致心理失衡。有的组织在优化组合、干部任免中歧视女性，有些女员工甚至在遇到男上司骚扰时不敢声张，认为只有沉默才能保住饭碗或得到提拔。这都属于不公平竞争，这使一些女性陷于既愤懑又无奈，既想竞争又怕付出过高代价的困惑之中，因此，心理压力不断增大。

（2）恶性竞争引起焦虑情绪。适度竞争能打破大锅饭，提高生产率，但有的企业把竞争机制演变为人与人之间的搏斗，稍有松懈，轻则扣奖金，重则炒鱿鱼。这种恶性竞争对于女性的身心造成隐性伤害，以致对人事关系过于敏感，甚至引起植物神经紊乱。

（3）惧怕竞争造成心理疲劳。一些女性安于弱者地位，习惯于被照顾、被保护，难以适应某些职业的紧张节奏，面对高智能、高强度、高效率的工作要求心理负荷加重，变得容易焦躁、倦怠、多疑。这种情况一旦形成，会危害心理健康。因此，一定要下决心去克服。

那么，如何对待竞争导致的压力呢？

（1）正确对待竞争所导致的心理压力。心理学认为，压力是对现实的反映，不同的人对压力的看法与减压能力也不同。其实对有些压力只要改变一下分析角度，就能得到不同的结论。例如：同一个工作，同是女性，为什么有的人有压力，有的人就没有压力等。

（2）一个人没有压力是不可能的，有压力也并非坏事。面对压力要有积极的心态，把它看作是生活中的正常现象，冷静客观地分析，采取合理的对策，逐渐具备在压力下正常处事的心理素质，压力就会变成动力。当然，对那些不公平竞争要采取抵制的态度。为了更好地保护自己的切身利益，要注意把坚决抵制的态度和灵活稳妥的方法结合起来。心平气和基础上的公平竞争才能带来最大的利益，无论对公司还是对个人，这都是最佳的动力机制。

（3）面对竞争，广大女性要有两种思想准备：在竞争中胜败都是常事，暂时的失败并不意味着永远失败，有许多成功者都是从失败的困境中走出来的。受挫不气馁，重要的是积累经验，吸取教训，从头再来。要学会心理调试，可以向周围的亲友倾诉，这样做一方面可将内心积郁的不良情绪排解出去，另一方面也可以得到他们的理解、支持和帮助。

（六）年龄

选择职业是一个发展的过程。在这个过程中，每一个步骤都与前后步骤有密切的联系，共同决定着未来职业的发展趋向。同时，人作为一种生物存在，有自己独特的生命特征、对工作的看法和态度、对机会的尝试的勇气、对胜任任务的能力和经验，这在不同的年龄阶段都有不同的表现。因此，职业选择的趋向必须依赖于个人的年龄和发展，不同年龄和发展阶段的特征与职业生涯的选择和发展是一种相互依赖、相互作用的过程。

（七）所受的教育

一个人所受到的教育程度和水平直接影响他的职业选择方向和获取他喜欢的职业的概率。各种教育内容的相互交叉和渗透可以促进个人整体素质的提高。因此，应当认识到自己成长的环境与受教育的条件对个性形成的影响，并通过主观努力，改变自身的不利因素，全面提高素质，为求职择业创造更加有利的条件。

二、家庭因素

职业生涯发展与家庭背景有着非常密切的关系，因为家庭是人们生活的重要场所，人们的价值观、行为模式都会受到家庭生活和家庭成员潜移默化的影响。每个人的成长环境决定他们的价值观和行为模式，而这些对他们的职业选择倾向、就业机会都大有影响。首先，家庭教育方式的不同造成他们认知世界的方法不同；其次，父母的职业是孩子最早观察模仿的对象，孩子必然会得到父母职业技能的熏陶；再次，父母的价值观、态度、行为、人际关系等会对个人的职业评价及职业选择发生直接和间接的深刻影响。因而，我们常常看到艺术世家、教育世家、商业世家等。

日本一次全国性的社会阶层与社会流动调查曾显示：父母的职业和学历对个人的教育成就和现职都有巨大的影响，并由此得出结论——理应平等的教育机会，事实上随出身阶层而异。这就是说，父母学历高、职业好，会使子女在教育和就业方面更有利，这种“代际传递效益”在全世界普遍存在，在中国尤为明显。父母的社会地位越高，拥有的权力越大，社会关系越多，子女越容易找到好工作。这已成为众多大学毕业生的共识。北京某大学“高等教育规模扩展与毕业生就业”课题组在一次针对2004年全国高校毕业生就业状况的问卷调查中发现，学生家庭背景越好，毕业时的工作落实率和起薪额就越高，这说明不同阶层人士的子女受高等教育之后的结果并不同。辛某毕业于北京市的一所普通高校，在校期间学业平平，但由于其父是中央某大媒体的官员，辛某毕业后顺利地进入了金融行业，在接受了三个月的短期培训后，又在一家银行工作了半年，之后又被作为骨干和培养对象派往该银行驻外地的分行担任部门负责人。一年之后又回到北京时，辛某顺理成章地成为北京某大银行的部门负责人，当然工资、待遇也就水涨船高了。相比之下，他的同学，各方面都非常优秀的魏某就没有这么幸运了。毕业之后魏某虽然很想留在北京，也没有过高的要求，但十几场招聘会下来，毫无结果。魏某终于明白：没有任何背景，要想在北京找到一份合适的工作真是太难了。最后，魏某回到了家乡的小县城。当然，尽管对于个体的大学生而言，家庭背景会明显地影响就业，但随着社会的进步，招聘就业管理工作和社会监督机制逐步规范，在竞争日趋激烈的就业市场上，毕业生的人品、学识和能力越来越受到重视，家庭背景、人情和社会关系的影响在逐步降低。以 2005 年度中央、国家机关公务员的考试招聘活动为例，对这一点就是一个很好的证明。调查显示，由于公务员职位的公共性、稳定性和保障性等因素具有较强的吸引力，虽然公务员职位只为大学毕业生提供了 1%的就业岗位，却吸引了 30%的大学生的目光，此次中央国家机关公务员招考中，组织部和人事部进一步规范了报考资格条件，修订了招考公告和招考简章，放宽了对户口的限制，对一些专业性较强的职位不再提出政治面貌要求，这为广大考生提供了更加公平的竞争机会。坚持考录政策、录用计划、资格条件、考试成绩和录用结果“五公开”，使考试和录用成为“在玻璃房子里的竞争”。特别是取消报考对象身份限制的规定，使招考职位平等地面向高校应届毕业生和社会在职人员，社会在职人员的报考人数显著上升，考录的公正性得到社会的广泛认可。这次中央、国家机关公务员的报考以 37：1 的高比例成为社会舆论关注的热点，透过公务员报考踊跃热闹的场面，我们不仅看到报考人员的绝对数量和比例的增加，更令人欣慰的是我们还看到了在热闹现象背后正在成长的新机制：公平。2005 年的“公务员报考热”从一个侧面反映出公务员考录在推进公平竞争的过程中取得了历史性进步。因此，大学生本人应该明白，内因是决定竞争力的关键因素，努力提高个人的综合素质有利于增加找到工作的概率和提高起薪水平。

此外，可以说职业生涯的每一个阶段都与家庭因素息息相关。家庭成员的观点、意见对员工的工作绩效有举足轻重的影响，尤其是已婚员工，他们肩负的家庭责任是个人职业生涯发展的强大动力，这一点在男性已婚员工身上体现得尤为明显。而家庭压力过大或生活负担过重也会牵制、影响员工的工作和学习，这一点在女性已婚员工中表现得尤为突出。

三、朋友、同龄群体因素

朋友、同龄群体的工作价值观、工作态度、行为特点等不可避免地会影响到个人对职业的偏好、选择从事某一类职业的机会和变换职业的可能性诸方面。事实上，与父母、家庭成员相比，同学或同龄朋友的职业观常常具有更大的影响力。在家庭中，父母、长辈与子女之间往往存在代沟，子女觉得父母的观念过于陈旧，跟不上社会的发展。相反，由于生活的时代和环境相仿，看待事物的观念相近，同龄的朋友或同学之间往往更有共同语言，他们在很多观点上更容易沟通。因此，人们在择业时更乐于听取同学、朋友的意见，接受他们的观点，特别是那些平时在他们心中具有偶像形象的同龄人。这样的例子很多，例如，美国 IT 界一位拥有亿万资产的年轻女总裁，当年在找工作时就是由同学引领走向商界，走进了 IT 行业。

四、社会环境影响的因素

在社会经济发展日益市场化的背景下，职业生涯发展必然要受到社会环境的极大影响和制约，其中包括社会的政治环境、经济环境、文化环境、社会科技环境和教育环境。社会环境中流行的工作价值观、政治经济形势、社会产业结构的调整与变动、用人政策管理体制的变化、社会劳动力市场人才的需求和变化、对人的职业岗位的认同等因素，无疑都在个人职业决策上留下深深烙印。“五十年代的兵，七十年代的工人，九十年代的个体户，21世纪的IT界商人”，每个年代的职业声望排序都对填报高考志愿和就业选择起到不可否认的重要影响。不同的社会环境所给予个人的职业信息也不同。人们在择业问题上受社会因素的影响较大，因此，应确立主体意识，培养科学的思维方式，对自身条件和社会需求做出明智的判断，树立自主、自立、自助的适应市场经济和社会大环境的择业观。不可否认，在影响职业生涯发展的社会因素中，个人和组织关注的重点是有一定的差异的，例如，组织特别关注社会经济发展状况和劳动力市场劳动力供给与需求的数量、质量和劳动安全与社会保障政策、立法等；个人则十分关注社会职业需求和发展前景、教育机会，以及具有长期发展前景的自我职业发展方案和有利于家庭生活的职业。

不可否认，一个人职业生涯决策的决定因素中也有称之为机遇的随机性成分，但完全被命运摆布的人毕竟是少数。多数人对自己未来的发展会从内部和外部两方面对职业特征进行理性分析，从而保证职业生涯决策过程的有效性。

五、经济因素

（一）行业兴衰与从业人数需求的影响

自我国加入WTO后，新的竞争机制带来的行业兴衰导致传统产业人才过剩，以电子信息产业为代表的高新技术产业不断发展，形成了新的增长点；随着移动通信、网络的出现和日益成熟，人们对服务速度的要求也在逐步提高，快速、方便的服务成为当今人们的追求。在这一环境下，第三产业的快递公司、网络银行、网络商城、网络物流配送、网络书店等应运而生。网络成为一个巨大的人才需求市场。在科学技术高速发展的今天，人们对生活质量的追求与日俱增，不仅衣、食、住、行各方面都有了更高的要求，而且在日常生活中更加注重健康和美。因此，房地产业、汽车工业及与之相配套的服务行业异军突起，而一些服务性的第三产业也得到了快速发展，美容美发师、旅游经纪人、保健按摩师、服装设计师、健身中心经理等成为热门职业；随着人们生活水平的提高和衣、食、住、行诸方面的改善，人类抵御自然的能力越来越强，人类的平均寿命也越来越长，为应对老龄化社会的需求，医学与健康保健行业得到壮大，遗传工程师、保健师、人造器官专家、烹饪师、营养师、家政服务员、护理人员、各类修理人员等职业的需求空间迅速扩大。

另一方面，由于WTO的规则，我国企业遭遇反倾销和倾销官司的事例显著增加，众多的中国企业将面临起诉与被起诉。另外，知识经济的兴起使知识在经济增长中的作用日益加强，知识含量低的劳动产品附加值低，回报低；相比之下，知识密集型产业产品附加值高，回报高。以计算机行业为例，从事计算机产品开发工作与从事计算机产品生产工作的人员相比，前者的收入要比后者的收入高得多。再如，在汽车行业中，搞汽车产品研发的设计师的工资待遇，比在汽车制造流水线上工作的普通员工也要高出很多。与很多发展中国家相同，我国也存在着在科技力量方面与发达国家差距大的问题。由于技术水平的差距，在很多行业中，利润的大部分被发达国家的研发部门获得，自己却只能依靠廉价的劳动力赚取很少的一部分报酬。

当然从更长远的角度看，我国正在越来越积极地投入全球经济一体化中。这些都需要人才作为最基本的支撑点。有关方面指出：各类外经贸人才、熟悉国际经济法律的人才、善于创新的高新技术人才、有创业精神和能力的企业家和其他高级经营管理人才是目前我国人才队伍的缺口。以律师行业为例，在律师人才中，涉外经济律师是重中之重。而目前我国平均每个律师事务所仅有一名涉外经济律师。正因为我国涉外经济律师奇缺，根本做不到每个企业在对外经济活动中都能得到律师的协助，由此会造成许多不必要的损失。市场经济也是法制经济，无论国外还是国内，离开了法律都将寸步难行。无疑，面对入世后人才的缺口，中国企业应通过加强人才引进与培养来提高企业的国际竞争力。而从业者也必须通过知识技术的充电提高个人的职业素质，以应对激烈的竞争。

由于时间和发展阶段的不同，入世之后，每个国家所需的人才“补课”和培训都不相同。目前，中国专业技术人才总量已达到5400万，但全国一些重要行业仍存在较大的人才缺口。全国熟悉WTO规则的谈判人才仅有9人，而熟悉市场的注册金融分析师CFA几乎为零。有专家预测，入世后需求最多、商机最大的培训领域是：农业、信息、金融、财会、外贸、法律和现代管理等领域的专业培训；生物技术、环保技术、新材料等领域的高层科学技术教育和培训；熟悉WTO规则、适应国际竞争需要和能够参与解决国际争端的专门谈判人才培训；符合个性化的专业需要，与国际惯例接轨的外语培训；跨领域、跨行业、跨学科的复合型人才综合培训。

（二）社会经济发展政策

社会经济发展政策对个人职业生涯发展的影响主要体现在数量和规格两个方面。

社会经济发展制约产业结构，影响到人力资源的需求。改革开放后，国家要求各行业既要注重经济效益，又要注重环保。这一政策对那些高能耗、低效益、高污染的行业，如钢铁业、采矿业、造纸业、纺织业等造成了负面影响。由于要实行技术更新、管理更新，又要注重企业的规模效益，许多规模小、技术含量低、安全措施不完善的企业都要被要求关闭。小煤矿、小造纸厂、小纺织厂等领域的从业人员数量自然也就随之减少。

另一方面，以计算机为基础的信息产业发展迅猛，且回报非常高，由此导致了信息产业的从业人员中人才相对紧缺，许多人在上学选择专业及毕业后就业时，就选择了计算机相关的专业与职业。除了信息产业外，生物工程、环保工程、现代管理、法律等领域的人才需求也呈上升趋势。随着社会经济的发展，求职者注重职业声望高、回报高的行业，注重知识经济已成为众所周知的事实，这使高等教育呈现出了空前发展的态势，尤其近几年高等院校扩大招生及研究生的扩招，使得高校教师的需求增加。同时，学生数量的增加又导致学校后勤集团的管理人员及学生公寓的管理、勤杂人员的需求量增加。

中国加入世贸组织后，全球经济一体化引入了新的竞争机制，推动了我国经济的高速发展，社会经济的发展影响国家的经济政策，进而影响到职业生涯发展。作为世贸组织成员，中国的经济要遵循世贸组织的一系列规则，因而政府只能制定相应政策；社会呼唤诚信，以往那些不守诚信、违反国际经营规范的行为受到制约；为了提高国际竞争力，中国需要大量熟悉国际经营规则、又深谙中国文化的高级管理人才。

在世界许多经济发达国家经济萧条、减速时期，作为一个经济迅速崛起的发展中国家，中国可以说是一枝独秀。经过 20 多年改革开放环境的熏陶，人们的态度、观念和行为都不断适应新的形势，无论是国有企业、民营企业、独资企业还是合资企业都懂得这一道理：市场竞争就是人才的竞争。为了赢得竞争优势，内地许多企业到香港招聘人才，特别是对那些熟悉国际经济规则、愿意到内地发展的中高层管理人员更是不惜重金引进。许多具有一定经济实力、成长性好的企业，包括民营企业和国有企业都从中受益匪浅。

【阅读 1】　十字路口的决策

小萍是某校城市轨道交通专业二年级学生，即将面临实习分配。同学中有的信心十足地等待着早日踏上工作岗位，成为真正经济独立的成年人；有的义无反顾地选择了高复班，满心期待着崭新的大学生活。小萍却整日愁眉苦脸，面对眼前的两种选择，她左右为难。随着最终决定时间的一天天临近，她一天比一天焦虑和烦躁……

终于，在尝试一个人做决定无果的情况下，她找到老师去咨询。

在谈话中，老师了解了小萍的情况。其实小萍并不太愿意去实习，因为她的父母说学校安排的工作只是在地铁站台上挥挥旗、卖卖票，没什么出息。小萍自己也觉得，这样的工作太累，不仅三班倒、工资少，而且自己比较内向，不太懂怎么和别人打交道。如果选高复呢，她平时成绩很一般，考上大学的把握又不是很大。爸妈让她去读卫校，说卫校有前途，所以如果读高复的话，她想考医学类的院校，可是，应该怎么报考、录取分数多少、有什么限制条件……这些她都完全不知道，她甚至还对老师说，她很害怕见到血，……

案例中小萍遇到的问题，在职业学校的学生中比较常见。站在这样的人生十字路口，慎重的选择是十分必要的。其实，小萍能够说出自己的困惑，能够主动寻求帮助是非常好的，至少这是一种积极的行为。在我们身边，有许多同学往往盲目地做出了令他们后悔的决定。

人生的道路上到处都会有各种选择，很多选择会影响你的一生，就业和升学的选择就是其中之一。能够做出正确的决定，本身也是一种非常重要的能力。小萍目前就缺乏这样的能力。当然，这种能力不是天生的，它和一个人是否有明确的生活目标有密切的联系。

除此之外，眼高手低的择业误区也是造成小萍困境的一大原因。实习机会原本是职业学校毕业生的一大优势，能通过实习找到一份稳定的工作，这在当今职业竞争激烈的社会中是很多人求之不得的。大学毕业生尚且主动降薪上岗，更何况是职业学校的学生，任何工作都需要付出才能有收获，世界上不会有“睡觉睡到自然醒，数钱数到手抽筋，钱多事少离家近”的完美职业。

（资料来源：杨贞妮．找准自己的职业定位［J］．成才与就业，2012）

【阅读2】 四只毛毛虫

毛毛虫都喜欢吃苹果，有四只要好的毛毛虫都长大了，各自去森林里找苹果吃。

（1）第一只毛毛虫

第一只毛毛虫跋山涉水，终于来到一棵苹果树下。它根本就不知道这是一棵苹果树，也不知树上长满了红红的可口的苹果。当它看到其他的毛毛虫往上爬时，稀里糊涂地就跟着往上爬。没有目的，不知终点，更不知自己到底想要哪一种苹果，也没想过怎么样去摘取苹果。它最后的结局呢？也许找到了一颗大苹果，幸福地生活着；也可能在树叶中迷了路，过着悲惨的生活。不过可以确定的是，大部分的虫都是这样活着的，没想过什么是生命的意义，为什么而活着。

（2）第二只毛毛虫

第二只毛毛虫也爬到了苹果树下。它知道这是一棵苹果树，也确定它的“虫”生目标就是找到一个大苹果。问题是它并不知道大苹果会长在什么地方。但它猜想：大苹果应该长在大枝叶上吧！于是它就慢慢地往上爬，遇到分支的时候，就选择较粗的树枝继续爬。于是它就按这个标准一直往上爬，最后终于找到了一个大苹果，这只毛毛虫刚想高兴地扑上去大吃一顿，但是放眼一看，它发现这个大苹果是全树上最小的一个，上面还有许多更大的苹果。更令它泄气的是，要是它上一次选择另外一个分枝，它就能得到一个大得多的苹果。

（3）第三只毛毛虫

第三只毛毛虫也到了一棵苹果树下。这只毛毛虫知道自己想要的就是大苹果，并且研制了一副望远镜。它还没有开始爬时就先利用望远镜搜寻了一番，找到了一个很大的苹果。同时，它发现当从下往上找路时，会遇到很多分支，有各种不同的爬法；但若从上往下找路时，却只有一种爬法。它很细心地从苹果的位置，由上往下反推至目前所处的位置，记下这条确定的路径。于是，它开始往上爬了，当遇到分支时，它一点也不慌张，因为它知道该往哪条路走，而不必跟着一大堆虫去挤破头。比如说，如果它的目标是一个名叫“教授”的苹果，那应该爬“深造”这条路；如果目标是“老板”，那应该爬“创业”这分支。最后，这只毛毛虫应该会有一个很好的结局，因为它已经有自己的计划。但是真实的情况往往是，因为毛毛虫的爬行相当缓慢，当它抵达时，苹果不是被别的虫捷足先登，就是苹果已熟透而烂掉了。

（4）第四只毛毛虫

第四只毛毛虫可不是一只普通的虫，做事有自己的规划。它知道自己要什么苹果，也知道苹果将怎样长大。因此当它带着望远镜观察苹果时，它的目标并不是一个大苹果，而是一朵含苞待放的苹果花。它计算着自己的行程，估计当它到达的时候，这朵花正好长成一个成熟的大苹果，它就能得到自己满意的苹果。结果它如愿以偿，得到了一个又大又甜的苹果，从此过着幸福快乐的日子。

第一只毛毛虫是只毫无目标、一生盲目、没有自己人生规划的糊涂虫，不知道自己想要什么。遗憾的是，我们大部分的人都是像第一只毛毛虫那样活着。

第二只毛毛虫虽然知道自己想要什么，但是它不知道该怎么去得到苹果，在习惯中的正确标准指导下，它做出了一些看似正确却使它渐渐远离苹果的选择。而曾几何时，正确的选择离它又是那么接近。

第三只毛毛虫有非常清晰的人生规划，也总是能做出正确的选择，但是，它的目标过于远大，而自己的行动过于缓慢，成功对它来说，已经是昨日黄花。机会、成功不等人。同样，我们的人生也极其有限，我们必须积极把握，那么单凭我们个人的力量，也许一生勤奋，也未必能找到自己的苹果。如果制订一个适合自己的计划，并且充分借助外界的力量，借助许许多多的望远镜之类的工具（在我们的现实生活中可以理解为找个贵人帮自己），也许第三只毛毛虫的命运会好很多。

第四只毛毛虫，它不仅知道自己想要什么，也知道如何去得到自己的苹果，以及得到苹果应该需要什么条件，然后制订清晰实际的计划，在望远镜的指引下，它一步步实现自己的理想。

其实我们的人生就是毛毛虫，而苹果就是我们的人生目标——职业成功。爬树的过程就是我们职业生涯的道路。毕业后，我们都得爬上人生这棵苹果树去寻找未来，完全没有规划的职业生涯注定是要失败的。

（资料来源：《管理学》）

【阅读3】　十字路口的决策

本田公司的创始人本田宗一郎1906年出生于日本静冈县，1922年离开家乡来到东京，进入一家汽车修理厂当学徒。他非常勤奋，没多久就成了一名优秀的修理工。1928年，本田宗一郎开办了一家自己的汽车修理厂，经营得非常成功。但这并不是他所追求的目标。1934年，他关闭了汽车修理厂，同时成立了东海精密机械公司，主要生产活塞环，并为丰田汽车供货。但这仍然不是本田宗一郎的最终目标。

本田宗一郎在很年轻的时候，虽然一无所有，但有一个雄心勃勃的梦想，他给自己定下了一个目标，那就是要跻身世界最大汽车制造商的行列。他开办汽车修理厂和生产活塞环，都只是为了实现这个远大目标做铺垫。因此，在1945年，他将蒸蒸日上的东海精密机械公司卖给了丰田公司，并于1946年创建了今天的本田技术研究所，开始研发、生产摩托车。

现在，本田宗一郎的这一目标已经实现。在全球小轿车市场，本田的产销量和市场份额与日俱增，和通用、福特、丰田、戴姆勒-克莱斯勒共同跻身于全球最著名的汽车销售商之列。

一个人没有明确的目标，就像船没有罗盘一样，在茫茫大海中行驶却没有航线，只能随波逐流。一旦一个人明确了目标，下定了决心，有一种对成功的渴望，就会产生强烈的使命感和激情，在这样的情况下，将没有什么能阻止他达到目标。所以，只有目标明确才能在最短的时间内达成最好的结果。

目标必须是明确而唯一的。有一个手表定理这样说：如果给你一块手表，你能很准确地知道现在的时间；而如果同时拿着两块手表，它们所指的时间不同，你却不敢肯定哪一个准了，反而失去了对手表指示时间的信心。

（资料来源：《本田的奇迹》）

探索与练习

【探索 1】 心中的顽石

从前有一户人家的菜园里摆着一颗大石头，宽度大约有 40 公分，高度有 10 公分。到菜园的人，不小心就会踢到那一颗大石头，不是跌倒就是擦伤。儿子问："爸爸，那颗讨厌的石头，为什么不把它挖走？"

爸爸这么回答："你说那颗石头啊，它从你爷爷时代起一直放到现在了，它的体积那么大，不知道要挖到什么时候，没事无聊挖石头，不如走路小心一点，还可以训练你的反应能力。"过了几年，这颗大石头留到下一代，当时的儿子娶了媳妇，当了爸爸。

有一天媳妇气愤地说："爸爸，菜园那颗大石头，我越看越不顺眼，改天请人搬走好了。"

爸爸回答说："算了吧！那颗大石头很重的，可以搬走的话在我小时候就搬走了，哪会让它留到现在啊？"媳妇心底非常不是滋味，那颗大石头不知道让她跌倒多少次了。

有一天早上，媳妇带着锄头和一桶水，将整桶水倒在大石头的四周。十几分钟以后，媳妇用锄头把大石头四周的泥土搅松。媳妇早有心理准备，可能要挖一天吧，谁都没想到几分钟就把石头挖出来了，看看大小，这颗石头没有想象的那么大，都是被那个巨大的外表蒙骗了。

你抱着下坡的想法爬山，便无从爬上山去。如果你的世界沉闷无望，那是因为你自己沉闷无望。改变你的世界，必先改变你自己的心态。

结合故事说说你在进行职业生涯决策时所遇到的心理障碍及你是如何克服的。

【探索 2】 再试一次

有个年轻人去微软公司应聘，而该公司并没有刊登过招聘广告。见总经理疑惑不解，年轻人用不太娴熟的英语解释说自己是碰巧路过这里，就贸然进来了。总经理感觉很新鲜，破例让他一试。面试的结果出人意料，年轻人表现糟糕。他对总经理的解释是事先没有准备，总经理以为他不过是找个托词下台阶，就随口应道：等你准备好了再来试吧。

一周后，年轻人再次走进微软公司的大门，这次他依然没有成功。但比起第一次，他的表现好得多。而总经理给他的回答仍然同上次一样：等你准备好了再来试。就这样，这个青年先后五次踏进微软公司的大门，最终被公司录用，成为公司的重点培养对象。

也许，我们的人生旅途上沼泽遍布，荆棘丛生；也许我们追求的风景总是山重水复，不见柳暗花明；也许，我们前行的步履总是沉重、蹒跚；也许，我们需要在黑暗中摸索很长时间，才能找寻到光明；也许，我们虔诚的信念会被世俗的尘雾缠绕，而不能自由翱翔；也许，我们高贵的灵魂暂时在现实中找不到寄放的净土……

结合实际谈谈你在进行职业生涯决策时所遇到的困难。

【探索 3】　职业生涯决策的重要提示

1. 只要有选择，就做自己喜欢的。没有选择，就做自己能做的。

2. 每一个阶段都需要好好理理自己，做好下一次起步的准备。走专业化的路线，可以持续走很长，只要坚定、坚持。

3. 现实问题还是要考虑的。遇到困难的时候，要善于自我激励，这也是本事。

4. 在同领域找工作，突出自己的经验优势；不用太在意位置，从某种角度来说，人还在成长，主要考虑你想做的事情和企业希望你做的事情一致就好。

5. 不要轻易换行业，如果企业不错，尽可能敬业，获得更多的信任，也就获得了更多的机会。事情做好了，才会有机会。

6. 职业选择必须具备四个条件：①职业方向是自己喜欢的；②职业是自己可以胜任的；③相应的资源条件是具体的；④有合适的时机。

7. 练就自己的核心竞争力。

8. 你把一个领域做熟了，再补自己的短，否则，补短的时候会心慌。如果你确定了方向，就可以坚持了，除非你找不到方向，可以作职业方向定位测评。

9. 掌握技术之后，可以选择一家有归属感的企业。职业发展，要抓住核心竞争力的成长这条主线。

10. 25 岁是一个很关键的年龄，你现在找不到自己的路，不是你特有的问题，几乎每一个职业人在自己的能力没有成长起来的时候，都难以轻松地做出选择。建议你，如果有选择，就重新选择；如果比较困难，先坚持，做好现在的工作，给自己争取新的机会。

结合一段时间的学习，说说你觉得在职业生涯决策中还有哪些重要标准？

【本章同步思考题】

1. 什么是职业生涯决策？

2. 职业生涯决策的选择方法有哪些？

3. 影响职业生涯决策的因素有什么？

4. 简述职业生涯决策基本理论具体的内涵。

第八章　职业生涯与心理健康

导引个案

他内心真正畏惧的是什么

王同学是一名即将毕业的大四学生，四年期间专业成绩优秀，并修了管理学的第二专业，英语过了六级，计算机过了国家二级，做事踏实认真，在校学生会担任学习部部长；早在大二他就规划了自己的职业未来，进公司或企业做人力资源管理工作，并且在大学期间也参加了一些训练营，表现尚佳。可是在大学校园招聘会即将来临之际，他内心总是莫名地恐慌，眼前总是出现主考官的面孔，总是担心自己回答问题时会卡壳，甚至晚上做梦都梦见自己被淘汰了。他最近越来越担心，听到宿舍其他同学在讨论准备应聘什么公司时，他的内心越来越恐惧。原来看好的几家公司的材料他一遍一遍地看，越看心里越不踏实，他甚至怀疑自己在训练营里的表现是否真实，自己是否真的具备公司企业所要求的职业素养和职业能力。他一遍一遍地看自己的简历，生怕哪个细节不合适。他在担心、恐惧中等待招聘会的到来。

原来，他认为自己是因为高考失利才进了这所大学的，他认为高考是检验他高中阶段真正优秀与否的标准；现在，真正检验他优秀与否的是用人单位。他恐惧、害怕的是因为高中阶段他也曾经优秀，但是高考却失利了，而现在也是到社会与用人单位检验自己的时候了，他害怕自己再一次失利。他隐隐感觉到自己越在关键的考试中越失利。他真正害怕恐惧的是这一点。他用这种负性的自我预言实现心理暗示。他不是检验“我认为”“我以为”的客观真实性，仅仅依据自己的想象做判断，结果会偏离事实。非理性想法会占据他的思维空间，他会推断出糟糕的结果。另外，他没能处理高考的阴影，也没有寻求积极、有效的专业辅导和帮助。在重大的选择压力面前，他出现了上述的心理状态。

☞ 本章内容导读和学习目标

职业的选择不仅仅是选择一份工作，更重要的是选择一种生活方式，就是选择未来的自己。马克思说，在选择职业时，我们应该遵循的主要方针是人类的幸福和我们自身的完美。

本章主要阐述择业是大学生人生道路上的一次重大选择，好的选择是自由且负责任的。人类性格力量和美德与任何选择都有关系，在充满矛盾、困惑、挑战和机会的人生十字路口，心理健康和内心的强大承担着重要的角色。职业生涯与心理健康的关系表现在任何一个选择中我们都得接受心理素质的考验；同时健康和谐的人格是执行职业生涯发展与实现的基础，也是追求幸福且有意义的人生目标的核心保障。心理健康是我们努力追求的理想生命状态，是我们不断发展自身潜能的基石。识别和发现职业生涯发展与规划中羁绊自己前行脚步的心理困惑，认识自己、探索自己，接纳自己在人生道路上会遇到困扰，积极投入地去寻求有效的支持，主动地去探索调整自己困惑的途径和方法。保持积极乐观的心理情绪，投入地做自己感兴趣的事情，在有限的生命长度中拓展生命的宽度，建设良好的人际关系，追求积极的成就感，迈向丰盈的人生。

通过本章的学习，要达到以下几个学习目标：

1. 深刻地理解职业生涯规划的终极意义；
2. 了解什么样的生命状态是健康幸福的；
3. 了解影响职业生涯规划的心理因素；
4. 学习保持并提高身心健康的心理能力。

第一节　职业生涯与心理健康的关系

目前大学生的职业生涯问题成为学校和社会关注的一个焦点。职业不仅仅是从事一种工作而谋生，它是人生态度和生活质量的一种表达方式。职业问题放到一个人一生发展的生命状态来看待，一个人的生涯发展贯穿生命的始终。

生涯发展是一个自我确认的过程，也是一个选择的过程。一次重要的抉择胜过千百次的努力，今天的生活是由三五年前的选择决定的，而三五年后的生活是由今天决定的。生活的抉择要有智慧。大学阶段将会遇到比以往任何时候都重要的选择。每个人都接受着心理素质的考验。健康的人格、稳定的情绪、和谐的人际关系、良好的适应能力等都是心理健康的表现。

拥有健康的心理状态，培养良好的求职择业心态，才能在激烈的就业竞争中，规划自己的生涯目标，执行自己的执行力，实现人生意义。

一、心理健康

(一) 何谓心理健康

人，其实不需要太多的东西，只要健康地活着，真诚地爱着，也不失为一种富有。这句话中有两个重要的词，第一个词是“健康”；第二个词是“爱着”。首先还要从健康谈起，人们更多地只从身体健康的角度去理解健康，很少从心灵的角度去理解健康。

1. 健康的定义

1946 年，世界卫生组织宪章序言将健康定义为：健康是一种身体上、精神上及社会关系上的全面良好状态，而不仅仅是没有疾病或不虚弱。

1989 年 WHO 再次将健康定义为：健康包括身体健康；心理健康；社会适应良好；道德健康。

2. 心理健康的定义

1946 年世界心理卫生联合会（WFMH）从四个方面对心理健康进行界定：

(1) 身体、智力、情绪十分协调；

(2) 适应环境，人际交往中彼此谦让；

（3）有幸福感；

（4）在工作和职业中，能充分发挥自己的能力，过有效率的生活。

人本主义心理学家马斯洛和麦特曼认为，健康的心理应有以下10项标准：

（1）充分的适应力；

（2）充分地了解自己并对自己的能力做适当的评价；

（3）生活目标能切合实际；

（4）与现实环境保持接触；

（5）能保持人格的完整与和谐；

（6）具有从经验中学习的能力；

（7）保持良好的人际关系；

（8）适当的情绪发泄与控制；

（9）在不违背集体利益的情况下，能做有限度的个人发挥；

（10）在不违背社会规范的情况下，对个人基本需求做适当的满足。

中国心理卫生协会于2011年10月正式把“中国人心理健康标准的制定研究结果”作为中国人心理健康的标准。标准如下：

（1）认识自我，接纳自我（自我意识）。

①自我认知：了解自己，适当评价自己，有一定的自尊心和自信心；②自我接纳：体验自我存在的价值，接受自我。

（2）自我学习，独立生活（生活与学习能力）。

①学习能力：具有从经验中学习并获得知识与技能的能力；② 生活能力：能够独立处理日常生活中大部分的衣食住行活动；③解决问题的能力：能够利用获得的知识、能力或技能解决基本问题。

（3）情绪稳定，有安全感（情绪健康）。

①情绪稳定：能够保持情绪基本稳定；② 情绪积极：情绪状态能够保持以积极情绪为主导；③情绪控制：能够调控自身情绪的变化；④安全感：对人身安全、生活稳定等有基本的安全感。

（4）人际关系和谐良好（人际关系）。

①人际交往能力：具有基本的社会交往能力，能够处理与保持基本的人际交往关系；② 人际满足：能在人际互动中体验到正常的情绪情感，获得满足；③接纳他人：能够接纳他人及交往中的问题。

（5）角色功能协调统一（角色功能）。

①角色功能：基本能够履行社会所需求的各种角色规定；②心理与行为符合环境特征；③心理与行为符合年龄特征；④行为协调：在社会规范许可的范围内实现个人需要的适当满足。

（6）适应环境，应对挫折（环境适应）。

①保持与现实环境的接触；②面对和接受现实，积极应对现实；③正确面对与克服困难和挫折。

（二）积极的心理健康

塞利格曼提出积极的心理健康是一种存在状态：存在积极的情绪，存在参与与投入，存在意义，存在良好的人际关系，同时也存在成就。心理健康的状态并不只是没有身心失调紊乱的现象，而是一种蓬勃的存在。

1. 积极健康的概念

塞利格曼定义了积极健康的概念。积极健康的定义是经验性的，它从三大类可能的积极独立变量开始着手。

（1）主观资产：例如乐观、希望、感觉健康良好、热情、活力、生活满意度。

（2）生理资产：例如心率变异性的上限、催产素、低水平的纤维蛋白原和白介素-6DNA上较长的重复序列——端粒（即染色体端位上的着丝点）。

（3）功能性资产：例如优质婚姻，年逾古稀还能步履轻快、呼吸顺畅地连上三个台阶，丰富的友谊、喜爱的娱乐活动、出色的工作。

积极健康的定义是能够切实提高健康与疾病目标的主观、生理及功能性资产的组合。

2. 积极心理健康

积极心理健康的状态就是让生命变得更加丰盈、蓬勃，就是探讨人生美好之处和寻找人生美好方法的幸福心理学学说。谁不想让自己的生命之花绽放的充满动感和质感，能看到、听到、嗅到充实、幸福的生命体验？

幸福的体验就是积极心理健康的流动状态。

积极心理健康的第一个要素是积极的情绪，也就是我们的感受：愉悦、狂喜、入迷、温暖、舒适。在这些元素上成功的人生称为“愉悦的人生”。幸福感和生活满意度是积极情绪的核心因子。

第二个元素是投入，指的是完全沉浸在一项吸引人的活动中，时间好像停止，自我意识消失。以此为目标的人生称为“投入的人生”。处于投入中的人是人物合一。投入需要集中全部的认知和情感资源，要达到投入，你需要投入你最强的优势和才能。因此，你需要找出你的品格优势，学习如何更多地使用它们。仁慈、社会智慧、幽默、勇气、正直等优势和美德，是投入的基石。

第三个元素是意义。人类不可避免地要追求人生的意义和目的。“有意义的人生”意味着归属于某些超越你自身的东西，并为之而奋斗。为此，人类创立了许多积极组织。

上述三个因素是衡量生活满意度的标准。但积极心理健康追求的是提高生活满意度，衡量的黄金标准是人生的蓬勃程度，也就是人生更加丰盈的蓬勃。

第四个因素是成就。有人为了成功、成就、胜利、成绩和技艺本身而追求它们。有人为了赢而赢，也常见于对财富的追求。有些富豪积累财富，然后投身慈善活动，把它散去，有些人把前半生赚来的钱捐给科学、医药、文化和教育事业。他们为自己的后半生创造了意义，但在前半生，他们是为了赢而赢。成就，从追求幸福的角度看，其短暂的形式就是成就，长期的形式是“成就人生”，即把成就作为终极追求的人生。追求成就人生的人们，经常会完全投入到他们的工作中，也常如饥似渴地追求快乐，并在胜利时感受到积极情绪；还有可能是为了更大的目标而赢。把成就作为积极心理健康的因素加进来，是为了更好地描述人类在无强迫的自由状态下会选择追求什么。

第五个要素是人际关系。对一所金融、财经类院校的1097名在校大学生做的调查显示：说出你从小到大一直到今天最幸福的三件事，15%的学生表述出来的事件与人生中的重要他人有关，也就是亲密关系在人的幸福中执行着重要的角色。哈佛大学精神病学家瓦利恩特发现，被人爱的能力是人生幸福的关键。社会神经科学家卡乔波则认为：孤独对生活产生的消极作用极大，这让我们不能不相信，对人际关系的追求是人类幸福的基石。积极人际关系对幸福带来的深刻正面影响，以及人类情感关系缺乏带来的负面影响，都不可否认。几乎所有的积极关系都伴随着积极情绪、意义或成就。

(三) 探索自己目前的生活状态

心理健康的生活状态是一个过程，是在活着的每一天体验着、执行着、展示着生活质量，也是一个发展变化着的过程，而不是一个静态不变的结果。

人本主义心理学家罗杰斯指出："生命在最丰富而又最有价值的时候，一定是一个流动的过程。"积极心理学之父塞利格曼提出：持续的幸福是一种动感的状态，幸福没有统一的标准，但却随着精神的投入而有不同的蓬勃程度。当人生丰盈时，才会有持续幸福的生命状态。

下面，请评估一下自己生命存在的状态。

1. 从生活满意度来测量自我的主观幸福指数

(1) 大致而言，我的生活很符合我的理想；

(2) 我对我生活的现状非常满意；

(3) 生命中我所想要的重要东西，我都已经得到；

(4) 假如人生可以重来，我不会做任何修改。

测一测，静下心来，与自我的内心做一个接触，整理一下自己。

2. 人的最佳健康状态

(1) 有规律地进行锻炼；

(2) 营养饮食，膳食平衡（多吃蔬菜、水果、谷物、低脂肪、低热量食物）；

(3) 维持适当的体重；

(4) 每晚睡眠7～8小时，每天休息或放松；

(5) 系好安全带，驾驶摩托车戴头盔；

(6) 不吸烟，不吸毒；

(7) 适度饮酒；

(8) 有保护、安全的性行为；

(9) 定期的安全健康体检；

(10) 保持乐观态度和发展友谊。

3. 内心强大的指标

(1) 不自卑；

（2）能够看穿别人的表演和一些圈套；
（3）能控制自己的情绪；
（4）在打击面前，能短时间内恢复理智；
（5）在最艰难的日子里坚守自己的信念不动摇；
（6）不患得患失；
（7）能理性地树立、分析、客观地看待与自己有利害关系的事情；
（8）知道自己适合做什么，有什么潜力，是什么样的人；
（9）宠辱不惊。

4. 最新世界排名前十位的奢侈品，看你有几项

（1）一颗童心；
（2）生生不息的信念；
（3）背包行走天下的健康体魄；
（4）愉悦、舒心的创业环境；
（5）安稳、平和的睡眠；
（6）享受属于自己的时间和空间；
（7）牵手一个教会你爱与被爱的人；
（8）品味美好的心情；
（9）自由的心态与宽广的胸襟；
（10）点燃他人希望的精神特质。

5. 六类美德二十四种优点，你看看自己有吗？

（1）知识与智慧：好奇心；创造力；爱学习；洞察力。
（2）勇气：勇敢；诚实；恒心；热情。
（3）仁爱：友善；爱与被爱；社会智力。
（4）正义：公平；领导才能；团队合作。
（5）节制：宽容/怜悯；谦虚；谨慎；自我调适。
（6）超越：对美好事物的欣赏；希望；灵性；有幽默感。

6. 接触自己的心灵世界，测试一下自己

生活满意度测试

全面考虑在过去的四周里，你对生活中这些部分的满意度如何。

从1到10，满意程度逐渐增加。1为非常不满意，10为非常满意。将数字写在每项前面的方框里。

□　我的生活的方方面面
□　我的工作
□　我的朋友
□　我所在单位的士气
□　我的家庭

想一想在过去四个星期里，你在遇到以下描述的情况时是怎么做的。请如实回答。请在每项前面的方框中填写你的真实分数，评分标准如下：

从不 总是

1 2 3 4 5 6 7 8 9 10

优势测试

□ 想一想你有机会做出新颖或创新之举的真实场景。在这些情况下，你有多少次使用了创造性或独创性？

□ 想一想需要做出复杂、重要决定的真实场景。在这些情况下，你有多少次使用了批判性思维、开放的态度或良好的判断力？

□ 想一想你经历过的恐惧、威胁，尴尬或不适的真实场景。在这些情况下，你有多少次是勇敢和充满勇气的？

□ 想一想你面临过的困难且耗时的任务的真实场景。在这些情况下，你有多少次发挥了持之以恒的毅力？

□ 想一想你原本可以撒谎、欺骗或误导别人的真实场景。在这些情况下，你有多少次是诚实的？

□ 想一想你的日常生活。当有可能时，你有多少次感觉并表现出激情和热情？

□ 想一想你的日常生活。当有可能时，你有多少次表达出对他人（朋友、家人）的爱和关心，并接受他人的爱？

□ 想一想你需要了解别人的需要并做出反应的真实场景。在这些情况下，你有多少次使用了社交技能、社会意识或日常智慧？

□ 想一想你是团队中的一员，团队需要你的帮助与忠诚的真实场景。在这些情况下，你有多少次表现出了团队合作精神？

□ 想一想你对两个或更多的人使用权力或施加影响力的真实场景。在这些情况下，你有多少次是公平的？

□ 想一想你是团队中的一员，团队正需要有人来指引方向的真实场景。在这些情况下，你有多少次发挥了领导力？

□ 想一想你受到诱惑，想去做一些以后可能会后悔的事情的真实场景。在这些情况下，你有多少次是谨慎小心的？

□ 想一想你想要控制欲望、冲动或情绪的真实场景。在这些情况下，你有多少次运用了自我控制？

情绪健康测试

请根据以下的情境，在前面的方框中填入符合你的情况的数字。

1＝根本不像我 2＝有一点儿像我 3＝有些像我 4＝大部分像我 5＝非常像我

□ 1. 当我遇到不好的事情时，我会预感将有更多的坏事发生。

□ 2. 我无法控制发生在我身上的事。

□ 3. 面对压力时我会使事情变得更糟。

□ 4. 在不确定的时候，我通常怀着最好的预期。

□ 5. 如果有什么不好的事情要发生在我身上，我就是躲不过的。

□ 6. 我很少指望会有好事发生在我身上。

□　7. 整体来说，我预期发生在我身上的好事多于坏事。

□　8. 我的工作、学习是我生命中最重要的事情之一。

□　9. 如果有机会让我重新选择，我仍会选择现在的工作。

□　10. 我很敬业。

□　11. 我在工作中的表现会影响我的感受。

□　12. 我会对某个想法或项目很着迷，不过短时间之后就会失去兴趣。

精神世界健康测试

请在每项前面的方框中填写你同意或不同意下列陈述的强烈程度。

1＝非常不同意　2＝不同意　3＝中立　4＝同意　5＝非常同意

□　我的人生有持久的意义。

□　我认为我的人生以某种方式与全人类、全世界紧密相连。

□　我在军队所做的工作具有持久的意义。

家庭健康测试

请在每项前面的方框中填写你同意或不同意下列陈述的强烈程度。

1＝非常不同意　2＝不同意　3＝中立　4＝同意　5＝非常同意

□　我与家人非常亲密。

□　我坚信我的朋友会照顾我的家庭。

□　我的工作给我的家庭带来了很多负担。

□　我的工作帮助我的家庭过得更好。

二、心理健康与职业生涯的关系

生涯是个人通过从事工作所创造的一个有目的的、延续一定时间的生活模式，是生活里各种事件的方向与历程，它统合了人的一生中各种职业和生活的角色，是个人终其一生所扮演角色的整个过程，由时间（个人生命的时程）、广度（扮演角色的多少）、深度（角色投入程度）三个方面构成。

台湾的金树人先生认为生涯涵盖了三个重点：①生涯的发展是一生当中连续不断的过程；②生涯包括个人在家庭、学校和社会中与工作有关活动的经验；③这种经验塑造了独特的生活方式。

生涯可以从以下几个方面理解。

生涯是不断选择和创造的，是一个不断连续选择的结果。生涯是终身发展和连续的，从本质上讲是持续一生的。成长是一生的任务，生涯是见证一生成长的执行过程。生涯是独特的和有目的的，个人依据其人生规划与人生目标，为自我实现而开展的独特的生命历程，不同的个体具有不同的生涯历程。生涯是多角色互换的综合体，生涯不仅仅是一个人的“职业”或者“工作”，还包含了个人的生活风格，生命的成长事件构成了生涯的不同色彩。

职业生涯规划的终极目标是让每个人健康快乐地成长，职业规划的重要性也体现在其对学生健康成长所起的重要作用。一个人生理和心理的健康是职业健康的前提。

(一) 心理健康决定职业生涯成熟度

生涯成熟度是指在面对生涯问题时的心理发展水平，生涯成熟度反映了每个人在不同生命阶段所完成发展任务的历程和状态。对大学生来说，职业生涯成熟度的衡量标准以职业选择为主。如果一个学生能根据自己的心理特点、性格、专业能力和就业形势等进行科学的决策，做出适合自己的职业探索、定位、决策，执行客观可行的措施，执行自己的执行力，最终获得职业，那么其职业的成熟度就高，反之则低。

心理健康是每个生命个体在其生涯发展过程中健康发展和执行生涯过程的基础。只有生涯与心理的发展是健康的，人才会有人格力量去执行人一生中的成长任务。

测测你的生涯成熟度

下面有一组句子，根据自己目前的情况选择：

非常不同意＝1 分；不同意＝2 分；尚可＝3 分；

同意＝4 分；非常同意＝5 分。

1. 我曾想到要做些事，让自己今天或明天发展得更好。
2. 我认真关心过我将来要做什么样的人。
3. 我为了将来的工作和生活做准备（如选课、收集资料）。
4. 一般在生活中，我能做出相当合理的决定。
5. 对于自己的未来发展，我能独立自主地做出决定。
6. 目前我就读的专业是经过慎重选择的。
7. 我就读的专业与我将来的预定工作、进修、家庭发展方向是很有关的。
8. 我了解自己的能力、专长和限制。
9. 我了解自己的个性、兴趣和重视的事物。
10. 我关心社会和时局的变迁，并考虑它对我目前及将来发展的影响。
11. 我会收集正确的信息，以便做决定时参考。
12. 我能恰当地呈现自己，让别人认识我。
13. 我已经计划好将来要发展的方向。
14. 在我待过的学校和环境，我通常适应得很不错。

计算你的分数，分数越高生涯成熟度越高。

(二) 心理健康影响职业生涯规划的执行

大学生生涯发展的前提是，自我的身心发展达到一定的成熟状态。心理健康的程度影响一个人职业生涯的执行。大学生职业生涯发展的前提是：了解自己，了解自己的兴趣、性格、能力、价值观，进行自我探索的过程中，进行务实的职业探索，做出合适的职业选择，定位自我的职业目标，同时根据家庭、社会、经济等背景条件，评估可能的限制，获取适当的教育或训练，发展进入工作领域所需的基本技能。

心理健康的人格状态是保证一个人完成职业选择的充分和必要条件。根据金斯伯格的职业选择理论，心智成熟，心理发展水平的程度是人们真正进入职业选择的现实阶段的充分和必要条件。金斯伯格职业选择理论认为，人们选择职业的过程中往往经历一系列典型阶段。第一阶段是幻想阶段，在幻想阶段，人们对职业的选择不考虑技术、能力或工作机会的可获得性，而仅仅考虑这份职业听起来是否有意思。第二个阶段是尝试阶段，这一阶段涵盖整个青春期。在尝试阶段，人们开始考虑一些实际情况，务实地考虑到自身价值和目标，以及某一职业所能带来的工作满意度。最后真正执行职业选择的阶段是现实阶段。在现实阶段，成年早期个体根据自己的实践经验或职业培训，明确自己的职业选择。通过不断地学习和了解，人们逐渐缩小职业选择的范围，并最终做出选择。

霍兰德人格类型理论侧重人格对职业选择的影响，根据这一理论特定的人格类型与特定的职业可以进行完美匹配。如果人格与职业的对应性很高，那么个体会更加喜爱自己的职业，其职业道路也会更加稳定，个体的工作满意度也就越高。

心理健康与否直接影响到个体的自身发展、活动效率和对各种环境变化的影响。

心理健康直接影响大学生职业目标的选择。它决定着求职者能否客观、正确地分析自我、认识自我，如所学专业、思想修养、能力特长、兴趣爱好；能否正确、客观地分析职业资源和社会环境；能否在择业的坐标中找到自己准确的位置。

心理健康也影响求职择业过程，择业是选择与被选择的过程。大学生在择业的过程中，面临一系列的竞争考验，也会遇到专业与爱好、个人与家庭、工作与地域、职业与发展之间的一些选择困惑。能否顺利地接受考验，能否正确地做出选择，心理健康起到至关重要的作用。心理健康的人在面对考验和矛盾时，做到镇定自若、积极乐观、不怕挫折，在挫折中重新发现自己；勇于创新，缜密思考，果断决策；并且心理健康的人拥有情绪的自我调整能力，能正确地觉察自己的感情与行为；能对外界刺激做出符合社会行为规范的反应。对客观现实有较为客观、理性的认识。心理健康对取得工作成就、顺利发展事业起着促进和保障作用。大学毕业生走向工作岗位后以健康的身心为事业发展准备条件，充分发挥自己的聪明才智，发掘自己的潜力，综合自己的优势，不懈努力，从而找到能施展自己才华、实现人生抱负的舞台。

第二节　大学生在职业生涯方面的心理困惑

在职业规划过程中，大学生的职业困惑程度决定着他们想改变的动机程度。所以心理困惑本身不是问题，怎样看待问题是问题。

一、大学生的职业心理困惑

大学生在职业生涯规划与执行过程中主要的心理困扰表现在以下四方面。

（一）自我认知的偏差导致的心理困扰

人在一生中做任何的规划与选择都有一个重要的前提是认识自己，认识自己是展现自己，推荐自己的前提。一个面临人生重大选择的大学生，如果对自我的认知是偏差的，不清楚自己的性格、气质类型、兴趣爱好和自己的能力特征，没有能力澄清自己的职业价值观，就不能很好地对自我职业定位。因此在选择职业之前必须对自己有一个全面的认识和评价，对自我有一个健康的概念。

大学生因为自我认知偏差导致的心理困惑有以下几种现象。

1. 理想自我与现实自我的矛盾

大学生在对自我的追寻中，有一个理想中自我的期待，但是现实的自我与其总是有差距，这样，导致对自我的失望。在职业定位中也是如此，心目中有一个理想的专业对应的理想职业，但现实是自己认为自己上的专业与理想中的绝缘了，于是也会对自己的职业前景失去信心，进而导致自卑心理的出现，灰心丧气，甚至出现放弃自己的心态，对什么都不去承担责任。因为自卑，总是放大他人的优点，不能看到自己的优势总是盯着不如意的地方，时间长了，对自我持续地怀疑，自信心减弱，自尊心受损，导致在择业中表现得退缩、逃避，不敢面对竞争，甚至有的同学会产生怯懦心理。由于对自己的能力过低评价，导致了大学生在择业时往往表现出被动的怯懦心理，这一点在毕业生面试中表现得尤为明显。怯懦心理直接影响自己给用人单位的印象，也影响自己优势的发挥和表现。怯懦心理也多见于一些女生和性格内向的大学生。与上述两种反应相反的是自负心理，自负是缺乏客观地自我分析与自我评价的表现，以理想中的我混淆现实的我。有些大学生对自己评价过高，认为自己是名校学生，专业是热门专业，或自认为专业知识和能力都胜人一筹，因而盲目自信，择业定位很高，认为理所当然地自己就应该有好工作。在这种心理的支配下，好高骛远，期望值很高，以幻想代替现实，使自己的择业目标和现实产生很大反差。

2. 自我意识与自我管理的矛盾

大学生的自我意识随着年龄的增长、知识的积累而不断增强。在择业中，强调自我意识，但是真正遇到社会中现实问题的时候，又会有依赖心理出现，这时又会一方面表现出嘴上强调独立、坚强，自己的人生任务自己承担，另一方面又总是依靠别人。虽然他们接受了三、四年的大学教育，但是在很多事情上还是缺乏应有的分析和解决问题的能力。由于缺乏足够的信心，缺乏自我选择决断能力，在择业中不主动积极地为择业做准备，不去承担激烈的择业竞争，而是将希望寄托在学校、家长和亲朋好友身上。他们或者认为自己家里应该帮自己找工作；或者是自暴自弃，认为自己既没关系，又不是出类拔萃的好学生，所以就抱着车到山前必有路的态度，不为择业去执行自己应该执行的现实责任。

在对自我的认识和评价中，最主要的是对自我的定位，选择切合自己的职业目标定位。但是有的同学往往因为对自我定位的不准确，盲目地攀比，跟着别人的影子跑，看到其他的同学做什么自己就心动了，一会儿干这个，一会儿干那个，到头来发现什么都准备得不够充分。最典型的表现是在最后选择就业单位时，看着身边同学谁去了知名度高、效益好的单位，谁去了一线城市，心理就开始失衡。于是"我不能比别人差"的观念建立，攀比嫉妒，尤其是看到平时不如自己的同学去了好单位，觉得自己很没面子，结果更是"这山望着那山高"，选择就失去了理性，不从自我实际出发，将自己的目标设计过高，不考虑择业时的各种综合因素，错过合适自己的单位，反而高不成、低不就，自己在苦恼中耗费能量。

在大学生的职业规划发展中还有一种现象是有些学生从一开始就探索职业，做好学习规划，也进行职业规划，使整个大学生活和将来的职业目标紧密地结合在一起。周密的计划是合理行动的前提，如果没有行动，计划仅仅是计划，纸上谈兵、画饼充饥而已，自己要督促和鼓励自己执行每一个阶段的计划。些大学生总是做计划，但是计划完了就完了，从不靠自己的毅力去克服自身的弱点执行自己的执行力。这样当真正需要自己靠实力去竞争的时候，却缺乏竞争的勇气，缺乏信心。

(二) 大学生在职业生涯发展中的社会认知偏差

我们人类“首先是情境中的生物”，因为情境作为外部环境模塑着人类自身，决定我们未来的诸多可能性，我们不能独立于它而存在。人类自身总想要解释行为、对其归因，以使其变得秩序井然，具有可预见性，使自我对世界的可控性增强。我们解释他人的行为，希望能准确地解释以适应我们日常生活的需要，于是我们构建着自我周围的社会现实。有时我们的社会直觉的力量在我们的知觉过程中是强大的，但有时是危险的。我们的态度也塑造我们的行为。

大学生在大学的发展阶段也是社会认知发展最为关键的时候。社会认知的过程是依据自我过去的经验及对有关线索的分析，依赖自我的思维活动，形成社会知觉、社会印象、社会判断的过程。在此过程中，自我运用社会思维看待和接受社会影响，同时自身也是社会关系中的社会影响因子，与社会进行着互动。

我们必须科学、理性地去观察人类自身是如何理解彼此的。我们的社会态度、理解和信念是否合理，我们的自我如何影响社会判断，又如何促进我们的社会行为，我们自身怎样形成对所处社会的信念方式，我们的社会思维的限制怎样影响我们自己错误地选择，我们的思维与行动、我们的态度与行为之间的关系。

大学生的社会认知偏差也会在自我的职业生涯与规划中表现出来。在认知过程中，个体的某些偏见往往影响认知的准确性。

1. 在职业认知过程中职业信息认识不全面

在大学阶段的职业困惑中，有很多学生是从选择专业开始就表现出心理困惑。有的学生在大一开始就表现出来。一种情况是对于大多数刚进入大学的新生来说，大学生活是多姿多彩的，但这种兴奋持续几天之后变得沉默、焦虑，为以后的就业担忧。原因是自己认为所学专业很适合自己，但听说这个专业的就业前景不乐观，就开始忧虑。还有一种情况是看到自己身边的、同宿舍的同学转专业了，自己心里开始忐忑不安，但自己又不知道该转什么专业。还有的学生是在填报志愿的时候依据了自己认为适合自己的专业，但一直与父母帮自己选择的专业相矛盾，进入大学后，父母打电话或者说QQ聊天的时候只要说到这个问题，就心里矛盾、纠结。从心理学的角度看，人类的恐惧、忧虑、烦恼多是来自对事物的不确定性。在职业决策方面，职业信息不完全是影响人们决策的主要因素。上述大学生对于专业的担心更多的是来自于“听说”。但事实是这样吗？这需要对自己担心的问题做客观的信息收集，用事实说话。出现这种现象的原因是缺乏对职业信息的全面了解和现实分析。

还有一种情况是有的同学大学期间一直好好学习科学文化知识，使自己的学习成绩排在前面，认为成绩优异就一定能找到工作，不太参与学校、寒暑假期间组织的各项活动，认为那是浪费时间。这样的学生不做职业规划，也不探索职业选择的制约因素，到了就业阶段认为我成绩这么好怎么能没有工作，这样的学生对职业环境因素和自己眼前的机遇及职业能力要求全然没有概念。当拿着好的成绩单找工作时，发现自己的限制，这时的失败对他们来说不仅仅是失望，很可能发展成习得性无助，经历几次求职的失败后，他们会习得一种被动和无助感。

有的学生是自己在大学期间发展比较全面、均衡，专业成绩比较优秀，也有多方面的工作经历，也有社会实践方面的历练，有很强的人际协调能力和领导能力。但是在职业选择的时候，自己不知道是走技术路线还是管理路线，实际上是不能确定职业发展方向，走技术路线和管理路线并不矛盾，但是这样的学生就认为走了技术路线就不能走管理路线，自己的一些优势潜力就会浪费，于是在两者之间徘徊、犹豫，从而迷茫和困惑。这就是缺乏对工作世界的了解，是大多数求职者束手无策的根本原因。这需要对职业信息的可靠性和权威性进行探索和考证，多渠道获取相关的职业信息和与相关从业人员进行交流。

2. 在职业发展过程中，对职业印象形成偏差判断

在职业规划过程中，有一些大学生对职业探索进行得比较早，在大一至大三的这个阶段就形成了职业目标的定位，这当然很好。可是有一个现象是形成“路径依赖”，就是我们过去所做出的选择决定了现在及未来可能的选择。有的同学会为了某一个职业或者目标而拼命准备，当外界的环境发生变化的时候，不能根据自己的情况灵活发展。即使选择了某一个方向，也要明白，生活和工作本身就是变化发展的。当变数出现的时候，有些学生会惊慌失措，进而没有主见，原来的计划就失败了。也有一部分大学生自己的专业选择的是热门专业，自己在学习过程中学习结果也很是优秀，但是自己并不是自主选择的这个专业方向，往往会刻板地把专业与特定的职业直线地画等号。比如商学院的学生学习会计专业的就认为会计是与数据、图表、公式打交道。事实上每个专业都对应的是一个职业群。当大学生这样刻板地看待一个专业的时候，会对自己的前景焦虑，有时会产生盲目地转专业的想法。如果对职业社会和职业知识深入了解，会在对某一职业群深入客观地了解的基础上，探究自我的职业定位和选择。

还有一种情况是有些大学生所学的专业常见于热门专门专业预测排行榜，有的见诸报端和网站，其中也有真实数据支持。这些榜单上有名的专业是所谓的热门专业、朝阳职业、高薪职业。大学生们也被这些信息引导选择了这样的专业，在报志愿的时候，受媒体、网络宣传的影响形成了对这些专业的印象，于是进入专业学习，学习之后发现，自己按照一贯的学习惯性和学习能力，专业成绩也很好，但就是不喜欢，于是担心在职场上的自己没有由衷的喜欢，专业能力不会发挥出来，才发现自己真正想要什么是模糊的。了解自己真正想要什么是职业规划的一个重要方面，但是因为受所谓热门、高薪的导向干扰，忘记了自己的真正需要，从而产生困惑。专业决定我们的知识结构，但是兴趣帮助我们进入一些行业和领域，而专业与职业固然有联系，但并不是一一对应的关系。而兴趣往往是与职业发展的总体成就和长期目标相联系的。这样有很多大学生就没办法把短期目标和长期目标相联系，认为两个目标之间没有因果关系而产生了困惑。

（三）大学生人际适应导致的职业困惑

现在的大学生中独生子的比例很高，那么在职业规划过程中，大学生们都会考虑父母对自己的职业选择期望，比如是选择稳定类型还是选择具有开创性的职业。他们的选择往往与父母的意愿相左，其中最为冲突的是选择的地区是在父母身边还是远离父母。职业规划中选择去什么地区工作对一个人生活形态的影响是很大的。很多大学生在规划自己的职业未来时，会因为父母的期望与自我的愿望间相矛盾而自责，但又不愿意放弃自己心仪已久的地区和城市。

另外的一种人际关系导致职业选择的困惑是一个古老的主题：是选择爱情还是选择称心的职业。大学阶段男女同学之间相互吸引，产生爱恋之情也是人生发展中的成长任务。在大学阶段与他人建立持续而亲密的关系是这一阶段归属感满足的需要。亚隆曾把爱情描述为“孤独的我消融于我们之中”。这时，人失掉自己，融入对方之中。人失掉了由跟他人分离而产生出来的个人独立感，不再孤独，反而获得了归属和心理上的舒适感。大学生不再回避爱情，异性间的结伴、拍档构成大学生活的一道风景。大学生的恋爱很情绪化，有些学生很少反思爱情对我们人生的意义和价值到底在哪里。爱情不是达成人生目标的工具，而是自身成长的一部分，是我们生命的一部分。当我们选择职业生涯与定位时需要做出自己的决定和采取自己的行为执行人生决定的时候，要把爱情和职业的选择综合地去考虑和规划，这就像鸟儿的两个翅膀，协调好才能飞翔。现在大学生规划自己的职业将来时，不考虑自己正在热恋的对方，甚至有的同学是鸵鸟埋头，不去直面这一问题。到了大四需要最后决定职业类型和所去区域的时候，再去面对，这时的纠结是：是选择一个人还是选择一个职位；是选择一个人还是选择一座城。于是大学生中出现了“毕分族”，“只在乎曾经拥有，不在乎天长地久”的一族。处理好爱情与职业选择的关系，本身就是在承担自我决定和行为的责任，这就是你成长中去承担成长的任务。

(四) 神经症性心理问题导致的职业困惑

这类是属于心理不健康的状态，虽然它的命名与一些精神障碍的名称相同，但并不意味着在病因学上有固定的联系。其中一小部分个体后来发展成为精神障碍，但大多数人终生只有特殊人格，不发展成为同名神经症或精神病。常见类型如下。

1. 强迫性人格

强迫性人格表现以下人格特征。

(1) 思虑过多，犹豫不决，做事拖延，理智胜过情感，逻辑胜过直觉。

(2) 一丝不苟，过于严肃认真，工作中重视细节而忽略全局。

(3) 墨守成规，刻板固执，严格遵守各种规范，决不自行其是，缺乏想象力，很少有创新和冒险精神。

(4) 情感以焦虑、紧张、悔恨时多，轻松、愉快、满意时少，不能平易近人，缺乏幽默感。

(5) 好胜心强，追求权势地位，坚持己见，往往强加于人，对批评极为敏感，人际关系中斤斤计较得失，多半吝啬。

2. 癔症性人格

癔症性人格表现以下人格特征。

(1) 情绪外露，喜怒哀乐皆形于色，表情丰富，矫揉造作，爱发脾气，要求别人的表扬、同情，利用情感来要挟、作弄别人。

(2) 自我中心，爱交际、好表现，对别人要求甚多，不考虑别人的权益，依赖性强，设法操纵别人为自己服务。

(3) 卖弄风情，喜挑逗，常产生情爱幻觉。

(4) 表面上聪明伶俐，但思维浮浅，缺少深思熟虑，感情胜过理智，凭印象办事，不习惯于逻辑思维，常有自欺或欺人之言，易接受暗示，用幻想与想象补充事实，凭猜测和预感做出判断，言行内容不完全真实可靠。

3. 偏执性人格

偏执性人格主要特征如下。

(1) 多疑：不信任别人，担心别人欺骗他，对他搞阴谋诡计，从他身上捞取好处，怀疑别人的真情实意，因此难于与人相处，更难获得知心朋友，为人谨小慎微，易生嫉妒，捕风捉影，警视四周。如果别人因此对他也进行戒备，保持距离，更提供了他疑心的客观证据，强化他的特殊感知，形成特殊的主观世界，但仍保持对现实的检验能力，有别于妄想性精神障碍。

(2) 敏感：容易害羞，易产生牵连观念，自尊心很强，要求别人都尊重自己、重视自己，未给予特殊的待遇便感到受了羞辱和委屈，无意之中便得罪了他，常使人际关系紧张，往往反应过度。

(3) 固执，好争辩，自作主张，对他人意见尤多抗议。

(4) 情感比较冷淡，待人缺乏热情与同情心。对艺术与业余娱乐活动很少感兴趣，缺乏幽默感，从来不与别人开玩笑。

4. 分裂性人格

分裂性人格表现如下。

(1) 回避社交，离群独处，我行我素而自得其乐，好内省与幻想而缺乏行动，攻击行为很少见。在甚少社交而专事抽象思维的学术领域中，可有成就。

(2) 情感冷淡，僵硬，缺乏热情与温柔体贴，缺乏幽默感，难与他人建立感情联系，朋友很少，独身者较多。

(3) 对于批评与表扬，以及别人对他的看法或给予别人的难受，都不关心。

5. 躁郁性人格

躁郁性人格有如下特征。

(1) 抑郁性人格：经常心境不佳，精神不振，对生活与前途总觉暗淡，对进行的工作与各种活动常常抱不良结局的打算而缺乏成功的信心。常念命运不佳而过于忧虑，责任感很强，娱乐爱好很少，有些人表现易激惹、易怒。

(2) 躁狂性人格：经常心境愉快乐观，对生活充满信心，做事缺乏深思，匆忙做出决定，经常有判断失误，遇到挫折或反对时容易激怒。

(3) 环性情绪性人格：在上述两种人格表现之间来回波动，因而一时信心十足，扬眉吐气，承揽许多任务难以完成而造成损失；一时精神萎靡，垂头丧气，放弃许多有利机会而造成失误，一生中心潮此起彼伏，来回折腾，往往被视为朝三暮四、不守信用、意志薄弱的人，但人际关系不错。

以上这些特殊人格的特征会在大学生的职业选择和定位中表现出来，消耗大学生的精力，甚至影响有些大学生做出适合于自己的选择，人格的限制有时甚至会影响一个人一生的发展。

二、大学生中常见的心理障碍

心理障碍的种类很多，临床表现特征和形式也多种多样。在这里介绍在大学生中常见的神经症、人格障碍及精神疾病。

（一）大学生中常见的神经症

"神经症"一词在日常谈论中常常使用和听到，人们往往错误地用它来描述一切不正常的行为。神经症是可干扰一个人正常生活的中等严重程度的心理疾病。神经症在常态分布曲线上，会在标明"低于一般心理健康水平"的区域出现。在个人生活表现中神经症有好几种具体的形式，但它们都有两个共同点：一是神经症是应付生活的适应不良；二是神经症都集中于焦虑问题。焦虑是一种强有力的，有时会削弱生活能力的恐惧，可是又指不出恐惧的原因。他们知道自己害怕、担忧、焦虑，可又不知道自己是因为什么，甚至，有时伴有一系列与植物神经活动相联系的生理反应，如心跳加快、血压增高、呼吸急促、出汗等。神经症通常没有任何器质性病变，社会心理、人格特征常常构成发病基础。神经症的社会适应能力没有严重受损，对自己的心理状态有自知力，多数人积极寻求帮助。神经症患者的体验不幸而紧张，他们不满意自己，内疚、恐惧，大多数时间都沉浸于情绪痛苦之中。神经症有好几种，各有不同核心症状的具体形式。我们讨论比较典型的三种神经症：焦虑性神经症、恐怖性神经症、强迫性神经症。

1. 焦虑性神经症

这种神经症的焦虑体验要显著得多，弥漫性也大得多，是由紧张、不安、忧虑、恐惧等感受交织而成的情绪状态。焦虑神经症患者极其敏感，甚至对别人对于他们的反应也戒备。他们很难做决策，甚至对最简单的事情也如此，并且在没有明确的现实威胁时也产生焦虑反应，体验到很高程度的恐惧，甚至变成恐慌。可以体验到同恐惧有关的身体症状：快速心跳、出汗、眩晕和腹泻，甚至在夜间也逃脱不了恐惧，睡眠不好，对入睡困难本身感到恐惧，在进入睡眠状态的时候，又可能遭受噩梦的折磨。焦虑神经症患者是真正痛苦的人，感觉上不安全、抑郁，觉得自己没有价值，但是对自己的状况和所为都有极高的标准，甚至高到了不现实的程度，但是自己又达不到那么高的要求。

2. 强迫性神经症

当我们说人们受某件事强迫时，是指这件事对人们的心理有很大伤害。强迫症是一种意识的内容，出现时伴有主观上受强迫的体验，体验者无法把它排除掉，平静时体验者认识到它是毫无意义的，但主观上想到必须加以抵抗才是主要的。强迫症的人体验到的思想或内在驱使是他自己的，是他主观活动的产物，但他有受强迫的体验。主观上感到必须加以意识的抵抗，这种反强迫与自我强迫是同时出现的，有症状自知力，体验者感受到这是不正常的，甚至是病态的，至少自己希望能消除症状。自我强迫和自我反强迫是神经性心理冲突的典型和尖锐的形式，也是当事人精神痛苦的根本所在。

可以说，几乎每个人都有轻微和短暂的冲突体验，自知无补于实际的担心，着急和烦恼是人类的普遍经验。我们如果对人性做深入一步的反思，强迫症是可以理解的。常人与强迫症之差只是程度上的，强迫症的人过于不接受自己，甚至苛求自己，这才导致自我强迫与自我反强迫的尖锐冲突。

强迫症状表现为强迫观念，包括强迫性怀疑、强迫性穷思竭虑、对立观念等。强迫表象是生动的、鲜明的、形象的；而强迫观念是指抽象的思想，出现的表象也是令人难堪或厌恶的，强迫表象有时也是一种强迫性回忆。强迫恐惧是对自己的恐惧。体验者害怕丧失自控能力，害怕会发疯，害怕会做违反习俗甚至伤天害理的事。强迫意向是体验者感到一种强有力的内在驱使，马上就要行动起来的冲动感，但实际上并不直接转变为行动。强迫性缓慢表现为体验者举止行动缓慢，但具有明显的仪式化特征，严重时刷牙也许要花一小时，从房间门口走到桌子旁边也许要花半个小时，尽管言语少，但可以用点头、摇头和手势跟家属进行沟通。

3. 恐怖性神经症

恐怖性神经症是指体验者对某些特殊处境、物体或与人交往时，产生异于寻常的恐惧与紧张不安的内心体验，可能会出现脸红、气促、出汗、心悸、血压变化、恶心、无力甚至昏厥等症状，因而出现回避反应。患者明知恐惧对象对自己并无真正威胁，明知自己的这种恐惧反应极不合理，但在相同场合下仍反复出现，难以控制，以致影响正常活动。

恐怖可分为场所恐怖，主要表现为不敢进入百货商店、公共汽车、剧院、教室等场所，否则就会产生极度焦虑，忍受不了，因而回避，甚至根本不敢出门，对配偶和亲人极度地依赖。还有社交恐怖，主要特点是害怕被人注视，他们一旦发现别人注意自己就不自然、脸红、不敢抬头、不敢与人对视，甚至觉得无地自容，因而不愿社交，不敢在公共场合演讲，集会不敢坐在前面。社交恐怖症的人并不相信任何人都特别关注他，但却害怕别人关注自己。他们并没有被害观念，对周围现实的判断并无错误，只是不能控制自己不合理的情感反应和回避行为，并因而苦恼。单一性恐怖症是对某一具体的物体、对某些物有一种不合理的恐怖，这种恐怖始于童年，这些非理性的恐怖是在儿童期间习得的，在那时，恐惧的对象渐渐同某些特殊的痛苦或情绪障碍性的情境联系到一起。单一恐怖的症状恒定，多只限于某一特殊对象，既不改变，也不泛化。

（二）大学生中常见的人格障碍

人格障碍在心理常态分布曲线中处于平均心理健康群体的左侧。人格障碍是行为性的或表现于外的障碍，人格障碍的人没有极度的情绪痛苦，几乎没有内在痛苦的卷入，对个人或自己的妨害一般要低于对社会。人格障碍既不像神经症患者那样有强烈焦虑情绪的折磨，也没有像神经症患者那样丧失同现实世界的接触。人格障碍有严重社会适应不良，在与社会行为规范、道德法律约束发生严重冲突的情况下，可出现悖德违法的行为。在学生中常见的人格障碍有以下几种类型。

1. 自恋型人格障碍

自恋型人格障碍的特征是要求别人赞美，人格表现为幼稚，有强烈的自我为中心的倾向，以浮夸的方式来夸大自我的重要性，对于无限的成功、力量、智慧或理想的爱情有着过多的幻想。相信只有特别的、高层次的人才能理解他/她特别的思想、天赋或问题，渴望被过分崇拜，有优越感，希望得到别人的特殊对待，通过损人利己的方式利用别人，不能或不愿意牵扯到别人的需要与情感之中。无法同情或欣赏别人，嫉妒他人或认为他们嫉妒他/她。骄傲自大，自我陶醉。有自卑感和低自尊的基础，所以他/她通过制造卓越不凡的假象来寻求补偿，对他人常常出现矛盾情感，对轻蔑、批评和反对意见过分敏感，倾向于易发怒、抱怨和指责，如果出现机会，不能保持忠诚，会剥削信任他/她的人，在人际关系中施加高度的控制。

2. 边缘型人格障碍

这种障碍的特征是不稳定的人际关系，自我形象的破坏、感情失控、容易发生冲动。非常害怕孤单和被人抛弃，不稳定的人际关系，在追求最高理想和退而求其次之间动摇不定，时好时坏的自我形象，一时冲动，欠缺考虑和行为不端，因而有损自己，比如大手大脚乱花钱、酗酒吸毒无度、玩命飙车或暴饮暴食。不断企图自杀或自残、反复无常、无法预料的情绪变化，对人对事极端不满，容易激动或焦虑不安，持续不断的空虚感觉，情绪失控、大发脾气或爱争好斗，在压力下出现颇为罕见，瞬息即逝的痴心妄想，或者严重的分裂病状。它是介于神经症与精神病之间的一种心理异常。

3. 反社会型人格障碍

这类人格障碍的人完全不考虑其他的人，对自己可能做出的任何行动也没有丝毫的自责。他们完全不讲良心，对别人没有正常的责任感，可以毫不犹豫或毫不愧疚地说谎、欺骗、偷盗。情绪上不成熟，恣意放纵，即时冲动，而不管这些冲动会导致什么后果，也不管自己的行为对别人有什么样的影响。儿童时期有撒谎、斗殴、流浪和对一切权威的反抗；少年期过早出现性行为或性过错；成年后习性不改，经常变换职业，不能很好履行做父母的责任，常犯规违法。30 岁以后随着年龄的增长，人格异常表现可能有所缓解，他们很难与爱人、家属和朋友保持持久的、密切的、热诚的和尽责的关系。由于人际关系的紧张，很难在接受教育、谋求职业、经济收入等各方面获得成功。

（三）大学生中出现的精神疾病

精神病是心理疾病中最极端、最衰弱的种类，心理健康水平最低，在常态分布曲线上，它们处于左边尽头。精神病患者完全失去了与现实的接触，退回到他们自己构建出来的虚幻世界。他们在这个世界中一直生活在幻觉、妄想和梦幻之中。极端的精神病患者对自己的行为已经绝对没有任何控制，并且可能对自己和别人施以暴力。

大学生中出现比率比较高的精神病有精神分裂症和躁狂抑郁精神病。

1. 精神分裂症

精神分裂症患者身心异常的程度已经丧失社会生活的功能，恶化到非住院治疗不可的地步。典型症状如下。

（1）思维紊乱。精神分裂症的核心症状是思维紊乱，联想过程缺乏连贯性和逻辑性。无论何种形式的表达，均不能完整、系统地表达其所要表达的意义。

（2）知觉扭曲。对知觉的现实有明显扭曲事实的现象，甚至出现幻觉和妄想。患者在毫无事实根据的情况下认为他听见什么声音、看到什么景象或闻到什么气味等。妄想是指不根据事实、不合逻辑的思想或观念，例如，迫害妄想、夸大妄想、关联妄想等。

（3）情绪错乱。以非常明显异于常人的形式表达喜怒哀乐各种情绪，甚至情绪反应与现实不能协调，他们内心世界与外在环境已经失去统合功能。

（4）脱离现实。不肯与周围的人交往，而且也不愿意与周围的环境接触，经常离群独居孤独自守。与现实严重脱节，退缩到属于自己的世界中去，这也是在外人看来他们喜怒无常的原因。

（5）动作怪异。精神分裂症患者动作减少，表现奇特，异于常人。他们表现极为怪异，时而无故傻笑，时而咬牙切齿，时而愁眉苦脸，时而比手画脚，似乎在表达某种意义，但与所处的环境并无直接的关系。僵直型精神分裂症患者，甚至可能以金鸡独立的姿势单脚着地，像蜡像一样持续站上几个小时。

2. 躁狂抑郁精神病

躁狂抑郁精神病有时也称为情感性精神病，其患者是以心境或情绪有极端性为特征的。我们每个人都有兴奋和低落、抑郁期和欢乐期。这种心境的变更似乎是日常生活的一个正常部分，但躁狂抑郁精神病的这种变更要强烈得多。躁狂期常常是以暴力性的狂乱行动暴发为特征的，而抑郁期则经常以自杀观念作为标志。

一般说来，大多数躁狂抑郁精神病人都只表现两个极端中的一个方面，他们不是抑郁就是躁狂。不过，有些躁狂抑郁症患者的症状是在两个极端之间相交替的。在抑郁期，悲哀、沮丧、不做任何活动，说话几乎完全用单音节词汇表达，回答问题用凄凉的声调，好像全世界的压力都压向他们。而在躁狂期，会完全是另外一个人，似乎让他们保持一会儿的安静都不可能，说话滔滔不绝，欢笑、跳舞、唱歌。在躁狂期会表现对他人要求过多，如遭到拒绝时，其语言和行为就会是侮辱性的。这种症状可以持续几个月之久，必须住院治疗。此类患者的住院期一般要短于其他精神病患者，每次很少长于一年。

精神疾病的诊断应该是严格和严肃的，通常只有精神科专科医师才能进行精神疾病的诊断。诊断必须依据特殊的诊断标准。

第三节　职业生涯与心理调适

每个人都会有不同程度的心理困扰，问题本身不是问题，你怎样看待问题是问题，你怎样解决问题是与你怎样看待问题有关系的。有的同学懂得觉察问题并及时调整，并在必要的时候寻求专业帮助，使自己保持相对平衡稳定的心态。

解决心理问题、调适心理状态的方式主要有两种。

一、自我调整

每个走过自己的问题的同学最后都会说，其实问题是自己制造的，也是自己解决的。

每个人在觉察自己的问题的时候，也会主动地去了解、分析自己，看自己是怎样形成一定的观念，怎样看待自己的。

（一）自我了解

很多同学都期待了解自己，了解自己的特点，了解自己的心理需要，尝试通过多种渠道，多种方式更加全面地了解自己。

增强自我了解的确很重要，但是需要用科学的方法。有的同学很喜欢用书刊、杂志上刊登的一些心理测试，还有的同学非常喜欢用流行的星座来看自己的行为特点和心理状态。通常这些非标准化的小测验只能作为参考，未必见得科学。测试的结果只能作为参考，并不是自己心理特点的定论。

标准化的心理测验必须符合以下基本条件：其一，必须保证测验的信度和效度，即测验的准确性和一致性；其二，必须要有一定的常模作为参照标准来解释测试结果；其三，必须遵守严格的使用程序和标准的指导语，对测试结果进行科学的分析。

心理健康的一个重要表现就是对自我的深入了解，不但对自己意识层面有所把握和了解，还要对潜意识层面也有所认识。

自我了解的方式有很多种。比如，从自我的成长经历中去了解自己，人往往忽视自己为什么会有今天这样的人格模式，其实是你的成长经历造就的。还可以用库里的镜像自我的方法了解自己，他人的存在是自我存在的镜子，与他人交往，与他人的生命状态进行联结，从别人对自己的态度和评价中认识自己，是自我认识的重要途径。它可以帮助我们纠正自我认识的偏差，克服自我认识的主观性和片面性，有利于形成较为客观的自我认识。还可以用实践、现实检验的方式了解自己，如在一个具体的现实活动场景中看自己的表现，觉察自己的状态。或者是通过学习成绩、综合考评成绩、参加各种文体活动的结果来了解自己运用知识的能力及其他潜能。适当的时候可以用一些投射测验。

（二）学习心理学理论解释自己的行为并进行调节

不同的心理学理论对同样一个问题成因的假设不同，对行为和问题的解释也不同。作为大学生，学习、探索科学的理论解释自我的世界也是一种方法。比如以抑郁为例，很多大学生都体验过抑郁。有的经历过较长时间的悲伤，对什么事情都不感兴趣也不想做。如果从精神分析的角度来看抑郁是一种转向内心的愤怒。处于抑郁中的人存有一种无意识的愤怒和敌意感，但是每个人都有内在的、阻止人表现出敌意的社会标准和价值观念。因此，这些愤怒就转向内心，人就“向自己出气”。用精神分析来解释，这是一种无意识水平的表现。

特质理论心理学家重在查明哪些人容易抑郁。心理学者早就发现，预测一个人是否为严重的抑郁最好指标之一，是看这个人过去是否曾为抑郁所困。一项研究发现，对人的情绪性的气质，在相隔一年期间前后两次测量，有较高的相关。这就是说一个人今天的一般情绪水平可以很好地预测一年后的情绪，当然也包括抑郁。一项研究提供了抑郁特质稳定性的更直接的证据，研究者在一组男人处于中年期时测量了他们的抑郁水平，30 年后，当他们进入老年期时又测量了他们的抑郁水平。研究者也发现了两次测量中这些男人的抑郁水平分数高度相关。

人本主义流派的人格理论心理学家用自尊来解释抑郁。经常为抑郁所困的人，是那些不能建立良好的自我价值感的人。人的自尊心就是在成长过程中建立起来的，它像人格的其他概念一样，在不同的时间和情境都有一定的稳定性，人本主义流派的行为治疗专家在为抑郁困扰的患者治疗时，一个重要的目标就是让他们接纳自己，甚至接纳自己的错误和弱点。

行为主义和社会学习流派考察的是导致抑郁的环境类型。行为主义者认为，抑郁是由于生活中缺乏积极强化物所致，也就是说，你觉得没意思，不想干事，是因为你没有看到生活中有什么值得干的活动。一个影响深远的抑郁的行为模式假设，抑郁是由对厌恶情境的体验导致的，在这种情境中，人们感觉自己什么也控制不了。这一理论认为，处于不可控制的事件中，会使人产生一种无助感，并且泛化到其他情境中。

认知流派的人格心理学者进一步地采纳了社会学习模型。这些心理学家认为，当人们觉得自己不能控制事件时，他们必须用一定的方式解释为什么不能控制。例如，有人把缺乏控制力解释为暂时的经济困难，另一些人则认为缺乏控制是由于个人能力不够造成的，那么，前者就不像后者那样容易出现抑郁。认知学派的心理学家研究发现，人们会保持一种解释事件的稳定方式。经常抑郁的人倾向于以导致抑郁的方式来解释不可控制的事件。抑郁的人有自己的认知图式，人们用一种好似“抑郁过滤器”的东西来理解和加工信息。容易抑郁的人总是用最可能导致抑郁的方式来解释周围世界。由于这个抑郁图式，抑郁的人很容易回忆起不愉快的体验，他们所遇到的人和环境也好像总在提醒他们想起那些悲伤、不快的时刻。

在遇到问题的时候，哪一个理论的解释更切合自己的问题，哪一种解释更有助于自己理解自己的问题，就去探索哪一个理论流派的资源，变成自己解释自己世界的工具和手段。

（三）自我调节

自己察觉自己的心理状态，采取一些方法进行调节是一种积极的生活态度。

自我调节的方法因个人的风格和特点而有所差异。

1. 通过行动来调节

当人运动的时候出一身汗，可以使人充满朝气，排解沮丧、郁闷等消极情绪。通过运动，可以使人抓住运动带给自身躯体的感受，使人放松身心，不再过度紧张、焦虑；通过运动可以使自己的注意力集中在现实的自我中，避免固着于不开心的事情上。选择什么样的行动方式因人而异，既可以找朋友聊天、倾诉，也可以与朋友共同参与一项肢体运动。对于心情压抑的人，呐喊也是一种宣泄的方式，可以找一个没人的地方，比如山顶、河边、树林，通过大声喊叫可以把心中的愤怒、委屈都倾泻出来。只要人活动起来，并且自身可以感受到生命的跃动，就可以帮助转换心情。

2. 选择安静的方式来调节

比如可以任意地在纸上把心烦的事情写出来，然后撕掉，随风飘走，同时也把坏心情带走。还可以用冥想法：坐在（或躺在）一个舒适的、不被打扰的地方，闭上眼睛，想象自己来到一个自己喜欢的地方，或海边，或草原，只要自己喜欢，进入冥想。微风轻轻地吹来，轻轻地吹拂着你，海水轻柔地抚刷你的脚趾，太阳暖洋洋的，温暖地照耀在你身上。你感受到自然的魅力，非常的舒服，你的呼吸越来越平稳，越来越缓慢，你感到身体很放松、很舒适。你的内心感到的是宁静，那些不愉快也被微风轻轻地吹走了，渐渐地远离了你，你真正地酣然于其中。

还有一个方法是安全岛，让自己的身体放松舒服，自己选择不被干扰的地方，在内心寻找一个使自己感到绝对安全、舒适和惬意的地方，这个地方不存在任何压力和不愉快的东西，只有好的、保护性的和充满爱意的东西存在。（每天自由地选择一个地点、时间，体会到放松舒适感即可。）

还可以用深呼吸松弛法，试想象身处一个很舒适的地方，用腹部呼吸，深非浅，慢非快，调匀呼吸，有节奏地进行几分钟。

3. 自我调节的注意事项

（1）重在行动。没有哪一种方法是完全彻底有效的，关键是积极尝试。行动起来时先调动你的生物水平的唤起，然后是缓解心理压力，这不仅可以使自己更切实地感受到身心的同在、协调一致，还可以切实地感受到行动的效果，体会到行动的改变。

（2）小步骤原则。有的同学确实在努力自我调节，希望显著改善。但往往并不尽如人意，感觉自己有时候又回去了，就会觉得没有希望。对于自我改善，也要一点一滴地去做，分阶段、有目标地去完成，从每天的细碎的改变和变化中看到希望。

（3）坚持不懈。比如因焦虑晚上难以入眠，深呼吸放松是一种很好的方法，冥想法也不错，但是要每天坚持，只要坚持一段时间，就会有好的结果。

（4）建设性行为。执行你的执行力是很重要的，在每天的行动中能使自己受到鼓励，哪怕每天只是一小部分，但是你在往前走，你在建设自己，而不是毁灭自己。

二、寻求专业的心理帮助

对自己的生命负责的同学，在出现心理问题的时候会主动寻求积极帮助。但是，也有一些同学会冲突很久才决定是否寻求专业的帮助，还有的同学会认为只有有精神疾病才会寻求专业的帮助。如果自己去进行心理咨询会被订上有“精神疾病”或“心理障碍”的标签。对专业的心理帮助有正确的理解是很重要的。

（一）了解职业咨询与心理咨询

1. 什么是职业与心理咨询

心理咨询在20年前对于国人来说是陌生的，但是，今天人们再谈到心理咨询，大概知道是帮人化解忧愁的。事实上，心理咨询有其独特的工作方法和专业原则。一般人在相互安慰的时候，总是会劝说对方尽早地忘记不愉快的经历，过去的就让它过去吧，明天会更好的。但这并不是心理咨询，心理咨询会使人从挫折中认真反省自我，总结经验教训，增强生活智慧，以更好地应付日后生活中可能出现的各种不快经历。在这层意义上，心理咨询就是要使人更好地认识自我，开发自我激励的潜能。

职业咨询是职业规划师在进行咨询的过程中，以一个帮助者、陪伴者、协调者的角色，与来访者之间形成一种工作同盟。而每个职业规划师的学术背景和个人风格不同，每位学生的职业困惑各异，所以，在咨询过程中的表现会千差万别，但是职业咨询的基本过程可划分为：建立关系、进行评估、目标设定、干预、终止和跟进五个阶段。

心理咨询得以产生效果的首要条件是咨询师与当事人之间的一种人际关系，在这种透着信任、关怀和理解的关系气氛中，当事人可以安全地、无顾虑地进行自我探索，把平时有意识或无意识地掩盖着的自己的真实需要、动机和内心冲突表达出来、发掘出来。这时候，当事人往往可以明白自己的这些情绪和行为——包括那些令自己困扰的情绪和行为——后面真正的原因。咨询过程又会促使或引导当事人去观察自己对于环境（主要是人的环境）中一些影响自己的因素做出了何种反应，以及自己习惯的体验方式、思考方式和行动方式。这样一种自我省察可以帮助当事人明了自己跟环境的关系，明了环境对自己做了什么，自己对环境做了什么，自己跟环境所做跟环境对自己所做之间有什么关联。自然地，当事人会去评价自己跟环境的关系，去评估自己跟周围人的人和事打交道的方式是否还是自己希望的那种方式，是不是一种给自己带来幸福的方式，在这种自我探索和自我认识的基础上，当事人会产生一种改变的欲望和动力，他会主动地去探求新的生活目标，发现新的行为方式，并采取实际行动去学习新的行为方式，追求新的目标。所有的自我探索、领悟和行动都会有赖于当事人积极主动的活动。

2. 了解职业与心理咨询的专业特点和规范

从事心理咨询的人必须是受过系统专业训练的工作人员，能够提供专业的帮助；心理咨询从根本上说是一种特殊的人际关系，在这个关系中是良性互动，咨访双方之间发展出了一种理解、信任、富有建设性的关系。心理咨询是一个过程，这个过程必须经历一段时间的治疗，通常每周会谈一次，每次咨询大约50分钟。根据问题的性质和特点的不同，历时长短也不同。一般的心理困扰通常需要6～8次会谈，对于比较严重的心理障碍，往往需要更长时间。如果是精神分析取向的，最长可达四、五年；心理咨询的目标由于各学派的理论和方法不同而有所不同。但是每一个架构的理论和技术都会帮到当事人。不管什么理论，在咨询中会有一些共同的功能和要素促进当事人的改变，比如建立积极的自我观念、认知的转变、行为的改变、情绪的调整、潜能的开发和人格重建等；心理咨询有特定的专业伦理规则，咨询师会替你保密，你在接受咨询的整个过程中是受职业伦理保护的。

接受心理咨询是需要勇气的，很可能你会打开一扇窗，看你根本不愿意看到的自己，或者你在潜意识中是很阻抗看到自己的。在进行咨询的过程中，你会感到被助人者支持、关注，并感到被质疑、挑战，并且在助人关系中能够尝试着去表达、去理解、去努力与自身的不足、孤独感及失落感作斗争，并去克服。

在接受心理咨询的过程中，当事人有时会发现是自己不愿为自己的人生规划承担责任，或者是自己不愿意着手解决当前的问题。自己感到做出改变和错误改变会带来恐惧，深层次的感受和行为探索会让自己面对自身的问题，会促进当事人做决定。而做出富有挑战性的计划和决定，则意味着冒险和承担更多的责任。更重要的是在咨询中，会有情绪体验，尤其是痛苦的情绪体验，像被忽略、孤独、不被关注、不被尊重，这些伤口会让咨询者再次疼痛。当事人对自己负责任的态度是勇敢地正视自己，解剖自己，为自己的选择决定承担事实上的后果和付出何种代价自己都接受。

3. 求助心理咨询的步骤

了解自己所在学校咨询中心服务的具体情况，包括提供什么服务、具体的地点、时间、保密规则。咨询师的专业背景、机构的工作原则和需要签署什么协议。

在了解基本情况之后，选择适合自己的咨询师预约登记。可以根据咨询师的性别、年龄、经验、咨询流派等因素来选择工作人员，根据自己的时间和机构的时间来预约。

对自己想咨询的问题有个基本的准备就可以不用担心自己讲得是否有逻辑、有重点。咨询师会根据具体情况，与来访的同学进行讨论。

（二）参加团体心理辅导与咨询

主动参与团体心理训练、辅导和团体心理咨询、治疗活动，是一种非常有效的方式。尤其是专门为大学生而开设的职业生涯发展与规划团体、职业定向团体、职业选择团体。

团体对一个人的成长与发展有着重要的影响。心理咨询的实践充分证明，在帮助那些有着共同成长课题和有类似问题及困扰的人们时，团体心理训练、咨询和辅导都是经济而有效的方法。

团体动力学的研究证明，一个人要想清楚地了解自己最好到团体中去，要想改变和完善自己最好到团体中去，要想实现自我的价值最好到团体中去。在团体中成员不仅可以交流信息、探索自己，也可以互相模仿、彼此支持而学习到适应社会的态度和技巧。团体在助人方面有着其他助人形式无法代替的特殊功能。

1. 了解团体心理咨询的优势

（1）在团体中了解和体验支持与被支持。团体可以让学生了解并且体验到自己是被其他学生支持的。由于团体的参与者能够认识到别人也有跟自己相同的问题，自己支持别人，也得到别人的支持，从而获得道义心，可以增进信心。

（2）从相互帮助中获益。促进每一个学生能够从与别人的相互关系中获得利益，学生将可以得到单独与咨询员接触所不能得到的利益。

（3）有益于发展社会性。在团体里可以得到社会上的相互关系、交换意见、共拟计划等现实的经验，社会化的实际经验则可以促进学习、改进行为。

（4）获得治疗的效果。可以在小组内提高治疗效果，以便成员洞察自己及更好地适应。

（5）使学生获得安全感，增强信心。学生因体验到自己在友伴中也有所作为，可以跟友人交往，自己也有朋友，这些均能增进其安全感。当学生发展与人相处的技术，了解自己的价值并以此为荣的时候，可以加强其自信心。

2. 选择参加何种团体

根据自身的状况和需要确定参加何种团体是对自己有帮助的。有选择并且善用团体资源来促进自我的成长和改变也是一种智慧。

1）会心团体

会心团体也称为交朋友小组、坦诚团体，是美国人本主义心理学家罗杰斯倡导并首创的，它的理论基础是罗杰斯的个人中心疗法理论。团体活动的目的不是为了治疗，而是在于促进个体的发展，包括了解自我、寻找自信心、建立协调的人际关系，促进个人的成长和自我实现。团体活动的目的在于创造一种融洽、真诚的气氛，建立一种信任、理解的关系。会心团体为参与者提供自我探索的机会，提供在变化激烈的时代里生存的再学习机会，提供与陌生人交往的机会，起到心理治疗的作用。

2）成长性团体

成长性团体的主要目的是通过团体成员的主动参与表达自己，进而找到大家共同的兴趣与目标，重点放在自我成长与自我完善上。功能体现在：使个别成员已失去的社会功能与技巧得到集体修正，使成员能够掌握社会技巧以便自我解决问题。团体可以帮助成员迈向自我完善、发挥潜能的境界。这些发展功能通过以下条件实现：让成员有宣泄的机会，充分表达感受，以解除情感障碍；团体给成员以支持，通过团体对成员的接纳、爱护及认可，使成员对团体有归属感，以便尽量表达自我，从而提高自尊；使成员对自己有新的认识，提升自己的适应能力，促进成长。

3）训练性团体

训练性团体注重的是人际关系技巧的培养，强调通过团体环境中的行为实验来帮助成员如何解决问题、如何做决定、如何表达自己的意见；重视团体发展的过程，如每个阶段中成员互动的方式，它引导成员如何观察并改进自己的行为。其主要功能在于为成员提供一个实验室，着重帮助成员去学习新的行为，改变不适应的行为，并通过练习使新行为得到巩固。这类团体强调此时此地，不涉及成员过去的行为；强调过程，不强调内容；强调真实的人际关系，尊重他人，有利于他人的成长。这类团体常见的有沟通技巧训练团体、自我肯定训练、压力管理工作坊、亲职效能研习会等。

4）治疗性团体

治疗性团体是指通过团体特有的治疗因素，如团体所提供的支持、关心、情感宣泄等，改变成员的人格结构，使他们达到康复的功能。这类团体持续时间很长，所处理的问题比较严重，往往针对某种行为异常。其工作重点放在过去的经验影响及潜意识的因素，同时改变人格的结构。

【阅读1】 高层识人的“十条军规”

（美）安东尼·詹 作 康欣叶 译

在过去的几年中，我一直在收集和思考一些问题，尤其是与性格和态度有关的问题，以帮助我提高辨别他人的能力。以下十个关键性问题可以帮助你更好地理解人们的内在特质及诱因。

1. 这个人用来表述与倾听的时间比例是多少？你当然希望雇用自信又不惧怕表明立场的人，但如果一个人表述与倾听的比例高于60%，你就应该好好考虑。是因为这个人过于自大、不愿意向他人学习，还是他只是怯场，导致说话杂乱无章、漫无边际？

2. 这个人是能量的给予者还是获取者？你身边肯定不缺这样一种人，他们时刻携带并散发着消极的能量。还有一种人，身上总散发正能量和乐观情绪。中国有句古话说，授人玫瑰，手有余香。正能量的给予者富同情心、慷慨，他们会是你立刻想要共度时光的人。

3. 面对任务，这个人比较倾向“反抗”还是“行动”？有些人在接受任务时，会立即进入防守状态。另外一些人会立即行动，进入解决问题的模式。对于多数工作，你应该倾向雇用第二种人。

4. 这个人给你的感觉是真实可信，还是阿谀奉承？那些虚假的赞美，和使劲想给你留下好印象的人一样，无法让人感觉良好。真正优秀的人不需要凭巴结他人上位，那些敢于做自己的人，才是工作环境中令人愉悦的伙伴。

5. 这个人的配偶是什么样的？为重要职位作面试时，我的一个商业伙伴给了我一个绝妙的点子：与面试者的配偶、伙伴或亲密好友一同外出活动。俗话说得好，物以类聚，人以群分。

6. 这个人如何对待陌生人？仔细观察一个人如何对待与自己素未谋面的人，我称之为“出租车司机或服务生测试”。这个人是否表现出应有的大方与厚道，是否能与司机或服务生进行平等的交谈？还是说他漠视这个人，甚至恶语相向？

7. 这个人过去是否有遭遇挫败后重新振作的经历？比起过早的成功，早期的失败与磨难对于后天的人格养成，起着非常重要的作用。

8. 这个人读过哪些书？阅读能发人深省，帮助一个人了解历史、开阔思路、激发思考，还能帮助你紧跟时事动态。虽然有点以偏概全，但是我身边有趣的人大多热爱阅读。阅读是求知欲的最佳体现。

9. 你能否忍受和这个人同坐长途车？这也是“飞机场试验”的一个变体。几年前在做第一份工作时，我听说了这个假设性试验：试问自己，当你和一个人同困于飞机场时，你的真实感受会如何？相似的问题还包括，你是否可以和这个人一起完成公路旅行？

10. 你觉得这个人是否有自知之明？我和我的同事相信，英明的领导人必须具备一个先决条件，那就是对自己有清晰的认识。这个人是否可以正视自身的优势与不足，他能不能根据对自身的了解采取措施？这样能判断出一个人是否谦卑，他的所想、所说、所为是否一致。

要想认清一个人，尝试着问这十个问题，或者这些问题中的几个，你就能做到窥一斑而知全豹。

（资料来源：《看天下》2013年第25期）

【阅读 2】 人生是选择的总和

俞敏洪

几个月前，我乘晚班飞机抵达印度海得拉巴。下飞机后，我发现几乎没有出租车。过了一会儿我才搞清楚，当地的司机正在进行大罢工。我耐心等了一会儿，还是没有车。半小时过去了，我连出租车的影子也没看到。正当我准备给朋友打电话时，身后飘来一个沙哑的声音："先生，去哪儿？"一个 40 岁左右、面带微笑的男人朝我走来。"现在都在罢工，你打不到车的，我的车就在不远处。"他热情地递过来一张名片，上面写着他的英文名字罗摩、联系信息及所在出租车公司等细节。

简单的几分钟交流后，他的谈话风格和流畅的英语让我吃惊不小。我听说过很多关于司机利用机场位置偏远而宰客的故事；我也听说过一些司机善于花言巧语取悦乘客，从而狠捞一笔的旧闻。所以，有两个选择摆在我面前：信任他或者等朋友来接我。最后，我选择了第一种。

事实证明，接下来的 45 分钟谈话十分有趣。

"你说你有英文硕士学位？"我好奇他的英语说得如此好。

"是的，坐监狱时修完的学位。"我一时间不知道如何接话，沉默片刻后，罗摩接着说："我被指控谋杀，入狱 5 年。那时我才 20 岁，有着浓厚的学习兴趣。""那么，之后发生了什么？"我问道。罗摩笑着说："我保持积极的态度，在狱中完成了学业。"

"那你为什么要杀人？"我继续问。

"我没有，我是无辜的。"他平静地说。

"什么？"我彻底惊呆了。

又是一段时间的沉默，罗摩说："当我很小的时候，母亲就告诉我，每天清晨起来我都有一个选择，决定当天发生的事情是好还是坏。当坏事发生时，你可以选择成为受害者，或者从中学习到什么，我选择后者。"

"是的，道理没错，但是做到并不容易。比如你无辜被逮捕，这让人怎么忍受？"我有些替他鸣不平。

罗摩说："生活中，很多事情会砸到你头上，反过来，你也可以有力地回击，决定事情的发展方向。你遭遇的每个状况都是一道选择题，你可以选择自己如何应对，如何不让别人影响你的情绪。不管怎样，你的选择决定了你日后的生活方式。如今我出狱了，依然过着美好的生活，组建了美满的家庭。"

快要到达目的地时，罗摩先生留下最后一句话："当我们做出的选择是遵从内心的想法，而不是为了取悦别人时，做选择就会容易一些。"

如今，仔细想想以前的时光，我恍然意识到，人生这场戏的最终结局，其实就是一个个选择叠加起来的总和。

（资料来源：鸭梨摘自豆瓣社区）

探索与练习

1. 请你看下面的这几幅图，然后请你看图讲故事，可以讲给你的同学听，也可以讲给你的伙伴听，然后省察自己在这个故事中最喜欢谁，最讨厌谁，为什么？听听你的同学或伙伴喜欢谁，讨厌谁，为什么？

BTV

BTV

2. 以下是星云大师的“出门六要”，请同学们用心读完，讨论你自身的感受？

出门六要

每个人每天几乎都要出门。出门就要融入到大众里，所以应该注意自己的礼仪。以下列出“出门六要”，供读者参考。

(1) 仪容庄重：出门之人，一定要带着愉快的心情，要有庄重的仪容，保持自然、保持微笑、保持端庄。见了人不能苦着脸一脸严肃的神情，让人见了就不欢喜，如此怎么与人洽谈办事呢？

(2) 衣履整齐：出门的人，虽然不一定要穿着华丽的衣服向人炫耀，但是出门在外，衣履总要整齐清洁，朴素大方，不可邋遢随便，以免给人留下不良的印象。

(3) 情绪安详：出门的人，不可以把在家所受的气发泄到别人身上，也不能把自己的烦恼、不良情绪传染给别人。出门在外，要保持心情愉快、情绪安详，对人微笑有礼，讲话心平气和，这是做人之道。

(4) 主动问好：出门在外，不管认识与否，既然照面了，不妨问一声“你好”“早安”。假如是熟人，也不要匆忙地擦身走过，所谓“见面三句话”，完全可以寒暄几句，问候对方近来可好、家居是否平安、事业是否顺利……让别人感受到你对他的关怀。

(5) 精神焕发：平时在家，可以闲散、放松，但是一旦出门，就要容光焕发、精神奕奕。所谓“在家一条虫，出门一条龙”，说的就是这个道理，出门在外，一定要打起精神，说话铿锵有力、目光炯炯有神，尤其跟人握手时，一定要表达出诚意。

(6) 肯定、自信：出门办事，尤其是每天外出上班，一定要带着饱满的精神及愉快的心情，尤其要充满信心、专注地投入工作。如果是出门访友或参加会议，更要八面玲珑、八方周全，说话妙语连珠，引起别人的好感，这样容易达成访谈的目的。

（资料来源：语萱摘自上海书店出版社《如何安住身心》一书）

3. 请你每天早晨睁开眼睛的时候，不论今天是晴朗还是阴霾，不论今天是欢乐还是忧伤，给你的新的一天起一个名字，坚持这样做，看看你自己的收获是什么。

【本章同步思考题】

1. 做自己的心理咨询师，假如你现在正在被一个职业生涯的问题所困扰，试着想一想，你会选择什么路径去解决这一问题？

2. 请你回忆自己的成长经历，从自我的成长经历中厘清什么生命事件在影响你今天的选择？

3. 情绪有正面和负面之分。正面情绪：即积极肯定的情绪，正面情绪可以提高一个人的自信自律，促进他们创造性地工作，养成良好习惯，从而不断地健全人格。负面情绪：即消极否定的情绪，负面情绪让人意志消沉、兴致低落，阻碍人们的健康成长和生活工作，对人生的发展起到消极作用。请你把一个月中自己的情绪做个盘点，了解自己的情绪，管理自己的情绪，告诉同学三种自己调整情绪的方法。

4. 请选择参加一个职业生涯规划团体，每次团体活动后，请总结：你的碰触、你的收获和你的自我发现。

5. 请你看一期《心理访谈》，请你整理一下在片中的来访者有什么问题？咨询结束后来访者有什么变化？假如你是这位来访者，请你试想一下，你会发生什么改变？什么最触动你？

6. 请你去找资料查一下心理学上的“自我预言实现”，请你对自己的职业、生活、爱情做个自我预言。

第九章 职业生涯角色转变

导引个案

毕业即开学

这是美国东部一所规模很大的大学毕业考试的最后一天。在一座教学楼前的阶梯上，有一群机械系大四学生聚集在一起，讨论着几分钟后就要开始的考试。他们每个人的脸上都显示出了非凡的自信，这是最后一场考试了，接下来就只剩下毕业典礼和找工作了。

有几个人说他们已经找到工作了，其他的人则在讨论他们想得到的工作。怀着对四年大学教育的自信与肯定，他们在心理上早有充分的准备，征服外面的世界不在话下。

他们认为即将进行的考试只是轻而易举的事情。教授说他们可以带需要的教科书、参考书和笔记，只是要求考试时他们不能交头接耳。

他们喜气洋洋地走进教室。教授把考卷发下去，学生们都喜形于色，因为大家注意到这份试卷只有五个论述题。

三个小时过去了，教授开始收取考卷。学生们似乎不再有信心，他们脸上都露出难以描述的表情。没有一个人说话，教授手里拿着考卷，面对着全班同学。他端详着面前学生们忧郁的脸，问道：

"有几个人把五个问题全答完了？"没有人举手。

"有几个人答完了四个？"仍旧没有任何动静。

"三个？两个？"学生们在座位上不安起来。

"那么一个的呢？一定有人做完了一个吧？"全班学生仍保持沉默。

教授放下手中的考卷说："这正是我预期的。我只是想给你们一个深刻的记忆，即使你们已完成四年工程教育，但仍旧有许多有关工程的问题你们全然不知。这些你们不能回答的问题，事实上，在日常操作中是非常普遍的。"

于是教授带着微笑说下去："这次考试你们都会及格，但要记住，虽然你们是大学毕业生，但你们的教育才刚刚开始。"

（资料来源：斯坦伯格《读者》）

大学生完成学业走出大学校园时，面临着择业与就业两大人生课题。在毕业前夕，每个人的心态都是不一样的，有的内心充满自信、踌躇满志，有的满怀恐惧、担忧，也有的犹豫不决，还有的麻木不仁。但不管怎样，每个人都要在这人生的新课题中重新学习。

到了本书的最后一章，恭喜你已经结束了职业生涯规划的自我评估和职业探索部分，你已经研究和分析了你的兴趣、能力、个性和价值观，初步选定了一些职业目标。面对即将开启的新的人生，你准备好了吗？

☞ 本章内容导读和学习目标 》》

本章将围绕大学毕业生如何顺利完成从学生角色到职业角色的转换，具体分析了职场和学校、学生和职业人的差别及初入职场时应注意的几个问题，建立对工作环境客观合理的期待，做好进入职业角色的准备，最终实现从学生到职业人的转变。同时通过介绍职业生涯早期阶段的特征及影响因素引导大学生进行职业生涯早期阶段的管理，使大学生在今后的职业生涯中展现出更具竞争力的职业能力。

通过本章的学习，要达到以下几个学习目标：

1. 理解职场人角色的特点；
2. 掌握职业适应的要点；
3. 了解早期职业生涯的管理。

第一节　从校园走向职场

一、大学环境与工作环境的区别

社会工作环境与校园环境在很多方面差异较大，初入职场的大学毕业生应积极转变观念，尽快适应新的环境。一般来说，工作环境具有如下特点。

1. 生活节奏明显加快

大学毕业生离开校园踏入紧张的职场，就意味着结束了以学业为主的简单而宁静的大学生活方式，轻松活泼的校园文化氛围往往被紧张、快节奏的工作氛围取代，工作过程中目的性和时效性更强，而且没有了寒暑假和大段自由支配的时间。要做到工作中精力充沛、不迟到不早退，就必须养成良好的作息制度和生活习惯，学会科学地管理时间，抛弃大学生活中的自由散漫，并对照新的要求调整自己。

2. 工作压力显著增加

初入职场的大学毕业生很快会感受到工作的压力，这主要源于两个方面：一是由于缺乏实际工作经验，处理事情时常不得要领，甚至还会犯错；另一方面，学校培养模式和实际工作需求之间存在着一定的差异，可能会导致部分毕业生刚开始工作时发现自身知识结构有缺陷，从而感到力不从心，受挫感强烈，这也会造成一定的心理负担。面对工作压力，大学毕业生要学会坦然处理问题，并不断地按照新的工作要求提高自己，化压力为动力，不断地向书本学习，在实践中学习，向周围人学习，提升自身相关的知识、能力和素养，尽快适应新的工作要求，在新的环境中不断成长。

3. 人际关系复杂

处理好人际关系是每位大学毕业生踏入社会后必须面对的重要课题，这里的人际关系主要是指通过不懈努力建立和谐的工作关系，得到领导和同事的认可，而不是指投机取巧，搞不正之风。大学生在校期间的交往对象是老师和同学，关系相对单纯，一般无利益冲突。进入工作岗位以后，面临不同年龄段、不同背景的领导和同事，交往方式与大学时代有很大不同，有时还会出现利益上的冲突。初入职场的大学毕业生都会感到有些不适应，这就需要尽快融入工作环境，以诚待人，勤恳工作，以实际行动取得领导和同事的信任。一般来说领导和同事都喜欢勤于思考、工作踏实、乐于奉献的新人，而那种只会夸夸其谈、遇到事情不愿承担责任的新人难以取得大家的信任。

新的职场环境要求身处其中的大学毕业生的行为方式要有所改变，及时完成从大学毕业生到职业人的社会角色转变，尤其必须牢记：学校里老师同学可以理解我们、宽容我们，犯些小的错误可以原谅，但职场环境是现实的、刚性的，必须承担更多的道德和法律责任，如果工作不到位，或者违反了工作纪律就要被追究责任，甚至被处罚。美国佛罗里达大学的费得曼教授系统研究和归纳了在大学环境和工作环境中存在的差异，参见表9-1、表 9-2 和表 9-3。

表 9-1　大学环境和工作环境的差异

大学环境	工作环境
1. 比较弹性的时间安排	1. 更为固定的时间安排
2. 可以逃课	2. 不可以旷工
3. 更有规律、更加个性化的反馈	3. 无规律和不经常的反馈
4. 有长假和自由的节假日休息	4. 没有长假，节假日休息很少
5. 要解决的问题常常有标准答案	5. 要解决的问题很少有标准答案
6. 教学大纲提供了详细的学习任务	6. 工作任务常比较模糊、不清晰
7. 同学间围绕学习成绩的个人竞争	7. 员工间按团队工作业绩进行评估
8. 工作循环周期较短，基本在20周内，常有班会或其他班级活动	8. 工作循环时间长，可能持续数月、数年甚至更长的时间
9. 奖励以较客观的标准和优点为基础	9. 奖励更多地以较主观的标准和个人判断为主

表 9-2　老师和老板对我们期望的差异

大学老师	老板与上司
1. 一般鼓励讨论，欢迎发表不同看法	1. 通常对讨论不感兴趣，更关心执行
2. 规定完成任务的交付时间，而且通常宽容延迟交付者	2. 常分配紧急的工作，交付周期很短，对不能按期完成者常伴有不满甚至处罚
3. 通常尽量公平地对待所有同学	3. 许多老板经常很独断，并有失公平
4. 知识导向	4. 结果（利益）导向

表 9-3　大学学习过程与工作学习过程的差异

大学学习过程	工作学习过程
1. 抽象性、理论性色彩重	1. 具体的问题解决和决策制定
2. 正规化、制度化、结构性和象征性的学习	2. 以工作中发生的临时事件和具体真实的生活为基础
3. 个性化的学习	3. 社会性、分享性的学习

二、学校人与职场人的角色区别

社会角色（Social Role）是指与人们的社会地位和身份相对应的一整套权利、义务的规范和行为模式。学校人与职场人的根本不同在于角色不同和要求不同。

1. 角色不同

1）社会责任不同

学生角色的主要责任是学习，在家庭和社会的帮助下，学习知识、培养能力和提升综合素质，为将来的工作打下基础。而职业角色责任则是用自身的知识和能力，按照一定的规范开展工作，为所服务的单位创造效益。

两种责任履行所产生的后果也是有区别的，学生角色责任履行得好坏，主要关系到本人知识、能力和素质的水平，体现在学习过程中对自己的负责程度上；而职业责任履行得好坏，则关系到本人的工作表现，关系到所在团队的工作业绩，影响到单位的利益，有时完成得不好甚至会给单位造成重大损失。

2）社会权利不同

学生角色的权利主要是得到经济生活上的保障，依法接受教育，享有学习的权利。而职业角色则是依法行使职权，开展工作，在履行工作岗位职责的同时有权取得相应的工资报酬。

3）社会规范不同

角色规范是对角色扮演者的行为规定。对于不同的社会角色，就会有不同的行为规范和要求。如学生规范多以人才成长的规律为出发点，按照科学的教育体系，将其培养成对社会有用的人才，学生角色除了要遵守国家的法律法规之外，还要遵守学校的规章制度和学生行为守则。而职业角色的规范除了国家法律法规外，受到的社会规范和岗位规范的约束更为严格。虽然不同职业的要求不同，但职业角色的基本规范是相通的，如爱岗敬业、工作勤勉等。对于刚刚工作的大学毕业生而言，常常会感到职业岗位的纪律和管理制度过于严格，难以适应，或是认为领导对自己的工作要求过于苛刻，这多半是他们没有意识到自己已经是一个职业人，应遵守的社会规范已经提高了。

总之，学生角色与职业角色的不同点在于：一个是受教育，通过学习科学知识，逐步完善自己，为将来服务社会做好准备；一个是用已掌握的本领，通过具体工作为所服务的单位付出，需承担更大的义务并享有更大的权利。

2. 要求不同

对大学毕业生来说，从学生角色转换到职业人角色，跨度很大，对其角色要求也更高，具体表现为。

1）社会责任增强

相对于学生角色，职业人角色承担的社会责任更大，职业人角色履行的结果，不仅会影响到本人的收入和职业生涯的发展，还会对其单位产生一定的、甚至重大的影响。

2）独立性增强

大学生的生活在经济上主要依赖于家庭的供给，在接受教育和管理方面有老师、家长的引导和同龄人的沟通交流。而大学毕业生走上工作岗位后不但经济上要走向独立，而且在各方面，如生活的安排、工作中问题的思考与解决、参与竞争、承担责任及职业生涯的定位与抉择等都需要独立承担。在这种情况下，那些原来独立性强的同学，对新的职业角色适应得就快，较短时间内就能独立工作。而独立性差的同学总试图在新的社会环境中寻找新的依赖，但在新的环境中担当的职业角色难以满足这一要求。大学毕业生走上工作岗位后，如果能较快地适应新角色的要求，将有利于自身的发展和事业的成功。

3）规范性增强

大学生虽然也应当遵循学校的规章制度和纪律要求，但学生的行为规范相对于社会中的职业规范要简单得多。俗话说："没有规矩，不成方圆。"在现代社会中，每种职业都会有其相应的行为规范、职业道德规范与技术操作规范，要求员工遵守一定的劳动纪律。毕业生告别了无拘无束的大学生活后，应尽快树立起规范意识，虚心学习，按照工作岗位的要求做事，遵守原则，增强自律，为自身的成长和事业的发展打下良好的基础。

三、职业角色适应的关键阶段

从学生角色转换为职业角色，有两个关键的适应阶段，分别是毕业前夕、岗前培训和试用期。

1. 毕业前夕

毕业前夕是择业的黄金季节。毕业生通过投递求职材料，参加笔试、面试等环节，被用人单位录用，最终签订就业协议书而完成求职过程。求职成功后到毕业离校这一段时间需要充分利用，可以为完成从学生角色向职业角色转换做一些准备。在此阶段，毕业生的大部分课程已经结束，主要任务是毕业设计和毕业论文的撰写。部分毕业生在就业协议签订之后就彻底放松，失去了目标，而将这段宝贵的时间白白浪费；还有一部分同学由于明确了职业目标，可以好好利用这段时间，对照岗位要求，有针对性地学习相关知识，提高相关能力，充分利用大学的育人环境，为将来走上社会做最后的"充电"，这是转换角色的一个重要时期。

2. 岗前培训和试用期

用人单位为了让新员工尽快适应新的工作岗位，一般会针对新员工开展岗前培训。大学毕业生要抓住培训的机会，认真学习，用心领悟，要勤学好问，了解具体的工作流程和工作规范，尽快达到工作岗位的基本要求，尤其注意的是"知之为知之，不知为不知"，切忌碰到生疏的问题时想当然，冒失行动，最后导致工作上的被动。

毕业生参加工作后在劳动合同中会约定半年以内的试用期，之后考核合格才能转为正式人员。试用期既是对新员工的考察期，也是新员工对岗位的全面熟悉期。要把握试用期的机会，尽快熟悉工作要求，努力提升自己的适应能力，建立和谐的人际关系，帮助自己顺利实现角色转换。

张同学从某重点大学金融学硕士毕业后，进入了苏州一家银行工作，与她同时进入公

司的同事要么学历没她高，要么毕业的学校比她差一些，使她产生了较强的优越感。面试时她自身表现也非常出色，公司领导也很想将她作为一名骨干来培养。但刚参加工作的小张由于缺乏工作经验，公司领导安排她先从基层柜台做起，在一线锻炼，熟悉银行的基本业务流程。此时的小张觉得以她自身的条件做这样的工作实在是大材小用，觉得在一线锻炼仅仅是走走过场，所以工作并不上心，在随后的工作中经常自以为是，给同事一种不谦虚的感觉，工作中碰到难题又羞于开口请教老同事，出了一些差错，甚至遭到了客户投诉。但小张没有意识到问题的严重性，未好好反思，总觉得自己的能力没有问题，在基层锻炼抱负施展不开，等轮转到其他岗位就好了。这种态度让银行主管很不放心，觉得小张连基本的业务都做不好，就更不敢让她去和大客户打交道了，找她谈了几次也没有改观。不到半年，小张便因其表现不好被解雇了，这让她很郁闷，百思不得其解。

案例点评：我们可以看到正是由于小张没有处理好从学生到职业人的角色过渡，没有很好地理解职业人应该承担的责任和要求，而且自视甚高，认为自己教育背景好，能力高人一等，理应受到银行领导的重视和同事的尊重，尤其是在初入职场时，不虚心学习，不懂得与同事处理好工作关系。殊不知学校中评价学生的标准主要是学业是否优秀，而在工作岗位上评价员工的标准是工作是否达到要求、工作表现如何、工作任务是否完成。小张不能将学校所学理论知识与实际工作相结合，势必影响自己工作的开展和职业生涯的提升，最后被银行淘汰是必然的。由此可见，正确地认识职场，完成角色转换，完成工作岗位的要求在入职初期是十分重要的。

四、职业角色适应的方法

角色转换过程就是一个适应期，它通常包括角色领悟、角色认知、角色实现三个方面内容。学生角色向社会角色转换的实现虽然表面上只是名词的不同，但却是一个艰苦的适应过程，需要青年学生不懈地努力。要想顺利、安稳地度过这个适应期，应该注意以下几点。

1. 珍惜第一份工作

初入职场都是从第一份工作开始的，而第一份工作往往是大学毕业生实现角色转变最为关键的时期。有研究表明，步入职场的第一份工作的职业水平是个人在其职业生涯中最终所能达到的职业水平的最佳预测因素。虽然人才管理流动机制的进步给人们提供了越来越多的自由选择职业的机会，但对第一份工作的选择往往是经过多方考虑、平衡、努力以后所做出的决定，是主观考虑和客观条件、个人意愿和单位选择综合作用的结果。同时，该工作是否适合个人、职业前景是否具有发展潜力、对该职业是否有兴趣等问题也只有在认真工作以后才会有更深入的了解。当前，有一部分大学毕业生就业后仍心神不定，常常发牢骚，抱怨自己的工作不好；有的大学毕业生到一个工作岗位后没多久就跳槽，有的甚至一年之内跳几次槽，到哪个岗位都感到不如意。出现这样的情况，往往是因为他们将职业满足感与是否找到所谓的好工作联系在一起，而不是将重心放在能把工作做得有多好上，这是非常不可取的。

为此，大学毕业生在确定选择该工作以后，就要珍惜自己的第一份工作，忠于职守，努力工作，在工作中不断培养自己的兴趣，尽力把工作做好。就算你是抱着先就业再择业的态度从事第一份工作的，你也不妨试着培养自己的职业兴趣，或许你会逐渐产生兴趣，最起码也要从中体验一下初入职场的感觉和变化，学习这份职业先进的管理理念和经验之道，为今后择业跳槽积累经验。即使你打算将第一份工作作为一个跳板，也不要不负责任、肆意妄为，这样既有损自己的职业形象，也不利于良好职业道德和职业操守的养成。应该认识到，如今是人才竞争的时代，也是企业与人才共赢的时代，初入职场的大学毕业生不能只是做“自己的生涯赢家”，而是要同时做企业认同的“职场赢家”。

2. 建立良好的第一印象

在心理学中，首因效应也叫第一印象效应。第一印象是在短时间内以片面的资料为依据形成的印象。心理学研究发现，与一个人初次会面，短短 45 秒钟内就能产生第一印象。这一最先的印象对他人的社会知觉产生较强的影响，并且在对方的头脑中形成并占据着主导地位。我们通常讲的先入为主、晕轮效应、定势效应等，都是第一印象效应的作用。为此，大学毕业生走上工作岗位，给别人留下良好的第一印象非常重要。一般情况下，领导和同事往往是通过一段时间的接触，甚至是旁观，来了解大学毕业生，并形成第一印象。对刚刚走上工作岗位的大学毕业生而言，应当以自身良好的道德修养为基础，以实际工作表现为核心，同时注意一些实用性技巧，在新的环境中获得周围人良好的第一印象。第一印象好，就容易被同事接纳，容易打开工作局面；第一印象不好，就难以开展工作。要建立良好的第一印象，要注意以下几点。

1）衣着整洁得体

穿衣打扮象征着你对别人的尊重。毕业生报到上班的时间一般是夏季，即使你奔波千里汗流浃背，也不能穿着拖鞋背心出现在新领导同事面前。所穿衣服不一定名贵时髦，但一定要干净、合体，颜色图案搭配要协调，要符合自己的身份。根据工作性质和环境的不同，着装要有所区别，如在一些大公司的办公室内要穿正规的职业装，不能穿 T 恤之类的休闲装，在医院、银行、商场等单位上班要穿单位的职业装，在学校上班可以自由一些，但也要注意为人师表。另外，发型、化妆应简洁明快，切忌太夸张，给别人留下不好的印象，并注意个人卫生，做到勤洗澡、勤换衣，保持干净整洁的状态等。

2）举止得体

待人热情坦诚，说话做事文明礼貌。与人交谈时，应注重发现别人感兴趣的话题，不要太多谈论自己，尤其忌讳以炫耀的口气介绍自己；同时要善于倾听别人的谈话，尤其注意尽量不要打断别人的谈话，如有话题需要切入，应在对方停顿时谈自己的看法，或者过渡式地转换话题；如有紧急事情需要打断，应该轻声地对谈话对方说：“对不起，打扰一下……”；与人相处应充满自信，做到不卑不亢，说话要有条理。刚走上工作岗位时，适度的幽默能拉近和同事的关系，但要注意不能开过度的玩笑，尤其是私人玩笑，以免产生误会。和同事交流时目光要真诚，学会面带微笑，见面握手要适度用力，谈话时音量要适度，举止大方。

3）诚信守纪

每家单位都有很多规章制度，首先要熟悉这些规定的内容，并严格遵守，如果犯常识性的错误，可能会在同事和领导心目中留下不良的印象。初来乍到，不熟悉的事情要多问，切忌自作主张。工作中要遵守劳动纪律，做到不迟到、不早退。初到单位的大学毕业生一定要树立很强的时间观念，对于报到时间、约谈时间、会议时间等都要严格遵守，不能有差一两分钟没关系的念头。尤其是报到第一天，一定要留有足够的时间空间，以防止路上塞车等可以克服的原因而造成迟到。此外，为人处世一定要守信用，承诺的事情一定要兑现，如确实因客观原因而未能实现承诺，一定要通过合适的方式解释清楚，尽量取得同事的谅解。

4）礼貌谦逊

初到新单位，既要礼貌谦逊、彬彬有礼，又要热情大方、富有朝气，最大程度展现出当代大学生应有的素质。对于工作中已掌握的技能或内容，也不能掉以轻心，万一失手会显得办事不沉稳；对于完全陌生或一知半解的工作内容环节，一定要虚心请教。当然，请教要掌握一个度，既要在确认依靠自己确实无法解决的问题后再行请教，又要避免为了面子不敢请教，以免在实际工作中产生适得其反的效果。

5）认真完成交办的第一件工作

参加工作以后，认真完成交办的第一件工作尤为重要，因为这不仅仅是工作岗位的具体任务，更是对你工作能力的一次检验。做好第一件工作的主要瓶颈是没有经验，为此要领会意图，理清思路，认真谋划，考虑周全。尤其要把握好如下几个环节：一是领导意图或工作要求要听清、听全，不能只听大概、大约，这个环节若失之毫厘，整个工作必将谬之千里；二是要充分考虑完成任务所需要的条件和可能遇到的困难，包括对每个细节的考虑，要有对特殊情况的处理预案等；三是遇事要沉着冷静，对于不可预见的情况要善于补台，将不良因素产生的不良影响控制在最小范围之内。

3. 主动踏实工作

初涉职场的大学毕业生常戏称自己在单位里“吃的是杂粮，干的是杂活，做的是杂人”。从表面上看，刚刚上班时每天都在做诸如打水、扫地、打字、复印这样的琐事，确实让人感觉是干杂活的。但你深入想一想，由于你刚刚上班，领导一般不会给你安排过多具体的工作，只是要求你熟悉工作，此时你利用闲暇时间做一些力所能及的事，比如悄悄给没纸的复印件加纸，主动给送水公司打电话给饮水机换水，等等，这些事情不但是情理之中的事，更表明了自己主动踏实工作，从小事做起的工作姿态。同时，你在做这些事情的时候，大家都是看在眼里、记在心里的，给大家留下印象，有利于你更好更快地和大家打成一片，融入到新环境中去。许多职场经验都表明，对那些不起眼或者不很重要的工作，如果你都能认真主动地完成，那么你很快就会被领导“看中”。因为在领导眼里，能把“小儿科”当回事并认真做好的员工肯定是敬业并有责任感的，这样你离获得施展才华的机会就不远了。为此，刚刚参加工作的你要放下架子，虚心向同事请教；要多做实事和小事，少一点高谈阔论；要多听、多看，增进友谊，融入集体。

4. 建立和谐的职场人际关系

美国北卡罗来纳州“创意领导力中心”的研究员在开展了对数百个高管人选筛选的案例后，得出结论：被视为成功的高管人员要具备两个条件：第一，为组织实现出色绩效；第二，人际关系良好，尤其是同下属之间。和谐的人际关系可以尽快地消除与新环境、新同事之间的陌生感和孤独感，使人心情愉悦，提高效率；可以营造一个宽松的工作环境，彼此鼓励，工作有激情；可以增进团结互助，有利于形成团队的合力。职场上流传着“三分做事，七分做人”的说法，可见职场中的人际关系是十分重要的。

1）职场人际交往的原则

人际交往是指人与人之间通过一定方式进行接触，从而在行为和心理上发生相互影响的过程。人际交往是一门艺术，在职场人际交往中要注意遵循以下几个原则。

（1）真诚待人。真诚待人是人际关系得以深化和维系的保证。在交往中能坦诚相见，抱着友善的态度和动机，才能相互了解、相互接纳、相互理解，才能在思想感情上发生共鸣，在心理上产生信任感和安全感，使交往关系得到巩固和发展。刚到新的单位，要学会真诚对待每一个人，对于职位和文化水平低的人不能自恃清高，对于强有力的竞争对手不能看不起对方。在交往中要学会尊重他人的人格、生活习惯、权力地位、情感兴趣及隐私，等等。

（2）严己宽人。严己宽人就是在人际交往中应严于律己，宽以待人。严于律己就是对自己高标准、严要求。在出现问题时，要理智克制，要先从自身找原因；要有大肚量，对自己的过失要勇于承担责任，不推脱。严于律己有利于在人际交往中以良好的形象、良好的个性品质去吸引人，产生人际亲和力。宽以待人就是对他人宽宏大量、豁达大度，不在非原则性问题上斤斤计较，对人不苛刻刁蛮，能够以德报怨。对别人的言语和行为过失要豁达宽容，多一些安慰少一些指责，多一些谅解少一些埋怨，从而营造良好的工作环境和氛围。同时，应注意严己宽人不是是非不分、包庇袒护、一味退让。

（3）协同共赢。人际交往以需要满足为出发点和归宿点。如果交往双方都能自觉地满足对方的需要，实现共赢，这往往就能深化和延续交往关系。如果一方只从利己出来，只求索取不思给予，交往就难维系。因此，在人际交往中，必须遵循协同共赢的原则，相互帮忙、互相关心、互相支持，这样就能满足双方各自的需要和利益，能增进双方的联系和感情。

（4）是非分明。在人际交往中要设定法律道德的底线，对不涉及法律道德的非原则性问题应当谦逊礼让，对违法乱纪和不道德的言行，应当是非分明、坚持原则、敢于批评斗争。应该深刻认识到，对别人错误言行的规劝批评，是爱护他人的表现，最终会得到大家的理解和拥护；相反，放弃原则，迁就苟同他人的错误，或听之任之、包庇纵容，则是对其不关心、不爱护的表现。那种“明哲保身”“哥们义气”、为私情而弃公理、为私利而弃道德、为保己而弃原则的行为，是与社会的正义、道德、法纪所不相容的。

2）职场人际交往的技巧

在职场人际交往沟通中，仅有良好的交往愿望是不够的，还要掌握成功沟通的艺术和技巧。

（1）待人主动。要有主动待人、主动交往的意识，不要给人距离感。例如刚刚上班时的问候、见面时的招呼等，虽然都是微小的细节，却能给人主动热情的印象，为打造良好的人际关系奠定情感基础。需要注意的是，待人主动要分场合，要注意言语的分寸，否则将适得其反。

（2）善于倾听。倾听是对人的一种尊重。在职场复杂关系及紧张工作节奏中，大家时时会有一些调侃以活跃气氛，有一些牢骚以宣泄不满，有一些意见以表达观点。对于职场新人来讲，首先要做一个忠实的听众，哪怕你对这些话题一点都不感兴趣，也尽量以目光、肢体的动作予以恰当的回应，这样会赢得对方的好感，以后会更愿意与你交往。

（3）学会幽默。幽默是人际交往中的润滑剂。成功的幽默往往会体现出你热爱生活、积极阳光的心态。在适当的场合、适当的时候，用幽默的语言赞美别人的着装、发型、情绪等方面的特点，往往对人际关系的打造会起到意想不到的效果。

（4）注意细节。在职场人际交往中的一些细节往往被人们所忽略，但其在人际关系的建立中却有着特殊的作用，尤其要引起职场新人的注意，如要注意电话礼仪，选好通话时间，拨打或接听电话要使用敬语，对于别人的短信通知或祝福要及时得体地回复等。

（5）尊重上级。在职场与同事的人际关系中，有一种特殊的人际关系，那就是上级与下级的关系。作为下级，要与领导这一特定的群体建立友好和谐的关系，要做到尊重上级，多借助与领导接触、交流的机会表现自己，自觉地服从工作安排，力争圆满完成领导交代的任务；对于确实难以完成的任务，要尽可能地维护领导的威信，不要当众拒绝，而要事后解释。服从安排、尊重上级是十分必要的，但切不可表现出唯领导命令是从，有事没事大献殷勤，对同事的态度却大相径庭，这样极易引起大家的反感和排斥，也是上级不希望看到的结果。同时也要避免因紧张、拘谨或怕别人风言风语而不和领导直接接触，这样就失去了很多让上级了解你的机会，从而也失去了很多施展才华的机会。

此外，处理职场人际关系还要防止两个误区：一是把建立职场人际关系看成是决定性的因素，从而将“和谐的人际关系”作为自身发展的唯一筹码，把主要精力耗费在人际关系网的经营上；二是忽视人际关系的地位和作用，认为自己只要干好本职工作就行了，何必要看别人的脸色，毫不在乎和别人的关系。总之，职场中的人际沟通交往是一门复杂的、高级的艺术，只有在人际交往沟通中不断学习总结，才能得以升华和提高。

3）职场人际交往“三不要”

（1）不要只知道溜须拍马。大学毕业生刚参加工作，向有实际工作经验的同事、领导虚心学习和请教都是很必要的，在工作中要像尊重学校老师那样尊重他们。但也不是一说话就夸大其词，一张嘴就把人捧上天，把什么人都看成大人物甚至违心地把他们身上的缺点也说成优点，这样容易给人留下溜须拍马的印象。

（2）不要卑卑怯怯。刚参加工作，拘谨些是难免的，但也不能妄自菲薄，在实际工作中，即使是正确的意见也不敢坚持己见；工作稍有困难，就缩手缩脚，不敢大胆开展工作。

（3）不要择人而待。来到一个新单位，同事之间无论职位高低都应平等相待，不能有亲有疏，厚此薄彼。不能对领导是一种态度，对同事是一种态度，对其他一般群众又是另一种态度，这种择人而待的“势利眼”在单位里是最令人讨厌的。

5. 坚持终身学习

终身学习的理念古已有之，如“活到老，学到老”“三人行，必有我师”等。终身学习是一种持续发展知识、技能和态度的过程，强调个人在一生中能持续地学习，以满足个人在一生中各个时期、各个阶段的各种学习需求。终身学习是 21 世纪的生存概念，是通过一个不断的支持过程来发挥人类的潜能的概念。它激励并使人们有权利去获得他们终身所需要的全部知识、价值、技能与理解，并在任何任务、情况和环境中有信心、有创造地、愉快地应用它们。

1）终身学习是实现可持续发展的根本途径

大学毕业生要想取得职业的成功，在注意以上因素以外，从工作的第一天起就要注意培养自身的可持续发展的能力，要培养对现有知识的转化力、对新知识的学习力、对新问题的研究力和解决力，这样才能避免在未来的职业生涯中出现“江郎才尽”的现象，才能拥有可持续的发展动力和后发力。要培养可持续发展的能力，最关键的是要树立终身学习的理念。随着社会主义市场经济的不断完善和发展，未来经济的发展也更加多变、更加难以预测，从而相应地增加了人与人之间的竞争性。要在就业市场中成为具有竞争力的竞争者，实现个人职业生涯的可持续发展，就必须不断学习。

2）终身学习有助于防止知识老化

一个人无论在大学时期的知识多么丰富，若干年后，都会有知识更新、充实的问题，以及工作创新与知识老化的问题。这就迫切要求职业人转变过去学习与工作分离的状态，努力做到在干中学，在学中干。要加强对本行业传统的、现有的及新兴的知识或技能的学习，善于摸索掌握规律，努力成为本行业的行家里手；要关注本行业的最新发展动态，了解科技、管理等前沿知识理论在本行业中的运用和发展，并从中寻求创新点与增长点；要加强自身职业能力的培训，时刻注意开发自己的职业能力，使自身的发展平台不断拓展。总之，一个成功的职业人必须不断地学习才能跟上科技成果的步伐，保持自身发展的领先位置，从而实现职业生涯的持续发展。

3）终身学习有利于提升职业满足感

人的需要是多层次的，既有基本的生存、生理需要，也有高层级的精神价值方面的追求。同样，对于职业人来讲，从事某项工作既是谋生、满足生活的需要，又是获得精神满足、实现自我价值的高层次需要。终身学习能够使从业者更有意义地生活、更有价值地生存，使每一个人能够享受美好的人生。在终身学习观念的引导下，从业者不要仅囿于从事具体繁杂工作，而必须有意识地去评价反思自己的职业选择、职业兴趣，探求职业行为与自我提高、自我发展之间的关联，并通过职业潜力的不断开发、职业能力的不断提高，最终实现职业生涯发展与自我需求满足的双赢。正如美国著名管理学大师圣吉所言，真正的学习已不仅止于知识的充实与技能的进展，而在于能深入人之所以为人的核心意义。经由学习，我们得以重新认识这个世界和我们的关系；透过学习，我们再次扩展了我们的创造力，而这正是生命中最宝贵的部分。

6. 克服不良心理品质

大学毕业生走上工作岗位后，还需要克服以下几种不良的心理品质。

（1）性格内向，多疑。在单位里不大愿意主动和任何人交流，常给人一种冷漠、难以接近的感觉。同时又觉得自己刚到一个新单位容易受到别人的伤害，自我保护意识过强，经常把注意力集中在对其他人的防卫上。

（2）自私，嫉妒心重。凡事总是先考虑自己，自私自利，争名争利，既缺乏自知之明，又容不得别人超越自己，尤其是同龄人和学历、能力都不如自己的人在工作上做出突出成绩，并受到组织和领导的提拔重用，自己心理上就很难平衡，甚至还怀恨在心。

（3）骄傲，瞧不起人。有些大学毕业生自以为毕业于名牌大学，各方面条件都优越，年轻、专业基础扎实、高人一等，一到单位就看这个不顺眼，那个也看不惯，唯我独尊。

向十二种动物学习

对待第一份工作的态度，在很大程度上决定了你是否能够顺利完成从一个校园人到社会人的转变。因此，正确的工作观十分重要。正确的工作观，有如人生路上的明灯，不但会为你指引正确的方向，也会为个人的职场生涯创造丰富的资源。下面以12种动物的精神作比喻，从它们的身上我们可以看到不同的工作观。

一、尽职的牧羊犬。刚毕业的大学生最为人诟病的就是缺乏责任感，作为一个新人，树立负责任的观念，会让主管、同事觉得孺子可教。抱着多做一点多学一点的心态，你很快就会进入状态。

二、团结合作的蜜蜂。大学生刚进公司，往往不知如何利用团队的力量完成工作。现在的企业很讲究 Team Work，这不但包括团队合作、寻求资源，也包含主动帮助别人，以团体为荣。

三、坚忍执著的鲑鱼。大学生由于对自己的人生还不确定，常常三心二意地不知自己将来要做什么。设定目标是首先要做的功课，然后就是坚忍执著地前行。途中当然应该停下来检视一下成果，但变来变去的人多半一事无成。

四、目标远大的鸿雁。大多年轻人因为贪图一时的轻松，而放弃未来可能创造前景的挑战。因此，要时时鼓励自己将目标放远。

五、目光锐利的老鹰。新人首先要学会分辨是非，懂得细心观察时势。一味接受指示、不分对错，将是事倍功半，得不到赞赏和鼓励。

六、脚踏实地的大象。大象走得很慢，却是一步一个脚印，积累雄厚的实力。大学生切忌说得天花乱坠，却无法一一落实。脚踏实地的人会让别人有安全感，也愿意将更多的责任赋予他。

七、忍辱负重的骆驼。工作压力、人际关系往往是新人无法承受之重。人生的路很漫长，学习骆驼负重的精神，才能安全地抵达终点。

八、严格守时的公鸡。很多人没有时间观念，上班迟到、不能如期交件等，都是没有时间观念导致的后果。时间就是成本，新人时期养成时间成本的观念，有助于日后晋升时提升工作效率。

九、感恩图报的山羊。你可以像海绵一样吸取别人的经验，但是职场不是补习班，没有人有义务教导你如何完成工作。学习山羊反哺的精神，有感恩图报的心，工作会更愉快。

十、勇敢挑战的狮子。若有机会应该勇敢挑战不可能的任务，借此积累别人得不到的经验，下一个升职的可能就是你。

十一、机智应变的猴子。工作中的流程有些是一成不变的，新人的优势在于不了解既有的做法，而能创造出新的创意与点子。一味地接受工作的交付，只能学到工作方法的皮毛，能思考应变的人，才会学到方法的精髓。

十二、善解人意的海豚。常常问自己：我是主管该怎么办？这样有助于吸收处理事情的方法。在工作上善解人意，会减轻主管、共事者的负担，也会让你更具人缘。

对于职场新人，第一份工作不要太计较薪资，要将眼光放远，抱着学习的心态，才会有更光明的未来。重要的是，当你拥有了正确的工作观，继而在职场中发现别人的优点加以学习，观察别人的缺点予以警惕，第一份工作会让你受用无穷。

（资料来源：风清扬　南方网）

第二节　毕业生职业生涯早期阶段的管理

一、职业生涯早期阶段的特征

职业生涯早期阶段是指大学毕业生由学校进入组织，并在组织内逐步组织化，并为组织所接纳的过程。这一阶段一般发生在20～30岁之间，是一个人由学校走向社会，由学生变成员工，由单身生活变成家庭生活的过程。

综观国外学者的观点，职业生涯早期的主要特点如下。第一，从职业发展方面看，大学毕业生是新手，需要尽快完成职业角色的转换。进入新单位后，开始接触职业生涯领域的新知识、新技能，并逐步积累，除了对工作岗位缺乏经验外，对组织的文化也较陌生，对工作环境也不熟悉，需要尽快融入新单位，尽早达到新岗位的工作要求。第二，从生理方面看，家庭和事业的矛盾开始显现。刚工作时大学生一般还没有成立家庭，或准备成立家庭，精力充沛，家庭负担轻；随着由单身向家庭或向有子女状态过渡，家庭负担逐步增加，在工作中不能全身心地投入，这会给事业发展带来考验。第三，从心理方面看，个人需要解决依赖与独立的矛盾。刚开始参加工作，独立担当某种重要的岗位责任的机会比较少，常常会处于配合、协助他人的地位。依赖是独立的前奏，当经过一段时间的学习和锻炼，工作经验和能力发展到一定程度，就应该逐步地寻求独立。如果不能及时地摆脱依赖，就难以发展独立性，从而会对职业生涯发展造成消极影响。第四，组织和个人相互接纳和考验并存。这一时期，毕业生刚进入组织，必然要经历一个组织与毕业生相互适应与接纳的过程。经过进一步地相互了解，毕业生获得组织正式成员资格，希望在组织中获得发展机会，组织希望通过初期的工作来考察毕业生是否能胜任工作要求。尤其是毕业生尽管做出了初步的职业选择，但是否合适，还需要通过实际工作来体验，如果觉得不合适，就需要调整自己，调整失败就要考虑换岗位或换单位。

二、职业生涯早期阶段的影响因素

1. 个人因素

1）职业目标

新员工刚到工作岗位，这一时期要熟悉单位环境和工作流程等，在短期内缺乏建立职业目标的时间和可能。因此，职业目标意识不够强烈。

2）现实冲击

现实冲击是指由新员工对其工作所怀有的期望与工作实际情况之间的差异所引起的新员工的心理冲击。在这一时期，新员工的较高工作期望所面对的却是枯燥无味和毫无挑战性的工作现实。

3）兴趣

兴趣是激发人的内在意识进而影响行为的原动力。兴趣对人生事业的发展至关重要，所以兴趣自然是职业早期阶段员工选择职业的重要因素之一。因兴趣而做出的职业选择是职业早期的基础。受教育的程度对职业生涯早期阶段的影响是明显的。

2. 单位因素

1）对年轻人的态度

单位对年轻人的态度上是保守的。因此，新员工在职业早期很可能只是一个“打杂”类型的员工，找不到自己的权利和义务；对新员工来说，这直接影响到其职业的兴趣和热情。

2）用人制度

处在职业初期的员工都希望所到单位有比较灵活的用人制度，使自己通过努力可以实现短期的飞越，实现自己的价值。但从单位角度来说，不可能在短期内给一个普通员工提供最有利的升迁通道，如果单位的用人制度不合理，则会给处在职业初期的员工带来负面的影响。

3）领导者的素质和价值观

单位的管理风格和企业的领导者有着密切的联系，单位的经营哲学往往就是企业家的经营哲学。因此，在早期阶段，领导者的素质和价值观点影响着新员工的去向和成长。

3. 经济发展水平

经济发展的程度对员工的职业生涯的影响是通过对现实冲击的影响程度的大小来间接作用的。地区经济的发展水平比较高，员工在早期阶段可以得到的报酬也会相应的高，高报酬的现实会减少员工的“现实冲击”，使员工积极地调整自己的职业目标。

4. 价值观点

社会的价值观点通过国家、社会、组织等载体来宣传，社会的主流价值形式引导员工树立自己的职业目标，为他们开展职业生涯提供现实的可行性依据，使他们成为国家和社会价值引导下的有用人才。

三、职业生涯早期阶段的管理

离开大学校园前夕，大学生面临的主要问题是确立合适的职业生涯目标，选择合适的职业，并精心准备求职材料，积极参加应聘，签约理想的工作单位。离开大学校园工作后，关注的重心发生了转移，要从适应新环境、新工作、新岗位开始，通过接触和了解，判断该工作岗位是否是理想的岗位，该单位是否是理想的工作单位，并要判断已有的职业知识、技能、经验、能力是否适应新工作岗位的需要，如果有所欠缺，要尽量去弥补。

在职业生涯早期，最重要的是要判断自己未来的发展空间有多大，这比薪酬待遇和工作的舒适度更加重要。要有良好的发展空间，首先得了解和适应单位的文化和氛围，了解组织内职务晋升是重业绩还是重关系，重能力还是重文凭。如果组织强调团队协作，而你喜欢自扫门前雪，就会与组织要求格格不入；如果你看重工作业绩，而组织奉行关系网文化，你也很难在该组织中有所发展。如果员工发现自己的价值观与单位奉行的价值观产生摩擦，就需要进行自我调整和适应；一旦调适失败，则应该考虑离开组织或暂时离开组织。如果员工与组织的价值理念和行为准则一致，新员工就会很快融入组织，获得良好的事业发展平台。

此外，大学毕业生还要耐得住寂寞，静下心来，刻苦钻研，勤奋工作。一开始工作时难度和挑战大一些，随着职业角色的转换和工作经验的积累，尤其是建立了和谐的人际关系后，情况就会逐步改观。切忌遇到不顺心的事情就放弃，甚至跳槽。相对稳定的职业和相对有延续性的职业生涯路径很重要，频繁跳槽不仅造成一次次的重新开始，而且对职业生涯也有负面影响。年轻人要沉得住气，耐心地等待机会，默默地准备着，机遇往往青睐那些时刻做好准备的人。

赵同学毕业于一所985高校的计算机专业，在校期间学习刻苦，并积极参加实践活动，综合素质不错，大学期间他立下宏愿要做中国的比尔·盖茨。但是毕业后，他只找到某品牌手机配件厂的工作，主要是画电路图和调节电路。“工作跟我想象的差别很大，觉得很无聊。”他刚到单位两天，就觉得不想工作。再加上他是新人，除了手边工作之外，上司还让他天天学习工作资料。他常常看着资料走神。“每天上班前都给自己鼓劲，但每天上班都是熬时间，又觉得今天没什么收获。真是郁闷！”他很无奈地说。

案例分析

“首先要能养活自己，其次才能谈理想抱负。”理想与现实之间的落差太大，让很多职场新人一时难以接受。当务之急是要把理想转化为职业目标，切合目前实际的职业目标，切忌好高骛远，同时结合自己的情况去选择一条最适合自己的途径，更快地实现职业目标，从而最终实现职业理想。

对于大多数刚刚走上工作岗位的大学生来说，除了工作能力之外，还要有实干精神。不但要完成好属于自己的每一项工作，还要做自己不愿做的事情。能否做好那些自己不愿意做的事情是一个人是否成熟的标志，也是一个人能否取得人生成功的重要因素。

总之，早期职业生涯是今后职业发展的基础，一定要一步一个脚印地走下去，只要方向正确，就一定能迈向成功。

【阅读1】　比尔·盖茨给毕业生的11条人生建议

比尔·盖茨在一个高中毕业典礼上给了毕业生11条人生建议。

1. 人生是不公平的，习惯去接受它吧。（命运掌握在自己的手中。）

2. 这个世界不会在乎你的自尊，这个世界期望你先做出成绩，再去强调自己的感受。（过去的成绩代表不了未来，但未来的成功却可以评价过去。）

3. 刚毕业你不会一年挣4万美元，你不会成为一个公司的副总裁，并拥有一辆装有电话的汽车，直到你将此职位和汽车都挣到手。（别希望不劳而获，成功不会自动降临，成功来自积极的努力，要分解目标，循序渐进，坚持到底。）

4. 如果你觉得你的老师很凶，等你有了老板就知道了，老板是没有工作任期限制的。(要习惯自律，好习惯源于自我培养。)

5. 在快餐店煎汉堡并不是作践自己，你的祖父母对煎汉堡有完全不同的定义，他们称它为机遇。(不要忽视小事，平凡成就大事业。)

6. 如果你一事无成，不是你父母的错，所以不要只会对自己犯的错发牢骚，要从错误中去学习。(人生没有失败，犯错误是学习的重要途径，不要抱怨他人，要从错误中吸取教训。)

7. 在你出生前你的父母并不像现在这般无趣，他们变成这样是因为忙着付你的开销，洗你的衣服，听你吹嘘自己有多了不起。(事事需自己动手。每个人有自己的成功法则，不要总靠别人活着，要凭借自己的力量前进。)

8. 在学校里可能有赢家和输家，在人生中却还言之过早。学校可能会不断给你机会找到正确答案，真实人生中却完全不是这么回事。(机遇是一种巨大的财富，机遇往往就那么一次，也许你"没有机会"，但可以创造。)

9. 人生不是学期制，人生没有寒暑假，没有哪个雇主有兴趣协助你找寻自我，请用自己的空暇做这件事吧。(时间在你的手中，自己找时间做吧，决不要把今天的事情拖到明天。)

10. 电视上演得并不是真实的人生。真实人生中每个人都要离开咖啡厅去上班。(每个人都要有自己的职业，做该做的事情。)

11. 善待乏味的人。有可能到头来你会为一个乏味的人工作。(善待身边的所有人吧，这是你的重要资源。善待他人就是善待自己。)

(编者注：有这样一句话被不少人奉为经典："许多人都以为生活是由偶然和运气组成的，其实不然，它是由规律和法规组成的。"规律是事物最本质的内涵，是事物兴衰成败的黄金法则。比尔·盖茨给青少年的11条准则就是他从自己生活的方方面面，以及他从小到大的个人经历中总结出来的成功经验和人生智慧。比尔·盖茨的成功法则就是一部智慧宝典，我们不妨看作"财富背后的财富"。这些准则旨在告诉青少年朋友如何做人，如何面对生活，如何走向成功的人生。因此，我们发现只有自觉地去发掘、掌握这些准则，才能读懂伟人和平凡人之间的相通之处，才能找到从平凡到伟大的最为可行可靠的途径，从而跃过障碍、绕过陷阱而一步步地接近成功，成就大业！上面的11条人生准则的建议只是翻译大意，括号里的话是编者加的。欲了解更多可以参考宿春礼编著的《比尔·盖茨给青少年的11条准则》，本书由石油工业出版社在2006年出版)

【阅读2】 毕业生就业创业相关网站

新职业 http://www.ncss.org.cn/

中国大学生创业网 http://www.chinadxscy.com/

创业中国 http://www.icycn.com/

中国大学生网 http://www.chinaue.com/

中国高等教育学生信息网 http://www.chsi.com.cn/

探索与练习

【探索1】　选准人生坐标　实践事业理想

被称为“天之骄子”的当代大学生如何追求和实现人生价值？大学“商贸英语”这种热门专业的高材生选择什么样的职业道路？一个20岁出头的女大学生当“猪倌”的经历说明，人生的关键是选准自己发展的“坐标”，让青春在创业的拼搏中、在对事业理想的追求中闪光，让社会、让市场认定自己的人生价值。

1. 奇怪的学生

陈阿玲是东海农业大学商贸英语系的高材生。也许对于很多人来说，在农业院校中读书并不是自愿的选择，如果有改行条件自然就会跳出“农门”、放弃专业。陈阿玲在大学里读书的时候，除了学好自己的专业——商贸英语外，却还对畜牧业有种特别的“眷顾”。也许这是由于家乡那挥之不去的熟悉气息，或者是因为她对家里伴着她成长的大大小小的猪崽们的美好回忆吧！

渐渐地，畜牧课老师认识了这位扎着马尾巴、总爱提问题的文静女生。图书管理员也熟悉了这个“老借奇怪的书”的女孩子。每次写家信，小陈总喜欢问“家里喂的猪咋样了”。家里的猪一有什么事，她一定马上去请教教授、翻教科书，非找出答案不可。

2. 重大的选择

大学毕业时，有两家合资企业要聘用品学兼优的陈阿玲，但她却主动放弃这些好的就业机会。在同学们羡慕不已的目光中，阿玲把聘书悄悄藏起；又在同学、父母、社会各种疑惑与不解的目光中，告别了留下她青春足迹的大学校园，回到了老家，带着创业者的自信，站在了人生新的起点上。陈阿玲回到家乡，搞了一个月生猪饲养的可行性调查实践。在这期间，她得到了许多有价值的数据和信息。中国处于经济迅速发展、人民生活水平迅速提高的时期，随着中国人民消费水平的提高，饮食结构正在发生着重大的变化，人们对肉、奶、蛋类的消费大幅度增加。现代养殖业是一个有特大发展、长期兴旺的朝阳产业！她想，“是啊，我受过这方面的专业训练，家乡又有极好的实战场所，家乡要发展、乡亲要致富、政府促脱贫，这些都是我发挥专业特长、发展事业的有利条件。这不正是我创业的极好契机吗？”在日渐清晰的思考中，在渐渐充盈的自信中，她勾勒出把“家乡建成养猪专业村”的美好蓝图，然后，就在故乡，在生她养她的热土上，创办了养猪场。

3. 创业维艰

择业、就业、创业——在人生的十字路口，陈阿玲的脚步迈得并不轻松。万事开头难。为扩大原来养猪场的规模，陈阿玲动员家里将多年的积蓄拿了出来，又求亲告友借钱，组织人顶着炎炎烈日大干了20多天。为建成全市范围内的第一个万头规模的养猪场，这个青春年华的女孩子，为了“猪”到处跑征地、跑贷款、跑建筑材料……人们看她忙前忙后，养猪场还见不到眉目，有的人冷嘲热讽，有的人劝她“现实点”，她的大学同学也捎来了又一外贸公司招聘的消息。阿玲不为之所动，继续坚持她的艰难创业。她克服了重重困难，终于在政府的支持下，落实了2公顷土地和100万元贷款。又经过半年多的努力，新猪场已建成大部分猪舍。但是，购买种猪的钱尚无着落。在区委书记的协调和帮助下，贷款问题终于得到解决。就这样，历经一年多的艰苦拼搏，一座拥有猪舍400多间，办公室、仓库、车库、招待所、地中衡、养猪台等配套设施齐全的现代化大型养猪场——“富乡精品猪养殖场”拔地而起。猪场盖好了，阿玲从此一天也没有离开过，猪就是她的事业、她的“心肝”。她本人挑选了国内优良的品种，配制了专门的饲料喂养，并采用干料方法饲喂，同时采取了自动饮水、水冲猪舍、定期检疫等一系列先进的喂养管理措施。经过一段时间的研究和实验，阿玲创新了饲养方法，仅90天时间就出栏几头大肥猪，重量都在125公斤以上，还有一头有150多公斤，把当了多年的镇兽医站站长都看呆了，直问：“这猪养了几年了？”阿玲这个勤奋工作、刻苦钻研的场长，成了创造养猪奇迹的名副其实的饲养专家。

4. 专业对不对口

如今，富乡猪场存栏的猪有4万多头，年出栏数量达到1.2万头，一年的纯利润有上百万元，不仅取得了较好的经济效益，而且也取得了巨大的社会效益。由于她的带动，全村乃至全镇都靠养猪走上了致富路。身为养猪专家和管理人才的陈阿玲，依然是一副大学生的文静模样。有人问她所学的专业知识能否用于养猪，是不是不对口，她笑了，说："任何知识都是相通的。我在农业院校读书，饲养科学知识不仅是我们的一门课，而且是重要的专业课，也可以说是我的专业课。中国是一个农业大国，'吃饭'的市场是非常广阔的。干这一行是一种明智的选择。英语我也没有丢，有时间我就翻阅国外有关资料，掌握国际市场信息，学习国外饲养的先进方法。最近，由华都信息公司牵线，我已经与美国的一家公司洽谈合资发展养猪业事宜，计划今年投资1000多万元，进一步扩大猪场规模，我学的外语也能派上大用场了。我不但要当本市的养猪状元，而且还要争当全省、全国的养猪状元。既然当初选定了这条道路，我就要义无反顾地沿着这条路走到底。"

5. 欣慰与帮助

阿玲成功了。她始终认为，大学生的学历固然荣耀，办成了养猪场固然欣慰，然而，真正的荣耀、真正的欣慰在于一个人对社会的贡献。行动胜于语言。她拿出2万元无偿扶持村民们养猪，谁家养了一头仔猪，她就补贴100元，并同时提供技术服务，还以高于市价的价格回收。这样，为村民们设立了"双保险"，很快全村就掀起了养猪致富的热潮，并迅速发展成养猪专业村和全市最大的仔猪繁育基地，每户年增收3000多元，村里一年的经济效益提高了200多万元。到了春节，她拿出1万元，专门看望和接济村里的18户军烈属和五保户老人，得到了全村村民的赞誉。

问题：

1. 陈阿玲为什么不从事外贸工作，而自愿从事不少人想要放弃的"务农"专业？你所热爱的专业有什么机会和发展前途？你的学业可能向什么方向发展？

2. 陈阿玲原本读的是商贸英语专业，但她的事业却是"养猪"。你怎样理解个人的竞争优势问题，特别是在人才市场上处于与他人竞争时，你如何发现和运用自己的竞争优势？如果你大学录取的专业不理想，你将如何对待，怎样决定自己的出路？

3. 陈阿玲持之以恒，锲而不舍，终于事业有成。如果你在择业、工作试用、个人创业中遇到了困难，遭受了挫折，应当如何对待？

【探索2】 活动项目：场景模拟

活动内容：

1. 阅读下面资料，请志愿者进行角色模仿。

A、B两位学会计的同学到某企业去实习，带她们的师傅只给她们安排了一些端茶倒水、整理打印材料之类的工作，似乎没有让他们接触业务的打算。两人都很想早接触业务，苦于没有机会。如果你是其中一位同学，你会如何同师傅沟通？

A同学干了几天就开始对师傅抱怨："我们是来实习的，老师说让我们学习使用专业知识，您老让我们打杂，我们什么时候能处理业务呀？"师傅听了很不高兴，还是让她继续原来的工作。

B同学很机智，她留心观察师傅的工作，当师傅工作疲惫时，她主动对师傅说："您看您干了这么长时间，一定累了吧？我来替您干会儿，不放心的话，您看着我，我保证帮您干好。"结果师傅真的把工作交给她干了一会儿，就这样，没有多长时间，B同学就开始办理业务了。同样的处境，同样的愿望，不同的表达，效果迥然不同。

2. 小组讨论：场景模拟中A、B同学不同的表达为什么会有不同效果？

【本章同步思考题】

1. 大学生小陆为什么在公司不受欢迎？在职场上该怎样做，才能成为一个受欢迎的人？

一家贸易公司新来了一批大学生，试用期为6个月。大多数学生在设计部和该部门的老员工很快打成一片，融为一体了。可唯独新员工小陆不愿意与公司的同事们在一起，他总是一个人做自己的事，很少与人交流。部门新来的员工经常和部门的工程师一起到下属企业考察，了解企业情况，为下一步生产制订计划，小陆却不愿意下去，他认为："和那么多人凑在一起能学到什么？还是我自己学习更快一些。"每到周末，部门的同事们去聚餐，小陆都不去，同事们邀请他，他总是以没什么意思为由予以拒绝。同事们都觉得他性格孤僻，不合群，让人难以接近，于是大家都渐渐疏远了他。当试用期结束时，因为小陆在业务上没什么进步，人际关系淡漠，最终没有被公司录用。

2. 分组讨论：如果你遇到下面的问题该怎样处理？

假如公司领导在一次会议上，安排你去完成一项任务，而根据你的工作经验，领导的安排不合适，你现在还不具备完成这项任务的条件，你把情况也向领导反映了，领导也觉得有道理，但是领导仍然让你按照会议上的安排执行。

3. 从"校园人"转到"社会人"，你应该做哪几方面的准备？

4. 如何建立良好的人际关系？

5. 结合实际谈谈你对"终身学习"的看法。

参考文献

阿兰·拉金.2009. 如何掌控自己的时间和生活.北京：金城出版社.
博恩·崔西，王月盈.2009. 时间力.北京：东方出版社.
陈龙安.2000. 创造性思维与教学.北京：中国轻工业出版社.
樊富珉.2002. 大学生心理素质教程.北京：北京出版社.
方伟.2009. 大学生职业生涯规划咨询案例教程.北京：北京大学出版社.
高桥，王辉.2008. 大学生职业发展与就业指导教学指南.北京：中国出版集团现代教育出版社.
黄天中.2007. 生涯规划理论与实践.北京：高等教育出版社.
吉拉尔德·科瑞.2002. 做个 high 大学生——大学生学业与生活成功全书.李茂兴译.北京：华龄出版社.
吉姆·斯特芬.2006. 有效的时间管理.北京：机械工业出版社.
江光荣.2005. 心理咨询与治疗.北京：高等教育出版社.
李笑来.2010. 把时间当作朋友.北京：电子工业出版社.
林学军.2008. 当代大学生职业生涯规划与管理.广州：暨南大学出版社.
刘翔平.2000. 寻找生命的意义——弗兰克尔的意义治疗学说.武汉：湖北教育出版社.
吕春明.2010. 职业生涯发展与规划.济南：山东人民出版社.
默里卡·帕德丝等.1998. 心灵导师——情绪管理全书.包黛莹等译.北京：经济日报出版社.
彭萍.2008. 未来的金钥匙——生涯规划.北京：高等教育出版社.
彭贤，马恩.2010. 大学生职业生涯规划活动教程.北京：清华大学出版社.
钱铭怡.2013. 变态心理学.北京：北京大学出版社.
曲振国.2008. 大学生就业指导与职业生涯规划.北京：清华大学出版社.
邵晓红.2009. 大学生职业生涯与发展规划.北京：北京大学出版社.
施恩.2004. 职业锚：发现你真正的价值.北京：中国财政经济出版社.
史蒂芬·柯维.2008. 高效能人士的七个习惯.北京：中国青年出版社.
宋成学，韩菲.2009. 职业生涯发展与规划.北京：中国财政经济出版社.
王超.2012. 卓越员工自我管理.北京：北京工业大学出版社.
王丽娟.2011. 大学生职业生涯规划与发展.南京：南京大学出版社.
王肃元，马磊.2009. 大学生就业指导.西安：未来出版社.
王彤.2010. 大学生生涯规划与就业指导教程.北京：北京理工大学出版社.
韦波，何昭红.2011. 大学生心理健康教程.桂林：广西师范大学出版社.
萧鸣政.2005. 人员测评与选拔.上海：复旦大学出版社.
阳志平.2010. 积极心理学团体活动课操作指南.北京：机械工业出版社.
张莹.2006. 如何进行职业生涯规划与管理.北京：北京大学出版社.
章达友.2005. 职业生涯规划与管理.厦门：厦门大学出版社.
郑安云，宋波.2005. 人才测评理论与方法.北京：北京交通大学出版社.
郑日昌.2008. 心理测量与测验.北京：中国人民大学出版社.
钟谷兰，杨开.2008. 大学生职业生涯发展与规划.上海：华东师范大学出版社.
周坤.2006. 第五代时间管理.北京：北京大学出版社.

后　记

本书是根据国家教育部的有关规定，针对我国当前严峻的就业形势、就业政策及当代大学生普遍关注的就业择业创业问题，紧密联系当代大学生的实际情况及特点编撰而成的。本书在编写过程中始终贯彻素质教育精神，旨在引导学生树立正确的职业观念和职业理想，让大学生通过阅读此书进行自我探索和职业探索，了解自己、了解职业、了解社会，学会根据社会需要和自身特点进行职业生涯规划，并以此规范来调整自己的行为，为顺利就业、创业创造条件。

本书编写组的全体成员长期在一线从事职业生涯与就业指导的教学、管理、研究与咨询工作，具有较为丰富的理论修养与实践经验。在本书的编写过程中，全体成员注重吸纳本学科的前沿理论与最新进展，力求将实践经验与理论阐述有机结合，并注重案例分析以提高教材的实效性。全书脉络清晰、结构严谨，每章内容包括导引个案、内容导读和学习目标、正文、扩展阅读、探索与练习及同步思考题六部分。

本书由罗淼担任主编，负责全书的策划、统稿和定稿工作。全书分九章，从就业的形势与政策出发，给予学生具有可操作性的职业发展指导。第一章由郎全发编写，第二章、第五章由李建辉编写，第三章、第八章由王立冬编写，第四章、第九章由罗淼编写，第六章、第七章由荆炜编写。

在本书的编写过程中，我们参考了国内外多种教材及关于就业指导的大量论文集著作，谨向给我们以启发的各位作者致谢！

限于编者的水平和经验，加之加工时间比较仓促，疏漏或者错误之处在所难免，敬请读者朋友们批评指正。